明代监察法研究

陈国平　著

中国社会科学出版社

图书在版编目(CIP)数据

明代监察法研究 / 陈国平著 . —北京:中国社会科学出版社,2023.5
ISBN 978 – 7 – 5227 – 1860 – 6

Ⅰ. ①明… Ⅱ. ①陈… Ⅲ. ①行政监察法—研究—中国—明代
Ⅳ. ①D922. 114. 2

中国国家版本馆 CIP 数据核字(2023)第 076139 号

出 版 人	赵剑英
责任编辑	张　潜
责任校对	马婷婷
责任印制	王　超

出　　版	中国社会科学出版社
社　　址	北京鼓楼西大街甲 158 号
邮　　编	100720
网　　址	http://www.csspw.cn
发 行 部	010 – 84083685
门 市 部	010 – 84029450
经　　销	新华书店及其他书店

印刷装订	北京明恒达印务有限公司
版　　次	2023 年 5 月第 1 版
印　　次	2023 年 5 月第 1 次印刷

开　　本	710 × 1000　1/16
印　　张	32.5
字　　数	472 千字
定　　价	169.00 元

凡购买中国社会科学出版社图书,如有质量问题请与本社营销中心联系调换
电话:010 – 84083683

序

　　明朝是我国封建时代后期重要的朝代。这一时期，政治体制发生了重大变化——取消了内阁，加强了中央集权，同时带来了监察机构的变动、监察对象的调整和监察网络的扩大。在皇帝专制权力扩张的情况下，国家的经济、社会、文化等方面也取得了较大的发展，这是与监察制度的完善分不开的。

　　中国古代的监察法制历经唐、宋、元三朝的不断发展而日趋成熟，明朝在"恢复汉唐旧制"的基础上又有新的创新：既有颇具规模的法典式的《宪纲》，又有六科监察法规，还有出巡监察法规和纠劾官邪的专门规定。除去这些专门性的监察法，《大明律》和《大明会典》中也都含有考官察吏性质的一些法律。明朝皇帝经常怠于政事，甚至十几二十年不上朝，但国家必要的纲纪得以维持，官僚系统的正常运转得以保持，地方三级政权继续各行其职、各完其政，所有这些都是和监察法制的维护分不开的。国平同志的《明代监察法研究》一书对上述各个方面都进行了比较全面的考察论述，在此基础上，还从通古今之变的角度，就借鉴明代的监察立法为完善今日中国新时代的社会主义性质的监察法制服务提出了独到的见解。可以说，国平同志的《明代监察法研究》一书既有高度的学术价值，更有现实的借鉴意义。

　　国平是我 1988 年到 1991 年指导的博士研究生。他在攻读博士学位期间就对明代的监察制度作了初步的研究，之后一直没有停止对与监察制度有关的问题的思考。古人讲"困于心，衡于虑，而后作"，本书是他长期思索、用心探究而后创作的成果。我真心为他的这本书的出版感到高兴，故欣然作序。

张晋藩

2023 年 5 月 20 日

目 录

绪　　论

明朝开国皇帝朱元璋极为重视监察法制建设，经过反复的思考与实践，最终建立起以都察院、六科及地方提刑按察司为主体的监察机构体系，制定并实施了以《宪纲》①为代表的监察方面的法律。朱元璋之后，各代皇帝都十分重视监察法制建设，不断调整完善监察方面的法律，并着力推动监察法的实施，形成了内容丰富、体系完备的监察法制，较好地维护了以皇权为中心的中央集权统治，保持了经济社会较长时期的稳定发展，对清代的监察法制产生了巨大而深刻的影响，为中国古代监察法制之集大成者。

明代的监察制度历来是法史学者重点关注的对象，尤其是近些年来，对之进行研究的人越来越多，研究成果不断涌现。这些成果大体可以分为四类，第一类是综合性研究的著作，具代表性的有张治安（台湾）的《明代监察制度研究》（五南图书出版公司 2000 年 12 月出版），刘双舟的《明代监察法制研究》（中国检察出版社 2004 年出版），张薇的《明代的监控体制——监察与谏议制度研究》（武汉大学出版社 1993 年出版）等；第二类是专项制度研究专著，如陶道强的《明代监察御史巡按职责研究》（中国社会科学出版社 2017 年出版）；第三类是涉及明代监察制度的中国古代监察制度通史类著作，具代表性的有张晋藩主编的《中国古代监察法制史》（江苏人民出版

---

① 朱元璋于洪武四年（1371 年）制定的《宪纲》已经失传，现在见到的是英宗正统四年（1439 年）考订重刊的《宪纲》，其中"宪纲三十四条"当是洪武四年《宪纲》的原文，见本书第二章第一节。

社 2017 年出版），彭勃、龚飞主编的《中国监察制度史》（中国政法大学出版社 1989 年版），邱永明著《中国监察制度史》（华东师范大学出版社 1992 年出版），关文发等主编的《中国监察制度研究》（中国社会科学出版社 1998 年出版）等；第四类是研究明代监察制度中某一具体制度的论文、文章，数量巨大，不胜枚举。比较起来，特别是与第一类成果相比较，本书有以下特点。

一是更加注重从权力监控的层面考查明代的监察制度。监察的本意就是对权力机关及其官员如何行使权力进行监督控制，监察法在一定意义上就是控制权力的法律。中国古代各个朝代制定监察法律的着眼点都是如何控制权力，而明代统治者关于权力制衡的思想及在监察制度的设计上着眼于对权力的控制体现尤为明显。因此，对明代监察法的研究，首先要搞清楚各权力机关的权力内容及权力运作方式，然后再研究这些权力运作时是如何被监察权力制约的，这样在思路上就可能更贴近监察法的本意。以往的研究成果基本上都是从分析监察机关的职责即监察内容展开研究的，对监察法作为权力监控法的本意似体现得不够充分。鉴此，本书在研究的切入点和整本书的谋篇布局上，都着眼于权力如何被监控来展来，即无论是对皇帝监督的考查，还是对中央主要政务机关和官员监察的考察，亦或是对地方各级政权机关和官员监察的考察，甚至是对监察系统内部监察的考查，都是从分析法律赋予被监察对象的权力入手，然后再就监察机关和官员对他们行使这些权力如何实施监察展开研究，这样，可能会更加接近立法者的本意，也更能清晰地展现明代监察法本来的面貌。

二是更加注重从法律史学的角度考查明代的监察制度。对明代监察制度的研究可以从法律史、政治史、社会史等角度进行研究，也可以从一般历史的角度进行研究。如果要从法律史的角度进行研究，则要更多地运用法学的知识，即要更多地运用法律的制定、法律体系、法律规范、法律渊源等法学的概念、框架、逻辑对之加以分析。以往的研究虽说也是对明代的监察制度进行考查，但法学知识的运用显得不够充分，法律史的特色也显得不够鲜明。本书试图真正从法律史专业的角度来进行研究，使之更具法律史研究的特色。

三是注重对一些重要的制度进行动态考查。法律制度的考查必先明其基本规定，再考其发展变化，对明代监察制度的考查尤当如此。明代监察制度的一个重要特点，就是明太祖朱元璋制定了基本法律，并将其明确为"祖宗成法"不容后世更改，但随着世移时移，其后世子孙不得不出台大量的事例或条例对之进行补充和完善。这样，研究明代的监察制度，就得从监察类的基本法律规定入手，然后再考其发展变化，同时辅以实例加以论证；而不能简单地把一时的规定当作是通行有明一代的规定，也不能简单地把一些历史事件或事实当作实际存在的规定，否则难免以偏概全。本书对明代监察制度中一些重要的制度，如对皇帝的监督制度、对内阁的监察制度、御史出巡制度特别是回道考察制度、督抚制度等的研究，都是先考查其基本规定，再考查其如何发展，同时辅之以相关的事件或案件加以证明，力图使明代的监察制度以动态的形式呈现出来。

与上述特点相适应，本书在观点上有许多创新之处，举其大者有：以往仅有个别文章专门论及朱元璋的监察思想，但不够系统和全面，本书则专章对朱元璋的监察思想进行了梳理，并指出其对明朝监察立法的指导意义；本书在系统论述明代监察法律体系的同时，专门对作为明朝基本法律之一的《宪纲》进行考证，以期澄清学界长期存在的关于《宪纲》的一些错误说法；以往对皇帝的监督的研究、对内阁实施监察的研究，往往是从双方的关系展开的，而本书则是从法律规定及其实施的层面进行研究的，这样法学的专业性更强，内容也更丰富；本书专章论述了明朝监察系统内部的监察制度，在一定程度上弥补了对明代监察制度研究空缺的部分，等等。

本书各章的主要内容如下：

第一章　朱元璋的监察思想及其影响。从关于监察机构的地位与性质、关于监察机构和官员的职责、关于监察官员的选用与管理三个方面梳理了朱元璋的监察思想，指出朱元璋的监察思想反映了封建统治者对监察法制发展规律的认识达到了一个新的高度，具有取法于古，择善而从；指导立法，推动实践；奠定基础，影响深远的特点。

第二章　监察立法概况。从《宪纲》为何为明代唯一单行的监察方面的基本法律，监察方面重要的条例产生的背景及影响，《大明律》等综合性基本法律中有哪些与监察有关的规定，重要的条例汇编中包含有哪些监察方面的规定，《大明会典》中与监察有关的内容等几个方面进行梳理，勾勒了有明一代的监察法律制定的情况，指出明代的监察法律总体上具有体系完备、内容丰富、层次清楚、结构合理同时又相对保守与僵化的特点。

第三章　监察机关。分别考查了中央监察机构都察院、六科，中央派驻地方的督巡，设于地方的提刑按察司及提刑按察司下属的各道，及南京都察院、南京六科的创设过程、内设机构及具体职责。重点就通政司是否为监察机关、督抚的性质等学界存在争议的问题在考证的基础上提出了自己的观点。

第四章　法定的监察形式。就明代法律规定的监察形式进行划分，分别就纠劾（包括上疏弹劾、面纠面劾、奉旨纠劾）、文卷监察（包括照刷文卷、稽查章奏、磨勘卷宗）、与会监察（包括参与会议、会推、会审）、实地巡视或勘查（包括监察御史奏请点差、六科官员出差、按察司官巡察）、负责和参与对官员的考核（包括考满监察、考察监察、填注考语）等监察形式进行考查，指明其具体内容、适用范围、适用规则及特点等。

第五章　对皇帝的监督。从分析皇帝的权力及皇帝行使权力的方式入手，考查了监察机关和官员对皇帝进行监督的依据、谏诤皇帝的主要事由、对皇帝实施监督的保障与限制及皇帝对监督的反应等问题，在此基础上分析了明代言谏制度的特点与得失。

第六章　对中央机关和官员的监察。从明代中央最重要的政务部门内阁及吏、户、礼、兵、刑、工六部等各自的职掌出发，就都察院和六科如何对这些部门行使权力实施监察分别进行了考查，在此基础上总结了对中央机关和官员进行监察的特点。

第七章　对地方政权机关及其官员的监察。从明代设于地方的各级各类政权机关及其官员的基本职责出发，就监察机关和官员如何采取照刷文卷、稽查章奏、专差监察、参与对官员的考核、举劾地方官员等形式对之实施监察进行了考查，在此基础上总结了对地方官员进行监察的特点。

第八章　监察系统的内部监察。分别就六科与都察院之间的相互监察、都察院与各道御史之间的互相监察、都察院及巡按御史与按察司及按察司官的相互监察、督抚与巡按御史的相互监察的具体制度进行了考查，在此基础上总结了监察系统内部监察制度的实质、特点及历史作用。

第九章　科道官的选用与管理。从科道官的选用、科道官的升授、科道官的特别权利、御史的特别责任等几个方面对科道官员的管理制度进行了考查。

第十章　明代监察法的价值。总结了明代监察法的特点，包括服务专制君主统治的绝对性、监察网络的严密性、监察形式的多样性、监察手段的丰富性、监察规则的完备性等方面。考查了监察法在实施过程中所受到的来自皇帝、宦官、特务组织的制约因素。分析了监察法的实施效果，包括维护绝对君主专制统治、维护"大一统"的政治格局、建设廉洁高效的官僚队伍、促进经济发展和社会稳定等方面所起的作用。最后，对明代监察立法的优劣长短进行了考察，以期为当代监察法治建设提供可资借鉴的经验。

第一章　朱元璋的监察思想及其影响

明朝开国皇帝朱元璋极为重视监察法制建设，经过反复的思考与实践，最终建立起从中央到地方的监察机构体系，制定并实施了十分完备的监察方面的法律。朱元璋建立的监察法制集中国古代监察法制之大成，对于明代的监察法制发展产生了巨大而深远的影响。据《明实录》等史书记载，朱元璋建立全国性的政权以后经常与大臣们讨论监察方面的问题，他所留下来的著作中也涉及监察方面的内容。朱元璋建立监察制度的目的是为了服务其政治统治，因此，朱元璋的监察思想贯彻了其治理国家的政治思想，包括他治理国家的重要立场、观念、主张在监察思想中都有比较集中的体现；同时，朱元璋的监察思想也是其整个治理国家的政治思想的重要组织部分，与他的其他治理国家的观念、主张结合在一起，共同构成其治国理政思想。

第一节　关于监察机构的地位与性质

监察机构在国家政权体系中处于什么样的地位，与其他国家机构在性质上有什么分别，这是历代开国之君在建立监察机构时首先要考虑的问题，朱元璋也不例外。

一　监察机构的地位："台察之任实为清要"

早在吴元年（1367 年）冬十月，朱元璋就建立起国家监察机构，在中央设御史台，在地方设各道按察司。朱元璋对新任的御史台的官员汤和、邓愈、刘基、章溢等人说："国家新立，惟三大府总天下之政。中书，政之本；都督府，掌军旅；御史台，纠察百司，朝廷纪纲，尽系于此。而台察之任，实为清要，卿等当思正己以率下，忠勤以事上。盖己不正则不能正人，是故治人者必先自治，则人有所瞻仰。毋徒拥虚位而漫不可否，毋委靡因循以纵奸长恶，毋假公济私以伤人害物。"①朱元璋在这里突出强调了监察机构和监察职任的"清要"性质。洪武十九年（1386 年）十二月，朱元璋发布《御制大诰三编》，在其中谈到处理御史刘志仁等人时说："朝廷设置百官，分理庶务，于中恐有未当，所以特设御史，司朕耳目，纠察百司，得以风闻言事，激浊扬清，号为风宪之官。士生何幸，获居是任。自昔有志之士，虽位登宰辅，而先不得为御史者，于心终有未惬，其任可谓重矣。今朕设监察御史，任同乎古，往往由进士、监生即授是任。其中有等不才之徒，不知官之清要，不知职之在乎纠人，乃假御史之名，扬威胁众，恣肆贪淫。"②朱元璋在这里解释了监察官员为何号称"风宪官"，强调"风宪官"要认清自身职务的"清要"性质。

用"清要"一词来形容官职，明以前很早就出现了，通常指地位显贵、职司重要而政务不繁的官职。宋人赵昇在《朝野类要》一书中说："职慢位显谓之清，职紧位显谓之要；兼此二者，谓之清要。"③联系朱元璋对御史台官员所说的上下文及其在《御制大诰三编》中所强调的意思来看，其一，朱元璋将御史台与当时最高的行政机关中书府和最高的军事机关都督府相提并论，说明在他看来监察机构在国家政权体系中占有极其重要的地位；其二，从他对监察官员提出的要求看，"清"又有"清正""清廉"之意，说明他希望监察官员在国家清廉政治建设方面发挥重要作用。

朱元璋在即皇帝位后的几十年中，一直都在考虑建立什么样的政

---

①《明太祖实录》卷二十六，吴元年冬十月壬子。

②《御制大诰三编·御史刘志仁等不才第三十九》，杨一凡点校：《皇明制书》第一册，社会科学文献出版社 2013 年版，第 242 页。

③（宋）赵昇：《朝野类要》卷二，《清要》，中华书局 2007 年点校本，第 49 页。

权机构组织形式才是最理想的，也一直都在考虑各个政权机构应当具有什么样的地位和发挥什么样的作用，因此有些机构设了又废，废了又设，有些机构名称未改但地位和作用却发生了很大变化。一直到洪武十三年（1380 年），朱元璋诛杀丞相胡惟庸，不再设立丞相一职，将中书省所管政务分归六部，各部尚书直接对皇帝负责，绝对君主专制的政权组织形式才最终确立下来。而此前和此后，国家监察机构的设置都经过了较大的变动。据《明史·职官志》记载，早在吴元年（1367 年），朱元璋就建立御史台作为中央监察机构，设左、右御史大夫（从一品），御史中丞（正二品），侍御史（从二品），治书侍御史（正三品），殿中侍御史（正五品），察院监察御史（正七品）等官职。洪武九年（1376 年），取消侍御史及治书、殿中侍御史。洪武十三年（1380 年），专设左、右中丞（正二品），左、右侍御史（正四品）。洪武十五年（1382 年）将御史台改为都察院，设监察都御史八人（正七品）。分监察御史为十二道，各道置御史若干（正九品）。洪武十六年（1383 年），升都察院为正三品，设左、右都御史各一人（正三品），左、右副都御史各一人（正四品），左、右佥都御史各二人（正五品）。洪武十七年（1384 年），升都御史为正二品，副都御史为正三品，佥都御史为正四品，十二道监察御史为正七品。① 至此，国家监察机构在国家政权体系中的地位才最终确定下来。这一过程说明，国家监察机构在国家政权体系中的地位，是朱元璋在反复考量、实践的基础上予以确立的，反映出国家监察机构在朱元璋心中占有很重的份量。

二 监察机关的内外关系："彼此颉颃，不敢相压"

朱元璋一生都在考虑如何避免某个国家机构权力过大以致威胁皇权的问题，其结论是在绝对君主专制制度之下让各个权力机构相互制

---

① 参见《明史》卷七十三，《志第四十九·职官二·都察院》，中华书局 1974 年版，第 1767 页。

约，即"彼此颉颃"。洪武二十八年（1395 年）六月，朱元璋在给文武群臣的敕谕中说："自古三公论道，六卿分职，自秦始置丞相，不旋踵而亡。汉唐宋因之，虽有贤相，然其间所用者多有小人专权乱政。我朝罢相，设五府、六部、都察院、通政司、大理寺等衙门分理天下庶务，彼此颉颃，不敢相压，事皆朝廷总之，所以稳当。以后嗣君，并不许立丞相，臣下敢有奏请设立者，文武群臣即时劾奏，处以重刑。"① 此段敕谕的重点是不允许后世设立丞相，但同时也反映了朱元璋原始的皇权之下权力制衡的思想。

　　朱元璋为了实现各政权机关的相互制约，一方面设计了以监察机关制约其他政权机关的监察制度，另一方面制定了制约监察机关和监察官员权力的制度，其中包括在监察系统内部实施的监察制度。据《明实录》记载，洪武七年（1374 年）八月，刑部侍郎茹太素向朱元璋上书提出三条建议，其中一条是关于"检举卷宗"的。他说："自中书省内外百司，悉听监察御史、按察司检举，而台家互相检举法则未尽善。在内，监察御史文卷，御史台检举；在外，按察分司文卷，总司检举；总司文卷，守省御史检举。独御史台行过文书，未有定考。宜令守院监察御史一体检举。"这条建议旨在完善监察系统内部互相监察的制度，深合朱元璋"彼此颉颃、不敢相压"之意，当然得到了他的赞同。② 另据《大明会典》记载："国初，监察御史及按察司分巡官巡历所属各府州县，颉颃行事。洪武中，详定职掌。"③此规定也反映了朱元璋在监察系统内部实施监察的想法。因此，我们看到，在朱元璋亲自主持制定的监察制度中，各监察主体之间的相互制约关系非常明确，既有都察院与六科之间的相互制约，又有都察院

----

　　① 《明太祖实录》卷二百三十九，洪武二十八年六月己丑。

　　② 《明太祖实录》卷九十二，洪武七年八月辛丑。

　　③ 《大明会典》卷二百十，《都察院二·出巡事宜》。有明一代一共有过三本会典，即正德本、嘉靖本和万历本。正德本于正德四年（1509 年）编成，正德六年（1511 年）刊印，现有明刻本传世；嘉靖本于嘉靖二十九年（1550 年）完成，但未刊印；万历本于万历十五年（1587 年）编成后刊行，现在多种版本流传，本书的研究以广陵书社 2007 年版《大明会典》为依据。

系统内部都察院院官与御史之间的相互制约，还有都察院、监察御史
与按察司官之间的相互制约，其规定之详细为往朝所不及。

第二节 关于监察机构和官员的职责

在中国古代社会，监察机构和官员都被赋予了广泛的监察职责，
对这些职责如何界定，这些职责孰重孰轻，朱元璋都有深入的思考，
并经常告诫监察官员要认清自己的职责，切实履行好自己的职责。

一 监察机构的首要职责："风宪之任，在肃纪纲，清吏治，非专理刑"

朱元璋高度重视纪纲在国家治理中所起的根本作用。洪武十九年
（1386 年）春正月，朱元璋在制敕中说："先王制礼，所以辨上下、
定民志，秩然而不紊，历世因之不敢违越，诚以纪纲法度维持治道之
具。"① 何为纪纲，他的解释是："礼法，国之纪纲。礼法立，则人志
定、上下安。建国之初，此为先务。"② 意思是按照儒家的纲常礼教
建立的规则、秩序就是纪纲，维护纪纲是治理国家的当务之急。

儒家纲常礼教的基本内容为"三纲五常"，"三纲"即"君为臣
纲，父为子纲，夫为妻纲"，其核心内容是"君为臣纲"。朱元璋经
常思考总结元朝败亡的教训，认为最根本的原因是纪纲废驰，纪纲
废驰最突出的表现是权臣权奸对皇权的威胁与侵害。早在元至正二
十四年（1364 年）春正月，朱元璋即吴王位并建百司官属不久，他
在与大臣讨论新的王朝如何汲取元朝败亡的教训时指出："建国之
初，当先正纪纲。元氏昏乱，纪纲不立，主荒臣专，威福下移，由
是法度不行，人心涣散，遂致天下骚乱。"③ 同年十二月，朱元璋对
大臣们说："元本胡人，起自沙漠，一旦据有中国，混一海内，建国

---

① 《明太祖实录》卷一百七十七，洪武十九年春二月丁未。
② 《明太祖实录》卷十四，甲辰年春正月戊辰。
③ 《明太祖实录》卷十四，甲辰年春正月戊辰。

之初，辅弼之臣率皆贤达，进用者又皆君子，是以政治翕然可观。及其后也，小人擅权，奸邪竞进，举用亲旧，结为朋党，中外百司，贪婪无话，由是法度日弛，纪纲不振，至于土崩瓦解，卒不可救。"① 洪武三年（1370 年）十二月，朱元璋与侍臣讨论"元氏之得天下与所以失之故"，"或言世祖君贤臣忠以得之，后世君暗臣谀以失之；或言世祖能用贤而得之，后世不能用贤而失之；或言世祖好节俭而得之，后世尚奢侈而失之"，朱元璋则说："汝等所言，皆未得其要。夫元氏之有天下，固有世祖之雄武。而其亡也，由委任权臣，上下蒙蔽故也。"② 朱元璋几次谈话，都将元朝的灭亡归因于纪纲不振，纪纲不振的突出表现是君臣关系的混乱，所谓"主荒臣专，威福下移""小人擅权，奸邪竞进""委任权臣，上下蒙蔽"说的都是一个意思，可见朱元璋在兹念兹的是权臣权奸对皇权的威胁，以及如何汲取历史上因大臣擅权而导致王朝灭亡的教训。他还曾引用儒家经典告诫群臣不要擅作威福、越礼犯分，他说"《书》云：'惟辟作福，惟辟作威，惟辟玉食。臣无有作福、作威、玉食。'君臣之分，如天尊地卑，不可逾越，故《春秋》有谨始之义，《诗》有凌分之讥。圣人著之于经，所以垂训天下后世者至矣。尔在廷群臣，以道事朕，当有鉴于彼，毋擅作威福，逾越礼分，庶几上下相保，而身名垂于不朽也。"③

　　朱元璋多次谈到监察官员即风宪官的职责，始终把维护纪纲放在首要位置。如洪武七年（1374 年）五月，朱元璋任命兵部员外郎杨基为山西按察司副使、监察御史答禄与权为广西按察司佥事、吕本为北平按察司佥事，告诫他们："风宪之设，本在整肃纪纲、澄清吏治，非专理刑名。"④ 为了维护纪纲，朱元璋抓住维护君主专制统治这一核心，赋予监察机构检举纠劾权奸权臣的职责。洪武二十六年（1393

---

① 《明太祖实录》卷十五，甲辰年十二月丁巳。
② 《明太祖实录》卷五十九，洪武三年十二月己巳。
③ 《明太祖实录》卷一百一十，洪武九年冬十月甲寅。
④ 《明太祖实录》卷八十九，洪武七年五月壬辰。

年），朱元璋制定并颁行《诸司职掌》，以法律的形式确定国家的政权体制。为保证他所创立的绝对君主专制体制不被后世更改，在《诸司职掌》"十二道监察御史职掌"部分明确规定："凡文武大臣，果系奸邪小人，构党为非，擅作威福，紊乱朝政，致令圣泽不宣，灾异迭见，但有见闻，不避权贵，具奏弹劾。"①《诸司职掌》规定监察御史"纠劾百司"的情形共有六种，上述一种被置为首条，说明在朱元璋心里纠劾权奸为监察御史的首要职责。

二　鼓励监察官员谏言：台臣"以言为职，所贵者忠言"

朱元璋认识到，皇帝的决策乃至一举一动对整个国家的治理具有重大意义，不容许有失误。建国之初，朱元璋曾对刘基等人说："夫处天下者，当以天下为忧；处一国者，当以一国为忧；处一家者，当以一家为忧。且以一身与天下国家言之，身小也，所行不谨，或致颠蹶；所养不道，或生疢疾。况天下国家之重，岂可顷刻而忘警畏耶？"②洪武十年（1377 年）六月，朱元璋对皇太子说："人君治天下，日有万几，一事之得，天下蒙其利；一事之失，天下受其害。"③同时，朱元璋也清醒地认识到，在绝对君主专制政治体制下，皇帝能否作出正确决策也受很多因素的影响，概括起来有以下四种。

一是身份与地位的影响。朱元璋以布衣而有天下，恐怕是对这一点感受最深的皇帝，他曾对侍臣说："人君深居高位，恐阻隔聪明，过而不闻其过，阙而不知其阙。故必有献替之臣、忠谏之士日处左右，以拾遗补阙。言而是也，有褒嘉之美；言而非也，无谴责之患。故人思尽职，竭其忠诚，无有隐讳。如此，则嘉言日闻，君德日新，

---

① 《诸司职掌·兵刑工都通大职掌·都察院·十二道监察御史职掌·纠劾百司》，杨一凡点校：《皇明制书》第二册，社会科学文献出版社 2013 年版，第 644 页。
② 《明太祖实录》卷二十九，洪武元年正月丁丑。
③ 《明太祖实录》卷一百十三，洪武十年六月丙寅。

令闻长世，允为贤明。"①

二是事务太繁，难以一一考虑周全。据《明实录》记载：洪武七年（1374 年）八月，"北平按察司副使刘松言，宛平驿当要道，而驿马之数与非要道之驿同，宜减他驿马，以增宛平驿。太祖可其奏。顾谓侍臣曰：'驿传劳逸不均，甚为民弊。松以为言，民获惠矣。朕以一身任天下之事，闻见计虑，岂能周遍？尔等宜体此，竭心为朕访察民间利病，何事当兴，何事当革，具为朕言。朕当行之，毋为容默，但保禄而已。'侍臣对曰：'陛下乐从直言，天下之福也。'"② 洪武十七年（1384 年）九月，"给事中张文辅言：'自九月十四日至二十一日，八日之间，内外诸司奏札凡一千六百六十，计三千二百九十一事。'上谕廷臣曰：'朕代天理物，日总万几，安敢惮劳？但朕一人处此多务，岂能一一周遍？苟致事有失宜，岂惟一民之害，将为天下之害；岂惟一身之忧，将为四海之忧。卿等能各勤厥职，则庶事未有不理。'"③ 上述事例表明，朱元璋的确是一个有自知之明的皇帝。

三是受限于个人经历经验。朱元璋富有远见地认识到后世之君因生长深宫而带来的能力不足的问题，洪武元年（1368 年）春正月，朱元璋在与李善长等人讨论东宫官属及对太子的培养时说："盖继世之君，生长富贵，泥于安逸，军旅之事，多忽而不务，一有缓急，罔知所措，二公所言不可忘也。"④

四是昏庸无能。朱元璋承认昏君的存在，洪武元年（1368 年）春正月，他对群臣说："吾观史传所载，历代君臣，或聪明之君乐闻忠说，而臣下循默奸谄、不尽其诚者有之；或臣下不欺能抗言直谏，而君上昏愚骄暴饰非拒谏者有之。"⑤ 洪武元年（1368 年）二月，朱元璋对侍臣们说："凡人之言，有忠谏者，有谗佞者。忠谏之言，始

---

① 《明太祖实录》卷一百，洪武八年五月庚申朔。
② 《明太祖实录》卷九十二，洪武七年八月辛丑。
③ 《明太祖实录》卷一百六十五，洪武十七年九月己未。
④ 《明太祖实录》卷二十九，洪武元年春辛巳。
⑤ 《明太祖实录》卷二十九，洪武元年春己卯。

若难听，然其有益，如药石之能济病。谗佞之言始若易听，然其贻患，不可胜言。夫小人之为谗佞也，其设心机巧，渐渍而入。始焉必以微事可信者言于人主，以探其浅深。人主苟信之，彼他日复有言，必以为其尝言者可信，将不复审察。彼谗佞者因得肆其志，而妨贤病国，无所不至。自古若此者甚多，而昏庸之君卒莫之悟，由其言甘而不逆于耳故也。"①

有鉴于此，为避免决策失误，朱元璋鼓励大臣切谏。洪武元年（1368 年）正月，朱元璋对群臣说："忠臣爱君，谠言为国。盖爱君者有过必谏，谏而不切者，非忠也。为国者遇事必言，言而不直者，亦非忠也。比来朕每发言，百官但唯诺而已。其间岂无是非得失，而无有直言者，虽有不善，无由以闻。自今宜尽忠说，以匡朕不逮。若但唯唯，非人臣事君之义也。"② 洪武元年（1368 年）八月，朱元璋在给中书省臣的诏书中说："昨张冲上书言时事，其所言有可取者二事：一谓在廷之臣，令各言朝廷得失，庶上有所据，而用其所长；一谓中书省，令各衙门正官各言得失，每月用三人言，言贵简当，选其陈事剀切不避忌讳者量加擢用，以养忠直之气。此言甚可取也。夫闻得失则知利病，知利病则生民蒙其福；听忠直则正人多，正人多则朝廷清明矣。自古治世之君皆由是道，若秦二世、隋炀帝所以亡者，坐不用此耳。"③ 洪武九年（1376 年）六月，朱元璋对侍臣说："朕观往古，任智自用之君，饰非拒谏，多取灭亡。成汤改过不吝，故为三代盛王。唐太宗屈己从谏，亦能致贞观之治。此皆后世罕及也。人君苟能虚己以受言，人臣能尽忠以进谏，则何事业不可成哉！"④ 由上可知，朱元璋是将大臣的谏诤直言上升到是否忠君爱国乃至影响王朝兴衰的高度来认识的。

朱元璋特别强调御史有言谏之责。洪武元年（1368 年）二月，

---

① 《明太祖实录》卷三十，洪武元年二月癸卯。
② 《明太祖实录》卷二十九，洪武元年正月壬午。
③ 《明太祖实录》卷三十四，洪武元年八月庚寅。
④ 《明太祖实录》卷一百六，洪武九年六月甲申朔。

朱元璋对侍御史文原吉等人说："比来台臣久无谏诤，岂朝廷庶务皆尽善，抑朕不能听受，故尔嘿嘿乎？尔等以言为职，所贵者忠言，日闻有益于天下国家。若君有过举，而臣不言，是臣负君；臣能直言，而君不纳，是君负臣。朕每思一介之士，于万乘之尊，其势悬绝，平居能言，奏对之际或畏避不能尽其词，或仓卒不能达其意，故尝霁色以纳之，惟恐其不尽言也。至于言无实者，亦略而不究。盖见秦汉以来季世末主，护短恶谏、诛戮忠直，人怀自保无肯为言者，积咎愈深，遂至不救。夫日月之行，犹有薄食；人之所为，安能无过？惟能改过，便可成德。"① 洪武四年（1371 年）闰三月，朱元璋任命兵部尚书刘贞为治书侍御史。朱元璋对刘贞说："台宪之官不专于纠察，朝廷政事或有遗阙，皆得言之。人君日理万机，听断之际岂能一一尽善。若臣下阿意顺旨，不肯匡正，则贻患无穷。今擢卿为侍御史，居朝廷之上，当怀謇谔之风，以为百官表率。至于激浊扬清，使奸邪屏迹、善人汇进，则御史之职兼尽矣。"② 洪武九年（1376 年）十二月，朱元璋对大臣们说："朕每事必详审而后行，既行而又有相妨者。以一人之智虑，欲周天下之事情，固知其难当。事机丛脞，左右之人能竭尽诚意相与可否，岂不事皆尽善，人受其惠？若固位偷安，默而不言，自谓得计，殊不知百世之下难逃清议，如张禹、孔光之徒，岂不惜哉？"③ 朱元璋的三次谈话都表明了希望台宪官履行谏诤直言职责的恳切心情。

三　监察官员惩治贪腐："激浊扬清，系乎风纪之职"

朱元璋是中国历史上有名的"重典治吏"的皇帝。他因起自民间，对贪官污吏的恶行有切身的感受，因而打击贪官的决心也极为坚定。洪武元年（1368 年）正月，朱元璋对全国来朝的府、州、县官说："天下初定，百姓财力俱困，譬犹初飞之鸟不可拔其羽，新植之

---

① 《明太祖实录》卷三十，洪武元年二月己未。
② 《明太祖实录》卷六十三，洪武四年闰三月庚辰。
③ 《明太祖实录》卷一百十，洪武九年十二月丙辰。

木不可摇其根，要在安养生息之。惟廉者能约己而利人，贪者必浚人而厚己。况人有才敏者或泥于私，善柔者或昧于欲，此皆不廉害之也。尔等当深戒之。"① 洪武二年（1369 年）二月，朱元璋对群臣说："尝思昔在民间时，见州县官吏多不恤民，往往贪财好色，饮酒废事，凡民疾善视之漠然，心实怒之。故今严法禁，但遇官吏贪污蠹害吾民者，罪之不恕。卿等当体朕言，若守己廉而奉法公，犹人行坦途，从容自适；苟贪贿罹法，犹行荆棘中，寸步不可移，纵得出，体无完肤矣。可不戒哉！"②

为了有效打击贪官、澄清吏治，朱元璋赋予监察官员纠劾贪官的职责。洪武六年（1373 年）二月，朱元璋命御史台令监察御史及各道按察司察举天下有司官有无过犯，奏报黜陟。朱元璋对台臣说："古人言：'礼义以待君子，刑戮加于小人。'盖君子有犯，或出于过误，可以情恕；小人之心奸诡百端，无所不至，若有犯当按法去之，不尔，则遗民患。君子过误，责之以礼义，则自知愧悚，必思改为；彼小人者，不识廉耻，终无忌惮，所以不得不去之也。故朕于廉能之官，虽或有过，常加宥免，若贪虐之徒，虽小罪亦不赦也！"③ 朱元璋在这里表达了他对贪官的厌恶之情和惩治贪官的决心。洪武十年（1377 年）十一月，各道按察司官来朝，朱元璋对他们说："朕以天下之大，民之奸宄者多，牧民之官不能悉知其贤否，故设风宪之官为朕耳目，察其善恶，激浊扬清，绳愆纠缪，此其职也……有司以抚治吾民为职，享民之奉而不思恤民，惟以贪饕掊克为务，此民之蠹也，宜纠治其罪，毋以姑息纵其为害。汝等安坐高堂，其视民相去远矣，不思问民疾苦，公其听断，将安用汝乎？今官以九年为考，非一日积也。汝当谨守法度，思称其职，苟或不然，鬼神鉴之。"④

为了有效打击贪官，朱元璋要求并鼓励监察官员发挥举善纠恶的

① 《明太祖实录》卷二十九，洪武元年正月辛丑。
② 《明太祖实录》卷三十九，洪武二年二月甲午。
③ 《明太祖实录》卷七十九，洪武六年二月壬寅。
④ 《明太祖实录》卷一百十六，洪武十年十一月癸酉。

作用。史载：洪武二十六年（1393 年）秋九月，河南按察司佥事王平巡按至孟津，当地官员敛财以贿赂王平，王平将当地官员及所贿赂财物扣压并奏报朱元璋，朱元璋赞其"得宪臣体"，并大发感慨说道："古之有志者，笃诚守己，事不苟为。及其仕也，竭忠以事君，务公以福民，声色货利皆不能动，盖其志已定于未仕之先，故生则富贵安荣，没则垂名史册。朕临御三十年矣，求贤之心，夙夜孜孜，而鲜有能副朕望，任风宪者无激扬之风，为民牧者无抚字之实。昨法司奏言，河南佥事王平同书吏高源按临属郡，其孟津宜阳官吏闻王平至，即敛财为贿赂计，平持法无私，不为利动。朕闻之，喜若平者真有志之士哉！特遣人赐平钞百锭及衣被，高源赐钞五十锭尔。其益励初志，务公福民，则永有嘉誉。"① 朱元璋在这里批评了那些尸位素餐"无激扬之风"的风宪官，希望通过奖励"持法无私"的风宪官鼓励他们履职尽责。

要充分发挥监察机构和官员"激浊扬清"的作用，除了纠举贪官外，还要赋予它们全面考察官员的职责。史载：洪武十六年（1383年）八月，朱元璋对佥都御史詹徽等人说："民之休戚，系于牧民者之贤否；咨询得失，激浊扬清，则系乎风纪之职。近来人情习于故常，政事安于苟且，上下相蒙，彼此无惮，乃至阖郡连岁不闻有所激劝，或者乃云吏称民安，岂知善恶贵于旌别，举措在于得宜？今有司受牧民之寄者，岂皆举职？宜有以考察之。其令御史及按察司官巡历郡县，凡官吏之贤否、政事之得失、风俗之美恶、军民之利病，悉宜究心。若徇私背公，矫直沽名，妄兴大狱，苛察琐细，遗奸不擒，见善不举，皆为失职。卿等其宣布朕意，令其知之。"②

为了充分发挥监察官员打出贪官的作用，朱元璋在洪武二十六年（1393 年）颁行的《诸司职掌》中明确规定十二道监察御史"纠劾百司"的权力包括："凡百官有司才不胜任、猥琐阘茸、善政无闻、

---

① 《明太祖实录》卷二百二十九，洪武二十六年秋九月丁巳。
② 《明太祖实录》卷一百五十六，洪武十六年八月甲戌。

肆贪坏法者，随即纠劾""凡在外有司扰害善良、贪赃坏法，致令田野荒芜、民人受害，体访得实，具奏提问"。① 还规定御史出巡，"凡至所在，体知有司等官，守法奉公、廉能昭著者，随即举奏。其奸贪废事蠹政害民者，究问如律"。②

四 监察官员察知民情："通耳目于外，监得失于民"

早在封建时代早期，统治者就有所谓"民为邦本，本固邦宁"③的思想。自汉武帝"罢黜百家，独尊儒术"之后，历代统治者都将儒家的政治主张奉为官方的意识形态，宣扬孔子的"德政""仁政"思想，认同孟子所说的"乐民之乐者，民亦乐其乐；忧民之忧者，民亦忧其忧。乐以天下，忧以天下，然而不王者未之有也"④及"得天下有道，得其民，斯得天下矣"⑤的观点。朱元璋同样将儒家思想奉为官方的意思形态，当然也继承了其中的民本主义成份。洪武元年（1368 年）八月，朱元璋在大赦天下的诏书中说："天生民而立之君。君者，奉天而安养斯民者也。"⑥

要安民养民，皇帝得首先了解民情民意；要了解民情民意，皇帝得广布"耳目"于外，保证下情及时上达。朱元璋在与大臣的谈话中多次强调"耳目外通"的意义，如洪武十年（1377 年）六月，朱元璋特地对中书省的官员说："清明之朝，耳目外通；昏暗之世，聪明内蔽。外通则下无遏，内蔽则上如聋瞽，国家治否，实关于此。"⑦洪武十一年（1378 年）三月，朱元璋对礼部大臣说："人君深居独处，能明见万里者，良由兼听广览，以达民情。胡元之世，政专中

---

① 《诸司职掌·兵刑工都通大职掌·都察院·十二道监察御史职掌·纠劾百司》，杨一凡点校：《皇明制书》第二册，社会科学文献出版社 2013 年版，第 644 页。
② 《诸司职掌·兵刑工都通大职掌·都察院·十二道监察御史职掌·出巡》，杨一凡点校：《皇明制书》第二册，社会科学文献出版社 2013 年版，第 646 页。
③ 《尚书·五子之歌》。
④ 《孟子·梁惠王》下。
⑤ 《孟子·离娄》上。
⑥ 《明太祖实录》卷三十四，洪武元年八月己卯。
⑦ 《明太祖实录》卷一百十三，洪武十年六月丁巳。

书，凡事必先关报，然后奏闻。其君又多昏蔽，是致民情不通，寻至大乱，深可为戒……所以古人通耳目于外，监得失于民，有见于此矣。"① 洪武十八年（1385年）三月，朱元璋对兵部尚书温祥卿说："天下所以不治者，皆由上下之情不通故也。若使君德下流，民情上达，有不利便，即与更张，天下岂有不治？"②

为了保证上下通达，朱元璋将监察官员喻为人主之"耳目"，赋予其了解民情民意的责任。朱元璋在《谕御史》一文中说："朕设察院，职英俊，禄忠良，以为耳目之寄。"③ 他还说："风宪作朕耳目，任得其人，自无壅蔽之患"。④

安民养民最重要的是要保证朝廷恤民惠民的政策落到实处。洪武元年（1368年）八月，朱元璋在大赦天下的诏书中提出了一系列的安抚民众、纾解民困、助民复业、赈恤灾民的措施，然后要求"御史台、提刑按察司乃耳目之寄，务在振肃百司，慎选贤良方正之人，以佐朕不逮。"⑤ 意思就是要求御史台和提刑按察司的官员加强对地方官的监察，使出台的这些恤民惠民的政策得到切实的贯彻落实。在现实生活中，朱元璋经常派遣监察官员到各地考察民情。洪武十年（1377年）七月，朱元璋下诏派遣监察御史巡按州县，对他们说："近日山东王基言事不务正论，乃用财利之术以惑朕听，甚乖朕意。今汝等出巡天下，事有当言者须以实论列，勿事虚文。凡为治以安民为本，民安则国安。汝等当询民疾苦，廉察风俗，申明教化。处事之际，须据法守正，务得民情。惟专志以立功，勿要名以取进。朕深居九重之中，所赖以宣布条章、申达民情者，皆在汝等。汝其慎之。"⑥ 洪武十六年（1383年）正月，北平按察司奏报："安州、高阳诸县常被水，三皇庙、分司廨宇圮坏，请修治。"朱元璋听后大不以为然，

① 《明太祖实录》卷一百十七，洪武十一年三月壬午。
② 《明太祖实录》卷一百七十二，洪武十八年三月辛巳。
③ （明）朱元璋：《明太祖集》，黄山书社1991年点校本，第143页。
④ 《明太祖实录》卷六十，洪武四年正月己亥。
⑤ 《明太祖实录》卷三十四，洪武元年八月己卯。
⑥ 《明太祖实录》卷一百十三，洪武十年七月乙巳。

说："灾害之余，居官者当恤民，不可劳民。今北平水患方息，民未宁居，风纪之司正当问民疾苦以抚恤之。若有修造，俟岁丰足然后为之，庶得先后缓急之宜。今不恤民，而以廨舍、祠庙为先，失其序矣。"① 于是下令停止修造。洪武十九年（1386 年）夏四月，朱元璋派遣御史蔡新、给事中宫俊前往河南考察灾情，对他们说："民之被水旱者朝夕待哺，已遣人赈济。朕恐有司奉行不至，有赈济不及者不得粒食，濒于死亡，深用闵念。特命尔往彼核实，有未赈济者即补给之"，又说："君之养民如保赤子，恒念其饥寒，为之衣食，故曰：'元后作民父母。'尔等其体朕至怀。"② 这两次谈话，一讲如何"安民"，一讲如何"养民"，对百姓的关切之情和对监察官员的寄望之重溢于言表。

为了将监察官员了解民情民意、推动恤民惠民政策落实的做法制度化，朱元璋在洪武二十六年（1393 年）制定《诸司职掌》时，在都察院部分详细规定了差委监察御史出巡制度，就御史出巡要注意的纪律特别是要重点考察的事项作了明确规定，其中很多事项是关于民生民情的内容，略举几条如下："科差赋役，仰本府凡有一应差役，须于黄册丁粮相应人户内，周而复始，从公点差，毋得放富差贫，挪移作弊，重扰于民。先具现役里长姓名，同重甘结罪文状，并依准回报""圩岸、坝堰、陂塘，仰行府县提调官吏查勘。概管地面应有圩岸、坝堰坍缺，坡塘、沟渠壅塞，务要趁时修筑坚完，疏洗流通，以备旱潦，毋致失时，及因而扰害于民。先具依准回报""荒闲田土，仰本府正官多方设法，召民开垦，趁时布种。其合纳秋粮，须候年限满日科征，毋致抛荒，仍将任内开过田亩数目，同依准缴报""桥梁道路，仰令提调官常加点视。但有损坏去处，即于农闲时月，并工修理。务要坚完，毋致阻碍经行。具依准回报""词讼，仰本府应有词讼，疾早从公依律归结，毋得淹延，妨废民生，及听吏胥增减情词，

---

① 《明太祖实录》卷一百五十一，洪武十六年正月壬申。
② 《明太祖实录》卷一百七十七，洪武十九年四月丁亥。

出入人罪。仍将现问应有囚数，分豁已、未完结，尽实开报，毋得隐瞒，自取罪愆。具依准回报"。① 这些规定对出巡御史了解民情的要求如此之细之实，可以想像，朱元璋如果不是出身平民而又对百姓疾苦有深切感受，他是很难制定得出来这样的规定的。

第三节　关于监察官员的管理

本着"治人者必先自治"的理念，朱元璋认为，监察官员作为监督法律实施的主体，对其培养、选任及考核等方面都应有特殊要求。

一　慎重选用监察官员："任官为贤，尤重风宪"

历史上凡是有建树的皇帝都懂得选用人才的重要性，唐太宗李世民就说过"君子用人如器，各取所长"②。朱元璋之所以能由布衣起家登上皇帝宝座，很重要的一条经验就是对人才的重视及知人善任。朱元璋经常与大臣讨论人才方面的问题。洪武元年（1368 年）八月，朱元璋对中书省的大臣说："任人之道，因材而授职，譬如良工之于木，小大曲直各当其用，则无弃材。夫人亦然，有大器者或乏小能，或有小能不足以当大事，用之者在审察其宜耳。骐骥之材能历险致远，若使攫兔不如韩卢；铅刀之割能破朽腐，若解全牛必资利刃。故国家用人，当各因其材，不可一律也。不然，则人材不得尽其用，而朝廷有乏人之患矣。"③ 洪武二年（1369 年）二月，朱元璋对群臣说："昔元时不重名爵，或以私爱辄授以官职，名虽易得，实无益于事，徒拥虚名而已。朕今命官，必因其才；官之所治，必尽其事。所以然者，天禄不可虚费也。"④ 朱元璋的这些言论

---

① 《诸司职掌·兵刑工都通大职掌·都察院·十二道监察御史职掌·出巡》，杨一凡点校：《皇明制书》第二册，社会科学文献出版社 2013 年版，第 646—648 页。

② 《资治通鉴》卷一百九十二，《太宗文武大圣大广孝皇帝上之上》第三册，黑龙江人民出版社 2002 年版，第 1519 页。

③ 《明太祖实录》卷三十四，洪武元年八月丙子。

④ 《明太祖实录》卷三十九，洪武二年二月甲午。

集中表达了他的人才观，核心思想就是要因才而授官，做到人才尽其用。

朱元璋的人才思想在监察官员的选任上得到了充分体现。据历史记载，朱元璋经常与大臣讨论什么样的人才适合担任风宪官的问题。洪武四年（1371 年）正月。御史台进拟《宪纲》四十条，朱元璋亲加删定后下诏刊布施行，借此机会，他对御史台的大臣说："元时任官，但贵本族，轻中国之士，南人至不得入风宪，岂是公道？朕之用人，惟才是使，无间南北。风宪乃朕耳目，任得其人，则自无雍蔽之患。"殿中侍御史唐铎回答说："臣闻元时遣使宣抚百姓，初出之日，四方惊动。及至，略无所为而去。百姓为之语曰：'奉使宣抚，问民疾苦。来若雷霆，去若败鼓。'至今传以为笑。今陛下一视同仁，任官惟贤，尤重风宪，明立法度，所以安百姓，兴太平，天下幸甚。"①"任官惟贤，尤重风宪"集中体现了朱元璋对监察官任用的重视及对监察官品行的特殊要求。

那么，什么样的人才能称为"贤"人，或者说具体到风宪官的身上"贤"的标准是什么呢？朱元璋在不同的场合都谈到了对风宪官的品德要求，概括起来有以下几个方面。

首先，要忠诚。忠诚对所有官员来说都是放在第一位的要求，但对风宪官来说因其担负职责的特殊性而显得更为重要。甲辰年（1364 年）春正月，朱元璋与中书省的大臣讨论官制班次时顺便谈到怎样选谏议之官，他说："论道经邦，辅弼之臣；折冲御侮，将帅之职；论思献纳，侍从之任；激浊扬清，台察之司。此数者，朝廷之要职也。至于绳愆纠缪，拾遗补过，谏诤之臣，尤难其人。抗直者或过于矫激，巽懦者又无所建明。必国尔忘家、忠尔忘身之士方可任之。不然，患得患失之徒，将何所赖也。"②洪武十八年（1385 年）八月，朱元璋任命赐进士出身方升、同进士出身梁德远

---

① 《明太祖实录》卷六十，洪武四年春正月己亥。
② 《明太祖实录》卷十四，甲辰年三月戊辰。

等六十七人分别为六科给事中、六部试主事等官，对他们说："忠良者国之宝，奸邪者国之蠹。故忠良进则国日治，奸邪用则国日乱。观唐太宗之用房、杜，则致斗米三钱、外户不闭之效；玄宗之用杨、李，则致安史之乱，有蒙尘播迁之祸。此可鉴矣。"① 他还是将"忠"字放在第一位。

其次，要存大体。朱元璋多次谈到，风宪官要"存大体""明大体"。在正式建立明朝的两年前，即史书所称的丙午年（1366 年）春正月，朱元璋命令按察司金事周祯等定议《按察事宜》，对他们说："风宪，纪纲之司，惟在得人，则法清弊革。人言'神明能行威福，鬼魅能为妖祸'，尔等若能兴利除害辅国裕民，此即神明；若阴私诡诈蠹国害民，此即鬼魅也。凡事当存大体，有可言者勿缄默不言，有不可言者勿沽名卖直。苟察察以为明，苛刻以为能，下必有不堪之患，非吾所望于风宪矣！"② 洪武七年（1374 年）五月，朱元璋任命兵部员外郎杨基为山西按察司副使、监察御史答禄与权为广西按察司金事、吕本为北平按察司金事，对他们说："尔等往修厥职，务明大体，毋徒效俗吏拘拘于绳墨之末。至于处事之际，毫忽须谨，善虽小为之不已，将为全德；过虽小积之不已，将为大憨。岂不见干云之台，由寸土之积；燎原之火，本一爝之微，可不慎哉。"③ 从朱元璋的上述言论看，所谓"存大体""明大体"之类，用今天的话说就是要有大局意识和全局观念。

第三，要品行端正。朱元璋要求风宪官光明正大、心存忠厚、公明廉正。洪武十年（1377 年）春正月，"张致中上书言三事，其一曰：监察御史乃朝廷耳目之寄、清要之司，宜精择在朝老成谙谙之士，或有司官属公明廉正者俾居是职，庶知官民利病，激浊扬清，以佐治化。"朱元璋看后非常赞赏，将张致中擢升为宛平知县。④ 朱元

---

① 《明太祖实录》卷一百七十四，洪武十八年八月己酉。
② 《明太祖实录》卷十九，丙午年正月辛卯。
③ 《明太祖实录》卷八十九，洪武七年五月壬辰。
④ 《明太祖实录》卷一百十一，洪武十年正月丙戌。

璋还在《宪纲》中单列"选用风宪"一条，规定："凡都察院、各道监察御史并首领官，按察司官并首领官，自今务得公明廉重老成历练之人奏请除授，不许以新进初试及知印、承差、吏典出身人员充用。"①

二 监察官员的表率作用："振纪纲明法度者，则在台宪"

朱元璋强调风宪官应当在知法守法和严格执法方面起到表率作用。早在吴元年（1367年）冬十月，朱元璋就对台宪官刘基、章溢、周祯等人说："纪纲法度，为治之本。所以振纪纲、明法度者，则在台宪。凡揭纪纲法度以示百司，犹射者之有正鹄也。百司庶职，操弓矢以学射者于台宪乎？取法故审已，不可以不慎。苟不知其本，察于小物而昧于大体，终非至正之道。尔等执法，上应天象，少有偏曲，则纪纲法度废坏而民不得其安。况或深文以为能，苛察以为智，若甯成、郅都、周兴、来俊臣之徒巧诋深文，恣为酷虐，终亦不免；若于公阴德，子孙乃致贵显，天道昭然，深可畏也。"②"则"是模范、榜样的意思，朱元璋提出"则在台宪"就是要求风宪官在知法、守法和严格执法方面成为百官的模范和榜样，为此，他提出了一系列对风宪官的特别要求。

首先，要精通法律。洪武元年（1368年）十一月，朱元璋对侍御史文原吉说："朕近以儒者为御史，盖儒者通经史、识道理，为政能知大体，但恐其不谙台宪故实，卿等宜悉以告之，庶几临事有所持循也。盖台官之长，即御史之师，卿等毋惜善导之也。"③洪武十年（1377年）十一月，朱元璋对来朝的各道按察司官说：任风宪者应当"以公正为心，廉洁自守，国家法律必务精详，用法有失，鬼神鉴

---

① 《宪纲事类·宪纲三十四条·选用风宪》，杨一凡点校：《皇明制书》第四册，社会科学文献出版社2013年版，第1457页。

② 《明太祖实录》卷二十六，吴元年十月乙卯。

③ 《明太祖实录》卷三十六，洪武元年十一月丁未。

焉。"① 朱元璋还力求通过监察官员的巡历监察让全天下的官吏都知法守法，在《宪纲》里规定："凡国家律令并续降条例事理，有司官吏须要熟读详玩，明晓其意。监察御史、按察司官所至之处，令其讲读。或有不能通晓者，依律究治"。②

其次，要秉持公正。朱元璋一直强调风宪官作为法律监督者要公正为心。洪武元年（1368 年）八月。有风宪官二人在殿廷之上互相攻讦，其中一人"言甚便捷"，另一人"言简而缓"。朱元璋说："理原于心，言发于口，心无所亏，辞出而简；心有所蔽，辞胜于理。彼二人者，其言寡者直，其言多者非"。于是，他派遣其他大臣追问两人，结果"言寡者果直"。朱元璋对群臣说："彼二人者，皆居风宪，当持公正以纠率群司，何致以私怨相加乎？所以古人贵知言，能知言则邪正了然，自辩区区，以便佞取给者，复何所庸哉。"③ 朱元璋以言辞断人品行的方式未必完全可取，但他对风宪官"持公正以率群司"的要求则是明确的。洪武三年（1370）正月，各道按察司官来朝，朱元璋借机召见御史台官员，一并对他们说："风宪之任，本以折奸邪、理冤抑、纠正庶事、肃清纪纲，以正朝廷。而元末台宪每假公法挟私愤以相倾排，今日彼倾此之亲戚，明日此陷彼之故旧，譬犹蛇蝎自相毒螫，卒致败亡而后已。如此，则何以为台谏也！今卿等司风纪，当以大公至正为心，扬善遏恶，辨别邪正，不可循习故常，挟公以济私。苟或如此，不惟负朕委任，亦且失其职守矣。"④ 朱元璋这是从风宪官的职责要求和历史的经验教训出发，再次强调了风宪官应当秉持公正的重要性。洪武十五年（1382 年）五月，御史雷励坐"失入人徒罪"，朱元璋斥责他说："朝廷所以使顽恶慑伏、良善得所者，在法耳。少有偏重，民无所守。尔为御史，而执法不平，何以激

---

① 《明太祖实录》卷一百十六，洪武十年十二月癸酉。
② 《宪纲事类·宪纲三十四条·讲读律令》，杨一凡点校：《皇明制书》第四册，社会科学文献出版社 2013 年版，第 1457 页。
③ 《明太祖实录》卷三十四，洪武元年八月丁丑。
④ 《明太祖实录》卷四十八，洪武三年正月甲午。

浊扬清、伸理冤枉？且徒罪尚可改正，若死罪论决，可以再生乎？"
于是，"命法司论励罪，以戒深刻者"。①

第三，不得风闻奏事。早在南北朝时，法律规定御史就有
"风闻奏事"的权力，以后唐宋皆实行了这一制度，但朱元璋对御
史"风闻奏事"却不以为然。洪武元年（1368 年）八月，有御史
上书言陶安隐微之过。朱元璋问该御史是怎么知道的，御史回答
说"闻之于道路"。朱元璋说："御史但取道路之言以毁誉人，以
此为尽职乎？"于是直接罢免了该御史。② 朱元璋还在洪武四年
（1371 年）制定的《宪纲》中明确规定："凡风宪任纪纲之重，为
耳目之司，内外大小衙门官员但有不公不法等事，在内从监察御
史，在外从按察司纠举。其纠举之事，须要明着年月，指陈实迹，
明白具奏。"③

三 加重对风宪官犯赃罪的处罚

鉴于风宪官的重要职责是"激浊扬清"，即纠劾贪官，朱元璋对
那些不但不能以身作则反而以身试法的风宪官采取了加重处罚的做
法。朱元璋在其亲自主持制定的《大明律》中明确规定："风宪官吏
犯赃：凡风宪官吏受财，及于所按治去处求索借贷人财物，若卖买多
取价利，及受馈送之类，各加其余官吏罪二等。"④ 明人高攀在《大
明律集解附例》一书中对本规定所作的解释为："风宪官，如在内都
察院并各道，在外按察司是也。凡此等衙门之官吏，不问枉法不枉
法，但有因事而接受人财物，及于所按治出巡去处求索，或借贷人财
物，若买卖多取价利及受馈送土宜礼物之类，各加其余监临官吏之罪
二等……盖风宪官吏职司科察，既曰犯赃，何以肃人？其加等治之宜

---

① 《明太祖实录》卷一百四十五，洪武十五年五月乙卯。
② 《明太祖实录》卷三十四，洪武元年八月甲午。
③ 《宪纲事类·宪纲三十四条·纠劾百司》，杨一凡点校：《皇明制书》第四册，社会
科学文献出版社 2013 年版，第 1446 页。
④ 《大明律·刑律·风宪官吏犯赃》，杨一凡点校：《皇明制书》第三册，社会科学文
献出版社 2013 年版，第 1011 页。

也。首言受财，则不必拘所按治也。"① 《大明律》"诬告"条规定：
"凡诬告人笞罪者，加所诬罪二等；流徒杖罪；加所诬罪三等。各罪
止杖一百，流三千里……若各衙门官进呈实封诬告人，及风宪官挟私
弹事有不实者，罪亦如之。"② 高攀在《大明律集解附例》一书中对
本规定所作的解释为："盖杜其欺君之渐，故重于凡民。"③《大明律》
两条关于风宪官犯罪加重处罚的规定都是与他们的职务行为密切相
关，朱元璋制定这两条规定的目的，是希望通过严厉的刑罚防止他们
履行职务时假公济私、徇私枉法。

第四节　朱元璋的监察思想对监察立法
　　　　及后世的影响

总起来看，朱元璋的监察思想极为丰富，从监察机构的定位与性
质到监察机构与其他政权机关的关系，从监察官员的职责范围到履行
职责的具体要求，从监察官员的选拔任用到监督管理，朱元璋都提出
了自己的主张和观点。朱元璋的监察法制思想是基于当时的政治斗
争、经济社会发展的需要提出的，具有很强的现实针对性；同时，也
是朱元璋与大臣们反复讨论、思考的结果，反应了封建统治者对监察
法制发展规律的认识达到了一个新的高度。

一　取法于古，择善而从

朱元璋一些重要的监察法制观点和主张，都是在与大臣们讨论历史
上特别是元朝的经验教训的基础上提出来的。朱元璋创制立法总的指
导思想是远稽汉唐之旧制，但又不拘泥于旧制。洪武元年（1368 年）

① 《大明律集解附例》卷二十三，《风宪官吏犯赃》，台湾学生书局 1970 年点校本，
第 1780—1782 页。
② 《大明律・刑律・诬告》，杨一凡点校：《皇明制书》第三册，社会科学文献出版社
2013 年版，第 1002 页。
③ 《大明律集解附例》卷二十二，《诬告》，台湾学生书局 1970 年点校本，第 1688 页。

春正月，朱元璋在回复御史中丞刘基、学士陶安等人关于以太子为中书令的建议时说："取法于古，必择其善者而从之，苟惟不善而一概是从，将欲望治，譬犹求登高冈而却步，渡长江而回楫，岂能达哉！元氏胡人，事不师古，设官不以任贤，惟其类是与，名不足以副实，行不足以服众，岂可取法！"① "取法于古，择其善者而从之"，不仅仅是朱元璋对是否以太子为中书令这一制度的态度，其实也是他建立整个政治体制包括监察制度的思路，因此，我们看到，朱元璋的监察思想中有很多观点、主张是借鉴前人的，也有很多是异于前人的。比如，关于监察机构的地位，关于监察机关与其他机关之间及监察系统内部建立"彼此颉颃，不敢相压"即相制相维的关系，关于监察官员不得风闻言事的规则，等等，这些都是颇有创见的观点。而有些观点，比如将监察官员喻为"人主之耳目"，监察机构喻为"耳目之司"，在明朝之前就有人已经提出，如宋元祐八年（1093 年），侍御史杨畏说"风宪之任，人主寄耳目焉"②；治平二年（1065 年），吕诲上言："台谏者，人主之耳目，期补益聪明，以防壅蔽"③；元朝时英宗曾对御史台的大臣说："朕深居九重，臣下奸贪，民生疾苦，岂能周知，故用卿等为耳目"④，但是，关于如何发挥风宪衙门作为耳目之司的作用，还没有看到有如朱元璋一般阐述得那样具体的。更加重要的是，朱元璋几乎在涉及监察制度的所有重要方面都有自己的看法和主张，用现在的话说，就是形成了体系化的思想，这无论是从我国监察思想史的角度还是监察制度史的角度看都是非常难得的。

二 指导立法，推动实践

与纯粹的思想家不同，朱元璋是至高无上的皇帝，又是开国之

① 《明太祖实录》卷二十九，洪武元年正月辛巳。
② 《宋史》卷一百六十，《志第一百一十三·选举六·保任》，中华书局 1985 年版，第 3749 页。
③ 《宋史》卷三百二十一，《列传第八十·吕诲》，中华书局 1985 年版，第 10428 页。
④ 《元史》卷二百七，《列传第九十四·逆臣·铁失》，中华书局 1976 年版，第 4600 页。

君，独揽立法、司法、行政一切大权，因而能毫无障碍地将自己的思想变成国家的法律，并强力推动其实施。就监察方面的立法而言，比如明朝最重要的监察方面的法律《宪纲》，他不但是最后的裁定者，而且也亲自参与了法律草案的起草、讨论。因此，我们看到他的一些重要的监察法制思想最后都体现到具体的法律规定上。而且，他深知"制礼立法非难，遵礼守法为难"① 的道理，在监察方面的法律法规出台后，又不断地推动这些法律法规的实施。事实上，他的许多监察方面的观点和主张都是监察法的实施过程中或者是为了解决监察方面的问题而提出来的，换言之，他的监察法制思想对明初监察法制实践也起到了巨大的推动作用。

三 奠定基础，影响深远

朱元璋作为开国之君，他的重要言论、观点一直被后世子孙奉为圭臬。就监察方面而言，其后世有作为的皇帝也都非常重视监察法制建设，提出了一些与之有关的重要观点和主张，如永乐元年（1403年）闰十一月，明成祖对都御史陈瑛等人说："朕深居九重，下民安否，未能悉之。按察司任耳目之寄，于事无不得问，无不得言，所以通下情，去蒙蔽也"②；永乐十三年（1415 年）春正月，明成祖遣监察御史吴文等分行天下，询察吏治得失及民间疾苦，对他们说："百姓艰难，有司蔽不以闻，尔等受朕耳目之寄，宜悉心咨访。凡朝廷所差人及郡县官有贪刻不律者，执之；郡县官有阘茸不职及老病者，悉送京师。惟布政司、按察司堂上官以状来闻，毋枉毋纵，必合公道。军民利病，宜一一奏来，汝不恭命，汝则有罪。"③ 又如宣德三年（1428 年）十一月，宣宗对行在都察院右都御史顾佐说："都察院之任，所以整肃纪纲、纠察奸弊、伸理冤抑、裨益治道"，又敕十四道监察御史说："御史之职，必先正己心而后用法不颇，比宪纲不清，

---

① 《明太祖实录》卷十四，甲辰年三月丁卯。
② 《明太宗实录》卷二十五，永乐元年闰十一月庚申。
③ 《明太宗实录》卷一百六十，永乐十三年春正月戊午。

皆由所用，邪正混淆"①；宣德四年（1429 年）四月，"行在吏部引进士、监生及听选教官林英等十五人除监察御史"，宣宗对他们说："风宪之任，未可轻授。令于各道历政三月，都御史考其贤否，分等第以闻，然后授官"②。再如正统七年（1442 年）十一月，英宗敕谕三司："朝廷以纪纲为首，御史职纪纲之任，不可不慎择也"③。这些关于监察机构的职责、监察官员的首要职责、监察官员的作用、监察官员的品德要求等方面的观点，都明显地源出于朱元璋的监察思想。朱元璋的监察法制思想不但是形塑了明初的监察法制，而且对有明一代的监察法制都产生了巨大而深远的影响。

朱元璋监察法制思想的实质是要维护绝对君主专制统治。朱元璋废除了行之一千多年的宰相制度，建立起皇帝独揽一切权力的绝对君主专制制度，其监察法制思想始终围绕着维护绝对君主专制统治这一主线来展开。他希望监察机构与其他国家机构和各监察主体之间"颉颃行事"，把维护封建纲常礼教中的"君为臣纲"作为监察机构和监察官员的首要职责，将忠诚作为选任监察官员的首要条件，等等，这些都是想让监察机构和监察官员成为皇帝维护绝对专制统治最得心应手也最有力量的工具。同时，也要看到，朱元璋监察法制思想中也包含一些合理的成分，比如，他鼓励台谏官为保证皇帝正确决策履行言谏职责，希望监察官员在了解民情民意、促进恤民惠民政策落实方面充分发挥皇帝"耳目之司"的作用，要求监察官员在官僚队伍建设特别是惩治贪腐方面发挥"激浊扬清"作用，高度重视监察官员的选拔任用和管理，要求监察官员在严格守法执法方面发挥表率作用，等等，这些体现了朱元璋监察思想中"仁政"与"务实"的主张。

---

① 《明宣祖实录》卷四十八，宣德三年十一月丁巳。
② 《明宣宗实录》卷五十三，宣德四年夏四月丙戌。
③ 《明英祖实录》卷九十八，正统七年十一月甲申。

第二章　监察法律体系

　　朱元璋建立明朝后亲自主持制定了以《大明律》为代表的一系列基本法律，称作"万世常法"；其后，这些基本法律被各代君臣奉为"祖宗成法"通行于世。同时，朱元璋也制定了为数众多的条例或事例作为这些基本法律的补充；其后世各代皇帝为适应形势的发展变化也都出台了大量的条例或事例，以此修改或补充完善朱元璋制定的基本法律。随着时间的推移，这些例与基本法律以及例与例之间难免产生矛盾，为了克服这一弊端，朝廷将相关的例编纂在一起，于是出现了例的汇编，甚至出现了将所有条例和基本法律汇纂在一起的综合性法典，称之为《大明会典》。另外，儒家经典与一些习惯或惯例，虽不是主要的法律形式，但在规范官员行为方面有时也发挥一定的作用。总起来看，明代的法律是由基本的法律、条例及例的汇编、综合性法典、习惯或惯例构成的法律体系。明代监察类的法律作为明代整个法律体系的一部分，其体系结构也与此相类。

第一节　《宪纲》：唯一单行的监察方面的基本法律

　　明朝统治者先后出台了大量的监察方面的法律。洪武四年（1371年），明太祖朱元璋亲自主持制定了监察方面的专门法律《宪纲》。[①]

---

　　① 参见《明太祖实录》卷六十，洪武四年正月己亥。

洪武六年（1373年），朱元璋将《宪纲》与《律令》一起重新刊印发布。① 洪武十五年（1382年），朱元璋命都察院以《巡按事宜》颁各处提刑按察司。② 洪武二十六年（1393年），朱元璋制定《诸司职掌》以明确各个中央机构的职责③，在其中"都察院"部分专设"十二道监察御史职掌"一节④，并将《巡按事宜》中的内容纳入其中。⑤ 英宗正统四年（1439年），对《宪纲》进行考定后重新刊印。⑥ 万历十五年（1587年），编定综合性的法典《大明会典》，在其中"都察院"部分，以《诸司职掌》中"都察院"部分内容为基础，将《宪纲》及历年颁布而又正在实施的监察方面的条例纳入其中并分类编列。⑦ 此后，《宪纲》依然作为单行法律与《大明会典》并行于世。通观有明一代，《宪纲》制定于洪武四年（1371年），考定刊印于正统四年（1439年），贯彻实施于整个朝代，是国家的基本法律之一，也是唯一的始终实施的监察类单行法律，在监察类法律体系乃至整个国家法律体系中占有重要地位。然而，因《宪纲》的官方刻本早已失传，使学界在版本的研究上出现了一定的困难，以致出现了种种不准确、不一致甚至矛盾的说法。概括起来，主要有以下几种情况。

一是将正统四年《宪纲》与洪武四年《宪纲》割裂看待，认为明朝的监察法规是正统四年（1439年）所制定的《宪纲条例》。如彭勃、龚飞在《中国监察制度史》一书中说："明承元制，对监察机关的建置、职权范围、运行事例等，都制定了法规。元代监察机关法规称《宪台格例》，明代称《宪纲条例》。《宪纲条例》是明代英宗正统

---

① 参见《明太祖实录》卷八十一，洪武六年四月戊戌。
② 参见《明太祖实录》卷一百五十，洪武十五年十一月戊辰。
③ 参见《明太祖实录》卷二百二十六，洪武二十六年三月庚午。
④ 《诸司职掌·兵刑工都通大职掌·都察院·十二道监察御史职掌》，杨一凡点校：《皇明制书》第二册，社会科学文献出版社2013年版，第644—649页。
⑤ 《明太祖实录》卷一百五十对《巡按事宜》的内容有详细记载，将之与《诸司职掌》的有关内容进行比较，可知其主要内容都被编进《诸司职掌》，因此不再被后人提起。
⑥ 参见《明英宗实录》卷六十，正统四年十月庚子。
⑦ 参见《大明会典》卷二百九，《都察院一·风宪总例》。

四年（1439 年）所制定的。"①

二是不能从明代法律体系的特点出发认识《宪纲》作为基本法律的地位，认为《宪纲》在洪武四年（1371 年）颁布后特别是英宗正统四年（1439 年）考定刊印后，又经历了多次修改。这方面比较有代表性的是苏嘉靖发表的《从〈宪纲〉修订看明代监察制度的兴衰》一文，其认为"在《宪纲》事类监察法规体系中，《宪纲》乃是总则，其条文的修订贯穿明代监察体制变迁始终"。②

三是将《宪纲》称为《风宪总例》或《宪纲事例》或《宪纲事类》，甚至将它们不加区别地混用。这种事例比较多，如关文发、于波在其主编的《中国监察制度研究》一书中就称："明代的监察立法中最值得重视的是《风宪总例》的颁布，这是朱元璋创立的明代根本性的监察法典。这部法典颁布于洪武四年（1371 年）……正统四年（1439 年），经修改重颁的《风宪总例》仍体现了这一精神"。③再如刘双舟在其所著《明代监察法制研究》一书中称："明代监察立法中最值得重视的是《风宪总例》的颁布，这是朱元璋创立的明代根本性监察法典……英宗正统四年（1439 年），对《宪纲》进行了修改，制定了《宪纲条例》共十条，主要规定了监察官员的职权和责任"。④ 这段话先说朱元璋时期颁布的是《风宪总例》，后面又说正统四年对《宪纲》进行了修改，显然将《宪纲》等同于《风宪总例》；同时，说英宗正统四年对《宪纲》进行了修改，制定了《宪纲条例》，将正统四年《宪纲》等同于《宪纲条例》，名称显得有些混乱。

四是将《宪纲》与《宪体》或《出巡相见礼仪》《巡历事例》

---

① 彭勃、龚飞：《中国监察制度史》，中国政法大学出版社 1989 年版，第 211 页。另，邱永明的观点与之相近。见邱永明：《中国监察制度史》，华东师范大学出版社 1992 年版，第 407 页。

② 苏嘉靖：《从〈宪纲〉修订看明代监察制度的兴衰》，《西南大学学报》（社会科学版）2020 年 1 月第 1 期。该文章还有一点值得商榷，即将正统四年考定刊印的《宪纲》称之谓《宪纲》事类。笔者认为，作为一部法律的名称，要么是《宪纲》，要么是《宪纲事类》，"《宪纲》事类"不是规范名称。

③ 关文发、于波：《中国监察制度研究》，中国社会科学出版社 1998 年版，第 90—91 页。

④ 刘双舟：《明代监察法制研究》，中国检察出版社 2004 年版，第 158—159 页。

等并提，并将之认定为并行的监察类法规。如陶道强提出："明代制定了《宪纲》和《宪体》，以之为准绳来约束巡按御史行使职权。"① 焦利认为："洪武二十六年（1393 年）前后，朱元璋制定了《宪纲》《出巡相见礼仪》《奏请点差》和《巡历事例》等条例。"② 强鹏程在《明〈宪纲〉初探》一文中运用版本分析等方法对与《宪纲》有关的说法进行了初步考证，取得了一定成果，但同时认为："正统四年（1439 年）颁布的《宪纲》实际上包括五部单行法律，即《宪纲》《宪体》《出巡相见礼仪》《巡历事例》《刷卷条格》，将这五部单行法律统称为《宪纲事类》是可以的。"③

以上各种不同说法归结起来，核心的问题是《宪纲》是否还有其他的名称，及是否还有与之并存的监察类基本法律。辨别清楚这些问题，不仅有利于深化对《宪纲》的认识，也有利于从总体上把握明代监察法律体系的特点。

一 洪武四年《宪纲》乃"祖宗成法"不许后世更改

根据马克思主义认识论关于事物普遍联系的观点，世界上的万事万物都存在着整体与局部两个方面，整体由局部组成，局部也不能脱离整体而独立存在，双方相互依赖，互受影响。因此，研究事物局部的功能与特点，须将其放到整体中去考察。正如毛泽东在谈到战略问题时指出的："懂得了全局性的东西，就更会使用局部性的东西，因为局部性的东西是隶属于全局性的东西的。"④ 据此，对《宪纲》的考察也不能局限于《宪纲》本身，而应将其放到明代整个法律体系中去考察，这样，才能使我们的认识避免犯"只见树木，不见森林"的错误。

---

① 陶道强：《巡按监察御史巡按职责研究》，中国社会科学出版社 2017 年版，第 13 页。

② 焦利：《中国古代监察法律的演进（下）》，《中国人大》2018 年第 9 期。另，邱永明也持此观点。见邱永明《中国监察制度史》，华东师范大学出版社 1992 年版，第 407 页。

③ 强鹏程：《明〈宪纲〉初探》，硕士学位论文，华东政法大学，2010 年，第 40 页。

④ 《毛泽东选集》第 1 卷，人民出版社 1991 年版，第 175 页。

（一）明代的法律体系及基本法律"祖宗成法"的特点

在中国帝制时代，国家的法律体系一般由两类法律构成，一类是基本法律，通常表现为法典；一类是皇帝临时颁布的具有法律效力的文件。如唐朝的基本法律有《唐律》《唐六典》等，皇帝临时颁布的法律文件有诏、令、格、式；宋朝的基本法律有《宋刑统》，皇帝临时颁布的法律文件有敕和例。[①]

明朝的法律体系构成同往朝一样，既有基本法律，如《大明律》等；也有皇帝临时发布的法律文件，如例、条例等。朱元璋对"律"与"例"所下的定义为："律者万世之常法，例者一时之旨意。"[②] 意思是说"律"是各代通行的基本法律，"例"是皇帝根据当时的具体情况作出的决定。《大明会典》对"例"作了进一步的解释："事例出朝廷所降，则书曰'诏'、曰'敕'；臣下所奏，则书曰'奏准'、曰'议准'、曰'奏定'、曰'议定'。或总书曰'令'。"[③] 洪武二十八年（1395年）一月，朱元璋在与刑部大臣谈话时进一步阐明了律与例的关系："刑部臣奏，律条与条例不同者，宜更定，俾所司遵守。太祖曰：'法令者，防民之具，辅治之术耳，有经有权。律者，常经也。条例者，一时之权宜也。朕御天下将三十年，命有司定律久矣，何用更定。'"[④] 朱元璋的意思是，法令是治理的工具，其中律是不宜变更的"常经"，条例是根据当时的情况采取的临时性的措施；例可随时变更，律则不用更定。尽管朱元璋所谈的是刑律与条例的相互关系，但也适用于其他基本法律与条例的关系。

明代的基本法律有两个特点：一是基本法律的范围比较宽泛，既包括《大明律》《诸司职掌》一类的综合性法典，也包括《宪纲》这种关乎某一方面的重要法规，还包括《皇明祖训》《大诰》等训示性的法律文件；二是基本法律都由朱元璋亲自组织制定，不容后世更改。据

---

① 参见陈顾远《中国法制史概要》，商务印书馆2011年版，第61—91页。
② 《明太祖实录》卷二百十二，洪武二十四年九月乙巳。
③ 《大明会典》序言，《弘治间凡例》。
④ 《明太祖宝训》卷三《守法》。

《明史·刑法志》载："始，太祖惩元纵弛之后，刑用重典，然特取决一时，非以为则。后屡诏厘正，至三十年，始申画一之制，所以斟酌损益之者，至纤至悉，令子孙守之。群臣有稍议更改，即坐以变乱祖制之罪。"① 朱元璋在留给后世子孙的《皇明祖训》一书的序言中指出："朕观自古国家，建立法制，皆在始受命之君……盖自平武昌以来，即议定著《律令》，损益更改，不计遍数。经今十年，始得成就。颁而行之，民渐知禁。至于开导后人，复为《祖训》一编，立为家法……今令翰林编辑成书，礼部刊印，以传永久。凡我子孙，钦承朕命，无作聪明，乱我已成之法，一字不可改易。非但不负朕垂法之意，而天地、祖宗亦将孚佑于无穷矣。"② 这里，朱元璋不仅强调了他所定法律的绝对权威性——"一字不可改易"，也阐明了这种权威性的正当理由，包括历史根据、现实经验乃至天地与祖宗的背书。

朱元璋要求后世子孙谨守"祖宗成法"的遗训对有明一代的政治和法制都产生了深远的影响。洪武以后，凡是朱元璋制定的基本法律都没有更改过。凡是新的一代皇帝登基，都会表示要遵守"祖宗成法"。皇帝和大臣们遇到重要的或疑难的事情要处理，也都会首先援引"祖制"作为依据。如果有人想更改朱元璋时期制定的基本法律，就会受到"变乱祖制"的攻击。尽管随着时间的推移，这些基本法律与实际生活脱节的现象越来越严重，应当加以修改，但碍于谨守"祖宗成法"的约束，这些法律却从来没有被修改过。当然，为了解决实际问题，朝廷不得不颁行大量的例和编纂例的汇编来补"祖宗成法"的不足，这些例和例的汇编与"祖宗成法"并行于世。

（二）洪武四年《宪纲》具有与《大明律》一样的基本法律属性

朱元璋是中国帝制时代历朝开国皇帝中极为重视监察制度建设的皇帝。早在明朝建立的前一年即吴元年（1367 年）冬十月，朱元璋就设立御史台及各道按察司，命其履行监察职责。在朱元璋心目中，

---

① 《明史》卷九十三，《志第六十九·刑法一》，中华书局 1974 年版，第 2279 页。
② 《明太祖实录》卷八十二，洪武六年五月壬寅。

御史台是与中书省、都督府并列的三大国家机关之一。他对新履职的御史台的官员汤和、邓愈、刘基等人说："国家新立，惟三大府总天下之政。中书，政之本；都督府，掌军旅；御史台，纠察百司。朝廷纪纲尽系于此，而台察之任实为清要。"① 朱元璋在这里强调了监察机构御史台在维系朝廷纪纲方面的特殊重要地位。

相应地，朱元璋极为重视监察方面的立法。在明朝建立前的元顺帝至正二十六年（1366 年）正月，尚未称"吴王"的朱元璋就命按察司金事周浈等定议"按察事宜""条其'宪纲'所当务者以进"②，表达了他对出台专门监察法律的热切心情。

在朱元璋的督促下，洪武四年（1371 年）正月，御史台进拟《宪纲》四十条，由朱元璋亲自审定后颁行。据《明实录》记载："御史台进拟《宪纲》四十条。上览之，亲加删定，诏刊行颁给。因谓台臣曰：'元时任官但贵本族，轻中国之士，南人至不得入风宪，岂是公道！朕之用人惟才是使，无问南北，风宪作朕耳目，任得其人，则自无壅蔽之患。'殿中侍御史唐铎对曰：'臣闻元时遣使宣抚百姓，初出之日，四方惊动，及至，略无所为。而去，百姓为之语曰："奉使宣抚问民疾苦，来若雷霆，去若败鼓"，至今传以为笑。今陛下一视同仁，任官惟贤，尤重风宪，明立法度，所以安百姓，兴太平，天下幸甚！臣等敢不精白一心，钦承圣意！'③ 从朱元璋与台臣的这段对话看，《宪纲》的内容当是关于御史的选任和御史出巡规则方面的一些规定。

值得注意的是，朱元璋在着手制定《宪纲》的前后也在考虑制定有明一代最重要的法律——《大明律》。《明史·刑法志》记载："盖太祖之于律令也，草创于吴元年，更定于洪武六年，整齐于二十二年，至三十年始颁示天下。日久而虑精，一代法始定。中外决狱，一准三十年所颁。"④ 这段话讲明了《大明律》与《律令》的承继关系，

---

① 《明太祖实录》卷二十六，吴元年冬十月壬子。
② 《明太祖实录》卷十九，丙午年正月辛卯。
③ 《明太祖宝训》卷三《任官》。
④ 《明史》卷九十三，《志第六十九·刑法一》，中华书局 1974 年版，第 2284 页。

也明确描述了《大明律》制定、修订与完善的过程。《明实录》对于《律令》的制定过程有更详细的记载。据《明实录》，吴元年（1367年）冬十月，朱元璋"命中书省定《律令》，以左丞相李善长为总裁官，参知政事杨宪、傅瓛，御史中丞刘基，翰林学士陶安，右司郎中徐本，治书侍御史文原吉、范显祖……为议律官。初，上以唐宋皆有成律断狱，惟元不仿古制，取一时所行之事为条格，胥吏易为奸弊，自平武昌以来，即议定《律》。至是台谏已立，各道按察司将巡历郡县，欲颁成法，俾内外遵守。命善长等详定。"①。吴元年（1367年）十二月，"《律令》成，命颁行之"。②

洪武六年（1373年）夏四月，朱元璋听从监察御史答禄与权的建议，"重刊《律令》《宪纲》，颁之诸司"。③

比较《宪纲》与《大明律》的制定过程可知：第一，从时间上看，两部法律制定的时间进程非常接近。朱元璋酝酿定《律》的时间较早，为其平定武昌返回应天即元顺帝至正二十四年（1364年）三月以后④，但正式启动的时间为吴元年（1367年）冬十月；《宪纲》的正式启动时间为元顺帝至正二十六年（1366年）正月，甚至比前者还早了一年多。《律令》于吴元年（1367年）十二月颁行，《宪纲》于洪武四年（1371年）正月颁行，两者相差只三年时间。到洪武六年（1373年），两部法律同时重刊。可见两部法律的酝酿与着手制定的时间都非常早，均在明朝正式建立之前就开始了，两部法律的制定活动具有同时性。第二，从制定机构上看，《宪纲》由御史台进拟，《律令》由中书省负责起草，两部法律均由专门的班子负责起草。而且，参与《律令》起草的主要官员也大多是御史台的官员，很可能两部法律的起草人员基本上是同一班人马。第三，

---

① 《明太祖实录》卷二十六，吴元年十月甲寅。
② 《明太祖实录》卷二十八上，吴元年十二月甲辰。
③ 《明太祖实录》卷八十一，洪武六年四月戊戌。
④ 关于朱元璋平定武昌及其返还应天的时间，《明史》记录如下：元至正二十四年（1364年），"二月乙未，复自将征武昌，陈理降，汉、沔、荆、岳皆下。三月乙丑，还应天。"参见《明史》卷一，《本纪第一·太祖一》，中华书局1974年版，第12页。

从审定与颁布的程序上看，两部法律均由朱元璋布置制定、最后亲自审定，且均由法定的机构刊刻印行。第四，从立法的动因上看，颁行《律令》的目的之一，是为了监察官巡历地方时于法有据，可见《宪纲》与《律令》有一种表里相维的关系。综上，说明朱元璋对待两部法律的态度都谋深虑远、极为慎重，《宪纲》与《大明律》一样在朱元璋心目中均占有十分重要的地位，也表明《宪纲》与《大明律》一样属于国家的基本法律即"祖宗成法"，是不容后世子孙更改的。

（三）《宪纲》在洪武以后常常与其他基本法律一道被重申

洪武以后一直到明朝灭亡，各代皇帝和大臣很多时候都将《宪纲》与《大明律》《诸司职掌》等相提并论，一同视为国家的基本法律加以重申和强调，显示出其作为"祖宗成法"的权威性。兹略举几例，制作下表：

表 2 - 1　　　　《宪纲》与其他基本法律一并重申事例列表

史料来源	时间	重申事件	重申基本法律
《明英宗实录》卷250，第19册	景泰六年（1455年）二月，戊戌	"吏科都给事中李赞等言：'各处巡抚、镇守等官及都布按三司按治所属，往往恣肆妄为……乞申明《大明律》及《宪纲》严禁约之。'帝曰：'《大明律》及《宪纲》所载者如何不遵？礼部、都察院即申明之。但有搜举细故凌辱官吏者，许被害之人陈诉，治罪不贷。'"①	《宪纲》与《大明律》
《明孝宗实录》卷223，第32册	弘治十八年（1505年）四月，甲子	吏部主事杨子器向孝宗皇帝上言二十事：其中第一事是遵行《大诰》，第二事是遵行《律》法，第三事是申明《宪纲》，第七事是遵依《诸司职掌》调停吏役，第十一事是依《大明律》规定时估赃罚。②	《宪纲》与《大诰》《诸司职掌》《大明律》

① 《明英宗实录》卷二百五十，景泰六年二月戊戌。
② 《明孝宗实录》卷二百二十三，弘治十八年四月甲子。

续表

史料来源	时间	重申事件	重申基本法律
《明世宗实录》卷83，第40册	嘉靖六年（1527年）十二月，戊申	詹事霍韬在给世宗皇帝的奏书中建议严格执行"祖宗之法"，其中提出，要依照《宪纲》关于"以农桑为衣食之源"的规定，行令守令用心劝课；要执行《诸司职掌》中关于"各处闸坝陂池可引水灌田利农者，务不时修浚"等规定，以及申明洪武中令天下生员兼读《诰》《律》《教民榜文》之令，"令学校生员兼试以律，仍令礼部以御制《大诰》诸书刊行天下"，等等。"入，诏所司知之。"①	《宪纲》与《诸司职掌》《大诰》《大明律》《教民榜文》
《明神宗实录》卷191，第55册	万历十五年（1587年）冬十月，辛巳	上林苑右监丞徐琰言："《祖训》《制书》《会典》《集礼》《大明律》《宪纲》诸书并无监官拜提督四署中官之条，今韩印欲监丞及署官行拜礼，臣不敢违国典以成印僭踰之罪。上以提督官奉旨差用，相见自有旧规，如何忿争渎扰，夺琰俸二月。"②	《宪纲》与《皇明祖训》《皇明制书》《大明会典》《大明集礼》《大明律》

　　另外，《大明会典》所列"纂辑诸书"有《诸司职掌》《皇明祖训》《大诰》《大明令》《大明集礼》《洪武礼制》《礼仪定式》《稽古定制》《孝慈录》《教民榜文》《大明律》《军法定律》《宪纲》③，这些都是明初制定通行于世的基本法律。

　　上述例子说明，《宪纲》与明初朱元璋制定的其他基本法律一样，被视为"万世常法"不容更改。

二　宣宗、英宗考定《宪纲》维护了其基本法律的地位

　　朱元璋去世以后，几代皇帝都强调要严格实施《宪纲》，同时也

---

① 《明世宗实录》卷八十三，嘉靖六年十二月戊申。
② 《明神宗实录》卷一百九十一，万历十五年冬十月辛巳。
③ 《大明会典》序言，《纂集诸书》。

不断地用发布事例的形式来贯彻《宪纲》，或对其内容进行适当调整。日积月累的结果，例与《宪纲》之间难免会产生矛盾，导致监察官员在寻找法律依据时会任意取舍，损害《宪纲》的权威。有鉴于此，宣宗皇帝继位以后就开始考虑并组织大臣们考定《宪纲》，到他去世前书已编成，但未及刊印。英宗继位以后，在宣宗考定的《宪纲》的基础上又作了新的调整，终于在正统四年（1439 年）十月定稿并刊印天下。英宗在颁布考定刊印的《宪纲》的诏书中说：

> 朝廷建风宪，任之耳目纲纪之寄，所以肃百僚而贞百度也。《宪纲》一书肇于洪武，厥后官制不同，所宜因时改书，而中外宪臣往往有任情增益者。我皇考宣宗章皇帝临御，臣下屡以为言，遂敕礼部同翰林儒臣考旧文而申明之，并以祖宗所定风宪事体著在简册者悉载其中，永示遵守，而益之以训戒之言。凡出臣下所自增者并削去之。书成，先皇帝上宾，未及颁行。朕嗣位之初，尤以风宪为重，尝敕有司严选，务在得人。而宪臣复以《宪纲》为言。朕今于先朝所考定中益以见行事宜，尔礼部即用刊印，颁布中外诸司遵守。尔都察院其通行各道御史及按察司官钦遵奉行，敢有故违，必罪不恕！钦哉。①

这份诏书阐述了对洪武四年《宪纲》进行考定的意义、原因、过程及增删的主要内容。结合其他史料进行分析，可知考定《宪纲》的目的在于维护其作为基本法律的权威地位，未修改其主要内容，也未更改其名称。

（一）宣宗、英宗考定《宪纲》的目的在于维护其权威

对《宪纲》的考定完成于宣宗时期，而宣宗是明朝皇帝中有名的守成之君，一向主张谨守"祖宗成法"。据《明实录》记载，宣德元年（1426 年）五月，甲午日，"上听政罢，御左顺门语侍臣曰：'朕

---

① 《明英宗实录》卷六十，正统四年十月庚子。

祇奉祖宗成法，所以诸司事有疑碍而奏请者，必命考旧典。盖皇曾祖肇建国家，皇祖皇考相承，法制详备。况历涉世务，练达人情，谋虑深远，子孙遵而行之，犹恐末至。世之作聪明乱旧章驯至败亡，往事多有可鉴。古人云："商周子孙能守先王之法，虽至今存可也"，此诚确论。'①这里，宣宗将能否"祇守祖宗成法"上升到了关乎王朝存亡的高度来认识。

《明宣宗宝训》卷一专门列出"监成宪"一章，记录了八个宣宗要求谨守"祖宗成法"的事例。其中一例是，宣宗将其本人写的一篇名为《以曹参为说》的文章交与少傅杨士奇、太子少傅杨荣等观看并与他们讨论。该文主要观点为"嗣世之君，当守祖法，为辅相者固当清静处之"。杨士奇等人看后回应说："自古创业之君，辅运之臣，皆老于人情，熟于世故，立法垂宪至精至密，子孙奉而行之，足以为治；若变乱纷更，必致祸败。往事昭然可为明鉴。陛下所论，非惟得参之心，实万世继体图治者所当取法。"②杨士奇等人完全同意宣宗的看法，谨守"祖宗成法"实为宣宗与大臣们的共识。

宣宗谨守"祖宗成法"的态度反映到《宪纲》的实施上，就是一直强调并维护《宪纲》的权威。据《明实录》，洪熙元年（1425年）八月，宣宗皇帝继位不久，"陕西按察使陈智言：'《宪纲》：监察御史及各道按察司每岁八月中出巡、审囚、刷卷，已著为令。比因营缮等事差遣，旧令遂废。凡储官司案牍散弃、钱粮刑名赃罚等项恐致湮没，无由稽考。'上语都御史刘观等曰：'《宪纲》，尔所职，何致废弛如是，悉旧例举行。'"③宣德元年（1426年）冬十月，"升行在河南道监察御史张政为山西按察使，上谕之曰：'今以一道《宪纲》付尔，当谨守礼法，以肃众僚、正庶官，事有当为者即为之，务合至公，勿有所徇。'"④宣德二年（1427年）十二月，"以山西道监

---

① 《明宣宗实录》卷十七，宣德元年五月甲午。
② 《明宣宗实录》卷四十一，宣德三年四月丙寅。
③ 《明宣宗实录》卷七，洪熙元年八月丁卯。
④ 《明宣宗实录》卷二十二，宣德元年十月癸亥。

察御史杨礼不明《宪纲》，改江西瑞州府推官。"① 这些事例表明，宣宗维护《宪纲》权威的主要方式至少有三种：第一，对废弃《宪纲》旧典的监察官员予以严厉训斥，并责令悉数依照旧例执行；第二，强调《宪纲》的重要性，并训示不得有违；第三，将不熟悉《宪纲》内容的监察官员调离岗位，改任其他职务。无论是反复强调《宪纲》的重要性，抑或处分不重视、不遵循《宪纲》的官员，都是宣宗极端推崇作为"祖宗成法"的《宪纲》的表现。

以上可见，宣宗一向奉行"谨守祖宗成法"，在实践中又一以贯之地严格执行《宪纲》，这样，我们就不难理解他对待修改《宪纲》的态度是"考旧文而申明之"，即重申和强调《宪纲》的规定，目的是进一步维护《宪纲》的权威，保证《宪纲》的规定得到更好的落实。

（二）洪武四年《宪纲》的内容经考定后没有实质上的变化

"考定"既不同于修订，更不是重新制定，而是考证后予以确认。具体来说，考定《宪纲》就是对当世通行的《宪纲》中的条文进行辨别，如系宪臣"任情增益者"予以删除，如系原来《宪纲》的内容即予以确定，当然要对其中与现行官制不相适宜的部分予以修改。

一方面，洪武四年《宪纲》的实质性内容在正统四年《宪纲》中被保留下来。

要弄清楚洪武四年《宪纲》的实质性内容是否在英宗考定刊印的《宪纲》中都被保留下来，先得弄清楚正统四年《宪纲》到底有哪些内容。这一点我们从流传下来的《皇明制书》和《大明会典》中能够比较完整地得知。《皇明制书》是明代人编纂刊印的明代基本法律文件的汇编，流传下来的主要有三种刊本，即十四卷本、二十卷本和不分卷本，其中十四卷本和二十卷本都收录有《宪纲》。日本山根幸夫先生所撰《〈皇明制书〉题解》一文对《皇明制书》的版本及收藏情况作了详细的说明：《皇明制书》二十卷本是万历七年（1579 年）

---

① 《明宣宗实录》卷三十四，宣德二年十二月己巳。

由保定巡抚张卤（万历六年七月至万历八年十月在任）于大名府刊刻，根据张卤所做的序文推断，他在编刊《皇明制书》时很可能参照了嘉靖年间镇江府丹徒县署刊刻的十四卷本的《皇明制书》。① 笔者在中国国家图书馆看到馆藏的十四卷本，书中没有序文或者跋文，其刊刻经过以及刊刻于嘉靖何年均不得而知。书末有"直隶镇江府丹徒县刊"字样，当为原刻本。杨一凡先生点校出版的《皇明制书》即以此为底本。②

《皇明制书》虽然不是由国家正式的机构编纂完成并经法定的机构刊印，属于私人编纂性质的法律汇编，但与现见《大明会典》的有关内容相对照，其内容仍具有较高可信度。《大明会典》虽成书晚于《皇明制书》，但因其为朝廷正式颁布的法典，权威性高于《皇明制书》。前文提到，《宪纲》是纂辑《大明会典》时所依据的重要法律文献，但遗憾的是，《大明会典》在编纂时将原来的法律条文按照重新设定的"事纲类目"进行编纂，使得我们无法见到《宪纲》的原貌了。根据《大明会典》的编纂体例，将"正统四年定"的有关条文找出，与《皇明制书》中《宪纲》一书的内容进行比对，发现它们除了个别用词不同，其他几乎完全一样。据此推断，《皇明制书》中《宪纲》一书的内容就是英宗正统四年（1439 年）所定《宪纲》的内容。

《皇明制书》所收录的《宪纲》一书中有"宪纲三十四条"字样，应该是"经考定的《宪纲》条文三十四条"的意思。前引《明实录》所载"御史台进拟《宪纲》四十条。上览之，亲加删定，诏刊行颁给"一句，说明当时御史台草拟的《宪纲》初稿是四十条，报朱元璋后他进行了删改，最终保留的具体条文数量很可能在三十四条至四十条之间。同时，考虑到《大明会典》编纂时将之前各个时

---

① ［日］山根幸夫：《皇明制书解题》，《皇明制书》，日本古典研究会 1967 年影印版，第 1—17 页。

② 参见《皇明制书及所载法制文献的版本》，杨一凡点校：《皇明制书》第一册，社会科学文献出版社 2013 年版，第 3 页。

期包括洪武年间制定的监察类的法律、条例都以某代某年定的形式作了记载，而唯独缺"洪武四年定"的字样，这就意味着洪武四年《宪纲》的内容都已被正统四年《宪纲》的内容所吸收与覆盖，因而没有必要再单独加以记载。据此可知，正统四年《宪纲》中"宪纲三十四条"就是洪武四年《宪纲》的内容。

另一方面，对洪武四年《宪纲》中与现行官制不相适宜的内容作了更定，但涉及变更的有关条文数量应当较少。

自洪武六年（1373年）重刊《宪纲》，一直到洪武三十一年（1398年）朱元璋去世，这期间明朝的政治体制发生了重大变化。主要有：洪武十年（1377年）设通政司；洪武十三年（1380年）废丞相，改大都督府为五军都督府，建立由皇帝直接领导的五府六部体制；监察机构方面，洪武十三年（1380年）罢御史台，十五年（1382年）设立都察院，十七年（1384年）正月升其为正二品衙门，设左右都御史、左右副都御史、左右佥都御史、经历、都事、各道监察御史等。在地方于洪武九年（1376年）废除行省制度，改为承宣布政使司、提刑按察使司、都指挥使司"三司"并立的政权。朱元璋去世以后，整个官制又小有变化，监察官制方面，建文二年（1400年）改为御史府，成祖复旧制。永乐元年（1403年），改北平道为北京道。十八年（1420年），罢北京道，增设贵州、云南、交阯三道。洪熙元年（1425年），称行在都察院，同六部。宣德十年（1435年），罢交阯道，始定为十三道。正统中，去"行在"字样。① 从洪武四年到正统四年（1371年至1439年），官制发生了如此重大的变化，毫无疑问所有与之有关的法律规定都应当相应地作出修改。在原有《宪纲》中，确有一些条文直接涉及官制，如"嘱托公事"条、"互相纠劾"条都涉及到中央监察机构的称谓②，特别是"照刷文卷"

---

① 参见《明史》卷七十三，《志第四十九·职官二·都察院》，中华书局1974年版，第1772—1773页。

② 参见《宪纲事类》，杨一凡点校：《皇明制书》第四册，社会科学文献出版社2013年版，第1448页。

条详列了应具报卷宗以凭查刷的中央机构①，这些在考定《宪纲》时都应当按照现行的官制进行改正，如将御史台的名称改为都察院，去掉中书省、大都督府，增加五军都督府、通政司，等等。但实际上《宪纲》涉及官制的条文并不多，只有少数几个，其内容主要是关于御史选任和监察规则方面的规定，这一点从前文所引朱元璋在洪武四年（1371 年）刊布《宪纲》时对臣下所言也可以得到证明，而这些是仍然可以继续适用而不必加以改动的，因此，可以判断宣宗考定《宪纲》时为适应官制变化而对原有《宪纲》的内容所做的改动其实并不多。

（三）正统四年《宪纲》增加的编例强化了洪武《宪纲》作为基本法律的地位与性质。

英宗正统四年《宪纲》包括五个部分，除"宪纲三十四条"外，还有"宪体十五条""出巡相见礼仪四条""巡历事例三十六条""刷卷条例六条"。根据英宗正统四年（1439 年）发布的诏令，考定后的《宪纲》与洪武四年《宪纲》相比，其变化主要是两个方面：一是保留了宣宗考定《宪纲》时"以祖宗所定风宪事体著在简册者悉载其中"的部分，这方面的内容应该是指正统四年《宪纲》中的"巡历事例"和"刷卷条例"，这两部分的内容都直接来源于洪武二十六年（1393 年）颁布的《诸司职掌》；二是"于先朝所考定中益以见行事宜"。据《大明会典》"国初，监察御史及按察司分巡官巡历所属各府州县，颜颜行事。洪武中详定职掌，正统间又推广申明，著为《宪纲》，及宪体、相见礼仪，事例甚备"② 一句推断，英宗增加的内容应该是指"宪体十五条"和"出巡相见礼仪四条"，这两部分应该是一些现行事例的纂集。结合前文对明代法律形式和宣宗、英宗两朝考定《宪纲》的本意进行分析，可知这些内容应当是以附例的形式编于其后的，系对洪武四年《宪纲》的内

---

① 参见《宪纲事类》，杨一凡点校：《皇明制书》第四册，社会科学文献出版社 2013 年版，第 1453 页。

② 《大明会典》卷二百十，《都察院二·出巡事宜》。

容进行考定后所作的补充，并不影响洪武四年《宪纲》作为基本法律的地位和性质。

对现行条例进行整理汇编，然后将其置于基本法律之后一体刊印，这种做法在洪武时期就已经有了。据《明史》记载，洪武三十年（1397 年），朱元璋作《大明律诰》成。他对群臣说："朕仿古为治，明礼以导民，定律以绳顽，刊著为令。行之既久，犯者犹众，故作《大诰》以示民，使知趋吉避凶之道。古人谓刑为祥刑，岂非欲民并生于天地间哉！然法在有司，民不周知，故命刑官取《大诰》条目，撮其要略，附载于律。凡榜文禁例悉除之，除谋逆及《律诰》该载外，其杂犯大小之罪，悉依赎罪例论断，编次成书，刊布中外，令天下知所遵守。"① 这种将现行事例整理汇编后附着于法典条文一体刊布的做法开创了一种新的法典编纂形式，成为英宗考定《宪纲》的滥觞。朱元璋这么做，显然并不是要降低《大明律》的权威，反而是要更好地维护它作为国家基本法律的地位。同理，正统四年《宪纲》的编纂方式也没有降低洪武四年《宪纲》的权威，反而是维护了它作为基本法律的地位。

三　正统四年后《宪纲》作为基本法律名称一直相沿不改

"宪纲"一词在中国古代很早就已出现，原有法律、法度等含意，后逐渐被用来指代监察法规。经过漫长的演变，到明代始在多数情况下成为监察类基本法律的专有名词。

唐代之前，"宪纲"一词的含义主要是法纪、法度。如《后汉书·和帝纪》："市道小民，但且申明宪纲，勿因科令，加虐羸弱"②，又如《南齐书·谢超宗传》："况超宗罪逾四凶，过穷南竹，虽下辄收，而文止黄案，沈浮互见，轻重相乖，此而不纠，宪纲将替"③。唐宋以降，"宪纲"的含义演变为专指监察方面的法律规定，但非确

---

① 《明史》卷九十三，《志第六十九·刑法一》，中华书局 1974 年版，第 2284 页。
② 《后汉书》卷四，《孝和孝殇帝纪》，中华书局 1999 年简体字本，第 126 页。
③ 《南齐书》卷三十六，《谢超宗传》，中华书局 1999 年简体字本，第 431 页。

指某一部专门的监察法。唐高宗"龙朔二年（622年），改御史台曰宪台，大夫曰大司宪，中丞曰司宪大夫"①，此后监察机构与"宪纲"一词产生了直接的关联，如《旧唐书·王徽传》："徽探知其旨……高湜时持宪纲，奏为侍御史知杂，兼职方员外郎，转考功员外"②，《旧唐书·孔纬传》："（孔纬）乾符中，罢学士，出为御史中丞。纬器志方雅，嫉恶如仇。既总宪纲，中外不绳而自肃"③。《宋史·边归谠传》："周广顺初，迁兵部、户部二侍郎。世宗闻其亮直，擢为尚书右丞、枢密直学士，以备顾问。就转左丞，世宗以累朝以来宪纲不振，命为御史中丞。"④ 到了元代，出现了名为《风宪宏纲》的专门的监察法规⑤，但"宪纲"一词的使用一如唐宋。查《元史》有四处使用"宪纲"一词，均为监察纪律、监察秩序的意思，如天历元年（1328年）十一月，文宗以御史中丞玥璐不花为太禧使，"监察御史撒里不花等言：'玥璐不花素禀直气，操履端正，陛下欲振宪纲，非任斯人不可。'乃复以玥璐不花为中丞，兼太禧使"⑥。其他三处为"宪纲大振""宪纲隳矣""宪纲不振"，从用词搭配看，四处"宪纲"一词的含意是一样的。朱元璋在洪武四年（1371年）制定监察方面的基本法律，取其名为《宪纲》，很可能是"风宪宏纲"的简称。

检索《明实录》，自英宗登基至正统四年（1439年）颁布新版《宪纲》前，这期间有两段记载涉及"宪纲"一词，用的都是"振肃宪纲"，说明那时"宪纲"一词非专指《宪纲》这一法律文本。而从正统四年《宪纲》颁布一直到明朝末年，"宪纲"一词绝大多数情况都是专指《宪纲》法律文本。具体情况见表2-2。

---

① 《新唐书》卷四十八，《百官三》，中华书局1999年简体字本，第812页。

② 《旧唐书》卷一百七十八，《王徽传》，中华书局1999年简体字本，第3158页。

③ 《旧唐书》卷一百七十九，《孔纬传》，第3164页。

④ 《宋史》卷二百六十二，《列传第二十一·边归谠》，中华书局1985年版，第9070页。

⑤ 据《元史》记载："仁宗之时，又以格例条画有关于风纪者，类集成书，号曰《风宪宏纲》。"《元史》卷一百二，《志第五十·刑法一》，中华书局1976年版，第2603页。

⑥ 《元史》卷三十二，《本纪第三十二·文宗一》，中华书局1976年版，第720页。

表 2－2　　　　　　正统四年后"宪纲"一词使用情况统计表

各朝《实录》	"宪纲"一词出现次数	特指《宪纲》文本次数	与"宪纲"关联的词语	补充说明
英宗皇帝实录（正统四年以后，含景帝实录）	11	11	宪纲一书、宪纲所载、祖宗宪纲、悉依（乃陈、申明、蔑视）宪纲	
宪宗皇帝实录	12	11	不遵（悉依、只遵、遵按、照依、依、照）宪纲、祖宗宪纲	余一处说官员"动触宪纲"，不明确
孝宗皇帝实录	4	4	仍遵（不遵、务遵、申明）宪纲	
武宗皇帝实录	9	8	固非宪纲专任之意、不体（不遵、力持、悉照、申明）宪纲	余一处说"大弛宪纲"，不明确
世宗皇帝实录	25	22	遵照（遵依、申明、依）宪纲、宪纲曰、总司宪纲、宪纲所载、呈递宪纲一册	
穆宗皇帝实录	2	2	嘉靖初年所定宪纲事理、登记宪纲册	嘉靖初年多次借重申《宪纲》出台事例
神宗皇帝实录	12	11	查照（申明、不遵、尽举、申饬、遵照、体统）宪纲、大明律宪纲诸书、宪纲、宪纲所载、祖宗宪纲	
光宗皇帝实录	0	0	0	
熹宗皇帝实录	5	4	遵照（开载、有裨）宪纲、宪纲至严	余一处"条上宪纲要务"，不明确

从表 2－2 可以看出，英宗正统四年（1439 年）刊布考定的《宪纲》后，各朝实录记载涉及《宪纲》的总共有 80 次，其中至少有 73

次确指作为监察类法律文本的《宪纲》，占比90%以上。这说明正统四年后在使用"宪纲"一词时，绝大多数情况都是指的《宪纲》一书。这也从一个特殊的角度，说明《宪纲》是作为国家基本的法律贯彻实施于整个明代的。

四 《宪纲》之外不存在其他监察类单行基本法律

要说明《宪纲》为明代唯一的监察方面的基本法律，仅就《宪纲》本身的制定、考订及实施情况进行考证是不够的，还得弄清楚与之有关的一些提法是怎么出来的，其根据是什么，是否具有合理性。

（一）关于《宪纲事类》的说法

检索《明实录》《大明会典》《明史》等书，并未见有《宪纲事类》这一法律名称的记载。那么，为什么会有英宗在正统四年（1439年）制定了《宪纲事类》，或《宪纲》即《宪纲事类》等各种说法呢？

1994年科学出版社出版了杨一凡、曲英杰主编的《中国珍稀法律典籍集成》乙编第二册，其中收录有《宪纲事类》。编者指出：《宪纲事类》以北京图书馆藏明嘉靖年间南直隶镇江府丹徒县官刊《皇明制书》为底本点校，"《宪纲事类》，明英宗正统四年（1439年）十月刊行。据该书首皇帝敕谕，《宪纲事类》系宣宗朱瞻基敕礼部同翰林儒臣所定，书成，宣宗驾崩，未及颁布。英宗继位后，复命礼部刊印，颁行天下。全书九十五条，其中《宪纲》三十五条，《宪体》一十五条，《出巡相见礼仪》四条，《巡历事例》三十六条，《刷卷条例》六条……"① 2013年社会科学文献出版社出版了杨一凡点校的《皇明制书》，杨一凡在《〈皇明制书〉及所载法制文献的版本》一文中沿用了这一说法②。其他有关《宪纲事类》的各种说法均未注

---

① 杨一凡等：《点校说明》，《中国珍稀法律典籍集成（乙编）》第二册，科学出版社1994年版，第2—3页。

② 杨一凡：《〈皇明制书〉及所载法制文献的版本》，杨一凡点校：《皇明制书》第一册，社会科学文献出版社2013年版，第20页。

明出处，很可能来自上面的说明，但这一说明其实是值得商榷的。

首先，英宗正统四年（1439 年）的诏书中并没有出现"宪纲事类"字样。诏书说"《宪纲》一书肇于洪武"，其意思是现在要刊印的《宪纲》肇始于洪武年间制定的《宪纲》，如果是改了名称（如改名为《宪纲事类》），该诏书就应当表述为"《宪纲事类》一书肇于洪武"。而且，从法律修订者的本意角度来说，既然考定《宪纲》的目的是"考旧文而申明之"，其行为应当具有一定的保守性与延续性，不会轻易改变《宪纲》这一法律名称。

其次，中国国家图书馆藏《皇明制书》十四卷本和日本东洋文库藏《皇明制书》二十卷本所列书目只有《宪纲》而无《宪纲事类》。山根幸夫先生在《〈皇明制书〉题解》一文中列举了各刊本收录的典籍，亦均只有《宪纲》而无《宪纲事类》。① 由此可见，《宪纲事类》这一名称来源于《皇明制书》，应系点校说明者的误解。

再者，中国国家图书馆藏《皇明制书》所列典籍本来只有《宪纲》，但在其内页有"宪纲事类目录"字样，现在的点校者去掉了"宪纲"而直接换上了《宪纲事类》，以致人们误以为《宪纲》就是《宪纲事类》。中国国家图书馆藏《皇明制书》收录的《宪纲》一书，开卷是前面引过的英宗正统四年（1439 年）刊印《宪纲》时发布的诏书，然后是"宪纲事类目录"。出现"宪纲事类目录"字样，一种可能是英宗正统四年刊印的《宪纲》原书就是如此；另一种可能是《皇明制书》的编者自己加上去的——这种属于私自编纂刊印而非朝廷下令刊印的法律汇编，其内容有所增改是难免的。

但是，无论基于何种情况，"宪纲事类"都是作为《宪纲》一书的编目标题出现的。现今出版的《皇明制书》点校者用《宪纲事类》作其书名，相当于将该书的副标题直接作为正标题使用，由此引起了误会，并导致学界进一步的误用。

---

① ［日］山根幸夫：《皇明制书解题》，《皇明制书》，日本古典研究会1967 年影印版，第 10 页。

（二）关于《宪纲条例》的说法

用"宪纲条例"作关键词在《明实录》《明史》《大明会典》等书中搜索，仅在《大明会典》中找到一处，其他均未见。这样，关于正统四年（1439 年）制定了《宪纲条例》的说法，就很可能来源于对《大明会典》有关内容的解读。

据《大明会典》载："见《诸司职掌》及正统中所定《宪纲》、条例甚备，各以类分列"①。将《宪纲》称为《宪纲条例》，可能是对"正统中所定宪纲、条例甚备"一句的误读。此句有两种不同的读法，可以作"正统中所定《宪纲》、条例甚备"，也可以作"正统中所定《宪纲条例》甚备"，相应地有两种不同的含义。考虑到《大明会典》"纂辑诸书"所列供编辑《大明会典》用的书籍中只有《宪纲》而无《宪纲条例》；同时联系到《大明会典》的另一记载："国初，监察御史及按察司分巡官巡历所属各府州县，颉颃行事。洪武中，详定职掌。正统间，又推广申明，着为'宪纲'及'宪体''相见礼仪'，事例甚备"②，可知"正统中所定宪纲、条例甚备"一句恰当的标点应是"正统中所定《宪纲》、条例甚备"，意即正统中所考定的洪武时期的《宪纲》条文和所增益的条例很详备。据此，按《大明会典》的记载，是不存在英宗正统四年（1439 年）制定了《宪纲条例》这一说法的。

（三）关于《宪纲》与《宪体》甚至与《出巡相见礼仪》《巡历事例》《刷卷条例》并列为单行法规的说法

将《宪纲》与《宪体》并提，认为明代制定了《宪纲》《宪体》，其根据可能是《大明会典》的两处记载，一处是前引《大明会典》中"著为'宪纲'及'宪体''相见礼仪'，事例甚备"一句，另一处是《大明会典》都察院部分"出巡事宜"一节，在收录"正统四年定"的内容中有三个地方分别出现"以上宪纲""以上宪体"

---

① 《大明会典》卷二百九，《都察院一·风宪总例》。
② 《大明会典》卷二百十，《都察院二·出巡事宜》。

"以上出巡相见礼仪"的说明，以此误以为《宪纲》《宪体》是并行的单行法规。至于认为正统四年（1439 年）制定了《宪纲》《宪体》《出巡相见礼仪》《巡历事例》《刷卷条例》五部单行法规，其依据可能是《皇明制书》中收录的《宪纲》一书分为五个部分，就简单地认为这五个部分为五部单行法律。这些说法均未明确注明出处，其实均不能成立，理由如下。

其一，从历史文献记载的法律文本的情况看，不存在以"宪体""出巡相见礼仪""巡历事例""刷卷条例"等命名的单行法律。

用"宪体""出巡相见礼仪""巡历事例""刷卷条例"作关键词在《明实录》《明史》等书中搜索，仅找到若干处涉及"宪体"的内容，其他均阙如。而全部《明实录》中涉及"宪体"的段落总共83 段，英宗正统四年（1439 年）以后共 77 段，联接用词仅有一处为"不遵宪体"，其他为有（甚）失（乖、昧、伤）宪体、不（罔）谙（宜、达）宪体、失风宪体、当执宪体、宪体不严（不检、略疏、不端、扫地）、练达（共成、卑辱、大坏、大关、肃、辱、成何）宪体、（甚）得宪体、于宪体非宜、以正（崇）宪体、条陈宪体四事、巡方宪体、宪体是非曲直、总宪体尊权重等。对比前面"正统四年后'宪纲'一词使用情况统计表"中所列与"宪纲"的联结词可知，"宪体"一词指的监察秩序、风宪体统、风宪官的形象等，而非指法律文本。

其二，从历史文献记载的纠正监察官员违法行为时所引用的法律看，不存在以"宪体""出巡相见礼仪""巡历事例""刷卷条例"等命名的单行法律。

《明实录》共有九段与"宪纲""宪体"均相关的记载，大体是说依照《宪纲》应当是什么样的，否则就会有伤"宪体"，或者是某某人不谙"宪体"，当依《宪纲》进行处理，这从另一角度也说明"宪纲"是法律书名，而"宪体"不是。如天顺元年（1457 年）三月，英宗皇帝在给都察院右都御史耿九畴等的敕谕中说："朕今简命尔等，以肃台纲。尔等其必勉图报称，正己奉法，督率各道御史，咸修厥职，痛革前弊。今后仍须严加察举，其间但有不谙宪体、不立名节，在内在外如前所为者，具名以闻，从公黜退。及有别无非为，止是不宜宪体者，亦从奏请改除。凡遇一应政务悉依《诸司职掌》及《宪纲》施行，言事必以直道而务存大体，治事必以正法而务循旧章"①，又如成化七年（1471年）夏四月，吏科都给事中程万里等建言："御史，朝廷耳目之官，顷年任是官者多新进之士，罔谙宪体，乞敕吏部一依《宪纲》选用……"②

在涉及违反出巡相见礼仪方面的行为需要纠正时所引用的也是《宪纲》而不是《出巡相见礼仪》。如嘉靖初年，胡世宁在《陈言治道急务以效愚忠疏》中说："往时巡按秉权太重，行事太过，先朝考定《宪纲》一书以为矜式。其与三司、知府等官相见各有定礼也，其职任事务各有定例也。今则藩臬、守令皆不得专行其职，而事皆禀命于巡按矣。甚而巡抚固位者，亦不敢专行一事，而承望风旨于巡按矣"③；又如嘉靖九年（1530年）正月，都察院右都御史汪鋐"谨以《宪纲》及皇上敕谕，窃取其宏纲大旨，谨条为'巡按约束十二事'"，其中一事为"谨礼度"，文中说："《宪纲》所载：御史与方面官往来相见，礼节甚明，及运使运同、知府知州有事不许跪白。近蒙皇上申饬前规，至为谆切，足以一洗数十年相传陋习。自今御史有不遵定议，仍令两司隅坐，运使等官跪禀者，听臣等访实参治。"世宗皇帝答复说："御史巡历地方，振扬风纪，关系甚重，旧章成法，具载《宪纲》。朕已屡谕举行，而人心怠玩如故，览疏深切时弊，俱准行。"④汪鋐所引用的条文出自《宪纲》一书中的"出巡相见礼仪四条"中的第三条，如果"出巡相见礼仪"为单行法规，就会直接加以援引而不会援引《宪纲》，世宗皇帝的答复也是同理。

---

① 《明英宗实录》卷二百七十六，天顺元年三月戊子。

② 《明宪宗实录》卷九十，成化七年四月乙卯。

③ 胡世宁："守令定例疏"，（明）陈子龙等选辑：《明经世文编》卷一百三十六，《胡端敏公奏议》第三册，上海书店出版社2019年版，第1440页。

④ 《明世宗实录》卷一百九，嘉靖九年正月乙卯。

至于"巡历事例"，在《大明会典》"都察院"部分"出巡事宜"一节，列举了"正统四年定"的条文十条，并在该段最后明确说明"以上宪纲"。① 这就排除了英宗正统四年（1439 年）制定了"巡历事例"单行法律的说法。万历十五年（1587 年）八月，都察院左都御史詹仰庇陈"御史出巡事宜""上以所奏有裨风纪，命都察院议行。今后巡按御史敢有任情行事不遵《宪纲》者，该院从实查参，于回道考察之日分别议处"。② 这也说明关于御史出巡方面的事宜是由《宪纲》规定的，朝廷并未制定其他单行法律。

（四）关于《风宪总例》的说法

为了弄清楚明朝是否制定了名为《风宪总例》的单行法规，笔者以"风宪总例"为关键词对《明实录》《明史》《大明会典》等书进行搜索，仅在《大明会典》中找到一处记载。《大明会典》"都察院"部分专门有一节"风宪总例"，共计 10 条。这一节的首语为"在京都察院及十三道，在外按察司，俱称风宪衙门，以肃政饬法为职，见《诸司职掌》及正统中所定《宪纲》、条例甚备，各以类分列。其通行难附者，载此"③。显然，"风宪总例"是出于《大明会典》编纂的需要特设的一节，只收录了《宪纲》中其他事纲类目无法收录的一部分内容，并无《风宪总例》一书。

总之，明代监察类基本法律只有《宪纲》一书，其他的说法都是因为对有关的文献产生了误读所致。

第二节　监察方面的条例或事例

洪武四年《宪纲》颁行之后，朱元璋就出台了监察方面的条例来细化与之有关的规定。洪武之后，各代又都出台了大量的监察方面的条例来重申《宪纲》或补《宪纲》之不足。因为面对的形势不一样，

---

① 《大明会典》卷二百十，《都察院二·出巡事宜》。
② 《明神宗实录》卷一百八十九，万历十五年八月戊寅。
③ 《大明会典》卷二百九，《都察院一·风宪总例》。

要解决的问题也不一样，其中有些条例只是行之于一时，有些条例后世一直相沿不改，甚至被编入会典，成为法典的组成部分。

一 洪武四年《宪纲》之后到正统四年考定重刊《宪纲》之间的条例

朱元璋在洪武四年（1371 年）刊布《宪纲》之后，于洪武十五年（1382 年）颁行了《巡按事宜》。这年十一月，朱元璋"命都察院以《巡按事宜》颁各处提刑按察司，俾各举其职：凡府州县社稷、山川坛壝，帝王陵庙，必令修洁，祭祀以时。忠臣烈士未入祀典者，孝子顺孙、义夫节妇未旌表者，必询访具实以闻；兴举学校，察吏治得失，戢豪强，均赋役，存问鳏寡孤独、废疾无人自振者；举行乡饮酒礼及民间戚欣、庆慰宴会之际，必以齿序；伸理狱囚冤滞，稽考诸司案牍，官吏廉能者举之，贪鄙者黜之；征求遗逸以进诸朝，赈赡流民以复其业，仓库钱谷必会其赢缩，山川道里、风俗物产必知其所宜，来朝之日则条列以闻。著为令"。①

查《大明会典》，未见"洪武十五年"字样，可知此例未被收纳。究其原因，是它早就被《诸司职掌》和正统四年（1439 年）考定重刊的《宪纲》吸纳而不需重复纂入。对比《诸司职掌》中有关出巡的规定，也确知《出巡事宜》中的内容已完全被其吸纳；再看《大明会典》中"出巡事宜"一节"正统四年定"的内容，也可知其内容有的也被正统四年所定的《宪纲》所吸纳，因此，《诸司职掌》颁行特别是正统以后，此《出巡事宜》再未被提起。

洪武之后，几代皇帝发布的监察方面的条例，大多是关系监察事务的安排，少部分关于监察制度的调整。明成祖在位 22 年，在《大明会典》中查到的关于监察方面的事例或条例共计 16 条，几乎全部都是关于派遣尚书、侍郎及监察御史出巡的工作安排，没有涉及监察制度本身的调整。

① 《明太祖实录》卷一百五十，洪武十五年十一月戊辰。

明宣宗继位时都察院贪污成风，为改变这一情况，他制定了几项改革措施，并为都察院定下了新的任务和职能。宣德三年（1428年）八月，任命顾佐为都御史取代刘观，接着罢免了北京和南京都察院数十名不称职的官员。明宣宗还进一步明确了都察院的办事程序和职责，为御史新增了一些监察任务，包括视察军屯、营建项目和京营的情况，以及监督南直隶的征税和通过大运河至北京的漕运。在监察机构设置和地方治理方面变化最大的，是督抚制度的初步建立。这一点在下一章"监察机关"部分将专门谈到。洪熙元年（1425年）九月，宣宗派两名官员到南直隶和浙江去担任"巡抚"。宣德五年（1430年），委派任期不定的高级官员去"巡抚"河南、陕西和四川的民政、司法和兵备，加快了巡抚制度定形化的过程；宣德十年（1435年），这类委派的任务包括了从甘肃至辽东的北方边境的主要边防地区。

与上述举措相适应，宣宗颁布了一系列的监察方面的条例，他甚至已经组织考定《宪纲》并已基本完成，只是来不及刊布就龙驭上宾。查《大明会典》其中收录的宣宗宣德年间发布的例一共26个，主要内容涉及三个方面，一是选派御史出差的安排，共9个；二是关于派遣都御史、侍郎等大臣出巡及在部分地区设置总督、巡抚的规定，共计11个；三是关于御史的选任、御史出巡的规则方面的规定，共计6个。这些条例的出台，反映了宣宗十分重视监察制度建设；同时，也说明宣宗作为有名的"守成之君"，对监察制度的改革不会有太多实质性的内容。

二 正统四年《宪纲》刊布后到武宗时期颁布的监察条例

英宗于正统四年（1439年）考定并颁行《宪纲》后，很快就颁布了新的条例，其在位期间颁布的条例被《大明会典》收录的至少有10个。这些条例主要还是涉及总督巡抚体制的变化。派往地方的专使，因管辖地区的固定化和任职时间的长期化，实际上已把后来称之为巡抚的职务制度化了。但巡抚还未被承认为实质性的任命，而是把职权委诸同时在中央政府任正式官职的官员的一种专门的委任。这类官员通常是六部的侍郎，特别是兵部侍郎。后来他们被加授高级监察官员的空衔。再后来，巡抚还被指定为兼提督军务或参理军务，一些地方的巡抚演变为总督。督抚制的确立，标志文官逐渐控制了军事。英宗时期的条例反映了督抚制度趋于成熟的这一过程。

三　明世宗时期颁行的监察条例

明世宗时期对监察官员队伍进行了大规模的调整和整顿，相应地也出台了一系列监察方面的条例，其中有些条例被《大明会典》收录，粗步统计有 50 多个；有些条例虽未被《大明会典》收录，但当时发挥的作用也很重要。

嘉靖六年（1527 年）十月条例。据《明实录》："署都察院事侍郎张璁请申明《宪纲》，令巡按御史有所遵守：'一言：巡按御史及按察司官得互相纠举，其清军、巡盐、刷卷御史同在地方者一体觉察。一言：巡历所至无得出郭迎接。方面官得与巡按御史均礼，左右对拜分坐，不许伺候作揖。一言：御史当遍历郡国，交代不得过期违限，怠事者定行参究。一言：御史不得访察滥及无辜，断狱皆自下而上，情重者乃自临决。一言：有司久任有殊绩者得举，五品以上贪污著者得劾。荐举毋滥加于庸流，弹劾勿下及于丞尉。一言：风宪之官贵厚，用法贵宽，不得辄用酷刑，有犯重辟者必须亲审无冤，以体圣明钦恤之意。一言：按部所至，无多用导从，饮食供帐宜从俭约，凡设彩铺毡无名供馈之属皆不许用，庶免小民供亿之繁。'奏上，深善其言，令巡按御史及按察司官遵行，有违犯者必罪不贷。"①

《明史》对此事的叙述为："璁积怒廷臣，日谋报复……京察及言官互纠，已黜御史十三人，璁掌宪，复请考察斥十二人。又奏行宪纲七条，钳束巡按御史。"②《明会要》的叙述为："嘉靖六年九月戊

---

① 《明世宗实录》卷八十一，嘉靖六年十月丁未。
② 《明史》卷一百九十六，《列传第八十四·张璁》，中华书局 1974 年版，第 5177 页。

寅，张璁以署都察院，复请考察诸御史，黜蓝田等十二人。寻奏行宪纲七条，箝束巡按御史。"①

后世学者对此条例多有误读，有的认为它是一部单行的监察法规，名之为《宪纲》七条；有的认为它是对《宪纲》所作的补充。其实，这七条都是《宪纲》已有的内容，只不过张璁为了钳束御史而有针对性地加以重申而已，查《大明会典》并未将其纂入，也可见其并未有任何创见性。另外是本条例出台的时间，《明实录》记载为嘉靖六年（1527 年）十月，《明会要》说是嘉靖六年九月，当以《明实录》的记载为准。

嘉靖九年（1530 年）正月条例，也被称为"巡按约束十二事"。据《明实录》记载，都察院右都御史汪鋐根据嘉靖皇帝的敕谕，呈上"巡按约束十二事"，建议御史出巡，"岁终得代，则逐条核其奉行之状而废置之"，具体内容有十二方面，包括宣德意、勤巡历、精考察、慎举劾、谨关防、禁逢迎、亲听断、稽储蓄、严督率、戒奢侈、谨礼度、慎请差等内容，嘉靖皇帝的答复是："御史巡历地方，振扬风纪，关系甚重，旧章成法，具载《宪纲》。朕已屡谕举行，而人心怠玩如故，览深切时弊，俱准行。"② 此例未被《大明会典》收录，原因是其内容《宪纲》中已有明确规定，只是现实中很多年已废而未举，此次只是重申而已。

嘉靖十一年（1532 年）十二月条例。据《明实录》记载：都察院鉴于当时巡按御史与巡抚督御史"职掌相侵，礼文失体，甚者酿成嫌隙，互为奏讦，往往两败俱伤，得罪公议"的情形，条上"职掌十一事"和"礼仪四事"，其议"职掌"部分从十一个方面明确划分了巡抚都御史与巡按御史的职责，其议"礼仪"部分，明确了在外抚按官相接、会勘公事及习仪、拜牌、祭丁、等方面的礼仪。③ 这是针对当时巡按御史多侵犯巡抚职掌，以致于两者互相攻讦的实际而出

---

① 参见《明会要》卷三十三，《职官五·都察院》，中华书局 1956 年版，第 563 页。
② 《明世宗实录》卷一百九，嘉靖九年正月乙卯。
③ 《明世宗实录》卷一百四十五，嘉靖十一年十二月甲戌。

台的条例，意在平衡两者的关系，具有很强的针对性。此条例被《大明会典》收录。①

嘉靖十二年（1533年）八月条例。都察院左都御史王廷相条列"考察差回御史六事"：一是重申御史除奸革弊的职责，要求"自今按部所及，宜悉心廉访，但有奸弊，发觉即置之法，以肃风纪"；二是强调御史有申冤理枉的职责，要求"自今务在虚心推鞫，但有冤抑，勿拘成案，即与辩明"；三是强调御史要发挥激浊扬清的职能，"宜核实考心，举刺必合公意，毋徇情以为毁誉"；四是要求御史及时处理所奉勘合公文，"自令御史受代十月，所奉院剳须一一勘明销缴，其最后二月付之代者勘报"；五是要求御史出巡，"宜省约骑从，禁止送迎"；六是强调"抚按贵在协和，共襄王事"，结果，"议上，上嘉纳之，命皆如议从实举行。内除奸弊一事，仍遵前旨，毋假访察诬害平民，其诸未尽事宜令遵《宪纲》具列以请"。② 此条例部分内容被《大明会典》收录。③

嘉靖十二年（1533年）九月条例。据《明实录》记载："掌都察院事左都御史王廷相等奉诏申明《宪纲》十五事，署院事兵部侍郎张孚敬所条列者七事，都御史汪鋐所条列者五事，今所续列者三事。其三事：一曰巡视仓库。谓御史所至郡国，务亲临仓库，勾校岁籍，开收稽钱粮之出纳，分别积贮赢缩，定有司之勤惰。如有侵冒虚诡，亟为参治，毋得专委查盘，苟具故事。一曰巡察盗贼。谓按巡境内，一遇盗贼生发，即当广布方略，便宜剿捕。若事机重大，及地方官怠缓误事，具以状闻。有司赋役清平，民乐各业，能使境内无盗者，闻旌劝。一曰抚恤军士。谓军士最为劳苦，而军官科害多端，御史所至卫（所），务精核军政，惩汰无良，而其抚恤有卓异效者"，嘉靖皇帝的批复为："申明《宪纲》事宜，先有旨令各巡按御史及按察司官从实举行矣，第迩者掌院官多务姑息，不为覆实考察，以致按

---

① 参见《大明会典》卷二百十一，《都察院三·抚按通例》。
② 《明世宗实录》卷一百五十三，嘉靖十二年八月辛未朔。
③ 《大明会典》卷二百十一，《都察院三·抚按通例》。

臣纵恣抗违，按察司官因循畏怯，全不举行。今如拟通行晓谕，各务以实应。违者，御史考核罢黜，按察司官指名参奏"。① 嘉靖皇帝的批复清楚地表达了对都察院掌院官及御史、按察司官的不满。此条例未被《大明会典》收录。

　　嘉靖二十一年（1549 年）条例。据《大明会典》："嘉靖二十一年令，御史出巡，务要痛革淫刑，严惩酷吏。如用酷刑，及打死无辜者，密拘尸属审实，六品以下径挐，五品以上参题，俱照律例重治。巡按满日，将问过酷吏名数开报。若御史自行酷虐，及纵庇不究者，回道考以不职。"②

　　从世宗一朝出台的监察方面的条例看，它们一方面反映了世宗皇帝想利用监察官员整顿吏治，发挥监察官员激浊扬清的作用；另一方面也反映了世宗皇帝与监察官员关系紧张，以致条例的内容多以约束监察官员的行为为主，当然这也在客观上促进了监察系统内部监察制度的完善。

四　隆庆后期和万历前期颁布的监察条例

　　隆庆后期，内阁首辅高拱酝酿改革，但穆宗逝世后因政治斗争被逐，后张居正继任首辅，继续推行改革。他们两人都希望利用科道官加强行政纪律，以推行改革，因而出台了一些监察方面的条例。

　　隆庆五年（1571 年）三月条例。都察院左都御史葛守礼申明"巡按事宜"，主要内容为："一正体统。谓监司之于守令上下相维，按臣不当假手属官考注藩臬，以致政弛民玩、权柄倒持。二修本务。谓御史职在肃官僚、振纲纪、摘奸伏、理冤滞，宜力举其职，诸细故各有司存，毋得侵官。三慎访察。谓官以察为名，毋自眯眯，徒寄耳目。宜虚心咨访，酌用金言，则摘发所及无不詟伏。四简受词。谓讼必兴于险健，听受稍轻则告讦蜂起，奉行过当所伤必多，自非有司所

---

① 《明世宗实录》卷一百五十四，嘉靖十二年九月辛丑。
② 《大明会典》卷二百十，《都察院二·出巡事宜》。

不能治、监司所不能决，不宜轻受。五完勘合。谓本院考察，例以完结分数为较，每以文移细故塞责，考课时必核其实。六公举劾。言抚按之于所属，每恕于甲科而严于举监，今无论其出身，惟当核其名实举刺之，无俟出境以启他议。七核查盘。谓委属宜在得人，一人无过三处，则磨勘精核而弊端可厘。八倡节俭。谓减驺从，薄供亿，戒承奉，以身率物，则其下不渝。"结果，他的建议得到穆宗肯定，令"所在巡按御史从实举行，回道之日仍严考核，毋事姑息"。①

万历元年（1573 年）正月条例。巡按直隶御史丁惟宁因旨催提勘官员疏陈四款，主要内容为："一曰势重而人知畏，则无所推延。发行勘劄之后，三月不完，参委官；六月不完，参该道。至隔省提解人犯，亦近者无过三月，远者无过半年。如有占恡不发等弊，听彼处巡按参究，如彼处巡按不参，听原牒衙门访的径参。仍查照《宪纲》互相纠劾事例，兼及被处巡按。一曰理明而人心正，则无所避忌。勘问人犯，其举劾者恐其是非相形，必欲求己说之胜，不知我之举劾原非，市恩洩怨，即有异同，吾方幸其不至漏网、不终含冤于人可。尤至于听勘之人，方未有所受挠，亦何必猜疑观望，巧为延避。一曰法严而人知避，则无所阻挠。提问人犯，罪大恶极，正欲正法洩人心之忿，间有书通力属者，或及委官，或及宪臣，由是依违乱心，威力掣肘，有难于尽法。臣欲责令批委诸臣，但有即举，臣据实拿治，或参究。如罢软，听属不即举出，臣访知，通行参究。一曰论定而浮言息，则无所疑畏。京中议论，得于所闻，非得于所见，名为广询，实为偏听。且南北积习之处，败类乡官，无藉豪恶，往往抵书布谣，讹以传讹，法未及伸，而转之他秩矣。宜姑置勿听，须其事定时久，徐为黜陟。"结果，"章下部院，俱覆行之。"②

万历二年（1574 年）三月条例。吏部覆户科右给事中裴应章条

---

① 《明穆宗实录》卷五十五，隆庆五年三月丙子。
② 《明神宗实录》卷九，万历元年正月壬寅。

陈三事："巡按御史差满复命，方议迁转。省直提调学政宪臣，三年任满，岁考完日方升。其有坐消岁月者，不时议处。分巡官每岁遍巡所属地方，钱粮词讼盗贼等事悉心经画。"建议被采纳。①

万历元年（1573 年）十一月条例。张居正以神宗的名义下诏出台考成条例，即通称的"考成法"。此条例实际涉及六科监察体制的改革，后面第四章"法定的监察形式"部分将详细论述。

万历三年（1575 年）十月条例。左都御史陈瓒奏请定各省御史出差期限，要求"往回一体遵守，以辞朝交代之日为始，违者，从实参奏"。②《大明会典》收录了其具体内容："以辞朝交代之日为始，如违限十日以上，量行参罚；一月以上，重加参罚；两月以上，参调别用。真定、宣大，三十五日。应天、苏松，七十日。淮扬，六十五日。浙江、江西，九十日。湖广，九十日。福建，九十七日。河南、河东，五十八日。陕西，七十五日。甘肃，八十五日。山西、山东、五十三日。四川、一百四十五日。广东、广西，一百二十八日。云南、一百二十五日。贵州、一百三十五日。辽东，六十六日。"③ 这是针对当时御史出差普遍存在违限的情况而出台的条例。

隆庆后期和万历前期是朝廷就经济、政治、军事等方面的制度进行调整改革力度比较大的时期，同时也是对监察法制建设比较重视的时期，因此出台的监察方面的条例主要是加强监察纪律，希望风宪官成为推动改革的力量。监察立法的情况实际成了反映政治、经济等方面改革的一面镜子。

第三节　《宪纲》之外基本法律中与监察有关的内容

明代监察类基本法律虽只有《宪纲》，但其他综合性的基本法律

---

① 《明神宗实录》卷二十三，万历二年三月戊戌。
② 《明神宗实录》卷四十三，万历三年十月戊子。
③ 《大明会典》卷二百十《奏请点差》。

如《大明律》《诸司职掌》《皇明祖训》等也都是有明一代监察机关和官员实施监察的基本依据，更为重要的是，其中还包含有大量直接规范监察机关和官员监察行为的内容。

一 《大明律》

《大明律》虽为有明一代的刑法典，但同时也是明代监察法的重要渊源。据《明实录》记载：景泰六年（1455 年）二月，"吏科都给事中李赞等言：'各处巡抚、镇守等官及都布按三司按治所属，往往恣肆妄为，凡出入必要官吏迎送，或三五十里，远至百里。凡有咨禀，务行跪礼，间有稍持正者辄生事嗔辱之。以考试生员为尽职，以赓赋诗词为有才，其军民利病曾不询及。乞申明《大明律》及《宪纲》，严禁约之。'帝曰：'《大明律》及《宪纲》所载者如何不遵？礼部、都察院即申明之，但有搜举细故凌辱官吏者，许被害之人陈诉，治罪不贷'"①，万历十五年（1587 年）十月，"上林苑右监丞徐琰言：'《祖训》《制书》《会典》《集礼》《大明律》《宪纲》诸书并无监官拜提督四署中官之条，今韩印欲监丞及署官行拜礼，臣不敢违国典以成印借蹢之罪。'上以提督官奉旨差用，相见自有旧规，如何忿争渎扰，夺琰俸二月"。② 这些例子说明，《大明律》历来就被认为是与《宪纲》同等重要的监察法渊源。具体来说，《大明律》对明代的监察制度具有以下三个方面的意义。

首先，《大明律》是科道官履行职务的重要依据。科道官最重要的职责是纠举官员不公不法的行为，何为"不法"，最重要的判断依据当然是《大明律》，官员违反了《大明律》是典型的"不法"行为。

其次，《大明律》很多条文是有关各级衙门和官员违法犯罪及应受处罚的规定，监察机关和官员也必须予以遵守。比如《吏律》篇

---

① 《明英宗实录》卷二百五十，景泰六年二月戊戌。
② 《明神宗实录》卷一百九十一，万历十五年十月辛巳。

"职制"章中"滥设官吏"条："凡内外各门官有额定员数而多余添设者，当该官吏一人杖一百，每三人加一等，罪止杖一百，徒三年。若吏典、知印、承差、祗候、禁子、弓兵人等额外滥充者，杖一百，迁徙。容留一人，正官笞二十，首领官笞三十，吏笞四十，每三人加一等。并罪止杖一百，罪坐所由。其罢闲官吏在外干预官事，结揽写发文案，把持官府，蠹政害民者，并杖八十。于犯人名下追银二十两，付告人充赏，仍于门首书写过名，三年不犯，官为除去。再犯加二等，迁徙，有所规避者从重论。若官府税粮由帖，户口籍册，雇募攒写者勿论。"① 这是关于机构编制及一般行政事务的施行方面的规定，所有机关和官员都要遵守，监察机关和官员当然也不能例外。像这样规定官员刑事责任的内容在《大明律》中比比皆是。比如，凡官员大臣专擅选用者，奸邪进谗言左使杀人者，犯罪该死巧言谏免暗邀人心者，在朝官员交结朋党紊乱朝政者，诸衙门官吏与内近侍人员互相交结、漏泄事情、夤缘作弊、符同奏启者，诸衙门官吏及士庶人等上言宰执大臣德政者，官吏人等挟诈欺公、妄生异议、变乱成法者，奏事及当该官吏若有规避增减紧关情节朦胧奏准施行者，近侍官员漏机密重事于人者，增减官文书因而失误军机者，等等，对这些行为的处罚规定同样也适用于监察官员。

再者，《大明律》中有一些内容是专门规范监察机关和监察官员行为的规定，它们大致可分为以下几类。

一是保障监察机关和监察官员履行职务方面的规定。包括打击侵害监察机关和监察官员的规定。如《刑律》篇"人命"章中"谋杀制使及本管长官"条，"斗殴"章中"殴制使及本管长官"条，"骂詈"章中"骂制使及本管长官"条，分别规定了对出巡御史人生安全及人格上的特别保护。还有，关于维护正常监察秩序的规定。如《礼律》篇"仪制"章"禁止迎送"条规定"凡上司官及使客经过，

---

① 怀效锋点校：《大明律》卷二，《吏律一·职制·滥设官吏》，法律出版社1999年版，第31页。

若监察御吏、按察司官出巡按治而所在各衙门官吏出郭迎送者，杖九十。其容令迎送不举问者罪亦如之"①，《刑律》篇"诈伪"章"诈称内使等官"条关于"诈称内使及都督府、四辅、谏院等官，六部、监察御吏、按察司官，在外体察事务、欺诳官府、扇惑人民者"②的处分规定，都属于这一类。

二是关于监察机关、监察官员实施监察、参与司法活动职责方面的一些规定。如《名例》篇"八议"条规定，凡属"八议"者犯罪，谏院、监察御史奉旨参与推问；③"职官有犯"条规定："凡京官及在外五品以上官有犯奏闻请旨不许擅问，六品以下听分巡御史、按察司并分司取问明白，议拟闻奏区处"④；《吏律》篇"公式"章"讲读律令"条规定："凡国家律令，参酌事情轻重定立罪名，颁行天下，永为遵守。百司官吏务要熟读，讲明律意，剖决事务。每遇年终，在内从察院，在外从分巡御吏、提刑按察司官按治去处考校。若有不能讲解、不晓律意者，初犯罚俸钱一月，再犯笞四十附过，三犯于本卫门递降叙用"⑤；《礼律》篇"仪制"章"上书言事"条规定："凡国家政令得失，军民利病，一切兴利除害之事，并从五军都督府、六部官面奏区处，及听监察御史、提刑按察司官各陈所见，直言无隐。若内外大小官员但有本衙门不便事件，许令明白条陈，实封进呈，取自上裁。若知者而不言，苟延岁月，在内从监察御吏，在外从按察司纠察"⑥；还有《兵律》篇"军政"章"飞报军情"关于按察司官报送军情的规定，《刑律》篇"杂犯"章"淹禁""辨明冤枉"等条关于监察御史和提刑按察司官参与司法监察活动的规定，这些都直接为监察官员正确履行职责提供了重要遵循。

---

① 《大明律》卷十二，《礼律二》。
② 《大明律》卷二十四，《刑律七》。
③ 《大明律》卷一，《名例》。
④ 《大明律》卷一，《名例》。
⑤ 《大明律》卷三，《吏律二》。
⑥ 《大明律》卷十二，《礼律二》。

　　三是关于监察官员职务犯罪的规定。主要集中在《吏律》篇"公式"章，如"出使不复命""照刷文卷""磨勘卷宗"等条都是对风宪官渎职犯罪的规定。另外，《兵律》篇"邮驿"章"多乘驿马"条关于出使人员乘驿船、驿马违规及应受处分的规定，《刑律》篇"诉讼"章"诬告"条关于风宪官挟私弹事不实罪的规定，《刑律》篇"受赃"章专列"风宪官吏犯赃"一条关于风宪官吏犯赃加重处分的规定，等等，这些为处罚犯罪的监察官员提供了基本依据。

二　《诸司职掌》

　　《诸司职掌》为明太祖朱元璋仿《唐六典》敕修。该书以官职为纲，下分十门，分别详细地规定了吏、户、礼、兵、刑、工六部及都察院、通政司、大理寺、五军都督府的官制及其职掌。据《明实录》记载：洪武二十六年（1393年）三月，"《诸司职掌》成。先是上以诸司职有崇卑、政有大小，无方册以著成法，恐后之莅官者罔知职任政事施设之详，乃命吏部同翰林儒臣仿《唐六典》之制，自五府、六部、都察院以下诸司，凡其设官分职之务，类编为书，至是始成，名曰《诸司职掌》，诏刊行颁布中外"①。洪武以后，明代各朝皇帝都将《诸司职掌》奉为"祖宗成法"不断地予以强调和重申。

　　《诸司职掌》"都察院"部分开篇即明确了都察院堂上官及所属十二道监察御史的职责，第一部分"十二道监察御史照刷卷宗衙门"，规定了各道监察御史在照刷卷宗方面所分管的单位，每一道监察御史所分管的既有中央单位，也有地方的府、卫，全部府、卫以上的军事、政务、业务机关的卷宗都有归口管理的监察御史照刷卷宗，分工明确，无一缺漏。第二部分"十二道监察御史职掌"规定了监察御史的职责范围、履职方式、纪律要求，具体又分为"纠劾百司""问拟刑名""出巡""刷卷""追问""审录"六个方面，其中"出巡""刷卷"两个方面的规定极为详尽。

---

　　① 《明太祖实录》卷二百二十六，洪武二十六年三月庚午。

《诸司职掌》"通政司"部分，开篇明确："本司官职专出纳帝命，通达下情，关防诸司出入公文，奏报四方臣民实封建言、陈情申诉及军情、声息、灾异等事。出纳帝命，凡有帝命必当详审，复奏允当，然后施行。"① 下分"通达下情""开拆实封""关防诸司公文勘合""月奏"六个方面。当时"六科"尚未从通政司独立出来，因而有几处涉及到给事中的职责。

《诸司职掌》一直是科道官行使监察权的重要法律依据。天顺元年（1457年）三月。英宗敕都察院右都御史耿九畴等曰："朕惟风宪之职，受朝廷耳目之寄，内而纠劾百司，外而按治一方，苟非其人，曷胜委任？近自景泰失政，纪纲荡然，仕台宪者或非公选，多出私门；或徇情以枉法，或通贿以鬻狱；言事者或假公济私，而回邪干誉，或附下罔上而比周作奸；出巡者或虚张声势而无益于事，或擅作威福而有害于人，以致官邪不儆、国法不行。朕今简命尔等以肃台纲。尔等其必勉图报称、正己奉法，督率各道御史咸修厥职、痛革前弊。今后仍须严加察举，其间但有不谙宪体、不立名节，在内在外如前所为者，具名以闻，从公黜退；及有别无非为，止是不宜宪体者，亦从奏请改除。凡遇一应政务悉依《诸司职掌》及《宪纲》施行，言事必以直道而务存大体，治事必以正法而务循旧章。御史不职，责在尔等；察举尔等不职，责在御史纠劾。黜幽陟明，国典斯具。朕不尔私，尔等其各如敕奉行，永为遵守。"② 这是将《诸司职掌》与《宪纲》并提一起作为监察依据的典型事例。

三 《皇明祖训》

《皇明祖训》是明太祖朱元璋亲自主持编写的留给后世子孙的训戒之书。其始作于洪武二年（1369年），六年（1373年）书成，初名《祖训录》，朱元璋为之作序，命礼部刊印成书。九年（1376年）

---

① 《诸司职掌·兵刑工都通大职掌·通政司》，杨一凡点校：《皇明制书》第二册，社会科学文献出版社2013年版，第654页。

② 《明英宗实录》卷二百七十六，天顺元年三月戊子。

又加修订，二十八年（1395 年）重定，更名为《皇明祖训》，并将首章的《箴戒》改称《祖训首章》。据《明实录》记载：

> 洪武二十八年九月，庚戌。颁《祖训》条章于内外文武诸司，敕谕礼部曰："自古国家建立法制，皆在始受命之君，以后子孙不过遵守成法以安天下。盖创业之君，起自侧微，备历世故艰难，周知人情善恶，恐后世守成之君生长深宫，未谙世故；山林初出之士，自矜己长；至有奸贼之臣，徇权利作聪明，上不能察而信任之，变更祖法，以败乱国家贻害天下。故日夜精思，立法垂后，永为不刊之典。如汉高祖刑白马盟曰：'非刘氏者不王'！以后诸吕用事尽改其法，遂至国家大乱，刘氏几亡此，可为深戒者！朕少遭乱离，赖皇天眷命，剪除群雄，混一天下，即位以来，劳神焦思，定立法制，革胡元弊政，至于开导后世，复为《祖训》一编，立为家法，俾子孙世世守之。尔礼部其以朕训颁行天下诸司，使知朕立法垂后之意，永为遵守。后世敢有言改更祖法者，即以奸臣论，无赦！①

朱元璋在《皇明祖训》的序中，对后世子孙恪守《皇明祖训》的要求作了强调："盖自平武昌以来，即议定著律令，损益更改，不计遍数。经今十年，始得成就。颁而行之，民渐知禁。至於开导后人，复为《祖训》一编，立为家法……今令翰林编辑成书，礼部刊印以传永久。凡我子孙，钦承朕命，无作聪明，乱我已成之法，一字不可改易。非但不负朕垂法之意，而天地、祖宗亦将孚佑於无穷矣！鸣呼，其敬戒之哉！"

《皇明祖训》虽说是皇室"家法"，但从朱元璋将其颁行各级衙门这一举动，及对各级官吏提出"永为遵守。后世敢有言改更祖法者，即以奸臣论"的要求看，显然朱元璋是将其作为国家的基本法律

---

① 《明太祖实录》卷二百四十一，洪武二十八年九月庚戌。

来看待的。《皇明祖训》全书一共有十三部分，即"祖训首章"，其中分列四条，分述禁用酷刑、禁立丞相、对犯法皇亲国戚的处置及对四方各国的方针；"持守"，自述持身之道，强调要察情观变、虑患防危、不改怠惰等；"严祭祀"，认为祭祀贵在精诚，并叙述祭祀的准备程序；"谨出入"，告诫后代帝王不要轻易动止；"慎国政"，主要讲帝王须广耳目，不偏听，以防壅蔽而通下情；"礼仪"，分述祭祀、奉使王府、进贺表笺、亲王朝觐、亲王在国等礼仪；"法律"，包括对皇太子和亲王的处分办法；"内令"，规定皇后不得干预外政，宫闱当谨内外；"内官"，分述内官职掌、品秩和内官机构的设置；"职制"，先叙述封爵的程序和规格，规定郡王子孙有文武材者可考验授官，次述宗人府及王府官的设置；"兵卫"，分王国军队为守镇兵和防卫兵，遇警并从王调遣，同时规定亲王仪仗；"营缮"，规定诸王宫室格式，不得僭越；"供用"，包括朝觐时沿途人役物料的支给和每岁常用两部分。从其规定看，《皇明祖训》的内容主要是对后世子孙的行为举止提出要求，但也涉及维护绝对君主专制的政治体制、处理皇族内部关系等方面的内容，因此，《皇明祖训》成为监察官员弹劾大臣、王室成员、王府官员特别是谏诤皇帝时经常引用的重要法律依据。如宪宗成化二十三年（1487年）十一月，明孝宗即位不久，南京陕西等道监察御史缪樗等上疏陈言八事，其中第三事为"复旧制"，疏中说："谓《皇明祖训》，内官之设，止于供事内府，今地方机务、边城要地及钱粮、课办、市舶等事，内官率多干预。乞敕廷臣议处，凡在外镇守、分守、守备内官，照正统年间原设者斟酌去留，南京守备止择清谨者一人与文武大臣共理留务，余各关各局量留二名监督，虽内府库局衙门亦乞俱照原额设官，禁其收受钱粮，不得刁艰需觅。凡有公务，一从该部干理"①；又如弘治元年（1488年）五月，南京刑科给事中周纮等上疏建言："伏见南京今年闰正月雷电交作，大雪连朝。谨按《春秋》《传》曰：'正月，雷未可以出，

---

① 《明孝宗实录》卷六，成化二十三年十一月己酉。

电未可以见。'而大雷电，此阳失节也。雷已出，电已见，则雪不当复降；而大雨雪，此阴气纵也。臣等私忧过计，敢昧死为陛下陈之：《皇明祖训》乃太祖高皇帝贻谋家法，诚国家万世之成规，伏望陛下于《祖训》一书常在心目。若'首章'之要曰：'人之奸良，固为难失，知其良而不能用，知其奸而不能去，则误国自此始'；'持守'之要曰：'朝堂决政，众论称善，即当施行，一官之语未可以为必然；或燕闲之际，一人之言尤加审察，故朝无偏听之弊，权谋与决皆出于己'，陛下试思所以察奸良、谨持守者，果有合于《祖训》欤？若'慎国政'之要曰：'广耳目，不偏听，所以防壅蔽而通下情'；'内官'之要曰：'各监官职，各有职掌，不过内府饮食常用之物，并不干预他事'"①，这些都是明确依据《皇明祖训》谏诤皇帝的典型事例。

第四节　包含监察内容的条例汇编

编纂条例是明朝一项十分重要的立法活动。有明一代先后颁行过多种条例汇编，如《问刑条例》《军政条例》《宗藩条例》《吏部条例》等，虽然没有专门的监察方面的条例汇编，但这些条例都包含有监察方面的法律规范，其中以《问刑条例》《军政条例》较为突出。

一　《问刑条例》

由于朱元璋制定的《大明律》不可更改，而社会关系又在不断地发展变化，这就难免存在着《大明律》与现实生活脱节的情况。为了克服这一弊端，在明朝中期以后，刑事方面的条例成为一种被广泛运用的法律形式，再然后随着条例的数量越来越多，出现了前后条例混杂矛盾的情况，需要对它们进行整理和集中汇编。孝宗弘治五年

---

① 《明孝宗实录》卷十四，弘治元年五月丁卯。

(1492 年）七月，刑部尚书彭韶等以鸿胪少卿李遂请删定问刑条例，他说："刑书所载有限，天下之情无穷，故有情轻罪重，亦有情重罪轻，往往取自上裁，斟酌损益，著为事例。盖此例行于在京法司者多，而行于在外者少，故在外问刑，多至轻重失宜。宜选属官，汇萃前后奏准事例，分类编集，合官裁定成编，通行内外，与《大明律》并用，庶事例有定，情罪无遗。"① 他的建议得到孝宗同意。到弘治十三年（1500 年）二月庚寅，"三法司奉诏看详历年问刑条例，定经久可行者条具奏请。上以狱事至重，下诸司大臣同议之。议上二百七十九条，请通行天下，永为常法。上从之"②。后嘉靖朝和万历朝两次对《问刑条例》进行重修。

《问刑条例》中有不少是职官犯罪方面的条例，为监察官员纠举不法官员提供了依据，同时，也还有一些直接规范监察官员行为的条例，如倒数第四个条例规定："凡律该决不待时重犯，鞠问明白，曾经大理寺详允奏奉钦依处决者，各该部院并该科即便覆奏，会官处决，不必监至秋后"③，其中明确了都察院和刑科的责任。又如倒数第二个条例规定："各处巡按御史、都布按三司、分巡守巡官，查盘军器，若卫所官旗人等侵欺物料，挪前补后，虚数开报，及三年不行造册奏缴者，官降一级，带俸差操；旗军人等发边卫充军。其各该都司并分巡分守官怠慢误事者，参究治罪"④，这其中又明确了巡按御史、按察司官等监察官员的责任。这样的条例还有很多，说明《问刑条例》的确包含有监察方面的法律规范。

二 《军政条例》

《军政条例》是有关清理军政，勾补、编发军役，根补、起解逃军等方面的条例汇编，最早颁布于宣德四年（1429 年），正统元年

---

① 《明孝宗实录》卷六十五，弘治五年七月辛巳。
② 《明孝宗实录》卷一百五十九，弘治十三年二月庚寅。
③ 《问刑条例》，《中国珍稀法律典籍集成》（乙编）第二册，第 266 页。
④ 《问刑条例》，《中国珍稀法律典籍集成》（乙编）第二册，第 266—267 页。

（1436 年）、二年（1437 年）、三年（1438 年）又有补充。之后，嘉靖、万历年间曾重新修编。明朝在很长一段时间内曾派出专门的监察御史到地方负责清军，称清军御史；地方上按察司也有专门的官员负责清军事务，因此，《军政条例》辑录的条例中很多是规范这些监察官员的行为的，如宣德四年（1429 年）六月条例的第一条就规定："清理军政监察御史按临去处，令布政司、按察司、直隶府州委官分投将勾补军丁督解，其御史往来巡察，提督比较。若军卫管军官员苦害军士、克减粮饷、差拨不公、卖放买闲等项，体察明白，指实具奏拿问。若有司官吏、邻里、长解人等，通同作弊，将逃军并应继及已解军丁纵容埋没，不行拿解……就便拿问，并依《军政条例》发落。其余词讼，发该管衙门整理，不许妨误军政。每岁八月终，照巡抚官事例，具清解过军数回京。若有军政窒碍事理，会议奏请施行。"[①]仅就这一条，就涉及监察御史、按察司官、巡抚等多个监察主体的职责。

第五节 《大明会典》中与监察有关的内容

《大明会典》是明代朝廷发布的综合性法律汇编，由刑事、民事、行政、军事、诉讼等各个方面的法律、条例汇纂而成。明王朝在其存续的近三百年间一共有过三本会典，即正德本、嘉靖本和万历本。它们在体例上前后相继，内容方面则互有损益。

先是明太祖在洪武二十六年（1393 年）编定《诸司职掌》，一直到英宗复辟之时，鉴于"岁月既积，簿籍愈繁，分曹列署，或不能遍观尽识，下至遐方僻壤，闾阎草野之民，盖有由之而不知者"[②]，因而命内阁儒臣纂集条格，以续职掌之后，但没有完成。孝宗继位以后，继承乃父未竟事业，编为一百八十卷，但未及颁布，即龙驭上

---

① 《军政条例》，《中国珍稀法律典籍集成》（乙编）第二册，第 10 页。
② 《大明会典》序言，《御制〈大明会典〉序》（正德朝）。

宾。武宗登基之后第四年，复命内阁重加参校，补正遗厥，最后于正德四年（1509 年）十二月完成，计 180 卷。正德六年（1511 年）四月特敕司礼监命工刊印，俾天下遵守。一典之成，历经三代，可谓不易。

到嘉靖朝，发现正德本有许多不尽人意的地方，首先是"纪载失真，文辞抵牾者比比有之"；其次是自弘治十五年（1502 年）纂修之后，又有近六十年的时间，其间"典礼之因革，事例之增损，又复繁多"①，于是世宗乃命官纂修，要求在"体例一遵旧典，不必立异更张"的原则指导下，"正其差伪，补其脱漏"。因此嘉靖会典与正德会典相比改动当不会很大。会典草稿于嘉靖二十九年（1550 年）完成，可惜最后未及刊布。

万历会典的编纂始于万历四年（1576 年）。而在此以前，万历二年（1574 年）四月，纂修的动议就已经由礼科给事中林景旸提出。当时朝廷感觉到，因为年代更替，法令改易，造成了"吏不知所守，民不知所从"的局面，会典的纂修已势在必行，只是考虑到世宗和穆宗的实录刚刚完成，正披阅校正，再纂修会典，难免顾此失彼。因而礼部的答复是"合候《实录》进呈日将《会典》专一纂修"②。到万历四年（1576 年）六月，内阁首辅张居正以神宗的名义正式下诏，令择日开馆，分局纂修，其本人充纂修《大明会典》总裁。万历八年（1580 年）九月，《大明会典》草稿由各副总裁完成，因该草稿只是将嘉靖二十九年（1550 年）续修旧稿誊写一遍，再加上一些近年事例了事，至于体例的不当，记载的缺遗，则未能讨论讲究，所以张居正看后很不满意，提出"事必专任，乃可责成；力不他分，乃能就绪"③，命吏部左侍郎余有丁、詹事府詹事许国文专属此事。万历十年（1582 年），张居正去世，申时行继任内阁首辅，又力主此事，到万历十五年（1587 年）始大功告成。

---

① 《大明会典》序言，《皇帝敕内阁》（嘉靖朝）。
② 《明神宗实录》卷二十四，万历二年四月甲寅。
③ 《明神宗实录》卷一百四，万历八年九月癸酉。

万历会典基本上继承了前两部会典的体例，即以行政部门的职掌作标准加以分类，在《诸司职掌》所作规定的基础上增加相应事例。但这次的改动之处也不在少数，举其要者有四。

一是前朝会典一律以《诸司职掌》为主，每项都先列《诸司职掌》中的内容，然后再附以相关事例。这一次考虑到《诸司职掌》定于洪武二十六年（1393 年），而洪武事例有在洪武二十六年之前颁行的，先前的做法虽然突出了《诸司职掌》，但难免有先后失序之感，因而此次改为在每一项规定上采取编年的做法，即凡《诸司职掌》中的规定，俱称洪武二十六年定，在此以前的列于前，以后的列于后。

二是前朝会典依据《诸司职掌》将户部分为民、度、金、仓四科，将刑部分为宪、比、司门、都官四科，但二部早已定为十三清吏司，这样无异于旧瓶装新酒。此次则以现行体制为准，各载十三司职掌于前，叙列事例于后，不分四科。

三是《大明律》律文和《问刑条例》原来是分载的，即将《大明律》律文分载于刑部四科之下，条例笼统地放在"问拟刑名"之下，显得割裂参差，现在则改为在每条律文之下附以相关事例。

四是会典所录事例，从前以编年为主，此次先依调整对象的性质进行分类，再在每类之下按编年方法加以编排。①

万历朝重修《大明会典》洋洋 228 卷，达 200 多万字，从国家的祭祀礼仪到文武百官的服式图样，从勋戚大臣的官爵等级到天下户口田粮的具体数目均无所不载。总起来看，它与前两部会典相比，内容既周详，体例也更完善，可以肯定它是几部会典中最好的一部。

《大明会典》作为监察法的重要渊源，主要有以下几方面的意义。

第一，《大明会典》为监察机构和监察官员判断其他官员是否履职尽责及遵法守法提供了基本依据。《大明会典》本《诸司职掌》而作，目的是明确各级政府机构和官员的基本职责，而监察官员的重要

---

① 《大明会典》序言，《重修凡例》（万历朝）。

职责是"举劾其职",即纠举和弹劾各级政府机构和官员未履行职责及违法违规的行为,而判断政府机构和官员是否履行了职责和违法违规,根据当然是《大明会典》的有关规定。

第二,《大明会典》为监察机构和监察官员规范自身的行为提供了基本遵循。《大明会典》中"都察院"部分和"六科"部分是集中规范监察机构和监察官员行为的规定,其他部分也有大量关于监察机构和监察官员行为规范的内容,两方面合起来就构成了《大明会典》编成时现行监察法的主体内容。

第三,从《大明会典》的编纂过程、编纂原则、编纂体例来看,它不是将已有的法律法规、重要条例进行简单的汇编成册,而是按照现行的官制体系及其内在的逻辑关系加以重新编排,这样显得在体系上更为完备、结构上更为合理、事理上更为顺畅,也更便于各级各类官员理解和掌握。

德国法学家伯恩·魏德士(Bernd Rüthers)指出:"没有一个法律规范是独立存在的。它们必须作为整个法律秩序的部分要素来理解。"① 本章的重点是对《宪纲》的文本进行考证,以期研究与之相关的法律制度的内容及其演变、实施方面的情况,甚至为从整体上认识和把握一朝一代法制的特点提供新的视角和新的证明。对《宪纲》一书考查的结果表明:《宪纲》作为明太祖亲自制定的监察法方面唯一单行的基本法律,是明朝所谓的"祖宗成法"的重要组成部分,具有不可更改的特性。因此,终明之世,各代皇帝都在反复重申和强调要切实地贯彻实施《宪纲》,以致表面上看来有明一代基本的监察法律具有超强的稳定性和连续性;但实质上,随着时间的推移,《宪纲》与实际生活脱节的现象越来越严重,也越来越不能得到严格的实施,为了克服这一弊端,朝廷不得不在维护"祖宗旧制"的名义下不断出台监察方面的事例来补其不足,这些

---

① [德]德伯恩·魏德士:《法理学》,丁晓春、吴越译,法律出版社 2003 年版,第329 页。

事例与《宪纲》之间、事例与事例之间难免会产生矛盾和冲突，日积月累的结果就使得它的稳定性与连续性也越来越流于形式。《明史·刑法志》在谈到《大明律》时说：由于明太祖朱元璋不允许后世子孙更改他所定的律，"而后乃滋弊者，由于人不知律，妄意律举大纲，不足以尽情伪之变，于是因律起例，因例生例，例愈纷而弊愈无穷……由此奸吏骫法，任意轻重"①，在这种情况下法制的崩溃就成为势所必至的事情。通过对《宪纲》的考察可以得知，其与例的关系及实施情况与《大明律》的有关情况如出一辙。两者相互印证，比较典型地反映了明代法制的重要特点：明初朱元璋非常重视法律制度建设，所定法律也极为完备，但其后世子孙因为要谨守"祖宗成法"而不能因时制宜加以更改，导致明代的法制总体上呈现出极端保守、僵化与落后的一面，这是明代监察法律体系最重要的特征。

---

① 《明史》卷九十三，《志第六十九·刑法一》，中华书局 1974 年版，第 2279—2280 页。

第三章 监察机关

明代的监察机关，在中央有都察院、六科，及中央派往地方的总督、巡抚；在地方有提刑按察司，及提刑按察司下派的各道。由于明成祖迁都北京后，在北京和南京并设了两套中央政权机构，相应地还有南京都察院、南京六科。这些监察机关往往统称为"风宪衙门"，其属官统称为"风宪官"。有的学者还将通政司纳入监察机关的范围，有的甚至将厂卫特务机构也视作监察机构，其实是不确切的。厂卫特务机关集侦查、拘押、审理等权力为一体，专办所谓的"诏狱"，为法外特设机构，不是法定的国家监察机关；通政使司在组织、职掌稳定以后，性质上类似于今天中央政府的办事机构，也不是法定的国家监察机关。

第一节 都察院

都察院为明代专司监察的最高监察机构，在统领御史履行监察职责方面起着根本性的作用。

一 都察院的创设

都察院的基本构架和规模确立于明太祖洪武末期；在此以前，机构名称、御史品秩、内部结构等屡经变化。

早在明朝建立之前，朱元璋就着手建立监察机构。史载，吴元年（1367年），明太祖建立御史台。当时设左、右御史大夫，秩正一品，其下有御史中丞、侍御史、治书侍御史、殿中侍御史、察院监察御史和经历、都事、照磨、管勾等。此时中央监察机构的设置同其他中央机构一样，与元代的中央机构设置有很明显的继承关系。

洪武十年（1377 年），明太祖对监察机构稍加改革，"汰侍御史及治中、殿中侍御史"。①

洪武十三年（1380 年）正月，发生胡惟庸党案。朱元璋诛杀丞相胡惟庸后撤掉中书省，升六部官秩，同时改大都督府为五军都督府，都直接由皇帝领导。朱元璋下诏布告天下，诏书中说：

> 朕膺天命，君主华夷，当即位之初，会集群臣，讲求官制，远稽汉唐，略加损益，亦参以宋朝之典，所以内置中书省、都督府、御史台、六部，外列都指挥使司、承宣布政使司、都转运盐使司、提刑按察司及府、州、县，纲维庶务，以安兆民。朕尝发号施令，责任中书，使刑赏务当，不期任非其人。丞相汪广洋、御史大夫陈宁昼夜淫昏，酣歌肆乐，各不率职，坐视废兴，以致胡惟庸私构群小，夤缘为奸，或枉法以惠罪，或挠政以诬贤，因是发露，人各伏诛。特诏天下：罢中书，广都府，升六部，使知更官之制，行移各有所归，庶不紊烦。于戏！周职六卿，康庶民于宇内；汉命萧曹，肇四百年之洪业。今命五府、六部详审其事，务称厥职。②

随后，"定六部、御史台等官品秩：六部尚书正二品，侍郎正三品，郎中正五品，员外郎从五品；御史台左、右中丞正二品，左、右侍御史正四品；在外承宣布政使正三品，左右参政从三品；提刑按察使正四品，副使从四品，佥事正五品；都转运盐使正四品，副使从四品。"③

---

① 《明史》卷七十三，《志第四十九·职官二·都察院》，中华书局 1974 年版，第1772 页。

② 《明太祖实录》卷一百二十九，洪武十三年正月癸卯。

③ 《明太祖实录》卷一百二十九，洪武十三年正月甲辰。

胡惟庸案还累及御史台。当年五月，御史大夫安然致仕，命韩国公李善长总理台事。随后"罢御史台及各道按察司"①。史载：太祖"恶台省专权，欲并罢之。未几，诏设御史左、右丞各一人，秩正二品；左、右侍御史各一人，正四品"，不久"罢御史台不设"——所谓罢御史台，并非裁撤整个监察机关，而是罢其统领之御史大夫，至于左、右御史中丞和分巡监察御史依然如故。②

洪武十五年（1382年）冬十月，将御史台更名为都察院，设监察都御史八人，正七品，以秀才李原明、詹徽等为之。设浙江、河南、山东、北平、山西、陕西、湖广、福建、江西、广东、广西、四川十二道监察御史，正九品。其文移，则都察院故牒各道监察御史，监察御史呈都察院。③ 十二道监察御史"每道铸印二，一交御史久次者掌之，一藏内府。有事受印以出，事毕纳还。印文为'绳愆纠缪'"④。

洪武十六年（1383年）六月，改都察院为正三品，设左、右都御史各一人，正三品；左、右副都御史各一人，正四品；左、右佥都御史各二人，正五品；经历司经历一人，正七品；知事一人，正八品。各道按察司为从三品，按察使一人，从三品；副使二人，从四品；佥事，从五品。多寡从其分道之数。经历司经历一人，从七品；知事一人，从八品。⑤

洪武十六年（1383年）六月，己酉。礼部奏定都察院文移体式：五军都督府有事于都察院，止令经历司互相文移，转呈本院。如行六部，则经历司与主事厅互牒。其在京秩三品者，则与本院平行，仍故牒；在京四品、在外按察司，帖下在京五品以下衙门，其在京四品，在外按察司牒呈本院，及在京五品以下衙门，行移本院，俱称"具呈"。惟大理审刑，磨勘司只与本院经历司行移各道，监察御史亦只

---

① 《明太祖实录》卷一百三十一，洪武十三年五月己未。
② 《明通鉴》卷七，《洪武十三年》，中华书局2009年点校本，第342页。
③ 《明太祖实录》卷一百四十九，洪武十五年十月冬丙子朔。
④ 《明通鉴》卷七，《洪武十五年》，中华书局2009年点校本，第370页。参见《明太祖实录》卷一百四十九，洪武十五年冬十月丙子朔。
⑤ 《明太祖实录》卷一百五十五，洪武十六年六月戊子。

由本院行移，与诸司无行。①

　　作为职掌风纪的衙门，其品秩如此之低，这在历史上恐怕难以找到第二个相同的例子，而在实际生活中也难以发挥应有的作用。于是，洪武十六年（1383 年）六月，"改都察院为正三品，设左、右都御史各一人，正三品；左、右副都御史各一人，正四品；左、右佥都御史各二人，正五品；经历司经历一人，正七品；知事一人，正八品。各道按察司为从三品，按察使一人，从三品；副使二人，从四品；佥事，从五品，多寡从其分道之数；经历司经历一人，从七品；知事一人，从八品"。②

　　洪武十七年（1384 年）春正月，庚戌，升都察院为正二品，左、右都御史正二品，左、右副都御史正三品，左、右佥都御史正四品。经历一员，正六品；都事一员，正七品。③

　　洪武十七年（1384 年）闰十月，朱元璋"命天下诸司刑狱皆属刑部，都察院详议平允，又送大理寺审覆，然后决之。其直隶诸府、州刑狱，自今亦准此令，庶几民无冤抑"，并对审刑官员说："刑者，人君用之以防民，君之于民如天之于物，天之道春生秋敛，而论天之德，则曰生君之道仁育义制；而论君之德，则曰仁。夫王良善御，岂在于策；周公善治，岂在于刑？所谓刑者，辅治之具，是以用之不可不详。故每令三审五覆，无非求其生而已。"④ 洪武十七年春正月，"升都察院为正二品，左、右都御史正二品，左、右副都御史正三品，左、右佥都御史正四品。经历一员，正六品；都事一员，正七品"。⑤

　　《明通鉴》记载的都察院的改设过程与《明实录》的记载大体一致，时间上略有出入。前者记载，洪武十七年（1384 年）正月，明太祖又重新更定都察院的官制，"乃设左、右都御史各一人，正三品；左右副都御史各一人，正四品；左、右都御史各二人，正五品。未几，

---

　　① 《明太祖实录》卷一百五十五，洪武十六年七月己酉。
　　② 《明太祖实录》卷一百五十五，洪武十六年六月戊子。
　　③ 《明太祖实录》卷一百五十九，洪武十七年春正月庚戌。
　　④ 《明太祖实录》卷一百六十七，洪武十七年闰十月癸丑。
　　⑤ 《明太祖实录》卷一百五十九，洪武十七年春正月庚戌。

又升都御史正二品，副都御史三品，都御史四品，其十二道监察御史亦升为正七品。自此台卿与部权并重，七卿之名遂为一代定制"。①

洪武十七年（1384年）以后，监察机构并没有固定不变。洪武二十三年（1390年），左副都御史袁泰上奏"各道印篆相同，虑有诈伪"，于是朱元璋下令更铸监察御史印为"某道监察御史印"，巡按印为"巡按某处监察御史印"。建文元年（1399年）改设都御史一人，革佥都御史。次年，又改都察院为御史府，设御史大夫，改十二道为左、右两院，只设御史二十八人。成祖即位，恢复洪武旧制，于永乐元年（1403年）改北平道为北京道，十八年（1420年）罢北京道，增设贵州、云南、交址三道。洪熙元年（1425年）称行在都察院，与六部同。宣德十年（1425年）罢交址道，始定为十三道。正统中，去"行在"字样。嘉靖朝曾以清屯增设副都御史三人，但不久即罢。隆庆中以提督京营增加右副都御史三人，也只存在很短的时间。②

通常在一个王朝的初期，政治局势每每动荡不安，统治经验又相当缺乏，在这种背景下采用什么样的政治体制才最适合时代的需要，开国之君及大臣们往往为之费尽心机，并要作较长时间的摸索，因而明初政治体制屡有变更，这本是情理之中的事，何况它所直接承袭的元朝遗留下来的是教训多于经验呢！不过，明初御史机构的变故却较其他部门明显地要更为复杂，有更大的起伏，这里充分表明了监察机构的特殊性：皇帝既要使之成为自己手中一个能得心应手地加以运用的工具，就必然地要尽可能地提高其地位品秩；而其地位的提高，却又容易产生异化的现象，妨碍皇权的伸张。这个矛盾是如此的突出，而矛盾的解决对国家和皇帝又具有如此重要的意义，这就难怪朱元璋要为之费尽心血了。

二 都察院的职责与内设机构

定形以后的都察院，设左、右都御史为最高长官，左、右副都御

---

① 《明通鉴》卷八，《洪武十七年》，中华书局2009年点校本，第385页。
② 参见《明史》卷七十三，《志第四十九·职官二·都察院》，中华书局1974年版，第1772—1773页。

史及左、右佥都御史为之辅佐。都察院与六部一样，同为正二品衙门，左、右都御史为正二品，左、右副都御史为正三品，左、右佥都御史为正四品。

关于都察院的职掌，《诸司职掌》的规定非常概约，称"右、左都御史、副都御史、佥都御史，职专纠劾百司，辩明冤枉，提督各道，及一应不公不法等事。"① 这一说法有点过于抽象，让人不好把握，《明史》的表述则相对详细："都御史，职专纠劾百司，辩明冤枉，提督各道，为天子耳目风纪之司。凡大臣奸邪、小人构党、作威福乱政者，劾。凡百官猥茸贪冒坏官纪者，劾。凡学术不正、上书陈言变乱成宪、希进用者，劾。遇朝觐、考察，同吏部司贤否陟黜。大狱重囚会鞫于外朝，偕刑部、大理谳平之。其奉敕内地，拊循外地，各专其敕行事。"② 就《明史》的表述来看，都察院的职掌实际是五个方面，即纠劾、同吏部共同负责官员考核，参与审案，奉敕出巡，提督各道御史。明代中期名臣何孟春曾就朱元璋将御史台改为都察院的用意及都察院的职责范围发表意见，说："高皇帝稽古定制，改前代御史大夫中丞为都御史，台为察院，是以察而统公署之号也。以监察御史分设十三道，革去侍御史、殿中侍诸名衔，而纠劾、巡按、照刷、问拟之任，一切责之监察，是以察而统为宪臣之号也。御史从前代重矣，监察之尤重，未有如我朝者也。任是职者，欲无负朝廷耳目之所寄，则凡事无所不当察。官吏之贤否，察之得为之激扬；兵民之利病，察之得为之兴除；风俗之美恶，察之得为之移易；刑赏之轻重，察之得为之劝沮；变故之隐伏察之，狱讼之冤抑察之，得为之消弭清雪。察事之中，又皆得言事焉。"③ 何孟春曾在正德年间任右副都御史巡抚云南，嘉靖年间为吏部左侍郎，他的概括当是准确的。

---

① 《诸司职掌·兵刑工都通大职掌·都察院》，杨一凡点校：《皇明制书》第二册，社会科学文献出版社 2013 年版，第 641 页。

② 《明史》卷七十三，《志第四十九·职官二·都察院》，中华书局 1974 年版，第 1767 页。

③ （明）王圻：《续文献通考》卷八十九《御史台》，第 3 册，巴蜀书社 2023 年版，第 351 页下栏。

都察院直属机构有经历司，设经历一人，都事一人，"典出入文移，叙差御史"；司务厅，设司务，初设四人，后革二人，剩二人，"典参谒受事"；照磨所，设照磨一人，俭校一人，"典磨勘卷宗"；司狱司，设司狱一人，"典监狱"。①

三 十三道监察御史的职责与带管衙门

十三道监察御史虽受都察院管理，但履行职务时又有其独立性。根据《明史》的表述，其职责为：主察纠内外百司之官邪，或露章面劾，或封章奏劾。在内两京刷卷，巡视京营，监临乡、会试及武举，巡视光禄，巡视仓场，巡视内库、皇城、五城，轮值登闻鼓。（后改科员。）在外巡按，清军，提督学校，巡盐，茶马，巡漕，巡关，攒运，印马，屯田。"师行则监军纪功，各以其事专监察。而巡按则代天子巡狩，所按藩服大臣、府州县官诸考察，举劾尤专，大事奏裁，小事立断。按临所至，必先审录罪囚，吊刷案卷，有故出入者理辩之。诸祭祀坛场，省其墙宇祭器。存恤孤老，巡视仓库，查算钱粮，勉励学校，表扬善类，翦除豪蠹，以正风俗，振纲纪。凡朝会纠仪，祭祀监礼。凡政事得失，军民利病，皆得直言无避。有大政，集阙廷预议焉。盖六部至重，然有专司，而都察院总宪纲，惟所见闻得纠察"。②

十三道监察御史共一百一十人（正七品），浙江、江西、河南、山东各十人，福建、广东、广西、四川、贵州各七人，陕西、湖广、山西各八人，云南十一人。③ 十三道监察御史"各理本布政司及带管内府监局、在京各衙门、直隶府州卫所刑名等事"。④ 其带管单位如表3-1所示。

---

① （明）王圻：《续文献通考》卷八十九《职官考·御史台》第三册，巴蜀书社2023年版，第350页。

② 参见《明史》卷七十三，《志第四十九·职官二·都察院》，中华书局1974年版，第1769页。

③ 《明史》卷七十三，《志第四十九·职官二·都察院》，中华书局1974年版，第1767页。

④ 《大明会典》卷二百九，《都察院一·各道分隶》。

表3－1　　　明代监察御史带管驻京衙门、天下卫所列表

序号	所属道名	带管在京衙门和内府监局	带管卫所
1	浙江道	中军都督府　直隶庐州府	茂陵卫　留守中卫　府军左卫　广洋卫　神策卫　金吾左卫　金吾右卫　金吾前卫（旧隶北平道）　和阳卫　武功中卫　武功后卫　应天卫　庐州卫　六安卫　牧马千户所
2	江西道	前军都督府　直隶淮安府	豹韬卫　府军前卫　天策卫　宽河卫　龙骧卫　燕山左卫　永清卫　龙江左卫　龙江右卫　直隶武清卫　直隶邳州卫　九江卫　大河卫　淮安卫　龙门卫
3	福建道	印造局　抄纸局　宝钞提举司　承运库　行用库　广盈库　赃罚库　供用库　甲字库　乙字库　丙字库　丁字库　戊字库　军储库　广惠库　广积库　天财库　长安等九门　驸马府　户部　直隶常州府　池州府	献陵卫　景陵卫　裕陵卫　泰陵卫　武功左卫　武功右卫　武功前卫　武成中卫　金吾后卫　定边卫　开平中屯卫　美峪千户所
4	四川道	御用监　司设监　都知监　尚衣监　神宫监　军器局　皮作局　宝源局　鞍辔局　织染局　鍼工局　兵仗局　巾帽局　器皿局　盔甲局　银作局　柴炭局　抽分竹木局　惜薪司　工部　营缮所　文思院　僧道录司　直隶松江府　广德州	永清左卫　大宁前卫　府军卫　济州卫　蔚州左卫　神木千户所　蕃牧千户所　直隶金山卫　怀来卫　怀安卫
5	陕西道	大理寺　行人司　后军都督府　直隶和州　敢勇营　报效营	康陵卫　昭陵卫　府军后卫　义勇右卫　鹰扬卫　横海卫　兴武卫　江阴卫　保定左卫　保定右卫　保定中卫　保定前卫
6	云南道	顺天府　直隶永平府　广平府　居庸关	羽林前卫　直隶延庆卫　延庆左卫　延庆右卫　山海卫　永平卫　营州左屯卫　营州右屯卫　营州中屯卫　营州前屯卫　营州后屯卫　涿鹿卫　涿鹿左卫　涿鹿中卫　卢龙卫　通州卫　通州左卫　通州右卫　密云中卫　密云后卫　马兰谷营　万全左卫　万全右卫　东胜左卫　东胜右卫　抚宁卫　大同中屯卫　黄花镇千户所　宽河千户所　武定千户所

序号	所属道名	带管在京衙门和内府监局	带管卫所
7	河南道	司礼监 尚膳监 尚宝监 直殿监 酒醋面局 尚宝司 中书舍人 钟鼓司 礼部 翰林院 都察院 国子监 光禄寺 太常寺 鸿胪寺 太医院 钦天监 教坊司 两淮盐运司 直隶扬州府 大名府	彭城卫 羽林左卫 留守前卫 留守后卫 神武左卫 神武右卫 神武前卫 扬州卫 仪真卫 高邮卫 归德卫 潼关卫 宁山卫 泰州千户所 通州千户所 汝宁千户所
8	广西道	六科 通政司 直隶徽州府 真定府 保定府 安庆府 紫荆关 倒马关	燕山前卫 燕山右卫 忠义前卫 忠义后卫 富峪卫 大兴左卫 沈阳左卫 会州卫 镇南卫 武骧左卫 腾骧左卫 腾骧右卫 安庆卫 新安卫 真定卫 镇武卫 广昌千户所
9	广东道	刑部 应天府 直隶隆庆州（万历间改延庆州）	南京锦衣卫 孝陵卫 长陵卫 虎贲左卫 沈阳右卫 济阳卫 武功左卫 武功右卫 武骧右卫开平中屯卫
10	山西道	左军都督府 直隶镇江府 太平府	锦衣卫 留守左卫 义勇前卫 义勇后卫 两京骁骑二卫 府军右卫 大宁中卫 英武卫 两京龙虎二卫 龙虎左卫 水军左卫 镇江卫 建阳卫 沈阳中屯卫 平定州千户所 蒲州千户所
11	山东道	御马监 宗人府 兵部 会同馆 大通关 皇陵祠祭署 中都留守司 直隶凤阳府 徐州 滁州 长淮关	皇陵卫 羽林右卫 永清右卫 济川卫 沈阳中卫 留守左卫 留守中卫 凤阳卫 凤阳左卫 凤阳中卫 长淮卫 怀远卫 徐州卫 滁州卫 寿州卫 泗州卫 德州卫 德州左卫 宿州卫 武平卫（原隶河南道今改属本道） 沂州卫 保定后卫 洪塘湖千户所
12	湖广道	南京都察院 右军都督府 五城兵马指挥司 兴都留守司 直隶宁国府	虎贲右卫 留守右卫 忠义右卫 江淮卫 广武卫 永陵 武德卫 宁国卫 宣州卫 神武中卫 茂山卫 定州卫 水军右卫

续表

序号	所属道名	带管在京衙门和内府监局	带管卫所
13	贵州道	内官监　印绶监　吏部（曾隶北平道）　太仆寺　上林苑监　长芦盐运司　直隶苏州府（曾隶北平道）　顺德府　河间府　保安州　万全都司　大宁都司　宣府五路	旗手卫（曾隶北平道）　忠义中卫　镇朔卫　遵化卫　苏州卫　太仓卫　镇海卫　蓟州卫　天津卫　天津左卫　天津右卫　河间卫　兴州左屯卫　兴州右屯卫　兴州中屯卫　兴州前屯卫　兴州后屯卫　永宁卫　保安卫　宣府左卫　宣府右卫　宣府前卫　蔚州卫　保安右卫　开平卫（原隶湖广道后改属本道）　沧州千户所　吴淞江千户所　嘉兴千户所　梁城千户所　龙门千户所　长安千户所　兴和千户所（原隶广西道后改属本道）

资料来源：《大明会典》卷 209，《都察院一·各道分隶》。

此外，河南道还负责全国范围内相当一部分官员的考核。据《大明会典》："凡在京各衙门郎中、员外郎、主事等官，及直隶府、州等官，各卫所首领官，在外按察司首领官，考满，本院（都察院）俱发河南道考核。各出考语，牒送吏部该司候考。"[1]

从来监察机关的监察对象都是上至宰执大臣，下至普通官员，无不网罗其中，但以前各朝决没有分工到如此明确的地步。这种苦心孤诣所作出的规定，不仅使监察御史有较强的责任心，在监察过程中能切实地负起责任；同时也便于他们集中精力，重点突破，避免一哄而起的毛病。因此，此种设置有其合理和科学的一面，无怪乎后来清朝统治者要加以全盘继承了。

第二节　六科与通政司

弹劾权和言谏权为中国古代社会监察制度的两翼，在唐以前它们分别由两个不同的机关行使，自宋代设言谏御史，其真正的言谏机关

---

① 《大明会典》卷二百九，《都察院一·考核百官》。

便开始蜕化，元代干脆罢除言谏机关而不设，一切统之于御史台。言谏机关的蜕变反映了君主专制统治的不断强化，明代君主集权是超乎以往的，但它一向以恢复汉唐旧制相标榜，因此它在言谏机关的设置上采取了既恢复又限制的作法。

一　六科与通政司的创设及职能转变

明代六科的职官为都给事中、给事中。给事中作为职官名在明以前很早就有了，秦汉时为列侯、将军、谒者等的加官，侍从皇帝左右，备顾问应对，参议政事，因执事于殿中，故名。魏或为加官，或为正官。晋代始为正官。隋唐以后为门下省之要职，掌驳正政令之违失。五代、北宋初门下封驳之职渐废，至宋太宗淳化四年（993 年），置同知给事中掌其事，未几其职改归银台司下面的封驳司，给事中成为寄禄官，无职事。神宗元丰改制后，复为职事官，正四品，四人，分治门下省日常公务，审读内外出纳文书，驳正政令、授官之失当者，日录奏章以进，纠治其违失。下设上、下、封驳、谏官、记注五案，分理杂务，领通进司、进奏院。元初废门下省而设给事中。元世祖至元六年（1269 年）始置起居注，掌随朝记录省、台、院、诸司奏闻之事，十五年（1278 年）改置给事中兼修起居注，定置二人，初定为正四品，仁宗皇庆元年（1312 年）升正三品，延佑七年（1320 年）复改为正四品。

明代给事中最早设于元至正二十四年（公元 1364 年）三月。当时朱元璋尚未称吴王，便因袭元朝制度，"置起居注给事中"①。吴元年（1367 年）十一月，"定起居注给事中为正五品"②。洪武六年（1373 年）三月，"定设给事中十二人，秩正七品。看详诸司奏本及日录旨意等事。分为吏、户、礼、兵、刑、工六科，每科二人，凡省府诸司奏事，给事中各随所掌于殿廷左右执笔纪录，具批旨意可否于

① 《明太祖实录》卷十四，甲辰年二月丁卯。
② 《明太祖实录》卷二十七，吴元年十一月乙酉。

奏本之后，仍于文簿内注写'本日给事中某钦记'相同，以防壅遏欺蔽之弊。如有特旨，皆纂录付外施行。铸给事中印一，推年长者一人掌之。置钦录簿三，中书省一，文职官录之；大都督府一，武职官录之；御史台一，监察御史录之……若系边报及钱粮机密重事，不待朝会，合奏闻者于给事中处报知引奏。省、府、台各置铜匮，凡听录旨意文簿收贮于内，以凭稽考"①。显然，六科初设只不过是普通的负责记录和收发文案的秘书机构。

到了洪武十年（1377 年），朱元璋对中书省臣产生了不信任的心理，于是，该年七月发生了两件事情，第一件事是设立通政使司，据《明实录》记载：朱元璋"置通政使司，设通政使一人，正三品；左、右通政各一人，正四品；左、右参议各一人，正五品；经历一人，正七品；知事一人，正八品。掌出纳诸司文书、敷奏封驳之事。时官制初立，上重其任，颇难其人。刑部主事曾秉正新擢陕西参政未行，遂命秉正为通政使，以应天府尹刘仁为左通政"，朱元璋对他们说："壅蔽于言者祸乱之萌；专恣于事者，权奸之渐。故必有喉舌之司以通上下之情，以达天下之政。昔者虞之纳言、唐之门下省，皆其职也。今以是职命卿等官，以通政为名，政犹水也，欲其长通，无壅遏之患。卿其审命令以正百司，达幽隐以通庶务，当执奏者勿忌避，当驳正者勿阿随，当敷陈者无隐蔽，当引见者无留难。毋巧言以取容，毋苛察以邀功，毋谗间以欺罔，公清直亮，以处厥心，庶不负委任之意。"② 朱元璋明确表明，他设立通政司的目的是为了防止"权奸"阻隔视听。第二件事是加强承敕监，"改承敕监令丞为郎，设官二人，从七品。给事中、中书舍人咸隶焉"③。这两件事都是为了加强皇帝的权力、削弱中书省臣的权力。但它同时赋予通政司以封驳之权，通政司的性质与唐之门下省的性质相近。

---

① 《明太祖实录》卷八十，洪武六年三月乙巳。
② 《明太祖实录》卷一百十三，洪武十年六月甲申。
③ 《明太祖实录》卷一百十三，洪武十年七月甲申。

　　到了洪武十二年（1379 年）十二月，朱元璋在同丞相胡惟庸的斗争中已经取得决定性的胜利，就要下决心废除丞相了，于是进一步加强通政司，"以承敕监给事中、殿庭仪礼司、九关通事使皆隶通政使司"①。洪武十三年（1380 年）一月，朱元璋借口丞相胡惟庸谋反，罢中书省，废丞相等官，更定六部官秩，改大都督府为中、左、右、前、后五军都督府，均由皇帝直接统领。随后他就觉得有设立真正的谏官的必要，在该年六月，"置谏院官，左、右司谏各一人，秩正七品；左、右正言各二人，秩从七品，书吏四人"②。十五年（1382 年）又置谏议大夫。但时间不长，谏院被撤销，谏议大夫一职被废除，言谏的责任历史地落到了给事中的肩上。

　　洪武二十二年（1389 年）春正月，"改给事中魏敏、卓敬凡八十一人为源士。初，敏等为给事中，上以其适符古元士之数，改为'元士'。至是，又以六科为事之本源，遂为'源士'，后复为给事中"。③应当是自此以后，六科就从通政司中独立出来，成为专门承担言谏封驳职能的机构。虽然在《明实录》《明史》等史书中未见将六科从通政司分离的记载，但从随后出台的与国家机构设置及职掌有关的基本文献中却可以看出，六科已成了与通政司并行的机构。如洪武二十四年（1391 年）三月，礼部根据朱元璋诏令奏定的文武官员侍班秩序就将通政司与六科分列："今后文武官，除分诣文华殿启事外，凡遇升殿，各用礼鞋，照依品级侍班。如有违越失仪者，从监察御史、仪礼司纠劾。东班则六部堂上官，各子部掌印官；都察院堂上官，十二道掌印御史；通政使司、大理寺、太常司……西班则五军都督及首领官、锦衣卫指挥、各卫掌印指挥、给事中、中书舍人。"④ 洪武二十五年（1392 年）十一月，朱元璋定文武百官品秩、勋阶、俸禄，也

① 《明太祖实录》卷一百二十八，洪武十二年十二月丙寅。
② 《明太祖实录》卷一百三十二，洪武十三年六月丁丑。
③ 《明太祖实录》卷一百九十五，洪武二十二年三月戊戌。
④ 《明太祖实录》卷二百八，洪武二十四年夏四月辛未。

是明确将通政使与六科分列的。① 洪武二十六年（1393 年）三月，朱元璋敕定《诸司职掌》并令内府刊行天下，其中关于通政司与六科的职官设置也是将两者比肩而立②，这些都说明六科是独立于通政司的。

二 通政司的性质

有的学者将通政司列为监察机构，其根据一是上面提到的《明实录》的记载，即洪武十年（1377 年）七月设立置通政使司时明确其职掌为"掌出纳诸司文书、敷奏封驳之事"，二是《诸司职掌》和《大明会典》的有关规定。就第二点来说，据《诸司职掌》，通政司的职责为："本司职专出纳帝命，通达下情，关防诸司出入公文，奏报四方臣民实封建言、陈情申诉及军情、声息、灾异等事。出纳帝命，凡有帝命必当详审，覆奏允当，然后施行。"③《大明会典》关于通政使司职掌的规定照录了《诸司职掌》的有关原文。

应当看到，洪武二十六年（1393 年）所定《诸司职掌》关于通政司职责的规定与洪武十年设立通政司时所作的规定已经有了很大的甚至是根本性的不同，当初设立时明确其有"封驳"权力，到了《诸司职掌》时已经取消了，只剩下了"覆奏"的职责，所谓"覆奏"只是为了防止差错所作的程序性安排，决定权完全在皇帝，因而也只是秘书性职责，类似于今天办公部门的职责。

而且，《诸司职掌》中规定通政司的四项职责中有三项必须有给事中参与，如"通达下情"的职责规定："凡有四方陈情建言、伸诉冤枉、民间疾苦善恶等事，知必随即奏闻。及告不法、不公等事，事重者于底簿内誊写所告缘由，赍状奏闻。仍将所奉旨意于上批写，送

---

① 参见《明太祖实录》卷二百二十二，洪武二十五年冬十月丙午。
② 参见《诸司职掌·吏户部职掌·吏部·官制》，杨一凡点校：《皇明制书》第二册，社会科学文献出版社 2013 年版，第 354—359 页。
③ 《诸司职掌·兵刑工都通大职掌·通政司》，杨一凡点校：《皇明制书》第二册，社会科学文献出版社 2013 年版，第 654 页。

该科给事中，转令该衙门抄行。常事者，另置底簿，将文状编号，用使关防，明立前件，连人状送当该衙门整理。月终奏缴底簿，送该科督并承行该衙门回销"；"开拆实封"规定："凡天下臣民实封入递，或人赍到司，须于公厅眼同开拆，仔细检看。事干军情机密、调拨军马，及外国来降、进贡方物、急缺官员、提问军职有司官员，并请旨定夺事务，即于底簿内誊写略节缘由，当将原来实封御前陈奏毕，就于奏本后批写旨意，送该科给事中收，转令该衙门抄出施行。其进缴税粮文册、勘合通关、起解军囚等项，附簿明白，只送该科送，不须入奏"；"关防诸司公文勘合"规定："本司置立出入文簿，令各房令典分掌。凡内外衙门公文到司，必须辨验允当，随即于簿内编号，注写某衙门行某处、为某事，公文用'日照之记'，勘合用'验正之记'。关防毕，令铺兵于文簿内书名画字递送。若行移不当，及违式差错洗补、互相推调等项，事理重者，入奏区处；常事，照依钦定事例；在外，贴送当该衙门如律；在京衙门，退回改正。将发过公文并差错件数，月终类奏，文簿缴进。若各处公文事干军情、灾异、机密重事，随即入奏。送该科给事中收。如呈禀五军、六部、都察院等衙门公文，紧要者入奏，仍用钦降勘合，用使本衙门印信，云写旨意，贴送当该衙门覆奏施行。若误递到，有施行者奏讫，亦贴送当该衙门；无施行者，亦入奏，送该科给事中收照"。[①] 上述三项职责履行的关键环节都是由六科的给事中完成的。至于第四项职责"月奏"，原来规定"凡本司发过五军、六部、都察院及内外诸司衙门公文，并照驳各衙门差错公文，实封等件及行移勘合、原告文状、拿人起数、给由人员，每月类奏，年终通行类数开奏"[②]，本没有给事中参与，但到了《大明会典》规定"凡每月终，五府等衙门出入公文等项数

---

① 《诸司职掌·兵刑工都通大职掌·通政司》，杨一凡点校：《皇明制书》第二册，社会科学文献出版社 2013 年版，第 655—656 页。
② 《诸司职掌·兵刑工都通大职掌·通政司·月奏》，杨一凡点校：《皇明制书》第二册，社会科学文献出版社 2013 年版，第 656 页。

目面奏送科外，其给由起复官员，仍奏令吏部查理"①，还是增加了给事中的环节，也就是说，关于通政司的四项职能，都得靠给事中的参与才能够完成。

由上可知，朱元璋在最初考虑设置通政司时，的确有让其承担言谏机构职能的想法，所以曾将通政使司比作"虞之纳言，唐之门下省"，"令本司职专出纳"。但到了洪武后期特别是六科从通政司独立出来后，这一想法已经改变了。所以沈德符在《万历野获编》中谈到"通政司官"时说："通政为大九卿之一，然两参议以读本为职，皆选仪貌整而声音洪者。其选时以大椿同大臣莅之，跪一香案前，震喉疾呼。间亦有不中选者。且一转参议，须满三考始一迁，俱在本衙门。即加至尚书，亦无出局者。以故有志者俱不屑就，或郎署为堂官所开送，多宛转避之，至有堂属相诉詈者"，他还说："按六部有子部，都察院有十三道，大理有左右寺丞，惟通政无属。闻之前辈博洽者，如临朐冯宗伯、交何余宗伯辈云：'六科乃通政司属官，以承内旨封驳，故列署于内府，以后事权渐重，仅有文移往还，其文犹用呈字。今则判然不相关涉矣。都给事在国初仅正八品，左右从八，散乃正九品耳。相传通参选中后，例于莅选大椿投刺称门生，其说旧矣。今上初年，言官举以入疏，以为仕绅耻陋之证，时银台之长为倪光荐，加秩已高，力辨其无是事。倪入通政已久，莫知其有无也。"② 可知此时通政使已没有任何的存在感了。

三　六科定型后的职官与职掌

洪武二十四年（1391 年）所定六科职官与品秩为，每科设都给事中一人，正八品；左、右给事中二人，从八品；给事中四至十人不等，俱正九品。建文中，改都给事中为正七品，给事中为从七品，不

---

① 《大明会典》卷二百十二，《通政使司·月奏》
② （明）沈德符《万历野获编》卷二十，《京职·通政司官》，中华书局 1959 年版，第 517 页。

置左、右给事中而增设拾遗、补阙。永乐间革拾遗、补阙，仍设左、右给事中，秩为从七品。英宗正统六年（1441 年），重铸六科印。以后六科体制、职责、品秩一直相沿不改。①

与前朝相比，明代六科的组织规模大为扩张。按明代以前历朝给事中的员额来看，秦汉时给事中为加官，魏晋南北朝时人员不定，隋初设给事中二十人，后改为四人，唐宋时皆为四人。而明代六科的都给事中、给事中加起来有五十人之多，规模前所未有，充分反映了给事中事务的扩张和皇帝委寄之重。关于六科给事中的职权，《明史·职官志》概括如下：

> 六科，掌侍从、规谏、补阙、拾遗、稽察六部百司之事。凡制敕宣行，大事覆奏，小事署而颁之；有失，封还执奏。凡内外所上章疏下，分类抄出，参署付部，驳正其违误。吏科，凡吏部引选，则掌科（即都给事中，以掌本科印，故名，六科同。）同至御前请旨。外官领文凭，皆先赴科画字。内外官考察自陈后，则与各科具奏。拾遗纠其不职者。户科，监光禄寺岁入金谷，甲字等十库钱钞杂物，与各科兼莅之，皆三月而代。内外有陈乞田土、隐占侵夺者，纠之。礼科，监订礼部仪制，凡大臣曾经纠劾削夺、有玷士论者纪录之，以核赠谥之典。兵科，凡武臣贴黄诰敕，本科一人监视。其引选画凭之制，如吏科。刑科，每岁二月下旬，上前一年南北罪囚之数，岁终类上一岁蔽狱之数，阅十日一上实在罪囚之数，皆凭法司移报而奏御焉。工科，阅试军器局，同御史巡视节慎库，与各科稽查宝源局。而主德阙违，朝政失得，百官贤佞，各科或单疏专达，或公疏联署奏闻。（虽分隶六科，其事属重大者，各科皆得通奏。但事属某科，则列其科为首。）凡日朝，六科轮一人立殿左右，珥笔记旨。凡题奏，日附

---

① 据《明史》卷七十四，《志第五十·职官三·鸿胪寺》，中华书局 1974 年版，第 1807 页，参见《大明会典》卷二百十三，《六科》。

科籍，五日一送内阁，备编纂。其诸司奉旨处分事目，五日一注销，核稽缓。内官传旨必覆奏，复得旨而后行。乡试充考试官，会试充同考官，殿试充受卷官。册封宗室、诸蕃或告谕外国，充正、副使。朝参门籍，六科流掌之。登闻鼓楼，日一人，皆锦衣卫官监莅。（洪武元年，以监察御史一人监登闻鼓，后令六科与锦衣卫轮直。）受牒，则具题本封上。遇决囚，有投牒讼冤者，则判停刑请旨。凡大事廷议，大臣廷推，大狱廷鞫，六掌科皆预焉。①

值得注意的是，明代之前，言官和察官截然两途，纠举官邪、肃清吏治是监察御史的主要职掌；而谏诤规诲，封驳制敕则是给事中的职权。明代给事中制度初建之时显然是沿袭了唐宋旧制，因此《明史·职官志》才称给事中的职权为"掌侍从规谏，补阙拾遗"。宣德四年（1429 年）八月，宣宗对行在六科给事中说："朝廷置给事中，所以出纳命令，封驳章奏，关防百司之弊。而朝政阙失，庶官贤否，民情休戚，皆得言之，非其他职事比也。祖宗时慎重用人，其有敷奏详明、莅事勤敏、智识优长有补于政治者，皆不次用之。朕嗣承大统，期于庶政修和，尚赖左右侍臣之助。古之士君子，力学养德，得君而用之，莫不建功于时，施泽于民，流芳于后。尔等受职有年，谙达宪章，尚思委任之重，夙夜在公，庶几朝无失政，官无废事，不惟国家有赖尔，亦有闻于悠久。其懋勉之。"②从宣宗的这一段敕谕来看，他是希望给事中能重点发挥言谏方面的职能，但其后给事中的主要作用仍在于"稽查六部百司之事"，与御史的弹劾权并无实质上的区别。所以于慎行云："宋孝宗时，因补阙薛叔似论列时相，谓曰：'卿等以补阙、拾遗为名，专主规正君上，不任纠劾，今所奏乃类弹击，甚非设官命名之意。'盖拾、补两省僚属，官为侍从，与台谏不

---

① 《明史》卷七十四，《志第五十·职官三·六科》，中华书局 1974 年版，第 1805—1806 页。

② 《明宣宗实录》卷五十七，宣德四年八月丁亥。

同，故孝宗以此谕之。本朝六科给事中，沿门下旧僚，主于封驳，各道御史，沿台官之旧，主于弹击，今皆以纠劾为事，亦非设官意也。"① 孙承泽也说："六科即唐之补阙、拾遗，宋改补缺为司谏，拾遗为正言。唐制，谏官随宰相入阁，此最得为政之要。至明革中书省，乃并谏官裁之，惟设六科以掌封驳。宣德中，廷臣请设谏官，不允。自是谏无专职，此为缺典。"② 六科职能重心的转变是绝对君主专制体制运作的必然结果。

第三节 督抚

明代督抚是朝廷派驻地方履行监察职能的官职。据《明史·职官志》，都察院官"在外加都御史或副、佥都御史衔者，有总督，有提督，有巡抚，有总督兼巡抚，提督兼巡抚，及经略、总理、赞理、巡视、抚治等员"③。于此可见，督抚为中央在某些地区因事特设官职的通称，其中最常见的是总督和巡抚。明初并无总督、巡抚之设，督抚制度是明中期以后逐渐形成发展起来的，在明代地方治理乃至整个国家政治生活中发挥着重要作用。

一 督抚的缘起

朱元璋在正式建立明朝之前，就在已占领和控制的区域内，仿照元朝地方行政体制实行行省制。史载：至正十六年（1356 年）六月，附属于韩宋政权的朱元璋亲率部将打败了驻守在集庆路的元朝势力，在应天（今江苏省南京市）"自总省事，置僚佐"。④ 以后，以南京为

---

① （明）于慎行：《谷山笔麈》卷十，《建言》，《元明史料笔记丛刊》，中华书局 1984 年版，第 112 页。

② （清）孙承泽：《春明梦余录》卷二十五，《六科》，北京古籍出版社 1992 年点校本，第 388—389 页。

③ 《明史》卷七十三，《志第四十九·职官二·都察院》，中华书局 1974 年版，第 1767 页。

④ 《明史》卷一，《本纪第一·太祖一》，中华书局 1974 年版，第 6 页。

中心开始了长达十多年的全国统一战争。伴随这一进程，每占领一个较大的区域，都会设置中书分省或者行中书省以控制和管理地方。这一过程一直持续到明朝建立以后，至洪武四年（1371 年）完成全国省级地方政权的设置，共设十二个行省。

朱元璋在仿照元制设立地方行省的同时，也对行省制度进行了改造。元代行省权力很大，其设官主要有平章政事、左右丞、参政等，最高长官平章政事拥有指挥军队和调遣军队的权力，《元史》载：平章政事"掌军国庶务，统郡县、镇边鄙，与都省为表里……凡钱粮、兵甲、屯种、漕运、军国重事，无不领之"①。朱元璋首先将行省的平章政事改为虚设，降低行省的品秩，逐步以文官担任地方最高长官，削弱行省的军事职能。同时，设立专门掌管地方军务的军事部门行都督府和都卫，在地方上实行军政分离；设置提刑按察司负责地方司法，监督地方官员。这样就改变了元朝行省长官军政大事无不领之的局面。洪武八年（1375 年）十月，改各处都卫为都指挥使司。洪武九年（公元 1376 年）废除了行中书省，改置承宣布政使司，与原有的都司、按司并称三司，于是明代省级地方行政体制由原来的行省体制彻底转变为三司体制。在三司体制下，原来行省丞相的权力一分为三：布政使管民政、财政；按察使管司法、刑狱；都指挥使管卫所军事。同时，三司并不能完全独立行使职权，都司名义上掌一省之军政，但布政司参政、参议，按察司副使、佥事也有清军、监军乃至操练之责；布政司掌一省之政令，但纠劾官员、整肃吏治却由按察司负责；按察司主吏治刑名，但布政司亦设有理问所主管刑名。凡省内重大政事，均须由布、按、都三司会议，并上报中央有关部院核准后方可推行。中央六部等部门也没有专门负责对地方三司实行统一领导、沟通协调的机关，更多的是按事务分属实行垂直领导，甚至交叉领导。

三司体制一方面适应了绝对君主专制统治的需要，加强了中央对

---

① 《元史》卷九十一，《志第四十一上·百官七》，中华书局 1976 年版，第 2305 页。

地方的控制，可以防止出现尾大不掉的局面；但同时难免出现事权不一、部门间相互推诿，从而导致行政效率低下的问题。特别是遇到紧急的情况，如北方地区鞑靼部落南下袭扰；或是腹里地区出现大规模的农民暴动；或是需要修建大规模的工程，如对黄河等水道的疏浚等，这时就可能出现两种情形，一是三司之间互相推诿，以致坐误时机；一是因权力所限，导致威信不孚而指挥不灵。正如明人何乔新评论的那样，"我朝惩前代藩镇之弊，以都司典兵，布政司理民，按察司执法，凡军戎调发之政，布、按二司不得专，非有符验，都司亦不听调也。平日所以能前却之者，恃有三尺法耳，一旦有事，白刃临其身，厚禄诱其心，三尺法焉能制之？"①

为了克服三司制的弊端，朱元璋经常派遣大臣、御史等官员外出巡视，一方面起到督促检查的作用，另一方面能及时向皇帝报告重大事项和官员履职情况。应当说，这种地方分权的三司制度加上不定期或随事分遣官员巡视的制度，在明朝初期经济社会发展处于上升时期是不存在问题的；但同时，也留下了一定的隐患。如果经济社会的发展处于停滞，同时内外矛盾出现激化的情况下，这样的制度设计很难还能应付得过来，这就为督抚制的创立提供了契机。

二 督抚的设置与职责变迁

明中期以后，一些地方社会矛盾激化，引起大范围的民变；同时边境地区特别是北方少数民族部落不时南下，造成紧张局面，使原有的三司体制缺乏统一领导核心的弊端越来越明显地暴露出来。但是三司体制是明太祖亲自制定的制度，是"祖宗成法"，不允许进行任何改动，在这种情况下，继任的统治者就大量派遣中央官员到地方管理地方事务，以补时弊。最先是武臣与内官，然后是文臣。这些"钦差"后来很多都因事固定在地方，并被赋予在一定范围内便宜行事的权力，成为长驻地

---

① （明）何乔新：《寄彭学士彦实》，《椒邱文集》卷十六，文渊阁四库全书本，第1249 册，第 281 页。

方的督抚。督抚制度的正式确立和发展经过以下几个关键节点。

（一）洪武、永乐萌芽时期

督抚制度何时萌发，或督抚制度的源头在哪里，各种史书的记载有所不同。《大明会典》的记载比较简略，称："国初，遣尚书、侍郎、都御史、少卿等官巡抚各处地方。事毕复命，或即停遣。初名巡抚，或名镇守"，与之有关的记载还有："永乐间，设漕运武臣。至景泰二年，因漕运不继，特命都御史总督，与总兵、参将、同理其事，因兼巡抚淮扬庐凤四府、徐和滁三州"。① 《明史》的记载相对详细一些："巡抚之名，起于懿文太子巡抚陕西。永乐十九年（1421年），遣尚书蹇义等二十六人巡行天下，安抚军民。以后不拘尚书、侍郎、都御史、少卿等官。事毕复命，即或停遣。"② 《明史》与之有关的记载还有："永乐元年（1403年）春正月……乙卯，遣御史分巡天下，为定制"③，永乐二十二年（1424年）十一月，仁宗"遣御史巡察边卫。癸未，遣御史分巡天下，考察官吏"④。《历代职官表》的叙述为："王彰奉敕，为明设巡抚之始。先是洪武二十四年（1391年）遣皇太子巡抚陕西，盖暂一行之，非定制也。"⑤ "王彰奉敕"是指明成祖时，有告周王图谋不轨，都御史王彰带御史巡抚其地，劝周王交出三护卫，随即还朝。《钦定续文献通考》的记载："考之纪志，总督之名自正统四年王骥征麓川始。后以军兴，因地增设。巡抚之名，始于洪武遣太子巡抚陕西。永乐十九年遣官巡行天下。盖大灾重事，即遣行巡视，谓之巡抚，事迄而止，无定员也。"⑥

上述记载虽然有一些不一致的地方，但主要的事实还是相同的：

---

① 《大明会典》卷二百九，《都察院一·督抚建置》。

② 《明史》卷七十三，《志第四十九·职官二·都察院》，中华书局1974年版，第1767—1768页。

③ 《明史》卷六，《本纪第六·成祖二》，中华书局1974年版，第79页。

④ 《明史》卷六，《本纪第八·仁宗》，中华书局1974年版，第110页。

⑤ （清）纪昀：《历代职官表》下册，卷五十，《总督巡抚》，上海古籍出版社1989年版，第959页。

⑥ 《钦定续文献通考》卷五十四，《职官考·御史台·行御史台》。

一是虽然当时已经出现了"巡抚"一词，但"巡抚"只是巡行、安抚之意，并非官职名称；二是都承认洪武、永乐时期大臣、御史的出巡只是临时派遣，事毕即还，与后来督抚的长驻久任有根本的不同；三是都认可洪武、永乐年间大臣、御史的出巡为后来督抚制度的源头，为后来督抚制度的建立奠定了基础。

（二）宣宗初置时期

宣宗时期，巡抚、总督成为正式的官职，出现了以下情况。

一是总督、巡抚开始专设和定设。根据《明史》记载，设巡抚的最早时间为宣宗即位之初：洪熙元年（1425 年）八月（宣宗即位甫三月，未及改元），"大理卿胡概（旋复姓熊）、（四川）参政叶春巡抚南畿、浙江，设巡抚自此始。"① 宣德五年（1430 年）九月，"擢御史于谦等六人为侍郎，谦抚河南，越府长史周忱抚江苏，吏部郎中赵新抚江西，兵部郎中赵伦抚浙江，礼部员外郎吴政抚湖广，刑部员外郎曹宏抚北畿、山东，此各省专设巡抚之始。"② 总督的专设始于宣德五年："永乐初，遣尚书往江南治水患，兼理农务。十九年，敕尚书巡抚畿甸，然未有专设。宣德五年，命侍郎总督税粮兼巡抚应天等府，始有专职。"再考诸史实，南畿自洪熙元年（1425 年）专设巡抚后，除正德二年至五年（1507 年至 1510 年）因宦官刘瑾专权曾停置三年外，终明之世未有中断。③ 据《钦定续文献通考》记载："宣德时，以关中、江南等处地大而要，命官更代巡抚，自是遍设。其后遂以都察院堂上官为之。"④

二是总督、巡抚事实上形成了长驻久任。熊概巡抚南畿前后达五年之久，直到宣德五年（1430 年）因迁升南都御史治院事，才被周忱接替。而周忱任南畿巡抚更长达二十二年之久。

三是督抚赴京议事制度的建立。宣德时期规定巡抚官每年八月赴

---

① 《明史》卷九，《本纪第九·宣宗》，中华书局 1974 年版，第 116 页。
② 《明会要》卷三十四，《职官六·巡抚》，中华书局 1956 年版，第 588 页。
③ （清）吴廷燮：《明督抚年表》（下册）卷四，《应天》，中华书局 1982 年点校本，第 346 页。
④ 《钦定续文献通考》卷五十四，《职官考·御史台·行御史台》。

京会廷臣议事。尽管后来因督抚遍设后人数太多，加上所承担的任务繁巨而无法继续执行，到嘉靖十五年（1536 年）最终取消了这一规定①，但在当时是督抚制度化的一个标志。

四是明确规定了督抚的职责。宣德七年（1432 年）八月，"命各处巡抚侍郎同巡按监察御史考察方面官，仍同布政司、按察司考察郡县官。时吏部、都察院奉敕考核方面及郡县官贤否，尚书郭琎等言：'各处有巡抚侍郎，请令同巡按御史考察；如无巡抚侍郎，应别遣官，或止令布政司、按察司堂上官同巡按御史考，直隶府县宜从巡按御史考'。上曰：'方面官及巡按御史从公考察足以别贤否，无巡抚侍郎不必别遣官'。"② 巡抚考察地方官员，必须要会同巡按御史一起考察，而且对地方官员的监察仍以巡按御史为主。

《明史》简要地叙述了督抚制的缘起并对督抚的作用进行了评说："明初以十五布政使分治天下，诸边要害则遣侯伯勋臣镇扼之。永乐之季，敕赛义等二十六人巡行天下，安抚军民，事竣还朝，不为经制。宣德初，始命熊概巡抚苏、松、两浙。越数年，而江西、河南诸省以次专设巡抚官。天顺初，暂罢复设，诸边亦稍用廷臣出镇或参赞军务。盖以地大物众，法令滋章，三司谨奉教条，修其常职，而兴利除弊，均赋税，击贪浊，安善良，惟巡抚得以便宜行事。熊概以下诸人，强干者立声威，恺悌者流惠爱，政绩均有可纪。于谦、周忱巡抚最为有名，而勋业尤盛。"③

（三）英宗和景帝发展时期

英宗和景帝时期，督抚制度得到快速发展，其标志是督抚的普遍设置、统辖关系的明确和制度的进一步完善。《大明会典》记载了至其编成时即万历十五年全国督抚设置的情况及其来龙去脉④，其中英宗和景帝时期督抚设置情况如表 3-2 所示。

---

① 《明世宗实录》卷一百八十五，嘉靖十五年三月戊午。
② 《明宣宗实录》卷九十四，宣德七年八月庚子。
③ 《明史》卷一百五十九，《列传第四十七·杨继宗》，中华书局 1974 年版，第 4352 页。
④ 《大明会典》卷二百九，《都察院一·都抚建置》。

表 3 - 2　　　　　　明英宗、景帝时期总督、巡抚设置情况表

序号	时间	遣、置情况	定制情况	经演变至万历十五年仍存建置
1	景泰二年	因漕运不继，特命都御史总督。与总兵、参将、同理其事。因兼巡抚淮扬庐凤四府、徐和滁三州	特命都御史总督	总理漕运、兼提督军务、巡抚凤阳等处、兼管河道一员
2	正统元年	始遣都御史巡抚宣大（景泰二年，宣大各设巡抚，而遣尚书总理宣大军务）	始遣都御史	总督宣大山西等处地方军务兼理粮饷一员
3	正统景泰间	以两广宜协济应援，始设总制	始设总制	总督两广军务，兼理粮饷，带管盐法，兼巡抚广东地方一员
4	景泰四年	定遣都御史总督税粮兼巡抚应天等府	定遣（宣德五年已有专职）	总理粮储、提督军务、兼巡抚应天等府地方一员
5	正统三年景泰元年	命都御史镇守湖广等处。至景泰元年，定设都御史巡抚湖广地方、兼赞理军务	定设	巡抚湖广等处地方、兼提督军务一员
6	正统十四年	命都御史巡抚河南、湖广。（至景泰元年，始专设河南巡抚）	专设	巡抚河南等处地方、兼管河道、兼提督军务一员
7	正统十三年	正统五年遣大理少卿巡抚山东地方。十三年，始定设都御史	定设	巡抚山东等处地方、督理营田、兼管河道、提督军务一员
8	正统十年	命侍郎巡抚保定等处，未有专设（成化八年，专设都御史巡抚保定等六府）		巡抚保定等府、提督紫荆等关、兼管河道一员
9	正统元年	遣都御史巡抚，遂为定制。后加赞理军务	为定制	巡抚辽东地方、赞理军务一员
10	正统元年	命都御史出巡塞北。凡兵粮边备，并听厘正	巡抚之设自此始	巡抚宣府地方、赞理军务一员

序号	时间	遣、置情况	定制情况	经演变至万历十五年仍存建置
11	正统元年	始与宣府共设巡抚。至景泰三年，大同始专设	专设	巡抚大同地方、赞理军务一员。永乐六年，命都御史出镇大同。旋罢。
12	景泰元年	以都御史延绥参赞军务，遂为定制	为定制	巡抚延绥等处、赞理军务一员
13	正统元年	以都御史镇抚宁夏地方，参赞军务，整饬边备，遂为定制（天顺元年革，二年复设，去参赞军务）	为定制	巡抚宁夏地方、赞理提督一员
14	正统间	命右都御史出入更代镇守陕西。景泰三年，改都御史巡抚，遂为定制		巡抚陕西地方，赞理军务一员
15	正统元年	命侍郎参赞军务出镇甘凉。于是甘肃以文臣参赞，遂为定制。景泰元年，定为巡抚都御史	为定制	巡抚甘肃等处地方、赞理军务一员
16	正统十四年	遣都御史巡抚四川，遂定设	定设	提督军务、巡抚四川等处地方一员
17	正统九年	命侍郎参赞军务（一年，始命侍郎镇抚。天顺元年革，成化十二年复设）		巡抚云南、兼建昌毕节等处地方、赞理军务、兼督川贵粮饷一员
18	正统、景泰年间	正统四年，命都御史出镇。十四年，以土苗乱，命侍郎总督军务、镇守其地。景泰元年，大理寺丞巡抚，始有专职	始有专职	巡抚贵州、兼督理湖北川东等处地方、提督军务一员

上表说明，这一时期督抚设置已很普遍，全国东西南北中都有地方设置，同时很多地方都开始了专设与定设。当然，其快速发展的标志还是在于制度上的变化，主要有以下几个方面。

一是总督的职责进一步明确。明代的总督，是在巡抚制度普遍推行的基础上产生和形成的，其因事特遣、偏重军事、节制地方文武以及置罢不常等方面，都较巡抚更为突出。考诸史籍，除总督税粮始于宣德朝外，明代最早派遣军政类型的总督，是在正统六年（1441年）正月。明人孙承泽说："问总督军务官本朝始于何时？曰：都御史总督军务，自正统四年麓川之役王骥始也（派遣时间实为正统六年正月），总兵官悉听节制，既以兵部尚书帅师，当王振好大之心，遂拟粮储故事。粮储称总督，宣德中始也。"① 据《明史》记载：时"麓川之役起。麓川宣慰使思任发叛，数败王师……中官王振方用事，喜功名，以（王）骥可属，思大举。骥亦欲自效。六年正月，虽拜蒋贵平蛮将军，李安、刘聚为副，而骥总督军务，大发东南诸道兵十五万讨之。"② 《明会要》对此事还特别注明："此设总督之始。"③ 可见明代之有总督，首先是出于军事上的需要，这也是其后总督一直偏重于军事的重要原因。明代总督制度的正式形成，应在景泰至成化年间，其标志就是两广总督和三边总制的先后定设。

二是总督、巡抚长任制度的巩固。景泰元年（1450年），礼科给事中李实等上奏："近年各处镇守、巡抚等官，动经三五七年，或一二十年，家室悬隔，患疾病而不能相恤；子女远违，婚姻而不能嫁娶。有子者尚遗此虑，无子者诚有可矜。乞敕多官议，许其妻子完住，量给本处官仓俸米，以赡其家。"④ 建议得到景帝批准。

三是总督、巡抚带都御史衔制度的建立。景泰四年（1453年），"改刑部右侍郎耿九畴为都察院右副都御史，仍镇守陕西"，起因是"陕西布政使许资奏称：侍郎镇守与巡按御史不相统属，行事矛盾，

---

① （清）孙承泽：《春明梦余录》卷四十八，《都察院·总督》，北京古籍出版社1992年点校本，第1030页。
② 《明史》卷一百七十一，《列传第五十九·王骥》，中华书局1974年版，第4556页。
③ 《明会要》卷三十四，《职官六·总督　总制》，中华书局1956年版，第596页。
④ 《明英宗实录》卷一百八十八，景泰元年闰正月辛未。

人难遵守，况文移往来亦多窒碍，乞将九畴改授宪职，庶便于行事。故有是命"。①《明史》也说："大臣镇守、巡抚皆授都御史，自九畴始。"② 镇守、出巡大臣既授都御史衔，统称为"巡抚都御史"，名义上就隶属于都察院，成了都察院堂上官。这样，就在一定程度上理顺了巡抚与巡按的关系。此后很长一段时间，抚按关系都以此为基础进行发展。

四是有了正式的办公场所。正统以后，巡抚更多地参与地方事务管理，与布政司一起办公多有不便，各地巡抚陆续拥有了自己的办公场所，明代巡抚的地方化色彩明显加强。

五是坚持巡抚官集京师议事制度。据《明会要》记载："（景泰）五年八月丁酉，复命天下巡抚官赴京师议事"，"（天顺）三年六月辛酉，复命巡抚官以八月集京师议事。命户部移文各巡抚，以地远近，分年赴京议事"。③

天顺年间，曾罢巡抚官，后又不得不复设。史载："（天顺）二年四月辛未，复设巡抚官。先是上语李贤曰：'朕初复位，奉迎诸人皆以巡抚官不便。一旦革去，军官纵肆，士卒疲弛。文武官不相制之过也。宜为朕举才能者复任之。'贤因请曰：'辽东、宣府、大同、延绥、宁夏、甘肃需人最急。'上令贤与王翱、马昂等议，乃以太仆卿程信抚辽东，山东布政王宇抚宣府，佥都御史李秉抚大同，监察御史徐翱抚延绥，山西布政陈翼抚宁夏，陕西布政芮钊抚甘肃，仍以京官巡抚地方，如旧制。"④ 这说明巡抚官的设置已是大势所趋，已不可更改了。

（四）世宗完善时期

首先是巡抚制度得以巩固。嘉靖六年（1527 年）十二月，吏部尚书桂萼上言："足食、足民大计，全赖各巡抚、兵备官。整理近来

---

① 《明英宗实录》卷二百三十三，景泰四年九月癸未。
② 《明史》卷一百五十八，《列传第四十六·耿九畴》，中华书局 1974 年版，第 4322 页。
③ 《明会要》卷三十四，《职官六·巡抚》，中华书局 1956 年版，第 590 页。
④ 《明会要》卷三十四，《职官六·巡抚》，中华书局 1956 年版，第 590 页。

巡抚、兵备，类不得人，递迁太速，故事多废弛，民不蒙利。迩者左都御史胡世宁、尚书李承勋俱建议，言各巡抚、兵备宜严家（加）选择，务在得人。又令久住以图成功，如周忱在苏松二十二年，王翱在辽东十有一年，于谦在河南、山西一十八年，陈镒在陕西亦十余年，功次著者以次加秩，勿易其地。二臣所言甚于治理有裨，惟陛下采而行之。"世宗皇帝完全赞同桂萼、胡世宁、李承勋的意见，说："世宁、承勋所议良是，巡抚及兵备官安民弭盗尤为紧要，若不久任，何不遵行？人才难得，知人亦难。吏部便会同户、兵二部，并承勋、世宁等，将巡抚、兵备官从公选择，量地险要，因才授任。果积有年劳，如议加升。毋得仍前数为更易，负朕责成至意"。① 皇帝和大臣的意见一致，不仅肯定巡抚在治理中所发挥的重要作用，提出应当慎重选任，而且明确巡抚应当久任的原则。②

与此同时，总督制度获得了进一步的发展。定设的总督继续有所增加，主要有宣大和蓟辽两处。而临时暂设的总督亦越来越多，其督辖范围也越来越大。随着时间的推移，总督职权日益扩大，所辖地区逐渐加广。嘉靖三十三年（1554 年），"以南京兵部尚书张经总督浙、福、南畿军务。……令节制天下之半，便宜行事，开府置幕，自辟参佐"③，不仅总督的职责得到进一步明确，所属机构设置也更加完善。

（五）崇祯紊乱时期

从万历中期到崇祯年间，明王朝的统治已是内外交困、岌岌可危，反映在督抚的设置上，便是头痛医头，脚痛医脚，完全失去了章法。当时不仅临时特遣的总督数量猛增，其设置已基本上没有什么布局可言，而且名目亦繁多混乱，既有总督，也有所谓经略、督师、总理等等。由于辽东战局一败再败，关内外经常处于高度紧张状态，明王朝不得不处处设防，关内外督抚的辖区有时广得毫无边际，有时却

---

① 《明世宗实录》卷八十三，嘉靖六年十二月乙丑。
② 《明世宗实录》卷一百四十五，嘉靖十一年十二月甲戌。
③ （清）谷应泰等：《明史纪事本末》卷五十五，《沿海倭乱》，中华书局 2015 年点校本，第 850—851 页。

越分越细，领导体制便越搞越乱。在内地，由于明末农民起义的蓬勃发展，明政府已处处陷于被动，因而总督的设置也是一片混乱。如崇祯七年（1634 年）"设河南、山、陕、川、湖广五省总督，以延绥巡抚陈奇瑜兼兵部侍郎为之"，八年（1635 年）以"卢象升总理直隶、河南、山东、湖广、四川军务"。① 十年（1637 年），陈奇瑜以"兵部左侍郎兼右都御史，总督陕西、山西、河南、湖广、四川军务，专办流贼"②，又拜熊文灿"兵部尚书兼左副都御史，代王家祯总理南畿、河南、山西、陕西、湖广、四川军务"③。十四年（1641 年）加丁启睿为兵部尚书，改称督师，"代（杨）嗣昌尽督陕西、湖广、河南、四川、山西及江南北诸军，仍兼总督陕西三边军务"④。总督、总制、总理、经略、督师之类越设越多，督辖范围越弄越大，重叠设置的情况越来越严重，而所遣督抚的素质也越来越差，因而负效应便越来越明显。虽然明王朝溃灭的原因有多种因素，但明末督抚素质之低劣不得不说是其中重要的一个。

三 督抚的性质

由中央派遣带宪衔的官员巡视和监察地方的事例，古已有之。《国榷》引朱睦㮮语说："巡抚之设，即成周以王朝卿出监之意也。"⑤ 西汉武帝时期曾将全国分为十三部（州），部置刺史，带御史衔，以"六条问事"，监察部内郡县政务，其官秩有时虽较郡守低，但他们"周行郡国，省察治状，黜陟能否，断治冤狱"⑥，权力极大。到东汉灵帝

---

① 《明史》卷二十三，《本纪第二十三·庄烈帝一》，中华书局 1974 年版，第 318 页。
② 《明史》卷二百六十，《列传第一百四十八·陈奇瑜》，中华书局 1974 年版，第 6730 页。
③ 《明史》卷二百六十，《列传第一百四十八·熊文灿》，中华书局 1974 年版，第 6735 页。
④ 《明史》卷二百六十，《列传第一百四十八·丁启睿》，中华书局 1974 年版，第 6740 页。
⑤ （明）谈迁：《国榷》，卷二十一，《庚戌宣德五年》，中华书局 1958 年点校本，第 1399 页。
⑥ 《汉书》卷十九上，《百官公卿表第七上》，中华书局 1962 年点校本，第 742 页。

时，出于镇压日益发展的农民起义的需要，这种由中央临时派遣的刺史，便逐渐演变为州牧，位居郡守之上，成为掌管一州军政大权的地方大吏。"魏晋而后，刺史特重，类以将军持节总统诸郡，非仅曩时刺举之任。迨隋开皇中废郡为州，刺史专理一郡，名存职废，而总管都督节度使之号由斯著矣。"① 到了唐代，太宗贞观年间，将全国分为十道（其后续有增加），原为大监察区，由中央派出采访使（后改称观察处置使），兼御史大夫或御史中丞，考察州县政绩，奉善纠恶，不久又兼理民事，掌一道或数州政务。《历代职官表》亦载："唐高祖（宗）仪凤元年，遣大臣分道巡抚，以宰相来恒为河南道大使，许元超为河北道大使，左丞崔知悌、司业郑祖元为江南道大使，后又谓之存抚。"② 此外唐初还在边境诸州设总管、都督，总揽辖区军事。景云二年（711 年），始设河西节度使。天宝年间，"缘边御戎之地，置八节度使，……得以专制军事。行则建节符，树六春，外任之官无比焉。至德以后，天下用兵，中原刺史，亦循其例受节度使之号。"③ 每以数州为一镇，节度使出镇，必兼御史大夫衔，州刺史以下官员，均成为其下属。节度使统管一镇之军、政、财大权，雄居一方，世称藩镇。

明代设置带都御史、副都御史、佥都御史等宪衔的总督与巡抚，出巡或出镇地方，实与汉唐的"同以京秩而莅外台"之制相仿，总督、巡抚虽列名都察院，但并不受其限制，而是直接听命于皇帝。其任命，早先由吏部会户部（腹里）或兵部（边方），后改由九卿商定后报皇帝裁夺。④ 其责任，宣德、景泰、天顺、弘治等朝都曾定有巡抚官赴京事例，由其直接向皇帝奏报情况，接受皇帝的询问和考察。

---

① （清）纪昀：《历代职官表》下册，卷五十，《总督巡抚》，上海古籍出版社 1989 年版，第 595 页。

② （清）纪昀：《历代职官表》下册，卷五十，《总督巡抚》，上海古籍出版社 1989 年版，第 595 页。

③ 《旧唐书》卷四十四，《志第二十四·职官三·县令》，中华书局 1975 年点校本，第 1922 页。

④ 参见《明会要》卷三十四，《职官六·巡抚》，中华书局 1956 年版，第 593 页。

督抚加御史衔，表明其有监察之职。但后来这些官职逐渐固定下来，虽不成其为一级政府，但俨然是地方军政长官，监察官的性质相应地蜕化。如嘉靖十一年（1532 年）题准的《抚按通例》规定："凡徭役、里甲、钱粮、驿传、仓廪、城池、堡隘、兵马、军饷及审编大户、粮长、民壮快手等项地方之事，俱听巡抚处置。都、布、按三司将处置缘由备呈巡抚知会。巡按御史出巡，据其已行之事查考得失，纠正奸弊，不必另出己见，多立法例。其文科、武举、处决重辟、审录冤刑、参拨吏农、纪录功赏，系御史独专者，巡抚亦不得干预""凡巡按御史不许同巡抚报捷。如无巡抚，听总兵领兵官奏报。巡按止是纪验功次，以明赏罚"。① 从这里巡抚与巡按职掌的划分可以看出，巡按履行的是纯粹的监察职责，而巡抚则被赋予了更多的地方政务特别是军事大权。但是，这并不能否认巡抚和总督监察官员的性质。这不仅仅是因为开始时总督和巡抚只设于少数地区，且为临时性的机构；朝廷最初派遣巡抚和总督，主要目的并不是为了让他们去总领一方、成为凌驾于地方三司之上的封疆大吏，而是为了更好地对地方政权进行监察。更主要的原因，是中国古代的监察官本身就有一定的政务处置能力，这与我们今天理解的监察官在性质上是有一定区别的，因此，明代的督抚都带宪衔，《大明会典》《明史》都把督抚列入都察院系统，就是很好的说明。

关于明代督抚的起源、职责及性质，历来有不同的观点。从上面的分析可知，以下几点是比较明确的：其一，督抚为中央在某些地区因事特设官职的通称，其中最常见的是总督和巡抚；其二，督抚作为一种正式的官职，并不是朱元璋时期建立的所谓"祖宗旧制"，而是以后形势发展使然；其三，督抚制度建立后其设置在各个时期不一样，职责也相应地有所调整，而越到后期督抚的权力越大，出现了向地方政权转变的趋势。

---

① 《大明会典》卷二百十一，《都察院三·抚按通例》。

第四节　提刑按察使司

提刑按察使司为一省掌管监察和司法的机构。提刑按察使司常简称为提刑按察司或按察司，甚至直接简称为臬。提刑按察使司与承宣布政使司、都指挥使司并列为三司，常合称为都布按三司。

一　提刑按察使司的设置

早在吴元年（1367 年）太祖即于各地置各道按察司，设按察使，秩正三品；副使，正四品；佥事，正五品。洪武十三年（1380 年）改使秩为正四品。不久即罢除，次年又恢复。二十二年（1389 年）再定按察使为正三品。三十年（1397 年）置云南按察司。当时全国计 13 道按察司。建文时改为肃政按察司。成祖时复旧。永乐五年（1407 年）置交址按察司，又增设各按察司佥事。十三年（1415 年）置贵州按察司。宣德五年（1430 年）革交址按察司。以后各按察司内佥事等官或置或罢，不可胜纪，而全国按察司的格局及按察使的品秩始终未变。[①]

二　按察使司的职掌与内设机构

按察司各置按察使一人，副使及佥事因事添设，无定员。按察司既为一省主管监察和司法的机构，又对一省的军事、行政有参与的权利。据《明史》记载："按察使，掌一省刑名按劾之事。纠官邪，戢奸暴，平狱讼，雪冤抑，以振扬风纪，而澄清其吏治。大者暨都、布二司会议，告抚、按，以听于部、院。凡朝觐庆吊之礼，具如布政司。副使、佥事，分道巡察，其兵备、提学、抚民、巡海、清军、驿传、水利、屯田、招练、监军，各专事置，并分员巡备京畿。"[②] 王圻的《续文献通考》所记与之大致相同，但明确了其对下属的考核

---

① 《明史》卷七十五，《志第五十一·职官四·各道》，中华书局 1974 年版，第 1841 页。
② 《明史》卷七十五，《志第五十一·职官四·按察司》，中华书局 1974 年版，第 1840—1841 页。

职责："按察司职掌……凡僚属、文武臣，岁察赃否，而上下其考，以告抚按，以达于吏兵二部、都察院。"① 永乐三年（1405 年）二月，巡按福建监察御史洪堪建言十事，其中第四事为："刑名，国之重事。各府、州、县重囚，必经按察司审录无冤，然后转达刑部详拟。或有推鞫不明及番异者，按察司官俱宜躬亲办理。今往往仍发原问衙门推鞫，以致多有冤抑。乞敕各按察司官审囚之际，遇有番异及鞫问不明者，须亲与办理，毋循前弊，庶几刑罚可清。"对洪堪的建议，"上皆纳焉"。② 此建议强调按察司官要履行刑事审判职责。

　　按察使司所属机构有经历司，设经历一人，知事一人，经历"典出纳文移，知事佐之"；照磨所，设照磨一人，俭校一人，照磨"典磨勘卷宗，俭校佐之"；司狱司，设司狱一人，"司狱守狱"。③

三　按察使司下属各道

　　由于一省的疆域过于辽阔，而省以下府、州、县各级地方政权中又没有相应的独立的监察和司法机构，这就很难保证对府、州、县各级官员实施及时而全面的监察，有鉴于此，明朝统治者于各按察司之下又分设出许多派出机构。洪武十四年（1381 年）三月，复置各道提刑按察司并定各道按察分司。浙江为分司四：曰宁绍，曰温台，曰金处，曰严衢；江西为分司四：曰吉赣南安，曰临江抚袁，曰饶信建昌，曰南康江瑞；湖广为分司十一：曰兴武蕲黄，曰荆州夷陵，曰襄阳安陆，曰衡州宝庆，曰永州全道，曰长沙醴陵，曰辰沅靖州，曰德安汉沔，曰常德澧州，曰岳州咸宁，曰郴州桂阳；河南为分司四：曰开封支郡，曰怀河，曰汝南，曰卫彰；山西为分司四：曰平阳，曰大同，曰泽潞，曰平定；广东为分司三：曰雄潮，曰庆高，曰雷琼；广西为

---

　　① （明）王圻：《续文献通考》卷九十九《职官考·观察使等》第 4 册，巴蜀书社 2023 年版，第 4 页。
　　② 《明太宗实录》卷三十九，永乐三年二月丁丑。
　　③ （明）王圻：《续文献通考》卷九十九《职官考·团练使》第 4 册，巴蜀书社 2023 年版，第 4 页。

分司三：曰平梧，曰浔宁，曰柳庆；陕西为分司四：曰延庆，曰巩临，曰汉凤，曰华耀；福建为分司四：曰福兴，曰漳泉，曰延汀，曰建邵；北平为分司四：曰北永，曰保河，曰广大，曰真顺；山东为分司四：曰济南支郡，曰济东，曰青莱，曰登州；四川为分司四：曰潼汉，曰保顺，曰重夔，曰嘉叙。①

洪武十五年（1382 年）九月，特置天下府州县提刑按察分司，以儒士王存中等五百三十一人为试佥事，人按治二县，期以周岁迁官。陛辞，谕之曰："吏治之弊，莫甚于贪墨，而庸鄙者次之。今天下府州县官，于斯二者往往有之，是以弊政日滋，民受其害。故命尔等按治其地，凡官吏贤否、军民利病皆得廉问纠举，勿蹈因循。"②

洪武二十五年（1392 年）九月，朱元璋命铸各按察分司印。据《明实录》记载："先是各按察分司所分巡按地方多有未当，至是命都察院六部官会议更定，凡四十八道"，具体为：浙江四道，福建三道，山西四道，江西四道，湖广五道，广西三道，广东四道，四川三道，山东二道，北平三道，河南三道，陕西四道，直隶六道。"监察御史印，曰淮西道，曰淮东道，曰苏松道，曰安池道，曰京口道，曰江东道。"③

洪武二十九年（1396 年）九月，改置天下按察分司为四十一道。据《明实录》记载："初以天下为四十八道，至是上欲省之；且以各道名称有未安者，因欲易之。命廷臣集议之。于是太子少保兼兵部尚书茹瑺等议改置为四十一道"。具体如下。

直隶六道：曰淮西道，治凤阳、庐州二府，徐、滁、和三州，及太仆寺、中都留守司；曰淮东道，治淮安、扬州二府，及六合县、两淮都转盐运使司；曰苏松道，治苏州、松江二府；曰建安徽宁道，治池州、安庆、徽州三府；曰常镇道，治镇江、常州二府；曰京畿

---

① 《明太祖实录》卷一百三十六，洪武十四年三月丁亥。
② 《明太祖实录》卷一百四十八，洪武十五年九月癸亥。
③ 《明太祖实录》卷二百二十一，洪武二十五年九月乙酉。

道，治太平、宁国二府，广德州，句容、溧水、溧阳三县。

浙江二道：曰浙东道，治绍兴、宁波、温州、台州、虔州、金华、衢州七府；曰浙西道，治嘉兴、湖州、杭州、严州四府。

四川三道：曰川东道，治重庆、夔州、保宁、顺庆、潼川五府州，及贵州都司所属卫分；曰川西道，治成都、叔州、马湖三府，嘉定、泸、眉、雅、龙五州，及建昌等卫、松潘军民司；曰黔南道，治云南、大理等府州县并各卫分。

山东三道：曰济南道，治济南、东昌、兖州三府；曰海右道，治青州、登州、莱州三府；曰辽海东宁道，治东宁、沈阳、中辽海、铁岭、三万、金州、复州、盖州、海州、义州十卫及广宁中护卫、广宁左前后四屯卫、定辽左右中前后五卫。

河南二道：曰河南道，治开封、河南、汝宁、南阳四府；曰河北道，治怀庆、彰德、卫辉三府。

北平二道：曰燕南道，治保定、河间、真定、广平、顺德、大名六府；曰燕北道，治北平、永平二府，及行都指挥使司所属卫分。

陕西五道：曰关内道，治西安、凤翔、平凉三府；曰关南道，治汉中府；曰河西道，治延安、庆阳二府，宁夏卫；曰陇右道，治临洮、巩昌二府，洮州、岷州、河州、兰州四卫；曰西宁道，治西宁、庄浪、凉州、永昌、山丹、甘州、肃州七卫。

山西三道：曰冀宁道，治大原一府，泽、潞、辽、沁、汾五州；曰冀北道，治大同一府、东胜等卫；曰河东道，治平阳一府。

江西三道：曰岭北道，治南安、赣州、吉安、临江、袁州五府；曰两江道，治南昌、南康、九江、瑞州四府；曰湖东道，治建昌、饶州、广信、抚州四府。

广东三道：曰岭南道，治肇庆、南雄、韶州、广州、潮州、惠州六府；曰海南道，治琼州府及海南等卫；曰海北道，治高州、廉州、雷州三府。

广西三道：曰桂林苍梧道，治桂林、梧州、平乐三府；曰左江道，治南宁、浔州二府；曰右江道，治庆远、柳州二府。

福建二道：曰建宁道，治建宁、邵武、延平、汀州四府；曰
福宁道，治福州、兴化、漳州、泉州四府。

湖广四道：曰武昌道，治黄州、德安、武昌、汉阳四府；曰
荆南道，治荆州、岳州、襄阳三府，沔阳、安陆二州；曰湖南
道，治长沙、衡州、宝庆、永州四府，桂阳、郴二州；曰湖北
道，治常德、辰州二府，靖沅二州。[①]

除了各分巡道，另外还有按事分设的提督学道、清军道、驿传道
等，每省均设。各道事务由按察司副使事分管，或驻省城，或驻地方。

第五节　南京都察院与南京六科

明代都察院与六科与其他中央衙门一样，南北两京并置。据《明
史》记载："南京官，自永乐四年成祖往北京，置行部尚书，备行在九
卿印以从。是时，皇太子监国，大小庶务悉以委之。惟封爵、大辟、
除拜三品以上文武职，则六科都给事中以闻，政本故在南也。十八年
（1420 年），官属悉移而北，南京六部所存惟礼、刑、工三部，各一侍
郎，在南之官加'南京'字于职衔上。仁宗时补设官属，除'南京'
字。正统六年（1441 年），定制复如永乐时"。[②] 与南京其他衙门不一
样的是，其他衙门主要管理规定地区相应的事务，而都察院和六科作
为监察和言谏机关，对全国范围内的人和事都有发言的权力。

一　南京都察院

南京都察院的设置，据《南京都察院志》，其过程为"（永乐）
七年，圣驾巡狩北京，置北京行在都察院。十八年九月，乘舆北都于
北京，去'行在'二字，于南京改为南京都察院。洪熙元年，仁庙

---

① 《明太祖实录》卷二百四十七，洪武二十九年十月甲寅。
② 《明史》卷七十五，《志第五十一·职官四·应天府》，中华书局 1974 年版，第
1835 页。

欲幸南京，于南京都察院去'南京'二字，于北京都察院仍加'行在'二字。宣德十年，交阯道革，共存十三道。正统七年，复永乐十八年之旧，于南京仍称南京都察院，于北京仍去'行在'二字，至今遵依不改。"①

南京都察院的职官裁减不一，《大明会典》所载当时所设的职官为：右都御史一员，右副都御史一员，右佥都御史一员（提督操江，兼管巡江。或副都，或佥都，不并设），司务一员；经历司（旧有都事一员，隆庆四年（1570年）革），经历一员；照磨所，照磨一员。浙江等十三道监察御史三十员（旧每道各三员，后定浙江、江西、河南、山东、山西、陕西、四川、云南、贵州等九道、各二员。福建、湖广、广东、广西等四道、各三员。近年不全设、常以一员兼管数道）；司狱司，司狱一员（旧二员，嘉靖三十七年（1558年）革一员）。②

南京都察院的职掌，根据《大明会典》所列，大体可分为以下几类。

第一，负责对设在南京地区的中央单位的官员实施监察。主要有：凡本院问拟刑名，审录取决重囚，及提问职官等项，俱与南京刑部同。凡南京各衙门考满郎中等官，本院发河南道考核。牒送南京吏部该司，覆考停俸，赴京给由。凡兵马司兵马考满，先赴兵部考核。咨送本院行河南道考。凡六年一次，会同南京吏部，考察南京五品以下官员。与都察院同。

第二，提督操江官军。凡操江官军，本院副都御史或佥都御史一员奉敕提督，并巡视九江至镇江苏松等处江道。沿江军卫有司盗贼之事皆属焉。

第三，与北京都察院相同事项。凡各道御史纠劾言事，与北道同。如遇清军、刷卷等事项，北道员少，听都察院定拟奏差。奏差的具体情况如下。

---

① （明）徐必达等：《南京都察院志》卷三，《职官一》，《金陵全书》乙编史料类第25册，南京出版社2015年版，第284页。
② 《大明会典》卷三，《吏部二·官制二·南京官》。

凡奏差各道御史、清军、刷卷、巡江、管屯、巡仓等项。成化十七年题准，各给印信，在京对道御史关领，差人给付。事完，复命进缴。

凡监收凤阳粮斛，差御史一员。正统二年，令兼理凤阳中等九卫所，并凤阳府等军民词讼。正德二年，令兼捕盗。嘉靖四年奏准，奉敕往来查催直隶、河南等处起运，凤阳、庐滁等府州军饷。二十四年奏准，带管湖广黄州府额解安庆府仓粮。万历三年，归并屯田御史兼管，凡巡视屯田，差御史一员。成化四年奏准，专理江北四十二卫屯田。遇有词讼，应参奏者，备呈总督粮储都御史，具奏处分。正德二年奏准，兼捕盗贼。十五年议准：凡遇灾伤年分，先期遍历屯所，勘定分数，依限奏免。嘉靖八年题准：以年浅御史奏差，三年满日，方许更替。十一年题准：兼督锦衣卫及直隶庐、凤、淮、扬、安庆、滁、徐等卫屯田。照北直隶事例。督同徐、颍、兵备二道，严令所属官耕种征纳。如有侵占违限拖欠，及误事不职者，各照律例究治。年终具征解数目奏缴青册，送部查考。隆庆三年，令兼管南直隶印马事务。

凡巡上下江，旧差御史二员，一员自龙江关上至九江，一员自龙江关下至苏松等处。嘉靖七年题准：兼督安庆、仪真、扬州、淮安、军卫有司，擒捕盐徒。十一年奏准：巡视上江御史，驻札安庆。下江御史，驻札镇江，奉敕接管行事。隆庆三年：令巡江御史清理沿江一带芦洲。万历四年，令巡视上江御史督理应天、太平、安庆、池州、宁国五府、广德州漕粮，并京库钱粮。

凡巡江、巡仓等御史，嘉靖二十七年题准：受理词讼、查盘仓库、审问囚犯、禁革奸弊等项，于本差事有干涉者，悉遵照敕谕内事例施行。如不系本差事务，悉听巡按御史遵照《宪纲》处分，不得干预。其遇有地方重大事情，巡按御史与各专差御史俱有干涉者，仍要协和行事。不许自分彼此，致误事机。仍行所属，如事应会处者，通行申呈。其各有专差者，不必概行呈请。

凡南京锦衣等卫、乌龙潭等仓场，旧有提督南京粮储都御史一员及御史二员，分差监收草场粮草及巡视各仓。隆庆四年，裁革都御史，令南京户部侍郎带管提督。仍差御史一员巡视。

凡苏松常镇等处水利及高宝湖堤。万历三年奏准：专差御史一员管理，三年满日更替。仍兼管巡视下江。

凡照刷南京光禄寺及南京内府库文卷，给散京卫旗军冬夏布疋，各差御史一员，事完复命。嘉靖四年奏准：免复命，止会同该部、该科，造册奏缴。

凡监收南京内府各库布绢、点闸皇城门禁比验兵仗局军器、验收太常寺牺牲所牛羊，差御史一员。

凡清查后湖黄册。洪武二十四年，差御史二员，同户科给事中一员、户部主事四员，督率监生比对。如有户口、田粮、军匠、埋没差错等项，造册参奏，问罪改正。事完复命。

凡巡视各衙门人匠，存恤各卫新军，监收库房店舍等项钞课，看装马快船只，及石灰山关清水潭、秤掣商盐，各差御史，或不妨道事暂委监视。

凡监收龙江等关抽分竹木，差御史一员，兼督江东宣课司、抽分猪羊等项。

凡巡城兼巡街道。正统间，差御史一员。弘治五年奏准，差二员。一员管中、南、东、三兵马司，一员管西、北、二兵马司地方。十四年题准，南京权要家人承揽各处官解织造进用布疋、强分机户银两者，听巡城御史挐问。权要故纵及占吝者，指实参奏。

凡南京各卫所军士，差御史一员，同兵科给事中一员、兵部武库司主事一员，清查奸弊。成化八年奏准，三年一差。凡南京各营骑操马匹，下场牧放，弘治十八年题准，差御史一员，不时点闸。

凡南京京营，每年题差御史一员管理。年终，分别将领举劾。凡南京各教场操练官军，差御史一员点闸。

凡南京十三门官军，正德十二年，差御史二员点闸，不妨道事。

凡南京府部院寺等衙门收受俸米银两，嘉靖八年题准，差御史一员，会同给事中一员监收督察。

第四，在南京举行的庆典、祭祀活动纠仪。凡圣节、正旦、冬至、千秋节，各衙门先期进表笺。至期，习仪，行庆贺礼，及迎接诏书开读。俱差御史二员，纠仪。凡祭孝陵及历代帝王庙、先师孔子、大江之神，俱差御史二员监礼。

第五，监察应天府的乡试。凡应天府乡试，差御史二员监试。隆庆元年（1567 年），添委御史二员搜检。①

二 南京六科

南京六科的职官设置为：南京吏科，给事中一员；南京户科，给事中二员（内一员管后湖黄册）；南京礼科，给事中一员；南京兵科，给事中一员；南京刑科，给事中一员；南京工科，给事中一员。②

（一）南京六科的共同职掌

据《大明会典》记载：南京六科"凡纠劾言事，及行移、俸给等项，俱与六科同。每年锦衣等卫所军士该给冬衣布钞，各科轮会御史、户部官给散具奏。凡估计两京光禄寺等处钱粮，各科轮管。凡南京皇城内外守卫，及京城内外守门官军，各科轮点。凡各处解到军人，于各卫所存恤，各科轮管。凡南京内府进出各项钱粮、填销勘合，六科按季轮管。凡三年一造陈言文册，各科同御史、部官查审。凡应天府各项铺行，每十年，各科轮会御史、户工二部官审编造册奏缴。凡应天府各行料价，各科轮会御史、户工二部官估计。凡南京光禄寺及应天府，每月开具时估结状，送轮管科官查考。凡南京各卫所关支折俸布绢，六科轮会御史及户部差官给散。凡南京各卫所军校匠役关支过月粮，三年一次，六科轮会御史及兵部委官清查具奏。凡南

---

① 《大明会典》卷二百十一，《南京都察院》。
② 《大明会典》卷三，《吏部二·官制二·南京官》。

京中和桥等三草场，并内府各监局及光禄寺钱粮，部、院、寺等衙门俸米，六科轮会御史监收督察，年终各造册奏缴"①。

上述规定中最关键的一条是"凡纠劾、言事及行移、俸给等项，俱与六科同"，它表明南京六科在性质上还是属于中央机构。当然，就其他监察事项来说，它主要还是就设于南京的其他中央机构、卫所及应天府的衙门官员进行监察，其职权与六科的职权是不可同日而语的。

（二）南京六科各科职掌

《大明会典》就南京六科各科的职掌作了明确规定，具体如下。

南京吏科：

> 凡南京吏部考核过直隶府州所属司狱司等衙门给由官员，及准南京法司送到直隶所属还职官员，该给文凭，俱赴本科，定限填给。
>
> 凡南京各衙门官丁忧，除堂上官外，其余该给孝字号勘合者，俱赴本科填给。
>
> 凡南京吏部差官类赍各项文册文凭等项，合给内府批文，本科填给。
>
> 凡两京四品以上官，每六年例于各官自陈之后，有不职者，本科会同各科具本纠劾。
>
> 凡南京各衙门五品以下官，每六年南京吏部考察毕日，有遗漏不职者，本科会同各科具本拾遗。
>
> 凡在外官员每三年朝觐考察，其方面官有不职者，本科先期会同各科具本纠劾，以备考察。
>
> 凡朝觐考察毕，三年之内，在外方面升任京堂，中有冒滥不职者，本科会同各科具本纠劾。

南京户科：

---

① 《大明会典》卷二百十三，《六科·南京六科》。

凡南京文武衙门月支粮料，及内府九库收放钱粮，每月造册赴本科注销。

凡天下造到户口黄册，俱送后湖收贮。本科官与南京户部官专管查理晒晾。

凡南京户部茶盐引印及盐粮勘合，并茶盐引由契本铜板，俱收贮本科。

凡南京皇城四门照进、照出、照过、照马、销讫铜记各一颗，并起销勘合，俱本科收掌给发。

凡南直隶江浙粮长勘合，本科印发。

凡南京各关钞贯，每月赴本科报销。

凡南京户部差官管理各处钞关仓粮、精微批文，本科给销。

凡上江二县铺户办纳过孝陵等处供祀黄白纸钱，及光禄寺应用鸡鹅等牲，该应天府开具堂本，赴本科关领应惠字号勘合。该府查明，给发价银。

凡甲字等九库并各监局及光禄寺，监督收放钱粮。每遇年终，本科题差给事中一员，同御史及部官巡视。

南京礼科：

凡南京各衙门差官等项精微批文，俱赴本科附簿，回日注销。

凡南京礼部差官查点和州等处牛只精微批文，本科给销。

凡岁时南京文武官员行礼，本科会同纠仪官及礼部该司官点闸。

凡南京教坊司各该事因，随即具报本科，每月仍具甘结。

南京兵科：

凡直隶各卫所总小旗并枪，本科官监视。

凡南京各教场该操军时月，本科官同御史、兵部官点闸。

凡南京各营骑操马匹，本科会兵部官查点。

凡马快船装载进鲜并进用物件，本科官会御史、兵部车驾司官验装定拨。

凡南京内府各衙门进出事件并内官出入，皆有印信大小勘合填写关防。本科官编成字号，并置底簿。小勘合，用本科印。大勘合，用司礼监印。俱给与守卫官员填写出入事件。填完，小勘合送内府收，大勘合送本科收，以备查考。

凡南京皇城内外守卫官军三日更代。每班，各卫经历开写名数呈报本科，类写揭帖，每月终，送南京司礼监。

凡南京五城兵马司官，每三日一点各城守门官军呈报本科。月终，送南京司礼监。

凡南京各卫所运粮军余，每年本科同御史兵部官清查拨补。事完，造册奏缴。

凡南京五军都督府差官押解军犯，兵部差官押解，听守马快船只及赍文进京等项批文，本科给销。

凡南京各衙门公差人员合给内府批文，俱赴本科关领销缴。各领出勘合，俱由本科查核挂号。

凡南京新江口改差操备官军名数，每月把总官员开具揭帖，呈报本科。

凡南京兵部武库司柴薪直堂银两，每三年，本科同御史会该部堂上官一员清查，造册奏缴。

凡南京新江口战巡哨各船，季终，本科同南京兵、工二部主事查点。凡遇考选军政官员之年，本科关巡视皇城。给事中将守卫官员考核贤否造册，送南京兵部备考。

凡南京内府衙门起运赴京扛柜钱粮、合用民夫，经该衙门具手本送本科查核，批行上江二县拨送应用。

凡南京五军都督府掌印金书并锦衣卫堂上官，每五年，各官自陈之后，有不职者，本科会同各科连名具本核奏。

凡南京营务，本科官同南京该道御史领敕巡视。每年终，照例举劾将领等官。

南京刑科：

凡每岁秋后审录重囚，本科与各科官皆预。

凡南京都察院出巡御史并书吏批文，本科给销。

凡南京三法司差人奏缴季册，本科给批，回还销缴。俱月终类送司礼监。

凡南京五城兵马司每月捕获过盗数，及奉过各衙门发问犯人，参送南京刑部缘由，赴科注销。

南京工科：

凡南京内府衙门及皇城门铺等处损坏，合该修理，工程大者，本科官与南京工部等官会勘，具奏修理。

凡南京丁字戊字等库军器钱粮，本科会内官同收。

凡南京龙江、瓦屑坝二处抽分竹木等物，工部局官每季具收放数目，造册呈报本科。

凡南京工部差官管运军需，及催攒木料等项批文，本科填给销缴。

凡南京工部宝源局鼓铸铜钱，本科同御史会该部主事估验。军器局成造军器，会该部堂上官试验。

凡南京工部营缮等四司钱粮，每三年一次，差本科官及南京该道御史同本部堂上官查盘，具造本册奏缴。①

---

① 《大明会典》卷二百十三，《六科·南京六科》。

　　总起来看，明代监察机构的设置具有以下特点：第一，在明初国家机关的设置过程中，监察机关的设置变化非常大。朱元璋不仅将沿袭一千多年的御史台改为都察院，而且在其职官的设置、品秩的确定等方面几经反复始才确定。整个国家机关的设置，除罢丞相一职外，监察机关的变化是最大的；第二，在国家政权机关定型以后，因为有朱元璋定下的后世不得更改"祖宗成法"的约束，洪武以后除内阁外多数国家机关的设置及其职掌基本上没有什么变化，但监察机关则是例外，其突出表现在通政使司封驳职责向六科转移和督抚制度的确立与完善两个方面；第三，明朝国家机构设置的最大特点是南北两京并置，其他设于南京的机关如六部基本上很少参与全国性的事务，但南京都察院和六科则不同，南京都察院的御史和六科的给事中对全国性的事务仍有言谏职责，而且现实生活中往往在履行此种职责方面还很活跃。以上这些都是与明朝绝对君主专制制度相适应的，原因是封建专制制度越发展，皇帝对作为自己"耳目之司"的监察机关就会越依赖；对监察机关越依赖，那么对设置什么样的监察机关和赋予其什么样的职责就会越费尽心思。

第四章　法定的监察形式

　　明代的监察法明确规定了监察机关和官员对监察对象实施监察采取的方式，具体来说，有些监察方式是所有的监察主体都可以采用的，但有些监察方式只能由特定的监察主体采用；有些监察方式可以施用于任何监察对象，有些监察方式只能施用于部分监察对象；有些监察方式通常情况下都可以使用，但有些监察方式只有在某种特定的场合或情形下才可以使用；有的时候某种监察方式被单独使用即可，有的时候还须将一些监察方式综合使用，凡此种种，皆根据不同的情况而有相应的要求。明代的监察制度由对皇帝的监督和对诸司百官的监察两部分构成，因为对象具有实质性差别，因而监察形式也不可相提并论，本章仅讨论对百官的监察形式，而对皇帝监督形式的讨论将放到"对皇帝的监督"部分进行。

第一节　纠劾

　　纠劾也称弹劾，指监察官员向皇帝提出对不法不公官员进行处罚的建议。纠劾这一形式可以被单独运用，也可以与其他监察形式一起被运用，不论如何它都是所有监察形式的最后一个环节。

一　纠劾的主体、对象及事由

　　正统四年《宪纲》首条即为"纠劾百司"，它规定："凡风宪任纪纲之重，为耳目之司。内外大小衙门官员但有不公不法等事，在内从监察御史，在外从按察司纠举。其纠举之事，须要明着年月，指陈实迹，明白具奏。若系机密重事，实封御前开拆，并不许虚文泛言。若挟私搜求细事及纠言不实者，抵罪。"① 这一条是关于风宪官行使纠劾权的总的规定，应直接来自于洪武四年《宪纲》。《大明会典》记载的关于六科职责为"专主封驳纠劾等事"②，说明六科的给事中也是纠劾的重要主体。

洪武二十六年（1393年）所定《诸司职掌》"纠劾百司"条就监察御史必须纠劾的行为作出以下规定：

> 凡文武大臣，果系奸邪小人，构党为非，擅作威福，紊乱朝政，致令圣泽不宣，灾异迭见，但有见闻，不避权贵，具奏弹劾。
>
> 凡百官有司，才不胜任，猥琐阘茸，善政无闻，肆贪坏法者，随即纠劾。
>
> 凡大小祭祀，敢有临事不恭，牲币不洁，亵渎神明，有乖典礼，失于举行，及刑余疾病之人陪祭执事者，随即纠劾。
>
> 凡朝会行礼，敢有搀越班次，言语喧哗，有失礼仪，及不具服者，随即纠问。
>
> 凡在外有司，扰害良善，贪赃坏法，致令田野荒芜，民人受害，体访得实，具奏提问。
>
> 凡学术不正之徒，上书陈言，变乱成宪，希求进用，或才德无可称，挺身自拔者，随即纠劾，以戒奔竞。③

对于六科给事中的纠劾法律也有明确规定，如"凡两京大臣方面

---

① 《宪纲事类·宪纲三十四条·纠劾百司》，杨一凡点校：《皇明制书》第四册，社会科学文献出版社2013年版，第1446页。

② 《大明会典》卷二百十三，《六科》。

③ 《诸司职掌·兵刑工都通大职掌·都察院·十二道监察御史职掌·纠劾百司》，杨一凡点校：《皇明制书》第二册，社会科学文献出版社2013年版，第644页。

等官有不识者，俱得劾奏或大班面劾。及诸人有不公不法等事，俱得劾奏。正德元年题准：若系重事，特旨令科道记著者，实时纠举，不得隐漏。凡三年天下诸司官朝觐，除考察黜退外，其存留官员公事未完等项，大班露章面奏""凡各衙门援不为例事奏请者，正德三年令该科指实劾奏""凡文武官违例乘轿，及武职上马用交床、出入乘小轿者，嘉靖五年题准，听六科纠劾，从重罚治降调"。① 关于六科的纠劾，有时用"参驳""参究""题参""参出"等语，其实也是纠劾的意思。事实上，很多时候六科官员与监察御史一并提出纠劾，如弘治三年（1490 年）四月，"六科、十三道交章劾奏南京兵部右侍郎虞瑶、总督粮储都察院右副都御史李昂俱素乏清誉，南京吏部右侍郎王克复、巡抚山东右佥都御史钱钺、巡抚顺天等处右副都御史徐怀俱尸素无补，并乞罢黜。上命瑶、昂致仕，克复、钺、怀仍留治事"。② 据《明实录》记载，像这样由六科给事中与十三道御史交章劾奏的事例非常多，而且很多事由都不限于《宪纲》所作的规定。

二 纠劾的方式

纠劾的方式主要分为上章弹劾和面纠面劾两种。

上章弹劾指通过向皇帝上呈奏章的办法提出弹劾，是一种最正式也是最普遍的监察形式。法律上上章弹劾又分为封章弹劾和露章面劾两种，前者指通过通政司递送弹章进行弹劾，绝大数情况下监察官员都以这种形式进行弹劾；后者指皇帝和大臣们都在场的情况下公开弹章的内容进行弹劾。在实际生活中，上章弹劾又有单章弹劾、连章弹劾、交章弹劾（论劾）、联章奏劾之分。单章弹劾指一人单独署名的上疏弹劾；连章弹劾指一人上章弹劾以后皇帝置之不理或不予采纳，再连续上章予以弹劾；交章论劾指不同的人针对同一个人提出的弹劾；联章弹劾指不同的人联合署名提出的弹劾。

---

① 《大明会典》卷二百十三，《六科》。
② 《明孝宗实录》卷三十七，弘治三年四月壬辰。

在各种上章弹劾的形式中，具有典型意义的是交章弹劾。检索《明实录》，关于交章劾奏或交章论劾的事件最早发生在明太祖时期，据《明实录》记载，乙巳年（1365年）春正月，甲申，"大都督朱文正有罪免官，安置桐庐县。文正，上兄南昌王子也，少孤，母王氏守节，依上居止。上事之甚谨，抚文正爱逾己子。文正既长，涉猎传记，勇敢有才略，然深狡强戾，人莫敢触。上尝语曰：'汝欲何官？'文正即曰：'爵赏不先众人而急私亲，无以服众。且叔父既成大业，侄何忧不富贵。'上善其言，益爱之，使守江西，遂骄淫暴横，夺民妇女，所用床榻偕以龙凤为饰，又怨上不先封己，前所对上者皆诡辞。上遣人责之，文正惭惧，谋叛降张士诚。江西按察使李饮冰奏之。上曰：'此子不才如此，非吾自行无以定之，即日往南昌，舣舟城下，遣人召之。文正不意上遽至，仓卒出迎。上泣谓曰：'汝何为若是？'遂载与俱归，至建康，群臣交章劾之，请置于法……"。[1]《明实录》记载的明太祖时期交章弹劾的事件仅此一件，究其原因，可能是明太祖最为担心的是大臣结党威胁皇权，而大臣们也怕由此引起明太祖的猜疑，故而轻易不敢交章提起弹劾。

明太祖以后，交章弹劾的事件屡见不鲜，特别是到万历中期以后，交章弹劾的事件层出不穷。检索《明实录》，有明一代交章弹劾的事件一共有200余次，而万历中期以后就有100多次，这是党争激烈的一个明显标志。据《明史》记载，万历二十七年（1599年）京察，"（丁）元荐家居，坐浮躁论调。阅十有二年，起广东按察司经历，移礼部主事。甫抵官，值京察事竣，尚书孙丕扬力清邪党，反为其党所攻。副都御史许弘纲故共掌察，见群小横甚，畏之，累疏请竣察典，语颇示异。群小藉以攻丕扬。察疏犹未下，人情杌陧，虑事中变，然无敢言者。元荐乃上言弘纲持议不宜前却，并尽发诸人隐状。党人恶之，交章论劾无虚日。元荐复再疏辨晰，竟不安其身而去。其后邪党愈炽，正人屏斥殆尽，至有以'《六经》乱天下'语入乡试策

问者。元荐家居不胜愤，复驰疏阙下，极诋乱政之叛高皇、邪说之叛孔子者。疏虽不报，党人益恶之。四十五年京察，遂复以不谨削籍。"① 由丁元荐一例可窥知交章论劾在此时确已变成党争的工具。

面纠面劾通常是在皇帝主持的一些重大活动上，监察官员就一些违反礼仪、纪律的官员当着皇帝和文武百官的面直接提出弹劾。据《明史》记载：洪武二十三年（1390年），朱元璋命刘基子刘璟袭父爵，"璟言有长兄子廌在。帝大喜，命廌袭封，以璟为合门使，且谕之曰：'考宋制，合门使即仪礼司。朕欲汝日夕左右，以宣达为职，不特礼仪也。'帝临朝，出侍班，百官奏事有阙遗者，随时纠正。都御史袁泰奏车牛事失实，帝宥之，泰忘引谢。璟纠之，服罪。帝因谕璟：'凡似此者，即面纠，朕虽不之罪，要令知朝廷纲纪。'"②

关于面纠失仪者的规定，朱元璋建立新朝后即十分重视，以后规定越来越细，也越来越完善。据《大明会典》记载：

> 洪武初，令百官有未闲礼仪、新任及诸武臣，听侍仪司官每日于午门外演习，御史二员监视，有不如仪者纠举。百官入朝失仪者，亦纠举如律。又令：朝班，每日都察院轮委监察御史二员侍班，纠察失仪。弘治十二年，令朝班内或言语喧哗，及吐唾在地者，许序班擎送御前请处。该奏请者，具本奏请。十四年，令早朝遇雨，门上奏事，纠举失仪人员，序班一员擎住，一员门上面奏。嘉靖元年奏准：失仪官员，应面纠者，御史照旧先纠。若御史不纠，许序班纠，但不许越次。六年，令凡奉天门早朝毕，圣驾下阶南行，两班官员不许辄便退班与御轿并行，亦不许吐唾语话。序班往来巡视，有违犯者，堂上官具奏。其余实时擎赴御前治罪。十年题准：六科，每月给事中二员，凡遇闻朝，与纠仪御史及鸿胪寺官同行查点。十一年令：朝参官不遵礼法者，三品

---

① 《明史》卷二百三十六，《列传第一百二十四·丁元荐》，中华书局1974年版，第6156页。

② 《明史》卷一百二十八，《列传第十六·刘基》，中华书局1974年版，第3783页。

以上具奏处治，其余实时擎奏。鸿胪寺官通同不行纠举，一体治罪。万历四年议准：于左右掖门内各设序班分立东西，与原设催促入班序班二员一同纠察。有喧哗说话者，实时记认，候奏事毕，一并纠举。十一年，令于金水桥边增设序班三员，北向站立，俟东西两班站定，各于班末熟视，有回顾、耳语、咳嗽、吐唾者，实时纠举。其京堂四品以上、翰林院学士及领敕官，俱不面纠。十二年，议令吉服朝参日期，除祭祀斋戒不面纠外，其余照常纠仪。又令参将见朝，在京营者，照京官仪，不赞跪；在外者，照外官仪，赞跪。失仪，俱面纠。①

面纠面劾不仅可以针对失仪官员，"凡两京大臣方面等官，有不识者，（六科）俱得劾奏，或大班面劾。"② 至于不法不公官员，当然也可以面纠，如《明实录》曾记载李侃为都给事中时面纠户部尚书金濂事："（李）侃，字希正，顺天府东安县人，正统壬戌进士，授给事中，进都给事中。己巳之变，一时言官奋发言事，侃居其间，多所建明。景泰中，尝面纠户部尚书金濂格诏征敛罪，有旨宥之，侃膝行近前，厉声言濂罪不可宥。遂下濂狱。"③ 又据《明实录》记载：宪宗时，阎铎在顺天府府尹任上，"以京城乞食者多，为科道面劾，降衢州知府"④。再如《明季南略》记载："甲申，宏光立，六月二十日（丙子），澍同承天守备太监何志孔入朝，求召对。既入见，澍面纠马士英权奸误国，泪随语下。上大感动，顾高宏图曰：'黄澍言言有理，卿识之'！召入御座前，澍益数其罪；士英不能辩一语。"⑤ 由上可见，被面劾的事由也是多种多样的。

对于应当履行面纠职责而不履行的，要受到责罚，如成化十二年

① 《大明会典》卷四十四，《礼部二·朝仪·常朝御门仪》。
② 《大明会典》卷二百十三，《六科》。
③ 《明宪宗实录》卷二百七十，成化二十一年九月庚申。
④ 《明宪宗实录》卷二百八十六，成化二十三年春正月甲寅。
⑤ （清）计六奇：《明季南略》卷一，《25 黄澍以笏击马士英背》，中华书局1984年点校本，第48页。

（1476 年）三月辛亥，"侍班监察御史薛为学、张诰纠刑科给事中黄麟奏事差错。有旨，麟杖而释之，为学、诰不即面纠，退朝乃奏，亦当罪，姑宥之"。① 这是该面纠不纠而事后再劾因而受到责罚的例子。

三 纠劾的规则

关于纠劾的规则，核心是要服从皇帝的旨意，具体有以下三点。

（一）皇帝特旨令科道纠劾的必须纠劾

皇帝对一些官员不满意，让科道纠劾，科道官必须遵守旨意，正德元年（1506 年）题准："若系重事，特旨令科道记著者，实时纠举，不得隐漏"。② 如景泰二年（1451 年）冬十月，甲申，"中书舍人何观言，吏部尚书王直等精力衰惫，依违苟容，请乞逐退；又言脱脱不花使臣来贡，徒费赏赐，不若发南方沿海地方安置充军，以绝往来。其他所言尤诞妄。帝以观无知，命六科十三道详视以闻。于是，给事中、御史交章劾观……遂命锦衣卫执观，考讯之。出为湖广九溪卫经历。"③

（二）弹劾的法律后果取决于皇帝的决定

正统四年（1439 年）定："凡纠举官员，生杀予夺，悉听上命。"④ 科道官对官员提出弹劾后，其处罚建议是否被皇帝接受，完全取决于皇帝本人。如果皇帝不愿意处罚，即使被劾之人贪渎事实清楚、罪恶严重，即使科道官群起攻之，也不能伤及分毫。如宪宗成化二十三年（1487 年）十月，"六科十三道交章劾奏：大学士尹直、吏部尚书李裕、右都御史刘敷、右副都御史丘鼐、礼部左侍郎黄景皆与李孜省同恶相济，奸邪贪黩，掌国子监事礼部右侍郎丘浚、掌尚宝司事左通政李溥、右通政陈琬、太仆寺卿李温、少卿林凤，俱昏庸误事、奔兢无耻。乞明正其罪，或罢归田里，以为人臣不忠之戒。诏：

---

① 《明宪宗实录》卷一百五十一，成化十二年三月辛亥。
② 《大明会典》卷二百十三，《六科》。
③ 《明英宗实录》卷二百九，景泰二年冬十月甲申。
④ 《大明会典》卷二百九，《都察院一·纠劾官邪》。

直等皆先帝简任，朕初正位，须用人理办庶务，尔等何为劾之？不允。仍令直等各尽心供职，勿生嫌疑。"① 又如《明史》记载，孝宗时太监李广"以符箓祷祀蛊帝，因为奸弊，矫旨授传奉官，如成化间故事，四方争纳贿赂。又擅夺畿内民田，专盐利巨万。起大第，引玉泉山水，前后绕之。给事叶绅、御史张缙等交章论劾，帝不问"。②

（三）对皇帝已经作出处分决定的不许再行纠劾

《宪纲》规定："若已有旨发落，不许再劾。"③ 孝宗时，吏科都给事中张九功、监察御史杜忠等交章劾奏司礼监太监萧敬"憸邪奸险、强辩饰非，作聪明伤善类，乞黜之，以消天变"，孝宗说："汝等劾人不遵《宪纲》，萧敬已有前旨处置，何为复劾？今后再不许奏扰"。④ 但这一规定的执行并不十分严格，如孝宗弘治元年（1488年）六月，"降提督勇士中军都督府都督佥事王钦、梁宏为都指挥佥事。先是钦、宏因太监李良乞升前职，科道官交章劾奏。已，得旨：王、钦等职领禁兵，成命已定，不可复易。至是科道官复上奏，以为天下治乱之机，在于人主之好恶；好恶之端，在于谨始。仰惟皇上登崇俊，又广开言路，可谓有其始矣！夫何王钦、梁宏奔竞营谋，骤得擢用，于陛下维新之政未免有伤。且禁兵重任，都督重职，必文武兼备、德器老成者，方可委付。今钦、宏皆鄙俗武夫，岂堪是任！伏望收回成命，以杜幸进之门。上曰：朝廷用人，多自推举，王钦等既不应骤升，革去都督，仍令照旧管事"⑤。像这种皇帝虽然已经作了决定，但科道官仍不停止纠劾的例子是非常多的。

第二节　文卷检查

在中国古代社会，文卷是朝廷和各级各类衙门下达命令的重要方

---

① 《明孝宗实录》卷五，成化二十三年十月癸巳。
② 《明史》卷三百四，《列传第一百九十二·李广》，中华书局1974年版，第7784页。
③ 《大明会典》卷二百九，《都察院一·纠劾官邪》。
④ 《明孝宗实录》卷四十六，弘治三年十二月辛酉。
⑤ 《明孝宗实录》卷十五，弘治元年六月戊午。

式，也是记录命令执行情况的重要载体，通过对文卷的检查而督促政
务的实行对维系国家机器的正常运转具有非常重要的意义。特别是对
于疆域辽阔、信息不畅的帝国，其统治的维护会更多地依赖文书所起
的作用，相应地其对文卷的制作、发放与管理就会更加重视。明代在
吸取历史上有关经验的基础上，建立起了非常完备的文卷管理制度，
而通过检查文卷了解政务的实施情况就成为对各级官吏实施监察的一
种方式。明代检查文卷的监察形式重要的有照刷文卷、磨勘卷宗、稽
查章奏三种方法，各自的实施主体、检查对象、检查规则等方面都有
较大的差异。

一　照刷文卷

照刷文卷简称"刷卷"，按照《资治通鉴》的解释，"明查曰
照，寻究曰刷"，照刷就是仔细进行检查的意思。朱元璋的解释为：
"照刷，清理整饬之意。"① 照刷文卷作为一种监察方式，是指监察
官员通过对在京在外衙门文牍案卷进行检核清查，以检验各衙门的
政绩优劣及公事违失，并即时进行纠正、督促和纠劾。

（一）照刷文卷制度的建立与完善

明代的照刷文卷制度。从宋代的磨勘制度和元代的御史照刷文卷
制度演化而来。明朝建立之初，朱元璋在仿元制建立国家政权机构的
同时，也继承了元朝的文卷监察制度，即在中书省内和地方行中书省
所置属官中设照磨、管勾等官，负责照刷文卷和计录赃赎；同时在御
史台内属官中也设照磨、管勾，掌管文书勘刷。这样就形成了中书省
系统的文书照磨勘刷和监察系统御史台下的照磨勘刷两套文卷监察系
统。洪武三年（1370 年）四月，朱元璋设置磨勘司，原由是"以中
外百司簿书填委，思所以综核之，因览宋史，见磨勘司而喜，至是遂
设"②。宋代的磨勘机构设于宋太宗时期。宋太宗淳化三年（992 年）

---

① 《大明律集解附例》卷三，《吏律·公式·照刷文卷》。
② 《明太祖实录》卷五十一，洪武三年夏四月丁亥。

四月置考课院、审官院，这两个机构便为宋代磨勘之司。"四年，始分置磨勘之司。审官院掌京朝官，考课院掌幕职、州县官，废差遣院，令审官总之。乃诏：'郡县有治行尤异、吏民畏服、居官廉恪、莅事明敏、斗讼衰息、仓廪盈羡、寇盗剪灭、部内清肃者，本道转运司各以名闻，当驿置赴阙，亲问其状加旌赏焉。其贪冒无状、淹延斗讼、踰越宪度、盗贼竞起、部内不治者，亦条其状以闻，当行贬斥。'"① 宋代审官院掌京官考核，考课院掌幕职、州县官的考核。审官院总掌二院。各郡县官员行状，当地户口、钱粮、诉讼、寇盗等为考核内容。宋代磨勘为宋朝官员进秩的重要标准之一。文武官员黜陟皆要磨勘，"非有劳绩不进秩。其后立法，文臣五年、武臣七年，无赃私罪始得迁秩。"② 有宋一代，"铨法虽多，而莫重于举削改官、磨勘转秩。考课虽密，而莫重于官给历纸，验考批书。"③ 可见磨勘对宋官考课的重要性。朱元璋设立磨勘司，其职责为"凡诸司刑名、钱粮，有冤滥隐匿者，稽其功过以闻"④，实际是将原来中书省系统承担的磨勘卷宗的职责转移给了磨勘司，而监察系统文卷监察职责仍旧，如此一来，文卷监察就变成了磨勘司的文卷监察和御史、按察司官的文卷监察两套系统。洪武七年（1374 年）八月辛丑，刑部侍郎茹太素上书陈言三事，头两件事与文卷监察有关：第一件是"检举卷宗"，他说："自中书省内外百司，悉听监察御史、按察司检举，而台家互相检举法则未尽善。在内，监察御史文卷御史台检举；在外，按察分司文卷总司检举；总司文卷，守省御史检举，独御史台行过文书未有定考，宜令守院监察御史一体检举"；第二件是关于"磨勘

---

① 《宋史》卷一百六十，《志第一百一十三·选举六·考课》，中华书局 1985 年版，第 3758 页。

② 《宋史》卷一百六十，《志第一百一十三·选举六·考课》，中华书局 1985 年版，第 3757 页。

③ 《宋史》卷一百五十五，《志第一百八·选举一》，中华书局 1985 年版，第 3603—3604 页。

④ 《明史》卷七十三，《志第四十九·职官二·大理寺》，中华书局 1974 年版，第 1782 页。

司"的，他说："磨勘司初设，官吏数少，难以磨勘天下钱粮，请增设官吏，各分为科。"他的建议为朱元璋采纳。① 从茹太素建言一事看，当时确实存在磨勘司的文卷监察和监察御史、按察司官的文卷监察两套系统并存的情况。后来磨勘司几度设废，一直到洪武二十年（1387 年）最终罢而不设②，磨勘司文卷监察的职责就全部由监察御史来承担了。

洪武二十六年（1393 年）颁布的《诸司职掌》在"都察院"职掌中专列"刷卷"一条，就监察御史、按察司分司巡历过程中的照刷文卷作了详细规定③，未及中央衙门，但这并不意味着当时不存在监察御史照刷中央衙门文卷的规定。英宗正统四年（1439 年）考定刊布的《宪纲》中专列有"照刷文卷"一条，明确规定："凡在京大小有印信衙门并直隶卫所府州县等衙门，在外各都司、布政司、按察司文卷，除干碍军机重事不刷外，其余卷宗从监察御史每岁一次、或二岁三岁一次照刷。五军都督府、六部、大理寺、令该吏具报事目；太常寺、通政司、太仆寺、光禄寺、鸿胪寺、国子监、翰林院、各卫，令首领官吏具报。其余衙门，正官首领官通署呈报，以凭查刷。都察院堂上及各道文卷，俱照例送刷。"在第二章对《宪纲》所作的考证中已经知道，这一条的内容基本上就是洪武四年《宪纲》的内容，因此，可以理解为，从洪武四年（1371 年）颁行《宪纲》后，由监察御史对中央和地方各级衙门的文卷进行照刷和由按察司对分管范围内地方衙门的文卷进行照刷的制度已经建立起来。据《明实录》记载，宣德七年（1432 年）九月，"行在都察院右都御史顾佐等奏：巡按四川监察御史马骏，刷四川都司、布政司、按察司卷牍，有钱粮不明、罪囚未解、稽迟差错、追补文书等项，皆涉欺弊，其掌都司事

---

① 《明太祖实录》卷九十二，洪武七年八月辛丑。

② 参见《明史》卷七十三，《志第四十九·职官二·大理寺》，中华书局 1974 年版，第 1782 页。

③ 参见《诸司职掌·兵刑工都通大职掌·都察院·十二道监察御史职掌·刷卷》，杨一凡点校：《皇明制书》第二册，社会科学文献出版社 2013 年版，第 649—653 页。

都督同知徐甫、都指挥佥事徐谅、左布政使甄实、按察使康郁、副使李节等皆当逮问。上命：姑贷之，俾追究清理，具实以闻。果有窥避，罪之不宥。行在监察御史罗铨奏：照刷行在五府六部等衙门卷牍，自宣德元年正月至宣德四年十二月，总六万四千八百四十二事，内稽缓错误、冒支埋没钱粮及故出刑名、失追赃物等项凡一万九千七百四十二事，赦前四千四百六十八事，经该官吏鸿胪寺卿杨善等五千一百一十六人罪虽已宥，亦应查理改正，赦后一万五千二百七十四事，经该官吏户部右侍郎王佐等一万二千七百二十九人，皆当有罪，请逮治之。上曰：赦前者如所奏，赦后者亦记其罪，俾查理改正。若冒支埋没钱粮及故出人罪者，悉查究明白，具实来闻。如有窥避不宥。"[1] 这是正统四年（1439 年）考定刊印《宪纲》7 年之前发生的事例，它说明正统四年考定《宪纲》之前由监察御史对中央衙门和地方衙门文卷进行全面照刷的制度早就开始实施了。

（二）照刷文卷的类型及具体分工

通过对与照刷文卷有关的各种法律规定及其实施情况进行综合分析可以看出，监察机关和官员照刷文卷细分有以下几种情况：一是监察御史对中央各衙门文卷的照刷，包括对都察院文卷的照刷；二是监察御史对地方衙门包括各按察司文卷的照刷，其中又包括监察御史出巡过程中对地方衙门文卷的照刷和监察御史专门出差到地方照刷文卷；三是地方按察司对分管范围内地方衙门文卷的照刷。[2]

十三道监察御史和按察司官照刷文卷的分工十分明确。十三道监察御史照刷卷宗衙门与各道分隶相同[3]，第三章表 3 - 1 已详细列出。在外各处按察分司负责照刷卷宗的衙门见下表。

---

① 《明宣宗实录》卷九十五，宣德七年九月乙酉。
② 另外，据《明史》记载：刑部所属有照磨所，职官有照磨（正八品）、检校（正九品）各一人，"照磨、检校，照刷文卷，计录赃赎"。（《明史》卷七十二，《志第四十八·职官一·刑部》，中华书局 1974 年版，第 1758 页）这一类照刷文卷属司法系统内部的监督制度，不在本书讨论范围。
③ 《大明会典》卷二百十，《都察院二·照刷文卷》。

表 4－1 在外各处按察分司及所理各道列表

序号	按察分司	所理各道
1	浙江按察司	浙东道　浙西道
2	江西按察司	南昌道　湖东道　湖西道　九江道　岭北道
3	福建按察司	福宁道　建宁道　武平道　漳南道
4	广东按察司	岭南道　岭东道　岭西道　海南道　海北道
5	广西按察司	桂林道　苍梧道　左江道　右江道
6	四川按察司	川东道　川西道　川南道　川北道
7	湖广按察司	武昌道　湖南道（上下二道）　湖北道 荆南道（上下二道）　荆西道
8	山东按察司	济南道　东兖道　海右道　辽海东宁道
9	河南按察司	河南道　河北道　大梁道　汝南道
10	陕西按察司	关内道　关南道　关西道　陇右道　西宁道　河西道
11	山西按察司	冀宁道　冀南道　冀北道　河东道　口北道
12	云南按察司	普南道　临沅道　金沧道　洱海道
13	贵州按察司	贵宁道　新镇道　安平道　思石道

除了上述分工外，法律还规定："凡光禄寺一应文卷，每三年照常京畿道通刷。其供应物料文卷，各道御史按月轮流照刷，刷毕面奏""凡南京各衙门文卷，照在京例三年一次差御史一员往刷。其印文，俱曰京畿道监察御史之印。"①

（三）照刷文卷的方法及处理结果

洪武二十六年（1393 年）所定《诸司职掌》就监察御史和按察司分司巡历过程中照刷文卷的方法作了具体规定：

---

① 《大明会典》卷二百十，《都察院二·照刷文卷》。

凡监察御史并按察司分司巡历去处，先行立案，令各该军民衙门抄案，从实取勘本衙门并所属有印信衙门合刷卷宗，分豁已、未照刷，已、未结绝，号计张缝，依式粘连刷尾，同具点检单目，并官吏不致隐漏结罪文状。责令该吏亲赍赴院，以凭逐宗照刷。如刷出卷内事无违枉、俱已完结，则批以"照过"。若事已施行，别无违枉，未可完结，则批以"通照"。若事已行，可完而不完，则批以"稽迟"。若事已行已完，虽有违枉而无规避，则批以"失错"。若事当行不行，当举不举，有所规避，如钱粮不追、人赃不照之类，则批以"埋没"。各卷内有文案不立、月日颠倒，又在乎推究得实，随其情而拟其罪，其曰"照过"、曰"通照"、曰"迟错"、曰"埋没"，此皆照驳之总名，而照刷之方又各有其法。①

本条虽是就监察御史和按察分司巡历过程中照刷文卷的方法所作的规定，但其实适用于各种类型的照刷文卷。英宗正统四年《宪纲》"照刷文卷"条在明确在京在外各衙门的文卷都要照刷后规定："中间干碍追究改正事理，照依已定行移体式施行。如有迟错，其经该官员应请旨者，奏请取问，其余官吏就便依照刷文卷律治罪。其各都司、布政司、按察司所属卫所、府州县等衙门文卷，从本处按察分司照刷，若有迟错，一体依例施行。"② 这一条为"宪纲三十四条"中的一条，可以理解为将洪武四年《宪纲》中的"照刷文卷"条考定而来，据此可知监察御史对在京在外各衙门文卷的照刷方法、按察司官对所分管衙门文卷的照刷方法，与监察御史、按察司官巡历过程中照刷文卷的方法是一样的。

上面提到的照刷文卷律是指《大明律》中的"照刷文卷"条的

---

① 《大明会典》卷二百十，《都察院二·照刷文卷》。
② 《宪纲事类·宪纲三十四条·照刷文卷》，杨一凡点校：《皇明制书》第四册，社会科学文献出版社 2013 年版，第 1453 页。

规定，其内容为：“凡照刷有司有印信衙门文卷，迟一宗二宗，吏典笞一十；三宗至五宗，笞二十。每五宗加一等，罪止笞四十。府州县首领官及仓库务场局所河泊等官，各减一等。失错及漏报，一宗，吏典笞二十；二宗三宗，笞三十。每三宗加一等，罪止笞五十。府州县首领官及仓库务场局所河泊等官，各减一等。其府州县正官、巡检，一宗至五宗，罚俸钱一十日，每五宗加一等，罚止一月。若钱粮埋没、刑名违枉等事有所规避者，各从重论。”① 《宪纲》强调：监察官员“照刷之际，务要尽心，若有狱讼淹滞、刑名违错、钱粮埋没、赋役不均等项，依律究问。迟者举行，错者改正，合追理者即与追理，务要明白立案，催督结绝。不能尽职者，监察御史从都察院，按察分司从总司，体察奏闻究治”。②

二　磨勘卷宗

文卷照刷后，过一段时间还要对照刷出来的问题进行复查，以检查其改正情况，这种文书检查又称为磨堪卷宗。《大明律》“磨勘卷宗”条规定：“凡磨勘出各衙门未完文卷，曾经监察御史、提刑按察司照刷驳问迟错，经隔一季之后，钱粮不行追征足备者，提调官吏以未足之数十分为率，一分笞五十，每一分加一等，罪止杖一百。刑名、造作等事，可完而不完、应改正而不改正者，笞四十，每一月加一等，罪止杖八十。受财者，计赃以枉法从重论。若有隐漏不报磨勘者，一宗笞四十，每一宗加一等，罪止杖八十。事干钱粮者，一宗杖八十，每一宗加一等，罪止杖一百。有所规避者，从重论。若官吏闻知事发，旋补文案以避迟错者，钱粮计所增数，以虚出通关论；刑名等事，以增减官文书论。同僚若本管上司知而不举，及符同作弊者，同罪。不知情及不同署文案者，不坐。”③ 宣宗时，曾谕左都御史刘

---

① 《大明会典》卷一百六十二，《刑部四·律例三·公式》。
② 《宪纲事类·宪纲三十四条·照刷文卷》，杨一凡点校：《皇明制书》第四册，社会科学文献出版社 2013 年版，1453 页。
③ 《大明会典》卷一百六十二，《律例三·吏律三·公式》。

观："中外诸司文卷，遣御史照刷。其内府诸衙门皆有钱粮出纳，近闻其弊甚多，即选能干御史率监生，于东华门下，取各监局文卷详加磨勘。"① 由此可见朝廷对文卷监察的重视程度。

三　稽查章奏

稽查章奏是指中央和地方官员章奏中提出的建议事项经皇帝批准后，由六科催督落实的制度。《大明会典》规定："凡六科每日收到各衙门题奏本状，奉有圣旨者，各具奏目，送司礼监交收；又置文簿，陆续编号，开具本状，俱送监交收""凡各衙门题奏过本状，俱附写文簿，后五日，各衙门具发落日期，赴科注销，过期延缓者，参奏""凡在外司、府衙门，每年将完销过两京六部行移勘合，填写底簿，送各科收贮，以备查考""凡内外一应章奏，该部院题复，行各抚按官，俱立限奏报。仍具考成簿二扇，每月赴科倒换，并开已未完手本注销。每上下半年，各科将过限未完事件并抚按职名，先行该部查明，类送应题科分，查积欠数多寡，具本题参。"②

据《大明会典》，六科各科对文册造报稽考有着明确的分工。吏科："凡吏部累次选过官缺，除大选外，每一月或两月，堂上官赴科附簿，以备查考；凡天下诸司文职官员到京，各具给由奏本文册，送科稽考，其有违限、差错等项，俱参出施行；凡天下诸司官吏，三年朝觐到京，奏交须知文册到科，查出钱粮等项数目差错者，经该官吏参奏纠治；凡各衙门于北安门进出一应钱粮，先该本科编成字号堪合，具底簿户部用印，发各门吏收掌，将堪合比对，硃墨相同，仍以略节填写底簿，送本科稽考"，户科："凡各府州县管粮官员，及各仓场大使等官，考满给由，各亲赍本册，赴科交查；凡户部关给京官折俸绢布等物文册到科，及各卫开具关给数目，送科挂号磨算，差者参奏；凡每年户部将五府、六部、都察院、国子监并京通、武成中等

---

① 《明会要》卷三十三，《职官五·都察院》，中华书局1956年版，第560页。
② 《大明会典》卷二百十三，《六科》。

卫、长安等四门仓，一应见在粮斛数目，磨算明白，分割贼座，各另造册奏闻，送科收，候各衙门放过粮斛，照数注销"，礼科："王府名封婚礼等项堪合，及行两直隶十三布政司各项堪合，每季终，精膳司将发过日期开造文册，送科备照，候销徽稽查"，兵科："凡内府各门进出事件，开内官出入，皆有印信大小堪合，填写关防；凡五府差官金押解犯人，本府先将听差人员挨次编簿，差回之日，赴科注销，以凭查参；凡天下清军御史，清过军士，三年一造册。巡按御史及二司府州县官，问过充军人，每年一造册，送本科收造"，刑科："凡法司见监斩绞罪因在狱病故者，具题后用手本送本科类注，以备覆奏；凡法司问过罪因，各用揭帖，每月初一日，轮报各科，查对相同，领精微文簿填写毕，仍类送本科收藏；凡每月五城兵马司捉获囚数，具奏本送本科备照；凡每月初，法司问过军职住俸，京军犯罪，各具报本科附簿，以凭查考"，工科："凡工部各项料价，每年上下半年，本科差官一员，同巡视科道、四司掌印官，会估时价一次，造册奏报；凡京通二仓，每年工部修理仓瘕，工完，开具手本送科，本科官一员查验有无冒破，年终造册奏缴；凡各衙门于午门、西安门进出一应钱粮，该本科编成字号堪合底簿，户部用印，发各门吏收掌，将堪合比对，硃墨相同，仍以略节填写底簿，候完，具送本科销缴"。[①] 由此可见，明代六科通过文册造报稽考制度对六部各司重大政务进行着严密而细致的监督。

万历初年，内阁首辅张居正推行考成法。万历元年（1573 年）十一月，张居正向神宗呈上《请稽查章奏随事考成以修实政疏》，其中先是援引了《大明会典》里关于稽查章奏的三个条款，然后指出："以是知稽查章奏，自是祖宗成宪。第岁久因循，视为故事耳"。他提出："请自今伊始，申明旧章。凡六部、都察院，遇各章奏，或题奉明旨，或复奉钦依，转行各该衙门，俱先酌量道里远近，事情缓急，立定程期，置立文簿存照，每月终注销。除通行章奏不必查考者，照常开具

---

① 《大明会典》卷二百十三，《六科》。

手本外，其有转行复勘、提问议处、催督查核等项，另造文册二本，各注紧关略节，及原立程限。一本送科注销，一本送阁查考。该科照册内前件，逐一附簿候查，下月陆续完销。通行注簿，每于上下半年缴本。类查簿内事件，有无违限未销。如有停搁稽迟，即开列具题候旨，下各衙门诘问，责令对状。次年春夏季终缴本，仍通查上年未完。如有规避重情，指实参奏。秋冬二季，亦照此行。又明年仍复挨查，必俟完销乃已。若该抚按官奏行事理，有稽迟延搁者，该部举之；各部院注销文册，有容隐欺蔽者，科臣举之；六科缴本具奏，有容隐欺蔽者，臣等举之。如此，月有考，岁有稽，不惟使声必中实，事可责成，而参验综核之法严；即建言立法者，亦将虑其终之罔效，而不敢不慎其始矣。致理之要，无逾于此。"[1] 实行考成法后，诏令不行的毛病得到了彻底改变，史载："张居正为政，以尊主权、课吏职、信赏罚、一号令为主。虽万里外，朝下而夕奉行""又为考成以责吏治。初，部院复奏行抚按勘者，尝稽不报。居正以大小缓急为限，误者抵罪。自是，一切不敢饰非，政体为肃"。[2] 但可惜的是，张居正去逝后，考成法被废而不用，一切又回到了从前的样子。

第三节　与会监察

大臣们集体议事，是明朝的传统，也是明太祖废相的必然产物。科道官参与大臣的集体议事，是实施监察的重要形式。大臣集体议事，按法律规定有三种类型，即会议、会推和会审，每种科道官都深度参与其中。

一　参与会议

凡是国家大的政事，如立君、立储、封爵、封藩、任免文武大臣

<hr>

① 张舜徽主编：《张居正集》（第1册），《请稽查章奏随事考成以修时政疏》，湖北人民出版社1987年版，第132—133页。

② 《明史》卷二百十三，《列传第一百一·张居正》，中华书局1974年版，第5645页。

以及民政、漕运、郊祀、庙祀等都由大臣举行会议，集体讨论后报皇帝决定。《大明会典》专列有"会议"一节，就有关的事项作出规定，其中说："洪武二十四年令：今后在京衙门，有奉旨发放为格为例，及紧要之事，须会多官计议停当，然后施行。"① 可见"会议"是明初就建立的法定的议事方式。在建立"会议"制度的同时，朱元璋就要求科道官参与会议，"令各衙门会议事，六科给事中与议。若有众论不同，许面奏定夺"②，其后科道官参与会议的程度越来越深，发挥的作用也越来越大。宣宗以后明确要求除给事中以外，都御史也得与会："宣德三年奏准：官民建言，六部尚书、都御史、六科给事中会议奏闻。"③ 以后会议制度不断发展，渐臻完密："正德六年奏准：凡事机重大，会官议拟，先备揭帖送该议官人各一本。如紧急，亦将略节先送传看毕，方才请会。仍行守卫严禁在旁观听者。近例：凡朝廷有大事当会别部，或会九卿堂上官及掌科掌道官议者，该部奏请得旨，然后请会。若合会武臣，则五府管事官皆与；合会儒臣，则翰林院、詹事府、春坊、司经局、国子监皆与。若刑名，则锦衣卫与。若大事，则皇亲驸马皆与。其奉旨会某衙门者，如旨施行。"④ 这些事例虽未提到科道官与会，但显然已成惯例，如《大明会典》记载六科职掌就明确："凡礼仪、边务等事及军民人等陈言有关大体者，掌科官奉旨同文武大臣会议。弘治元年题准，假以陈言希进、市恩报怨及纷更旧法者参驳究治。"⑤ 据《明史》记载，景帝想更换太子，"会广西土官都指挥使黄𬭬以私怨戕其弟思明知府㼈，灭其家，所司闻于朝。𬭬惧罪，急遣千户袁洪走京师，上疏劝帝早与亲信大臣密定大计，易建东宫，以一中外之心，绝觊觎之望。疏入，景帝大喜，亟下廷臣会议，且令释𬭬罪，进阶都督。时景泰三年四月

① 《大明会典》卷八十，《礼部三十八·会议》。
② 《大明会典》卷八十，《礼部三十八·会议》。
③ 《大明会典》卷八十，《礼部三十八·会议》。
④ 《大明会典》卷八十，《礼部三十八·会议》。
⑤ 《大明会典》卷二百十三，《六科》。

也。疏下之明日，礼部尚书胡濙，侍郎萨琦、邹干集文武群臣廷议。众相顾，莫敢发言。惟都给事中李侃、林聪，御史朱英以为不可"①。嘉靖二十九年（1550 年），孝烈皇后去逝后，世宗"欲预祧仁宗，附后太庙，下廷议"，尚书徐阶认为不合礼制，礼科给事中杨思忠"力赞阶议，余人莫敢言。帝使人觇知状。及议上，严旨谯责，命阶与思忠更定，二人复据礼对"②。这两个例子，前一个是涉及科道官参与立储会议，后一个涉及科道官参与庙祀会议，这都是朝廷重大政务，他们都在其中发挥了重要作用。

二　参与会推

对于一些重要官员的任用，由一定范围的大臣集体商议后报皇帝决定，称会推。法律明确规定，科道官参与会推。据《大明会典》："旧制升必满考，若员缺当补不待考满者曰推升。类推上一人，单推上二人，三品以上九卿及佥都、祭酒，廷推上二人。阁臣、吏兵二部尚书会大九卿五品以上官及科道，廷推上二人，或再上三四人，皆请自上裁。"③ 这是总的规定，具体的规定有："凡尚书、侍郎、都御史、通政使、大理卿缺，皆令六部、都察院、通政司、大理寺三品以上官廷推。嘉靖十年题准：兵部左右侍郎，必推曾按历边陲、练达军务或曾任兵备等官有将略才望者，疏请简用。遇有警报，即付以提督之任，不必另推。万历十三年，令以尚书改都察院者，仍带尚书职衔，朝班以官为序。凡总督陕西三边、宣大都御史缺，会五府大九卿堂上官及科道廷推。蓟辽、两广总督缺，亦令大九卿堂上官及科道廷推，不会五府。万历五年题准：三边、宣大总督，亦照蓟辽例，不会五府。凡巡抚都御史缺，旧例，在内地者会户部，在边方者会兵部推举。嘉靖十四年，令照九卿例会推。万历十三年，令各处巡抚官历任年久，方许推升，不得骤迁数易，以滋烦扰。凡两京国子监祭酒缺。

---

① 《明史》卷一百十九，《列传第七·诸王四》，中华书局 1974 年版，第 3639 页。
② 《明史》卷二百七，《列传第九十五·杨思忠》，中华书局 1974 年版，第 5481 页。
③ 《大明会典》卷五，《吏部四·推升》。

旧例，吏部题推。嘉靖十四年，令照巡抚都御史例会推。"①

《大明会典》在六科职掌部分特别强调六科各科的掌科官要参与奉旨会推："凡内阁及吏、兵二部尚书，在外总督、总兵奉旨会推，掌科官皆预。"② 据《明史》记载，孝宗时"吏部尚书屠滽罢，廷推文升。御史魏英等言兵部非文升不可，帝亦以为然。乃命倪岳代滽，而加文升少傅以慰之"。③ 正德元年（1506 年），吏部尚书马文升致仕，廷议推补。御史王时中以闵珪、刘大夏不宜在推举之列。户科给事中刘蒨"恐耆德益疏，上疏极论其谬。章下所司，是蒨言，诏为饬言官毋挟私妄奏"④。万历三十五年（1607 年）夏，廷推阁臣，礼部右侍郎署部事李廷机名列其中，"给事中曹于忭、宋一韩、御史陈宗契不可。相持久之，卒列以上。帝雅重廷机，命以礼部尚书兼东阁大学士，入参机务"⑤。这些都是给事中、御史参与会推并发挥重要作用的事例。

三 参与会审

明朝审判制度较前朝有较大发展，表现在创设了一套对疑难、重大以及死刑复核案件进行会官审录的会审制度。会审之时，都察院的长官作为三法司之一当然要参与其中，科道官特别是科官也在其中发挥重要的监察作用。

一是重大疑难案件会审。明继承唐"三司推事"制，遇有重大或疑难案件由三法司长官共同审理，称"三司会审"，最后由皇帝裁决。对于特别重大的案件或已判决但囚犯仍翻供不服之案，则由皇帝令大理寺"会同六部、都察院、通政司等衙门堂上官'圆审'"⑥，最

---

① 《大明会典》卷五，《吏部四·推升》。
② 《大明会典》卷二百十三，《六科》。
③ 《明史》卷一百八十二，《列传第七十·马文升》，中华书局 1974 年版，第 4842 页。
④ 《明史》卷一百八十八，《列传第七十六·刘蒨》，中华书局 1974 年版，第 4972 页。
⑤ 《明史》卷二百十七，《列传第一百五·李廷机》，中华书局 1974 年版，第 5740—5741 页。
⑥ 《大明会典》卷二百十四，《大理寺·审录参详》。

后报皇帝裁定。地方上的重大案件，由巡按御史与都布按三司官会同审理。据《明实录》记载：正统元年（1436 年）五月，英宗在给云南都司、布政司、按察司及巡按监察御史的敕谕中说："尔等具奏会审过真犯死囚二十九名，朕已备悉其罪。敕至再会官公同审理，果无冤枉者依律处决。盖人命至重，法贵当罪，其中或有冤枉者，即与伸理明白，当放者就发回复业，不许徇私罗织其罪，以取己便。尔等切宜体朕钦恤之心，详慎审录，勿致下人诬罔冤抑，以取罪愆。钦哉！"① 正统九年（1444 年）夏四月，山东按察副使王裕上奏："在外诸司、府、州、县重囚，例当巡按御史及三司官会审，或逾年始克一会，是以囚多瘐死。往者尝遣监察御史等官会按察司官详审，释遣甚众，今莫若罢会审之例，而行详审之法。敕遣按察司官一员专审诸狱，庶刑狱清简，不致淹禁"，奏章下都察院讨论，都察院说："详审特出一时恩典，而会审著令已久，难遽罢。且朝廷置按察司，备正佐官，虑所部阔远，不能周至，复分数道，令佐贰官以时出巡，审理冤枉。今欲遣官专审，则责归一人，众皆推诿。请如旧例行之便。"英宗同意都察院的意见，"命会审例仍如旧"。② 这两件事说明，地方上的会审制度在英宗之前也早就建立了，同时也说明地方上的会审在组织形式与时间安排上与中央会审有很大的不同。

二是朝审。朝审是对已决在押囚犯的会官审理，是古代录囚制度的延续和发展。据《大明会典》记载："洪武三十年，令五府、六部、都察院、六科、通政司、詹事府详审罪囚。永乐七年，令大理寺官引法司囚犯赴承天门外，行人司持节传旨，会同五府、六部、通政司、六科等官审录。十七年，令在外死罪重囚悉送京师会官审录。洪熙元年，令公侯伯、五府六部堂上官、内阁学士及给事中会审重囚。可疑者，仍令再问。天顺二年，令每岁霜降后，该决重囚，三法司会多官审录，着为令。"③

---

① 《明英宗实录》卷十七，正统元年五月戊寅。
② 《明英宗实录》卷一百十五，正统九年夏四月己酉。
③ 《大明会典》卷一百七十七，《刑部十九·朝审》。

三是热审。热审即每年暑天小满后十余天，由宦官、锦衣卫会同三法司会审囚犯，一般轻罪决罚后立即释放，徒流罪减等发落，重囚可疑及枷号者则请旨定夺。热审始于成祖永乐二年（1404年），是在暑热天气来临前决遣和清理在押未决犯及对现监囚犯减等发落的制度。据《大明会典》记载："永乐二年四月，谕三法司官：天气向热，狱囚淹久，令五府六部、六科给事中协同疏决。死罪狱成，秋后处决。轻罪随即决遣。有未能决者，令出狱听候。"① 到宣德年间，科道官参与热审的制度已十分规范。据《明实录》记载，宣德五年（1430年）秋七月，"行在吏科给事中富敬有罪当杖，罚役以赎。先是有旨，三法司、十三道御史、六科给事中会审狱囚，敬与焉。审既，吏持成案诣敬，请署名。敬忿御史不躬请署，掷案于地。吏言案具圣旨，御史遂劾奏其不敬。下法司治，故坐杖云。"② 此例说明，当时关于御史、给事中参与热审的程序、责任等方面的规定是非常明确的。

四是大审。大审是一种定期由皇帝委派宦官会同三法司官员审录囚徒的制度。大审始于英宗时期，据《明实录》记载：天顺元年（1457年）四月，英宗命内外法司审录罪囚，原委是"时大理寺言：去冬无雪，今年又不雨，恐刑狱不当，致伤和气。乞敕刑部、都察院堂上官会臣等及刑科给事中一人，审录在京系囚，有冤抑及可矜疑者白之，仍行南京三法司及各处三司、巡按御史一体审录，且敕各衙门条奏弭灾事宜，庶副皇上拳拳敬天勤民之意。上是其言，故有是命。"③ 大审至宪宗成化十七年（1481年）成为定例，每五年举行一次，在京师由大理寺主持，在地方则由布政使和巡按御史主持。审录范围很广，凡监押囚犯及诉冤者均在大审之列，是一次全面的狱案清理工作。据《大明会典》："凡在京五年大审，天顺四年，令法司将见在监累诉冤枉者，会同三法司堂上官、刑科给事中各一员审录。成

---

① 《大明会典》卷一百七十七，《刑部十九·热审》。
② 《明宣宗实录》卷六十八，宣德五年七月乙丑。
③ 《明英宗实录》卷二百七十七，天顺元年四月丁未。

化十七年，命司礼监太监一员会同三法司堂上官，于大理寺审录。以后每五年一次，着为令。"① 南京大理寺会审囚犯规则相同："每五年，守备太监奉敕，会同南京刑部、都察院，于本寺审录。每年霜降后，本寺会同南京五府、六部、都察院、通政司、科道等官于京畿道审录。若京畿道有刷卷御史，亦在本寺会审。"② 据《明实录》记载，正德五年（1510 年）十二月，刑部上言："正德六年当五年大审录之期，南北直隶及浙江等十三布政司，例差本部及大理寺官请敕会巡按御史审录。但今岁再赦轻重罪囚，至期，仍请命司礼监官会审。"③建议得到武宗同意。此例说明五年大审的做法已经形成为制度并得到了执行。

五是奉旨审理。皇帝对个别重大案件会直接安排三法司审理，这种案件的审理必须由掌科官实施监察："凡三法司奉旨于午门前鞫问罪囚，掌科官亦预。"④

会审制度是统治者慎刑思想的反映，同时也有利于皇帝控制和监督司法活动，因此，科道官参与会审在一定程度上是代表皇帝对审判活动实施监察。

第四节　实地巡视或勘查

为了及时了解地方上的真实情况，同时也为了督促地方官员认真履行职责，朝廷派遣监察御史、六科官员到地方或是要求按察司官员前往分管地界进行巡视检查。因为出巡或出差的主体不同，程序和规则也有非常大的差别。

一　御史奏请点差

奏请点差是指都察院根据需要奏请皇帝批准分派御史从事分巡、

---

① 《大明会典》卷一百七十七，《刑部十九·恤刑》。
② 《大明会典》卷二百十四，《南京大理寺》。
③ 《明武宗实录》卷七十，正德五年十二月壬寅。
④ 《大明会典》卷二百十三，《六科》。

追问、审理、刷卷等事的制度。

（一）出差的程序

据《大明会典》："凡差御史分巡并追问、审理等事，正统四年定，都察院具事目，请旨点差。"具体程序是都察院"引御史二员，御前点差一员"①。某些特殊差使，都察院须会同其他部门一起推举。都察院长官都御史虽有推举巡按、主持点差之责，但最后仍需皇帝决定。巡按回京之日，可以不经都察院，"径赴御前复奏"，体现了皇帝对点差御史的重视和御史行使职权的独立性。

（二）出差的分类

御史点差分为大、中、小三等。大差指巡视京畿道、提学道，巡按顺天、真定、应天、苏松、淮扬、浙江、湖广、江西、福建、河南、陕西、山东、山西、四川、云南、广西、广东、贵州等处，以及巡视京营。中差指巡视辽东、宣大、甘肃三处，及清军、印马、屯田、巡盐、巡仓、巡关、巡茶。小差指巡视皇城四门、马房、巡青、十库、卢沟桥、五城等处。此外，印马、屯田并作一差，三年满后准折为一大差。巡视光禄，原系小差，后改为中差。但北方籍御史，例不差往广东、广西、云南、贵州巡历；南方籍御史，例不差往辽东、宣大、甘肃巡历。以防止由于地方差别而不了解情况，难于深入考察。

（三）出差的基本规则

在分配巡按任务时，一般参照资历先委以小差、中差，然后再委任大差。"凡题差巡按御更，尽甲差回者，如中差无人，方择巡按回道资浅者定拟"。② 同时，按照出巡地区路途的远近，规定出巡的期限，必须按期交代，如有违限，给予惩罚。隆庆二年（1568 年）奏准："不拘中差大差回道御史，于内选委掌管，以一年为满，俱准作差，不得以巡按缺人，又行差出。"另据万历二年（1574 年）令："题差本内，明开各地方原定限期，责令依期交代，不许枉道回家，

---

① 《大明会典》卷二百十，《都察院二·奏请点差》。
② 《大明会典》卷二百十，《都察院二·奏请点差》。

迁延误事。满日仍查有无违限，一并考核。堂上官如徇情畏庇，亦以不职论。三年，奏定期限，往回一体遵守，以辞朝交代之日为始。如违限十日以上，量行参罚；一月以上，重加参罚；两月以上，参调别用。"① 此项规定的目的是防止御史长期专擅一方，影响监察公务的实施。

二　六科官员出差

六科官员也有外出监察的任务。根据《大明会典》的记载，户科官员外出监察的情形主要有："凡查盘边方粮草，本科官与各科轮差。凡甲字等十库该收钱钞等物，每季本科与各科轮差官一员监收。凡光禄寺该收钱粮，每季本科差官一员监收。凡顺天府钱粮，每年一次，本科题差给事中一员，会同御史查盘。嘉靖二十七年题准：照节慎库例，三年一次题差。凡内府各监局象、马、牛、羊等仓场及府部等衙门收受俸米，嘉靖八年题准：本科会推各科给事中共三员奏差，同御史分投巡视监收。凡巡视各处牧马草场及种苜宿园地，本科与各科官轮差"，"凡户部关给军官折俸银两，每季本科差官一员，会同给散。凡赏赐京卫军士冬衣布花，例出榜文，本科掌科官同给事中一员捧榜面奏，付长安右门守卫官领出张挂。其冬衣布花，本科与各科官每年轮差一员会同给散"，"凡顺天府宛、大二县及通州铺户，成化十二年议准：十年一次差科道官清理。嘉靖十三年题准：本科给事中一员会同御史审编"。② 礼科官员出差的情形有："凡礼部给度僧道，本科差官一员会同考试"。③ 兵科官员出差的情形有："凡拣选守卫及操练官军，本科差官一员会选"，"凡兵部清理在京各卫军士，本科差官一员。凡每年巡视各仓场收放马匹官军，本科差官一员。凡兵部存恤京卫勾到各处军士，每月本科差官一员。凡每月巡视官马，本科与各科轮差官一员。凡每月单日，巡视皇城宿直宫军，本科与各科轮差官

---

① 《大明会典》卷二百十，《都察院二·奏请点差》。
② 《大明会典》卷二百十三，《六科·户科》。
③ 《大明会典》卷二百十三，《六科·礼科》。

二员"，"凡点闸各营操练官军，本科与各科轮差官一员。嘉靖七年
题准：三年一换，不时巡历，纠举奸弊。提督坐营等官卖放役占，及
贪污庸懦者，指实参奏"。① 刑科官员出差的情形为："凡奉旨差官勘
问在外事情，本科与各科轮差。"② 工科官员出差的情形有："凡工部
军器局制造军器，本科差官一员试验"，"凡营建监工，本科与各科
官轮差"，"凡宝源局铸钱，弘治十七年题准：按季稽考工料并钱数，
本科与各科官轮差。凡内府派出各项钱粮，嘉靖七年题准：本科与各
科轮差官一员，会同工部该司掌印官估计，开行原派衙门公同收受"，
"凡工部各项料价，每年上下半年，本科差官一员同巡视科道、四司
掌印官会估时价一次，造册奏报"，"凡甲字等九库并各监局及光禄
寺监督收放钱粮，每遇年终，本科题差给事中一员，同御史及部官巡
视"。③ 南京工科出差的情形："凡南京工部营缮等四司钱粮，每三年
一次差本科官及南京该道御史同本部堂上官查盘，具造本册奏缴"。④

　　分析上述规定，六科的出差与御史出差有很大的不同，一是在批
准程序上相对简单。六科官员出差除了极少数情形是"奉旨"（勘问
在外事情）或需要"奏请""题请"皇帝批准的外，绝大多数情况下
都由各科按规定或惯例自行决定。二是出差内容上非常具体。六科出
差监察的都属于专项事务，事情单一，目标明确，任务也相对简单。
三是出差形式上大多采取"轮差"的方式。六科官员出差监察的多
数是户部、兵部、工部三部管辖的具体事务，为了保证各科工作量的
平衡，实行由六科各科官员轮流出差的制度。

三　按察司官分巡

　　明代按察司官的出巡，前后有较大变化。据《大明会典》记载：
"国初，监察御史及按察司分巡官巡历所属各府州县颉颃行事。洪武

---

① 《大明会典》卷二百十三，《六科·兵科》。
② 《大明会典》卷二百十三，《六科·刑科》。
③ 《大明会典》卷二百十三，《六科·工科》。
④ 《大明会典》卷二百十三，《六科·南京工科》。

中，详定职掌。正统间，又推广申明，着为宪纲及宪体、相见礼仪，事例甚备。迨后，按察司官听御史举劾，而御史始专行出巡之事。"① 它说明，在明朝建立初期，朝廷对按察司官的出巡是非常重视的，按察司官与监察御史在出巡过程中"颉颃行事"，即彼此不相上下，可以互相监督制约；到英宗时期考定《宪纲》时，仍然强调按察司有出巡的职责，并进一步明确了具体的规则；但是到后来，出巡为御史所专，按察司官的出巡职责就被弱化了。考查洪武二十六年（1393年）朱元璋所定《诸司职掌》"都察院"部分中关于风宪官出巡的规定和正统四年（1439年）考定刊印《宪纲》"巡历事例三十六条"和"出巡相见礼仪四条"的内容，证明《大明会典》所载属实。至于从什么时候开始"御史始专行出巡之事"，《大明会典》没有明说，但从嘉靖年间出台的《按察司官造报册式》要求按察司官每季终要将自己巡历过的地方和情况上报的规定看②，至少说明那里还是鼓励按察司官到分管地方巡察的，因此，按察司官巡历地方的职能弱化至少是世宗中后期以后的事了。

　　按察司官开展巡历要经过什么样的批准程序，法律并没有明确的规定，应是由按察司使自行决定；而巡历过程中要遵守哪些规则，鉴于《诸司职掌》和《宪纲》中经常将巡按御史与按察司官统称为风宪官，或是将巡按御史与按察司官并提，如《宪纲》规定"凡监察御史、各道按察司官，每出巡审囚、刷卷，必须遍历，不拘限期"③ "凡监察御史、按察司官分巡去处，如有陈告官吏取受不公等事，须要亲行追问，不许转委。违者，杖一百"④，等等，可见他们须遵守的规则大体是一致的。

---

　　① 《大明会典》卷二百十，《都察院二·出巡事宜》。
　　② 参见《大明会典》卷二百十一，《都察院三·回道考察》中"按察司官造报册式"第2、3条。
　　③ 《宪纲事类·宪纲三十四条·出巡期限》，杨一凡点校：《皇明制书》第四册，社会科学文献出版社2013年版，第1449页。
　　④ 《宪纲事类·宪纲三十四条·亲问公事》，杨一凡点校：《皇明制书》第四册，社会科学文献出版社2013年版，第1450页。

第五节　负责和参与官员考核

都察院单独或与吏部一起负责对百官的考核，监察御史、按察司官、六科官员在一定程度上参与对官员的考核，是他们履行监察职责的重要形式。明代对官员的考核主要有考满和考察两种制度，二者相辅而行。考察又分为京察与外察两类，各自考核的对象、时间、规则及后果都不相同。后来又增加添注考语等形式。

一　考满

考满是在官员任职一段时间后就其履职情况所作的考核，所谓"论一身所历之俸"，"其目有三：曰称职，曰平常，曰不称职，为上、中、下三等"，"考满之法，三年给由曰初考，六年曰再考，九年曰通考，依《职掌》事例考核升降"。① 都察院的监察职责，据《大明会典》记载："凡在外布政司、按察司并盐运司、苑马寺、行太仆寺，在内顺天府五品以下堂上官，考满赴部（吏部），俱从本院（都察院）考核。凡在京各衙门郎中、员外郎、主事等官，及直隶府州等官、各卫所首领官，在外按察司首领官考满，本院俱发河南道考核。各出考语，牒送吏部该司候考。凡在外司府州县等衙门官，每三年朝觐，吏部会同本院考察。在京五品以下官，六年一次，吏部会本院并各该衙门掌印官及堂上官考察。凡天下诸司官，三年朝觐，除考察黜退外，其存留官员公事未完等项，大班露章面劾。凡京官五品以下六年一次考察，及四品以上自陈，有遗漏者，科道纠举。"②

二　考察

考察是在特定的时间，通计天下官员，就其品行和履职能力所作

---

① 《明史》卷七十一，《志第四十七·选举三》，中华书局1974年版，第1721页。
② 《大明会典》卷二百九，《都察院一·纠劾官邪》。

的考核，"其目有八：曰贪，曰酷，曰浮躁，曰不及，曰老，曰病，曰罢，曰不谨"。① 考察又分为外察和京察，外察是对地方官的考察，京察是对京官的考察。

外察起于明初的朝觐考察。明朝建国之初，外官每年均须朝见天子。洪武十一年（1378 年），朱元璋命令吏部甄别朝觐的官员，结果"察其言行功能第为三等，称职而无过者为上，赐坐而宴；有过而称职者为中，宴而不坐；有过而不称职者为下，不预宴，序立于门，宴者出，然后退"。② 此为朝觐考察之始。到洪武十九年（1386 年），始定以辰、戌、丑、未年为朝觐之期；洪武二十六年（1393 年）又补充进若干规定，外察制度遂基本确立。"自弘治时，定外官三年一朝觐，以辰、戌、丑、未岁，察典随之，谓之外察。州县以月计，上之府，府上下其考；以岁计，上之布政司。至三岁，抚、按通核其属事状，造册具报，丽以八法。而处分察例有四，与京官同。明初行之，相沿不废，谓之大计。计处者，不复叙用，定为永制。"③ 外察之初，先由各布政司、按察司、盐运司、府、州、县及土官各衙门正官带领首领官吏各一员，按照《到任须知》所规定的内容依式对款填造文册，然后连同原领敕谕及《诸司职掌》内事迹文簿，具本于当年十二月二十五日亲自送京师奏缴，作为考核的凭证。接着由吏部会同都察院详加考察，分其等第。此时处于下等者认为有欠公允，许其申诉；而科道等官认为吏部考察失当，也可指名纠劾。最后由吏部官将众官引至皇帝面前，由皇帝定其去留。

京察通常六年举行一次："以巳、亥之岁，四品以上自陈以取上裁，五品以下分别致仕、降调、闲住为民者有差，具册奏请""京察之岁，大臣自陈。去留既定，而居官有遗行者，给事、御史纠劾，谓之拾遗。拾遗所攻击，无获免者"。④

---

① 《明史》卷七十一，《志第四十七·选举三》，中华书局 1974 年版，第 1721 页。
② 《大明会典》卷十三，《吏部十二·朝觐考察》。
③ 《明史》卷七十一，《志第四十七·选举三》，中华书局 1974 年版，第 1723 页。
④ 《明史》卷七十一，《志第四十七·选举三》，中华书局 1974 年版，第 1724 页。

三 考语

考语是在官员三、六、九年任满时，由该官员所在衙门的堂上官为之填写的评语，颇类似今天国家机关年终考核时给予工作人员的考核等级和鉴定意见。评语要交都察院和吏部覆考，然后以之为依据作出相应的处理决定。明初规定，凡在京各衙门属官考满，历任三年，听于本衙门正官察其行能，验其勤惰，从公考核明白，开写称职、平常、不称职词语，送监察御史考核，由吏部覆考。可见填注考语开始时是考满的一个环节，给出的评语也很程式化。到了弘治以后，填写考语的时间越来越提前，而且巡抚巡按发挥的作用也越来越大。弘治六年（1493 年），"令朝觐之年，先期行文布按二司考合属，巡抚巡按考方面，年终具奏。行各该衙门立案，待来朝之日，详审考察。如有不公，许其申理。八年奏准，各处巡抚官当朝觐之年，具所属不职官员揭帖密报吏部。"① 到了嘉靖年间，填注考语又发生了较大的变化："嘉靖十三年奏准：每遇年终，各府州县将佐贰首领属官并卫所首领官，守巡道将本道属官，布按二司掌印官将各佐贰首领并府堂上官、州县正官，填注贤否考语揭帖，印封送本布政司类齐，严限送部查考……巡按任满，巡抚年终，将所属大小官填注考语揭帖送部。其考语俱要自行体访，如有雷同含糊、作恶偏私，本部参奏治罪。"② 这时候，填注考语实际变成了一种由抚按主导的独立的监察形式。

六科对考核活动都有监察的职责，其中吏科的职责最重。据《大明会典》，六科共同行使的职责为："凡三年天下诸司官朝觐，除考察黜退外，其存留官员公事未完等项，大班露章面奏。嘉靖六年题准：被诬夺职者，各科实时论辩。"③ 专门由吏科承担的监察职责有："凡天下诸司文职官员考满到京，各具给由、奏本、文册送科稽考，其有违限、差错等项俱参出施行。督抚官，三年考满到部。俱以交代

---

① 《大明会典》卷十三，《吏部十二·朝觐考察》。
② 《大明会典》卷十三，《吏部十二·朝觐考察》。
③ 《大明会典》卷二百十三，《六科》。

入境之日为始，足三十六个月为一考。其在京在途月日，俱不准。如月日不足未满先奏，及隐匿过名者，本科参奏。凡天下诸司官吏，三年朝觐到京，奏缴须知文册到科，查出钱粮等项数目差错，经该官吏参奏究治。凡外官三年考察、京官六年考察，自陈之后，本科官同各科具奏拾遗。"① 另据《大明会典》记载："凡内外官遇该考察，有央求势要嘱托者，即以不谨黜退。凡考察有诬枉者。天顺八年，令部院会同内阁考察在京五品以下文职并在外布按二司官，有不公者，许科道官指实劾奏。南京考察不公者，许南京科道官劾奏。"②

明代对百官的监察形式具有丰富多样的特点，既有书面监察，如照刷文卷、稽查章奏，又有实地考察，如御史、按察司官巡历过程中亲历各种地方考察；既有平时监察，如每年开报考语，又有关键时期的监察，如考满、考察等；既有综合性的监察，如御史出巡、按察司官巡历，如又有专项性的监察，如科道官各种专项任务的出差；既有事前的监察，如参与会议，又有事中、事后及两者相结合的监察，如参与会推、会审；既有临时性的监察，如各道官各种临时性的出差，又有长驻久任的监察，如总督、巡抚的监察，等等。这些形式往往交互为用，互为补充，最后集中到举劾特别是弹劾这一种形式上，如果能够充分运用，就能够比较好地保证监察效果。

---

① 《大明会典》卷二百十三，《六科·吏科》。
② 《大明会典》卷十三，《吏部十二·京官考察（王府官附）》。

第五章　对皇帝的监督

对皇帝的监督与对百官的监察是中国古代监察制度的两翼，两者对象不同、功能迥异而又互相影响。比较而言，对皇帝的监督在整个监察制度中占据更为核心的位置，不仅影响监察制度的实施及其成效，也决定整个监察体系的灵魂与特质。自秦汉以降，国家监察制度经过漫长发展，到唐朝基本成熟。唐朝对皇帝的监督和对官员的监察大体由两个不同的机构即台院与察院分别行使，到宋朝开启了台察合一的趋势，明代这一趋势得到进一步加强。台察合一给对皇帝的监督带来的后果，一方面是谏无专责，另一方面是"百工技艺人等"特别是科道官员皆可建言朝政得失，即发挥对皇帝的监督作用。

第一节　皇帝的权力与责任

对于国家的最高权力，现代很多国家特别是西方国家将其划分为立法、行政、司法三种，孙中山借鉴中国传统政治理念将其划分为立法、行政、司法、考试、监察五种。在中国古代因为一切权力统之于皇帝，既没有这样划分的必要，也没有这样划分的可能。尽管如此，我们还是可以借助这一框架作出大体的分类。虽说国家的一切权力都归于皇帝一人，但皇帝对权力的掌握和使用并不能事事躬亲，而必须分层次分轻重同时按一定的程序处理。

一　立法权

立法权通常被视为国家的最高权力。中国古代社会，君主独享立法权，所谓"口含天宪""法自君出"。朱元璋作为开国之君自然十分重视立法权的行使，据《明实录》记载：洪武十九年（1386年）春正月，朱元璋在褒扬苏州府常熟知县成曳奇严格执法的敕书中说："先王制礼，所以辨上下、定民志，秩然而不紊，历世因之不敢违越，诚以纪纲法度维持治道之具。然立法者君也，奉法者臣也，君能立法而臣不能守之，则亦未如之何矣？朕自即位以来，稽古立法，设置诸司，以贵君子禄贤人，使与朕共守此道，以安养吾民！"他在这里侧重于强调官员要"益谨初心，恪遵宪度"①，但也说明了立法权专由皇帝掌握的道理。事实上，凡是国家的重要法律，如《大明律》《诸司职掌》《宪纲》等，他都亲自领导、直接参与制定。以《大明律》的制定为例，翰林学士宋濂在《进大明律表》中说："每一篇成，辄缮书上奏，揭于西庑之壁，亲御翰墨，为之裁定。"② 朱元璋之后，各代皇帝均将立法创制视作治理国家的重要权力，凡属法律的立、改、废，必以诏令的形式颁布；对于重要的法律，如《大明会典》《宗藩条例》等，从组织起草到删削定稿再到最后刊印天下，至少在形式上都由皇帝亲自操持。以《大明会典》的编纂为例，明武宗在正德四年（1509年）十二月十九日所作的《御制大明会典序》中说：

> 朕惟古之君天下者，或创业立法，或因时制宜，皆有册籍以垂久远……我太祖高皇帝稽古创制，分任六卿，着为《诸司职掌》，提挈纲领，布列条贯，诚可为亿万年之大法也。……迨我英宗睿皇帝复辟之时，尝命内阁儒臣纂辑条格以续《职掌》之后，未底于成。皇考孝宗敬皇帝继志述事，命官开局，纂辑成

---

① 《明太祖实录》卷一百七十七，洪武十九年二月丁未。
② （明）宋濂：《进大明律表》，（明）陈子龙等选辑：《明经世文编》卷一，《宋学士文集》第一册，上海书店出版社2019年版，第6页。

编，厘为百八十卷。其义一以职掌为主，类以颁降群书，附以历
年事例，使官领其事，事归于职，以备一代之制。仍会府部院寺
大小诸司，面相质订，登进于廷，将欲布之天下，未几而龙驭上
宾矣。朕嗣位之四年，为正德己巳，检阅前帙，不能无鲁鱼亥豕
之误，复命内阁重加参校，补正遗阙，又数月而成，特敕司礼监
命工刻梓。①

明武宗是明朝皇帝中历史上公认的"耽乐嬉游，昵近群小"的皇
帝，但这篇序言将立法的重要性，以及自朱元璋以降包括他自己对立
法的重视及参与立法的过程都讲的十分透彻。

我们再来看看明神宗于万历十五年（1587 年）二月十六日所作
的《御制重修大明会典序》，他说：

> 朕惟自古帝王之兴，必创制立法，以贻万世；而继体守文之
> 主，骏惠先业，润色太平，时或变通以适于治。故前主所是着为
> 律，后主所是疏为令，虽各因时制宜，而与治同道，则较若画一
> 焉。朕践阼以来，夙兴夜寐，思绍休圣绪，惟祖宗成宪是鉴是
> 式。盖我孝宗皇帝，尝命儒臣纂述大明会典，辑累朝之法令，定
> 一代之章程，鸿纲纤目，灿然具备。逮我世宗皇帝入承天序，时
> 历四纪，而因革损益代有异同，乃复下诏重修，续自弘治壬戌，
> 迄嘉靖己酉，载在秘府，未及颁行。盖至于今又三十八年矣……
> 乃命儒臣重加修辑，芟繁正讹，益以见行事例而折衷之。盖阅十
> 有二载，其书始成。②

明神宗 10 岁登基，21 岁亲政，其间朝政由内阁首辅张居正操持。
正是在这期间，由张居正提出重新编纂《大明会典》的动议，并组

---

① 《大明会典》序言，《御制大明会典序》（正德朝）。
② 《大明会典》序言，《御制重修大明会典序》（万历朝）。

织编纂及至完成初稿。但这篇序言仍然表明了立法创制对皇权的重要意义及孝宗以降至其本人在《大明会典》编纂的全部过程中所给予的重视和把控的程度。

二　行政权

在现代社会，行政权是非常复杂的权力，包括人事安排、经济事务管理、文化与教育事务处理、外交决策及军队建设等方方面面，一般分别由十几个甚至几十个部门负责处理，重大事情须提交政府首脑决定。明代的行政事务的处理大体由六部负责，而无论大小事务，皇帝都保有最后的决定权。

（一）人事权

明代同其他封建王朝一样，人事权主要包括对官员的选授、勋封、考课、处罚方面的权力，法律规定皇帝在这些方面都有最后的决定权。

1. 任用官员方面

皇帝行使该项权力的方式主要有以下两种：一是直接任用官员，称为特旨简用。据《大明会典》："国初，设贤良方正、聪明正直、孝弟力田、通经孝廉等科，或从耆民及税户人材与科贡之士并用，多出亲擢"①，其后铨选之法逐步完备，大多数官员都由吏部根据规定选用，但皇帝仍有权决定。《大明会典》还记载："凡京官试职实授。洪武二十六年定：在京初入仕者，试职。其实授试职官员，凡有升除，即与实授。量才授职，比与前任品级降等者亦实授。外任官员，果有才德荐举，升除在京者，亦实授。若因朝觐给由等项到部，遇有员缺，就便对品改除者，实授。升除者，试职。如遇特旨升降及与实授者，不在此限。"②

二是根据吏部的奏请来决定是否任用。在这种情况下，皇帝一般会尊重吏部或会议推举的意见，但皇帝保有最后的决定权。据《大明

---

① 《大明会典》卷五，《吏部四·选官》。
② 《大明会典》卷五，《吏部四·选官》。

会典》记载；"旧制，升必满考。若员缺当补，不待考满者，曰推升。类推上一人，单推上二人。三品以上九卿及佥都、祭酒，廷推上二人。阁臣、吏兵二部尚书会大九卿五品以上官及科道，廷推上二人，或再上三四人，皆请自上裁""凡吏部、科道官。弘治十五年，令都给事中有缺，于左右给事中内；左右给事中有缺，于给事中内，具奏升用""凡在外布政按察二司有缺。除右布政使转左不用陪外，其余例推二员，请旨点用。"① 推升中有一种是专门针对六部、都察院等衙门主官的，"凡尚书、侍郎、都御史、通政使、大理卿缺。皆令六部、都察院、通政司、大理寺、三品以上官廷推"②，廷推后报皇帝批准。

2. 官员考核方面

在前面法定的监察形式一章已经说到，明代对官员的考核主要分考满与考察两种，考察又细分为京察与外察两类，无论哪一种哪一类，最终处理的决定权都在皇帝。

先看考满。官员考满的程序按照所任官员的类别和职务的高低而有不同——高级官员和科道官考满的结果直接由皇帝决定："凡在京堂上、正、佐官考满。三年六年，俱不停俸，在任给由，不考核。不拘员数，引至御前，奏请复职。洪武间定：四品以上官员，九年任满，黜陟取自上裁"③ "凡一品二品官考满，赐羊酒钞锭。尚书、都御史六年考满，加太子少保；九年，加太子太保。吏部尚书，有三年即加太子少保、六年加太子太保者。内阁三六九年考满，应升官秩，取自上裁。其一品九年考满，或赐宴，或赐敕奖励，及诰命、荫子等项，俱出特恩，或奉旨查例议拟奏请"④ "凡督抚官考满，三年六年满日，移咨到部，具奏复职"⑤，凡科道官考满，洪武二十六年定：

① 《大明会典》卷五，《吏部四·推升》。
② 《大明会典》卷五，《吏部四·推升》。
③ 《大明会典》卷十二，《吏部十一·考功清吏司·考核一·官员》。
④ 《大明会典》卷十二，《吏部十一·考功清吏司·考核一·官员》。
⑤ 《大明会典》卷十二，《吏部十一·考功清吏司·考核一·官员》。

"监察御史系耳目风纪之司，任满黜陟，取自上裁""布政司四品以上，按察司五品以上，俱系正官、佐贰官，三年考满，给由进牌，别无考核衙门，从都察院考核，本部（吏部）覆考，具奏黜陟，取自上裁"①。

次看外察。据《大明会典》："洪武初，外官每年一朝。二十九年，始定以辰、戌、丑、未年为朝觐之期。朝毕，吏部会同都察院考察，奏请定夺。其存留者，引至御前，刑部及科道官各露章弹劾，责以怠职。来朝官皆免冠，伏候上命。既有还任，各赐敕一道，以申戒饬。若廉能卓异、贪酷异常，则又有旌别之典，以示劝惩。"② 于此可见，外察一开始就由皇帝主导，去留皆由皇帝决定。

再看京察。京察起初不定期举行，到弘治十七年（1504 年）奏准，每六年举行一次，自此形成定例。正统元年（1436 年）奏准："两京各衙门属官、首领官，从本衙门堂上官考察。如有不才，及老疾者，吏部验实，具奏定夺。"③ 京察虽由吏部具体负责，但后果仍取决于皇帝。

3. 封爵方面

明朝对建立军功的人授与爵位，建国初期因前代之制列爵五等，即公、侯、伯、子、男，后革子、男，存公、侯、伯三等。另外还有衍圣公世封，驸马都尉、外戚恩泽之封。据《大明会典》记载，洪武二十六年（1393 年）定："凡功臣封号，如开国、辅运、守正文臣之类，非特奉圣旨不与。"④ 以后相沿不改。

4. 授勋方面

明朝对现有在职人员还会授与勋级。凡文勋十，即正一品左柱国、右柱国，从一品柱国，正二品正治上卿，从二品正治卿，正三品资治尹，从三品资治少尹，正四品赞治尹，从四品赞治少尹，正五品

---

① 《大明会典》卷十二，《吏部十一·考功清吏司·考核一·官员》。
② 《大明会典》卷十三，《吏部十二·朝觐考察》。
③ 《大明会典》卷十三，《吏部十二·朝觐考察》。
④ 《大明会典》卷六，《吏部五·功臣封爵》。

修正庶尹，从五品协正庶尹；武勋十二，即正一品左柱国、右柱国，从一品柱国，正二品上护军，从二品护军，正三品上轻车都尉，从三品轻车都尉，正四品上骑都尉，从四品骑都尉，正五品骁骑尉，从五品飞骑尉，正六品云骑尉，从六品武骑尉。据《大明会典》："文官一品至五品，武品一品至六品，历再考应合授勋者，照依散官始得定拟，奏闻给授。"①

（二）财政权

皇帝在财政方面的权力，主要是制定和批准财政方面的法律或政策，大者有以下几个方面。

一是田土管理。包括科则升降、收除、开垦、召佃、拨给等规定和诡射、侵献等事项的禁令，及各宫、勋戚、寺观田地、草场苑牧的额数，均由皇帝以诏令的形式确定。②

二是灾伤处理。凡遇水旱等灾伤，当地官员要按程序上报皇帝，皇帝差官前往受灾地区覆勘情况，覆勘奏报皇帝，由皇帝决定蠲免租税或遣官赈济。③

三是赋役征派。凡赋役方面的政令，由皇帝下诏颁布执行。

四是财政处分。据《明实录》："各库所掌最大者，金花银。即国初所折粮者，俱解南京，供武臣俸禄；而各边或有缓急，间亦取足其中。正统元年，始自南京改解内库，岁以百万为额。嗣后除折放武俸之外，皆为御用。"④

（三）科举取士

科举考试的具体事项由礼部负责，但重要事项要由礼部报靠皇帝决定。科学考试由低到高分为乡试、会试、殿试三级，每一级需要皇帝决定的事项都不相同。

首言乡试。举行乡试时，考试官要报请皇帝定夺。据《大明会

---

① 《大明会典》卷十，《吏部九·勋级》。
② 《大明会典》卷十七，《户部四·田土》.
③ 《大明会典》卷十七，《户部四·灾伤》。
④ 《大明会典》卷三十，《户部十七·库藏一·内府库》。

典》：嘉靖六年（1527 年）令："两京乡试，除主考照例奏请简命……
又奏准：乡试除主考官，上请会举。其同考官，巡按御史移文别省请
取，止具某经员数，不许明列姓名，听彼处巡按御史会提学官推举开
送"，万历十三年（1585 年）奏准："各省仍用京官主考。凡遇乡试之
年，巡按御史奏请，礼部会同吏部，于在廷诸臣内，访其学行兼优者，
疏名上请。每省分遣二员，仍酌量道里近远，先期奏差。"①

次言会试。举行会试，首先每次取中的额数，由礼部临期奏请定
夺。凡考试官，会试的主考官和同考官也要临期具奏："洪武十八年，
令会试主考官二员，并同考官三员，临期具奏，于翰林院官请用。其
余同考官五员，于在外学官请用。"②

再言殿试。殿试由皇帝亲自主持，"上御奉天殿，亲赐策问，并
钦定其出身：第一甲，第一名，从六品；第二第三名，正七品，赐进
士及第。第二甲，正七品，赐进士出身。第三甲，正八品，赐同进士
出身"。③

无论是哪一级的考试，如出现严重违规情形的，最后要报请皇帝
处理，如洪武十七年（1384 年）令："凡试官，不得将弟男子侄亲属
入院，徇私取中。违者，指实陈告"，嘉靖十七年（1538 年）题准：
"会试校文，务要醇正典雅、明白通畅、合于程序者，方许取中。其
有似前驾虚翼伪、钩棘轧苗之文，必加黜落。仍听考试官摘出不写经
传本旨、不循体制及引用庄列背道不经之言，悖谬尤甚者，将试卷送
出，以凭本部指实奏请除名，不许再试"。④

（四）军政军令

关于募兵、调兵、换将、分部、移驻、设防及总兵、总督调度权
限方面的安排，均由皇帝以诏令的形式作出。⑤

---

① 《大明会典》卷七十七，《礼部三十五·科举》。
② 《大明会典》卷七十七，《礼部三十五·科举》。
③ 《大明会典》卷五，《吏部四·选官》。
④ 《大明会典》卷七十七，《礼部三十五·科举》。
⑤ 《大明会典》卷一百二十九，《镇戍四·各镇分例一》。

（五）工程营造

大的工程，如宫殿门楼的建造与修缮均由皇帝直接决定。据《大明会典》："洪武二十六年定：凡宫殿门舍墙垣，如奉旨成造及修理者，必先委官督匠，度量材料，然后兴工""宣德九年，敕内府各监局内官内使等，凡在内各衙门修造，必明白具奏，有擅为者，悉处重罪""嘉靖八年奏准：内府监局，凡有工作，俱要该衙门先期上请"。①

（六）宗室事务处置权

明朝设宗人府管理宗室事务，"凡宗室有所陈情，即为上闻，听天子命"。②

三　司法权

《大明律》规定，凡犯罪，由司法机关按照法定的程序进行审判，但下列三种情形，要报皇帝决断。

一是属于八议者犯罪。规定："凡八议者犯罪，实封奏闻取旨，不许擅自勾问。若奉旨推问者，开具所犯及应议之状，先奏请议，议定奏闻，取自上裁"③"凡应八议者之祖父母、父母、妻及子孙犯罪，实封奏闻取旨，不许擅自勾问。若奉旨推问者，开具所犯及应议之状，先奏请议，议定奏闻，取自上裁。若皇亲国戚及功臣之外祖父母、伯叔父母、姑、兄弟、姊妹、女婿、兄弟之子，若四品五品官之父母、妻及应合袭荫子孙犯罪，从有司依律追问，议拟奏闻，取自上裁"④。

二是犯死罪但要存留养亲的。规定："凡犯死罪，非常赦所不原者，而祖父母父母老疾应侍家无以次成丁者，开具所犯罪名奏闻，取

---

① 《大明会典》卷一百八十一，《工部一·营造一》。
② 《大明会典》卷一，《文职衙门·宗人府》。
③ 《大明会典》卷一百六十，《刑部二·律例一·名例上》。
④ 《大明会典》卷一百六十，《刑部二·律例一·名例上》。

自上裁。"①

三是犯死罪但本人有特殊情况的。规定："凡年八十以上十岁以下，及笃疾，犯杀人应死者，议拟奏闻，取自上裁。"②

四　监察控制权

皇帝对监察权的控制主要是两个方面：一是对纠劾权的控制。凡监察官员发现官员有违法行为，必须向皇帝提起弹劾，即"具奏弹劾"或"随即纠劾"，"凡纠举官员，生杀予夺悉听上命。若已有旨发落，不许再劾""正德元年令：凡不公不法之事，奉有明旨，令科道官记著者，务要实时纠举，不许隐匿遗漏"。③ 二是控制御史出差。凡是差御史出巡，由都察院具事目，请旨点差。凡御史在出巡过程中，如发现官员有违法犯罪，或官员不能及时完结任务的，要报告皇帝，由皇帝决定如何处分。御史差完回京，要直接向皇帝报告情况。④御史差完，由都察院堂上官先进行考核，明确是否称职，然后将情况报告皇帝，由皇帝决定奖惩。⑤

从上述规定看，国家的一切重大事情，都由皇帝决定，要么是直接决定，要么是享有终决权，即"具奏""奏请""取自上裁"一类；对于其他事项，皇帝如果有意，也可作出决定，这意味着从法律上讲，对皇帝的权力是没有附加任何限制的。

第二节　对皇帝进行监督的规则

要保证皇帝正常地行使权力，甚至成为圣贤之君，就得使言谏官们充分履行言谏职责，但言谏制度的实施是一把双刃剑，如果实施恰

① 《大明会典》卷一百六十一，《刑部三·律例二·名例下》。
② 《大明会典》卷一百六十一，《刑部三·律例二·名例下》。
③ 《大明会典》卷二百九，《都察院一·纠劾官邪》。
④ 《大明会典》卷二百十，《都察院二·奏请点差》。
⑤ 《大明会典》卷二百十一，《都察院三·追问公事》。

当，就能真正匡君之失，有益于君主专制统治，也有益于国家和人民；否则，就会影响君臣关系，甚至影响整个政治生态和环境，鉴此，朝廷出台了一系列规定来规范对皇帝的监督行为，同时在实践中也形成了一些监督皇帝的惯例。

一　对皇帝进行监督的依据

对皇帝实施监督，首先得有明确的标准来判断皇帝的言行何为是何为非。在中国古代社会，并没有专门限制皇权的法律，相反赋予了皇帝无限的权力，这就使得判定皇帝言行的是非成了非常困难的事情，好在明代朝廷奉行的儒家思想提供了基本的价值标准，又好在明太祖为后世子孙立有明训，使得这一难题的解决变得相对容易一些。

（一）儒家经典

自汉武帝罢黜百家、独尊儒术之后，历代统治者都将儒家思想奉为官方的指导思想，儒家经典因此成为治理国家的根本依据。明朝统治者不仅继承传统，强调儒家的伦理道德在国家治理中的根本性作用；而且在将儒家经典作为国家治理的根本依据方面超过了以往各朝。

明太祖朱元璋经常与儒士、大臣们探讨儒家经典中的治国之道。史载：戊戌年（1358 年）十二月，儒士范祖干持《大学》以进，"太祖问：'治道何先？'对曰：'不出乎此书。'太祖命祖干剖析其义，祖干以为帝王之道，自修身齐家以至于治国平天下，必上下四旁均齐方正，使万物各得其所，而后可以言治。太祖曰：'圣人之道，所以为万世法。吾自起兵以来，号令赏罚一有不平，何以服众？夫武定祸乱，文致太平，悉此道也。'"① 丙午年（1366 年）八月，博士许存仁进讲经史，讲到《尚书·洪范篇》中的"休征""咎征"之应时，"太祖曰：'天道微妙难知，人事感通易见，天人一理，必以类应。稽之往昔，君能修德则七政顺度，雨阳应期，灾害不生；不能修

---

① 《明太祖宝训》卷一《论治道》。

德，则三辰失行，旱潦不时，灾异迭见，其应如响。箕子以是告武王，以为君人者之儆戒。今宜体此，下修人事，上合天道。然岂特为人上者当勉，为人臣者亦当修省，以辅其君。上下交修，斯为格天之本。'"① 洪武二十二年（1389 年）三月，"太祖御谨身殿，观《大学》之书，谓侍臣曰：'治道必先于教化，民俗之善恶，即教化之得失也。《大学》一书，其要在于修身。身者，教化之本也。人君身修，而人化之，好仁者耻于为不仁，好义者耻于为不义。如此，则风俗岂有不美？国家岂有不兴？苟不明教化之本，致风陵俗替，民不知趋善，流而为恶，国家欲长治久安，不可得也。'"② 朱元璋之后，历代皇帝、大臣引用儒家经典谈治国理政已经成为一种习惯。明成祖即位以后，针对建文中变革官制，大发一通议论："凡开创之主，其经历多，谋虑深，每作一事，必筹度数月乃行，亦欲子孙世守之。故《诗》《书》所载后王之言，必曰'不愆，率由旧章'。于戒警后王，必曰'率乃祖攸行'、曰'监于先王成宪'，此皆老成之言。"③ 这实际上是拿儒家经典作根据，攻击建文帝，标榜他自己。到明朝中后朝，张居正实行改革，上疏建议实施考成法，一开头也是说："臣等窃闻尧之命舜曰：'询事考成，乃言底可绩'，皋陶之论治曰：'率作兴事，钦哉，屡省乃成！'"④ 这些例子都说明："本朝以诗书作为立政的根本，其程度之深超过了以往的朝代。"⑤

儒家经典成为大臣特别是监察官员谏诤皇帝的基本依据，首先在于，当儒家学说成为官方的意识形态后，儒家经典中所讲的伦理道德就是公认的天理天道，是包括皇帝在内的任何人都不能违背的最高准则；其次在于，这些谏诤皇帝的大臣就是靠读这些儒家经典入仕为官

---

① 《明太祖宝训》卷四《警戒》。
② 《明太祖宝训》卷一《论治道》。
③ （清）谷应泰等：《明史纪事本末》卷十六，《燕王起兵》，中华书局 2015 年点校本，第 275 页。
④ 张舜徽主编：《张居正集》第 1 册，《请稽查章奏随事考成以修时政疏》，湖北人民出版社 1987 年版，第 131 页。
⑤ ［美］黄仁宇：《万历十五年》，中华书局 1982 年版，第 89 页。

的，恐怕除了其中的道理，他们也拿不出更多的东西去说服皇帝，而儒家经典中的道理相对来说比较抽象，大多讲的都是一些大的道理和久远的故事，便于他们运用和发挥；最后，也是最重要的，这些皇帝都是从小在儒家经典的浸润下长大的，即使成了皇帝后也要不断地接受这方面的教育，从理论上讲他们应当从心里认同其中的道理，当然事实是否如此就另当别论了。

（二）祖训

按照《大明会典》所载，法律虽规定对皇帝的言行可以进行监督，但并没有明确皇帝何种行为为非法或不当行为，文武百官和百工技艺之人可以据以指斥其过、匡正其失。尽管如此，这并不意味着明朝皇帝没有应当明确遵循的行为规范。在前面第二章"监察法律体系"中已经指出，明太祖朱元璋即皇帝位不久就开始思考制定一套规范后世子孙主要是皇位继承人的行为准则，并于洪武二十八年（1395年）九月颁布了《皇明祖训》一书，强调"凡我子孙，钦承朕命，无作聪明，乱我已成之法，一字不可改易"①。《皇明祖训》全书一共有十三部分，即"祖训首章"，其中分列四条，分述禁用酷刑、禁立丞相、对犯法皇亲国戚的处置及对四方各国的方针；"持守"，自述持身之道，强调要察情观变、虑患防危、不敢怠惰等；"严祭祀"，认为祭祀贵在精诚，并叙述祭祀的准备程序；"谨出入"，告诫后代帝王不要轻易动止；"慎国政"，主要讲帝王须广耳目，不偏听，以防壅蔽而通下情；"礼仪"，分述祭祀、奉使王府、进贺表笺、亲王朝觐、亲王在国等礼仪；"法律"，包括对皇太子和亲王的处分办法；"内令"，规定皇后不得干预外政、宫闱当谨内外；"内官"，分述内官职掌、品秩和内官机构的设置；"职制"，先叙述封爵的程序和规格、规定郡王子孙有文武材者可考验授官，次述宗人府及王府官的设置；"兵卫"，分王国军队为守镇兵和防卫兵，遇警并从王调遣，同时规定亲王仪仗；"营缮"，规定诸王宫室格式，不得僭越；"供用"，

---

① 《皇明祖训·序》

包括朝觐时沿途人役物料的支给和每岁常用两部分。《皇明祖训》虽为"家法"，但它集中反映了朱元璋对后世皇帝的要求。

除了朱元璋亲自编定的《皇明祖训》，还有明成祖时期编定的《明太祖宝训》，它是明太祖朱元璋的语录汇编，由夏原吉、胡广、杨荣、胡俨等人奉成祖旨意编纂，永乐十六年（1418 年）成书，与《太祖实录》同进，共十五卷。① 万历三十年（1602 年），吕本校订刊印，改为六卷，凡五十一子目。其内容涵盖了朱元璋治理国家的各个方面的言论，与《大明会典》所记相同。其中有许多内容涉及到治国之道，其中很多是对后世皇帝提出的要求，对身居皇位的人也有一定的约束力，常常成为大臣们用来监督皇帝的依据。

（三）"祖宗成法"

朱元璋制定的基本法律是所谓的"祖宗成法"，不容后世更改。史载：洪武六年（1373 年）五月壬寅朔，在《祖训录》完成之时，朱元璋与侍臣们有一段对话，侍臣们说："自古创业之主，其虑事周详，立法垂训，必有典则。若后世子孙不知而轻改，鲜有不败。故《诗》云：'不愆不忘，率由旧章。'"朱元璋说："日月之能久照，万世不改其明；尧舜之道不息，万世不改其行。三代因时损益者，其小过不及耳。若一代定法，有不可轻改，荒坠厥绪，几于亡夏，颠覆典刑，几于亡商。后世子孙，当思敬守祖法。"② 其后世皇帝几乎都会强调谨守"祖宗成法"，而大臣们如果认为皇帝有违背"祖宗成法"的行为，就会以维护"祖宗成法"的理由进行谏诤。

二　对皇帝实施监督的保障

皇帝深居高位，与大臣特别是普通监察官员之间地位悬绝，又对他们握有生杀之权，特别是遇到"昏庸之主，吝一己之非，拒天下之善"③ 的情况，要让他们竭忠进谏殊非易事。为了解决这一难题，让

---

① 《明太祖实录·进实录表》。
② 《明太祖宝训》卷三《教太子诸王》。
③ 《明太祖宝训》卷三《纳谏》。

大臣特别是监察官们敢于进谏，朝廷出台了一系列的保障措施。

（一）从法律上明确监察官员的言谏职责

据《大明会典》记载，永乐八年（1410年），"令布政司、按察司进表官，陈奏军民利病、政治得失。十三年，令凡军民利病，及贪官污吏作弊害民者，许诸人具实奏闻。景泰四年（1453年），令建言者，该衙门详细参看，果有利国利民，可行则行。有假以言事报复仇怨者，具奏治罪。近例，凡天下官吏军民人等建言民情，每岁礼部会官议定可否具奏。内可行者，移各该衙门施行。若泛言不切，立案不行。其抚按等官，陈奏地方利弊，则从各衙门职掌，覆奏定夺。"①

宣德四年（1429年）八月，宣宗对六科给事中说："朝廷置给事中，所以出纳命令、封驳章奏、关防百司之弊，而朝政阙失、庶官贤否、民情休戚，皆得言之，非其他职事比也。祖宗时慎重用人，其有敷奏详明、莅事勤敏、智识优长有补于政治者，皆不次用之。朕嗣承大统，期于庶政修和，尚赖左右侍臣之助。古之士君子力学养德，得君而用之，莫不建功于时、施泽于民，流芳于后。尔等受职有年，谙达宪章，尚思委任之重，夙夜在公，庶几朝无失政、官无废事，不惟国家有赖尔，亦有闻于悠久。其懋勉之！"②

正统四年（1439年）六月，英宗敕谕公侯伯、五府、六部、都察院等衙门官："……都察院为朝廷耳目风纪之司，必能考察百僚、扶植良善、纠正奸邪、伸理冤枉，然后为称。若不能持公秉正而任情恣意阿附，以致贤否混淆、贪廉不辨、冤枉不伸者，祖宗之法具在，朕不尔私。朝廷置六科给事中，出纳命令，封驳章奏，举正欺蔽，职任最为清要。自今宜体朝廷选用之心，必公必正，必廉必勤，知无不言，言则必当，务存大体，以扶善抑恶，使百官有司知所警畏，然后为能尽职。若不能尽职，而依阿从事，苟且度日，废弃职掌；或徇私交通，肆为欺蔽，负国家之任，使者事发，必罪不宥。……凡军民一

---

① 《大明会典》卷八十，《吏部三十八·建言》。
② 《明宣宗实录》卷五十七，宣德四年八月丁亥。

切利病及今可济时恤患、除奸去弊之事，许诸人指实直言无隐。"①

成化二十三年（1487 年）九月，孝宗继位尚未改元，就颁诏天下，强调"给事中、御史职当言路，凡朝廷政事得失、天下军民利病，许直言无隐。"②孝宗是明代较有作为的皇帝，曾被旧史家誉为中兴之主，其下诏的目的是针对宪宗朝的弊政予以改弦更张，因为"当成化时，言路大阻，给事、御史多获遣"，③他因此召还因言得罪之臣，并广开言路。

正德十六年（1521 年）四月，世宗即位之初，也有意纠正武宗之失，因此下谕："给事中、御使职当言路，今后凡朝廷政事得失、天下军民利病，许直言无隐。文武官员贪暴奸邪者，务要指陈实迹鲤劾。"④

分析以上的历次规定，可以得出以下结论：

第一，这些规定并没有直接说，发现皇帝的过错可以进行谏诤，而是隐藏在"天下利病""政治得失"一语中。

第二，建言的主体，虽规定是大小官员、百工技艺人等，但主要还是六科官员和监察御史这些言谏官员。《明史·职官二》载，十三道监察御史，"凡政事得失，军民利病，皆得直言无避。有大政，集阙廷预议焉"。⑤

第三，规定的目的不是要随时匡正皇帝的过失，而是为了防止下情不能上达，出现壅塞之弊。

第四，这些规定，特别是即位诏书可能并不代表皇帝的本意，但既以诏书的形式发布就具有法律效力。

（二）畅通监督皇帝的渠道

据《皇明祖训》，朱元璋告诫子孙："凡广耳目，不偏听，所以

---

① 《明英宗实录》卷五十六，正统四年六月戊戌。
② 《明孝宗实录》卷二，成化二十三年九月壬寅。
③ 《明史》卷一百六十四，《列传第五十二·黎淳》，中华书局 1974 年版，第 4460 页。
④ 《明世宗实录》卷一，正德十六年四月壬寅。
⑤ 《明史》卷七十三，《志第四十九·职官二·都察院》，中华书局 1974 年版，第 1769 页。

防壅蔽，而通下情也。今后大小官员，并百工技艺之人，应有可言之事，许直至御前奏闻。其言当理，即付所司施行，诸衙门毋得阻滞。违者即同奸论。"① 《大明律》中还有专门的"上书陈言"条规定："凡国家政令得失、军民利病、一切兴利除害之事，并从五军都督府、六部官面奏区处，及听监察御史、提刑按察司官各陈所见，直言无隐。若内外大小官员，但有本衙门不便事件，许令明白条陈，实封进呈，取自上裁。若知而不言苟延岁月者，在内从监察御史、在外从按察司纠察。若百工技艺之人，应有可言之事，亦许直至御前奏闻。其言可用，即付所司施行。各衙门但有阻当者，鞫问明白，斩。其陈言事理，并要直言简易，每事各开前件，不许虚饰繁文。若纵横之徒，假以上书，巧言令色，希求进用者，杖一百。若称诉冤枉，于军民官司借用印信封皮入递者，借者及借与者，皆斩。"② 既然是"应有可言之事"特别是明确指明的"国家政令得失、军民利病、一切兴利除害之事"皆可奏报皇帝，那么，对皇帝的谏诤之言理所当然是包括在其中的。

有明一代，关于谏诤皇帝的规定在很多方面逐步得到了完善。比如，关于廷谏的时机，一般是在午朝奏事或午朝结束以后，据《大明会典》记载：景泰初定："凡午朝，上御左顺门，五府六部等衙门官照依衙门次第出班奏事。通政司官，照依常例引人奏事。三法司官遇有奏事，俱随班。其常日答应，内刑部、大理寺郎中等官各一员答应，都察院侍班御史答应，其余衙门官有事者分管答应。鸿胪寺官赞奏事毕，彻案，各官退。各衙门如有机密重事，许赴御前具奏。"③

实际上，对皇帝进行谏诤的多数还是朝廷大臣，朝廷大臣最经常使用的形式是通过上疏来发表自己的意见，这在皇帝多少年不上朝、君臣睽隔的情况下就更是成为大臣谏诤皇帝的唯一形式。在这种情况

---

① 《皇明祖训·慎国政》。
② 《大明会典》卷一百六十五，《刑部七·律例六（礼律）·仪制》。
③ 《大明会典》卷四十四，《礼部二·朝仪·午朝仪》。

下就可能存在一个问题，即怎么样保证谏诤皇帝的奏疏能达到皇帝的手上？这些奏疏明显是针对皇帝的过误所上，如果办事衙门担心皇帝震怒不予提交怎么办？又或者疏中涉及其他大臣，而办事官员与之交通勾连擅自扣压怎么办？对这些，明初朱元璋就作了充分考虑，并作出了周密的安排，这就是关于通政使司"职专出纳"和"开拆实封"的规定。据《大明会典》记载："洪武三年，初置察言司。设司令，掌受四方章奏，寻革。十年，始置通政使司，正三品衙门……职专出纳帝命，通达下情，关防诸司出入公文，奏报四方章奏实封建言、陈情伸诉、及军情声息灾异等事"①，洪武十四年（1381 年）又进一步明确"本司职专出纳，与内外诸司俱无文移。有径行本司者，以违制论"②。这样的规定，保证通政司成为只专门负责公文的传递而不负责处理的部门。同时，"开拆实封"条规定："凡天下臣民实封入递或人赍到司，须于公厅眼同开拆，仔细检看。事干军情机密、调拨军马，及外国来降、进贡方物、急缺官员、提问军职有司官员，并请旨定夺事务，即于底簿内誊写略节缘由。当将原来实封，御前陈奏。毕，就于奏本后批写旨意，送该科给事中收，转令该衙门抄出施行。"③ 这些规定的用意是为了保证任何章疏，无论对皇帝的批评多么严厉，都能送到皇帝的手上。当然，任何制度都是靠人来执行，如何执行者不可靠，再好的制度也会出现问题。在世宗朝后期，赵文华任通政使司通政，与严嵩相勾结，将章奏直接交与严嵩先阅，为严嵩打击异己提供方便，破坏了正常的言谏通道，增加了政治的黑暗，但有明一代这样的例子毕竟是非常少见的。

（三）对谏诤死节者追封及对其后人进行封赏

根据《明史》的记载，朝廷对于忠谏而死的人有封赠的规定："凡封赠，公、侯、伯之追封，皆递进一等。三品以上政绩显异及死谏、死节、阵亡者，皆得赠官。其见任则初授散阶，京官满一考，及

---

① 《大明会典》卷二百十二，《通政使司·出纳帝命》。
② 《大明会典》卷二百十二，《通政使司·出纳帝命》。
③ 《大明会典》卷二百十二，《通政使司·开拆实封》。

外官满一考而以最闻者，皆给本身诰敕。七品以上皆得推恩其先。五品以上授诰命，六品以下授敕命。"① 这是将忠谏而死的人与死节、阵亡者一视同仁地纳入封赠的范围。另据《大明会典》记载：凡文武官死于忠谏者，"正德十六年诏，荫一子送监读书"②；嘉靖元年（1522年），"令各官死于忠谏已经追赠荫叙者，其父母妻室不限存殁，俱授封赠，给与诰敕"③；嘉靖元年，"又诏内外大小文武官员人等死于忠谏，老亲寡妻无人侍养者，有司量加优恤"④。这几条应是世宗在即位之初，为了表彰或安抚武宗时期因谏诤而死的大臣们的亲属而发布的诏令；同时，也表明了他对武宗时期的做法进行拨乱反正鼓励大臣谏诤直言的态度。但没有想到的是，在他即位以后，谏言者蜂起，而且很多谏言让他无法接受，导致他与言谏者之间的关系极为紧张，于是改变了对言谏官员的态度。对此，《明史》评价说："帝初践阼，言路大开。进言者或过于切直，帝亦优容之。自刘最及继曾得罪后，厌薄言官，废黜相继，纳谏之风微矣。"⑤ 到了万历六年（1578年），对这些进行了更定："凡以死勤事，若抗节不屈身死纲常者、犯颜谏争身死国是者、执锐先登身死战陈者、危城固守身死封疆者，诸如此类，开具实迹，恤典取自上裁。"⑥ 这是将因谏争而死者与为国战死者相提并论，体现了对谏诤者的尊崇；同时也将是否给予褒奖、给予什么样的褒奖的权力进一步收到了皇帝的手上。

三 对皇帝实施监督的限制

为了防止建言者言而无用，甚至滥谏、乱谏，从而破坏正常的政治秩序，朝廷在鼓励谏诤的前提下也出台了一些规范化甚至限制性的措施。

---

① 《明史》卷七十二，《志第四十八·职官一·吏部》，中华书局1974年版，第1736页。
② 《大明会典》卷六，《吏部五·验封清吏司·荫叙》。
③ 《大明会典》卷六，《吏部五·验封清吏司·诰命》。
④ 《大明会典》卷八十，《礼部三十八·养老》。
⑤ 《明史》卷二百七，《列传第九十五·邓继曾》，中华书局1974年版，第5463页。
⑥ 《大明会典》卷一百一，《礼部五十九·丧礼六·恩恤》。

（一）建言格式方面的限制

据《大明会典》记载："洪武九年，颁《建言格式》，使言者直陈得失，无事繁文。"① 再查《明实录》记载，其起因是，洪武九年（1376年）十二月，"时刑部主事茹太素上书论时务五事，累万余言。上令中书郎王敏诵而听之，虚文多而实事少，次夕于宫中复令人诵之再三，采其切要可行者四，才五百余言。因喟然曰：'为君难，为臣不易，朕所以求直言者，欲其切于事情而有益于天下国家，彼浮词者徒乱听耳。遂令中书行其言之善者，且为定式，颁示中外，使言者直陈得失'，无事繁文，复自序其善于首云。"② 到了世宗时期，专门就题本奏本的格式作了强调："凡题本奏本。嘉靖八年题准：照原定长短广狭格式刊印颁降，令内外臣民遵守不许违越。奏本字样，务与题本大略相似，毋得细小。违者，本司（通政司）参驳治罪。"③

（二）建言主体方面的限制

据《大明会典》记载：洪武十五年（1382年），颁禁例于天下学校，镌勒卧碑置于明伦堂之左，令永为遵守。其中一条为："军民一切利病，并不许生员建言。果有一切军民利病之事，许当该有司、在野贤人、有志壮士、质朴农夫、商贾技艺皆可言之，诸人毋得阻当。惟生员不许。"④ 到万历三年（1575年），在换给提学官敕谕中又对此进行了重申："我圣祖设立卧碑，天下利病，诸人皆许直言，惟生员不许。今后生员务遵明禁。"⑤

（三）建言内容方面的限制

法律并没有规定对皇帝的何种行为可以进行谏诤，何种行为不可以谏诤，但明确规定上书言事时绝对不能涉及的至少有以下几条：一是不许建议设立丞相："以后子孙做皇帝时，并不许立丞相。臣下敢

---

①　《大明会典》卷八十，《礼部三十八·建言》。
②　《明太祖实录》卷一百十，洪武九年十二月庚戌。
③　《大明会典》卷二百十二，《通政使司·开拆实封》。
④　《大明会典》卷七十八，《礼部三十六·学校·儒学》。
⑤　《大明会典》卷七十八，《礼部三十六·学校·儒学》。

有奏请设立者，文武群臣即时劾奏，将犯人凌迟，全家处死。"① 二是不得陈言大臣才德和政绩："凡官员士庶人等，敢有上书陈言大臣才德政事者，务要鞫问情由明白，处斩。如果大臣知情者同罪，不知者不坐。"② 三是不得涉及皇帝与亲王的关系："凡风宪官，以王小过奏闻，离间亲亲者斩。风闻王有大故，而无实迹可验，辄以上闻者，其罪亦同。"③ 总的来说，法律规定的限制性内容还是非常少的，体现了鼓励直言进谏的精神。

第三节　对皇帝实施监督的方式

按照法律的规定，无论是朝廷大臣还是"百工技艺"之人只要发现皇帝所为有悖于"利国利民"均可以上书陈言，但实际上，对皇帝的监督主要还是由六科给事中、御史和其他朝廷大臣来进行的。具体来说，对皇帝的监督主要有覆奏、封驳、谏诤三种方式。

一　覆奏

覆奏是指对于一些特定的事项，皇帝虽已决定，但为稳妥起见，须再次上奏皇帝请予批准的制度。覆奏是提醒皇帝不要犯错，有轻监督的意思。大体可分为以下几种情况。

一是对于大的事情，皇帝虽已作出决定，但必须再次奏请后始得施行。洪武二十六年（1393 年）明确通政司的职掌时规定："凡有帝命，必当详审，覆奏允当，然后施行。"④ 这一条实际很难执行，而且后来随着通政使司职能弱化，六科从通政司独立出来，覆奏就由六科来实施了，因此，《明史》在谈到六科的职掌时说："凡制敕宣行，

---

① 《皇明祖训·首章》。
② 《皇明祖训·慎用政》。
③ 《皇明祖训·法律》。
④ 《大明会典》卷二百十二，《通政使司·出纳帝命》。

大事覆奏，小事署而颁之"①。即对于一些大的事情，都是必须覆奏的。据《大明会典》开载，洪武二十六年（1393 年）定："若各处公文事干军情、灾异机密重事，随即入奏，送该科给事中收。如呈禀五府、六部、都察院等衙门公文紧要者入奏，仍用钦降勘合，用使本衙门印信，云写旨意，贴送当该衙门，覆奏施行。"②"凡给假，洪武间定，内外官吏给假省亲迁葬者，俱自行具奏，取自上裁。如准，吏部覆奏。量地远近，附簿定限，行移应天府（今在京行顺天府）给引照回。"③"成化元年令，一应奏题本有旨意者，六部、都察院等衙门抄出，即明白覆奏发落，不许稽缓。若过五日不覆奏者，该科以闻。"④另外，据《明史》记载：洪武四年（1371 年），"始制用宝金牌。凡军机文书，自都督府、中书省长官而外，不许擅奏。有诏调军，中书省同都督府覆奏，乃各出所藏金牌，入请用宝"⑤。这是明初关于调军的规定。

二是虽非大的事情，但非经正规途径下达的皇帝的决定，需要覆奏。这一类的事情主要是任官之事。据《大明会典》开载，洪武二十六年（1393 年）定："如遇特旨升改降除官员，皆要具本覆奏附选，一体行移。"⑥《明史》记载：宣德元年（1426 年）秋七月，己亥，"谕六科，凡中官传旨，必覆奏始行"⑦。《大明会典》记载："凡传旨除授，宣德三年，令凡内官传旨除授，不问职之大小、有敕无敕，皆须覆奏，然后施行。"⑧"凡内官内使传旨，各该衙门补本覆奏，再得旨然后施行"⑨。另外，关于锦衣卫的升赏也要覆奏："凡东厂锦衣卫缉捕。嘉靖二十七年题准，行令厂卫，每年终将各项获功职

①　《明史》卷七十四，《志第五十·职官三·六科》，中华书局 1974 年版，第 1805 页。
②　《大明会典》卷二百十二，《通政使司·关防公文勘合》。
③　《大明会典》卷五，《吏部四·给假》。
④　《大明会典》卷四十四，《礼部二·朝仪·诸司奏事仪》。
⑤　《明史》卷六十八，《志第四十四·舆服四·符节》，中华书局 1974 年版，第 1664 页。
⑥　《大明会典》卷五，《吏部四·选官》。
⑦　《明史》卷九，《本纪第九·宣宗》，中华书局 1974 年版，第 117 页。
⑧　《大明会典》卷一百十八，《兵部一·武选清吏司·升除》。
⑨　《大明会典》卷二百十三，《六科》。

役姓名、劳绩缘由、首从的数备造文册，用印钤盖，开送兵部，附簿登记。候至三年类奏，下部查对相同，仍行法司核实。应升应赏，遵照格例议拟覆奏。其提督官酌量升赏，取自上裁。"①

三是对于死刑案件，皇帝批准后，还要经多次奏请才能施行。死刑覆奏是朝廷实行恤刑政策的重要体现，洪武十四年（1381年）五月，刑部奏决重刑，朱元璋对他们说："朕尝命汝等，凡有重狱，必三覆奏。以人命至重，恐不得其情，则刑罚滥及，而死者不可复生也，故必欲详审。今汝等概以重刑来奏，其间固有渎伦乱法、罪不可原者，亦有一时过误、情有可矜者，必当分别。若一概言之，则轻重不分矣。自今凡十恶非常赦所原者则云重刑，其余杂犯死罪许听收赎者，毋概言也。"② 洪武十七年（1384年）闰十月，朱元璋命天下诸司刑狱皆由刑部、都察院详议平允，然后送大理审覆判决。其直隶诸府州刑狱，自后也按此办理。他对刑官说："刑者，人君用之以防民。君之于民，如天之于物，天之道春生秋敛，而论天之德，则曰生。君之道仁育义制，论君之德，则曰仁。夫王良善御，岂在于策？周公善治，岂在于刑？所谓刑者，辅治之具，是以用之不可不详。故每令三审五覆，无非求其生而已。"③ 据《明史》记载："凡死刑，即决及秋后决，并三覆奏。"④ 据《大明会典》："每年在京朝审既毕，以情真罪犯，请旨处决，候刑科三覆奏，得旨，决囚官即于市曹开具囚犯名数，奏请行刑。候旨下，照数处决。其南北直隶十三省重囚，奉有决单者，各省巡按御史会同都布按三司，两直隶差主事四员会同巡按御史、道府等官，俱于冬至前会审处决。"⑤《大明律》专条就"死囚覆奏待报"作出规定："凡死罪囚，不待覆奏回报，而辄处决者，杖八十。若已覆奏回报应决者，听三日及行刑。若限未满而行刑，及过限

---

① 《大明会典》卷一百三十六，《兵部十九·巡捕》。
② 《明太祖宝训》卷五《恤刑》。
③ 《明太祖宝训》卷五《恤刑》。
④ 《明史》卷七十二，《志第四十八·职官一·刑部》，中华书局1974年版，第1758页。
⑤ 《大明会典》卷一百七十七，《刑部十九·决囚》。

不行刑者，各杖六十。若立春以后、秋分以前决死刑者，杖八十。其犯十恶罪之罪应死，及强盗者，虽决不待时，若于禁刑日而决者，答四十。"①

二 封驳

封驳是指对于皇帝下达的诏书认为有失误的地方予以封还。据《大明会典》：六科"职专主封驳、纠劾等事"②。封驳制度在明初就建立了，据《明实录》记载，洪武十四年（1381 年）春正月，"命刑官听两造之辞，果有罪验，正以五刑，议定然后入奏。既奏，录其所被之旨，送四辅官、谏院官、给事中，覆核无异，然后覆奏行之。有疑谳，则四辅官封驳之。著为令"③。显然，此令规定的封驳权的行使仅限于对疑问的刑案的处理，六科的封驳权是以后渐为明确的。据《明史》中"凡制敕宣行，大事覆奏，小事署而颁之。有失，封还执奏"④ 一句，可知封驳与覆奏的区别在于：封驳不是必经的程序，覆奏是必经的程序；封驳是对认为有失误的诏书采取的措施，覆奏是对于特定事项为防止出现失误而作出的硬性规定；封驳专门由六科针对皇帝所下的诏令而言，而覆奏的机构是根据所决定的事项而定，不一定非由六科。

顾炎武在谈到"封驳"的历史和意义时指出：

封驳，人主之所患，莫大乎唯言而莫予违。齐景公燕赏于国内，万钟者三，千钟者五。令三出而职计莫之从。公怒，令免职计，令三出而士师莫之从。此畜君之诗所为作也。汉哀帝封董贤，而丞相王嘉封还诏书。后汉钟离意为尚书仆射，数封还诏书。自是封驳之事多见于史，而未以为专职也。唐制：凡诏敕皆

---

① 《大明会典》卷一百七十一，《刑部十三·律例十二（刑律四）·断狱》。
② 《大明会典》卷二百十三，《六科》。
③ 《明太祖实录》卷一百三十五，洪武十四年正月丙辰。
④ 《明史》卷七十四，《志第五十·职官三·六科》，中华书局1974年版，第1805页。

经门下省，事有不便，得以封还。而给事中有驳正违失之掌，著于《六典》。如袁高、崔植、韦弘景、狄兼謩、郑肃、韩佽、韦温、郑公舆之辈，并以封还敕书垂名史传。亦有召对慰谕，如德宗之于许孟容；中使嘉劳，如宪宗之于薛存诚者。而元和中，给事中李藩在门下，制敕有不可者，即于黄纸后批之，吏请别连白纸，藩曰："别以白纸，是文状也，何名批敕？"宣宗以右金吾大将军李燧为岭南节度使，已命中使赐之节，给事中萧仿封还制书。上方奏乐，不暇别召，中使使优人追之，节及燧门而返。人臣执法之正，人主听言之明，可以并见。五代废弛。宋太宗淳化四年六月戊寅，始复给事中封驳，而司马池犹谓：门下虽有封驳之名，而诏书一切自中书以下，非所以防过举也。明代虽罢门下省长官，而独存六科给事中，以掌封驳之任。旨必下科，其有不便，给事中驳正到部，谓之科参。六部之官无敢抗科而自行者，故给事中之品卑而权特重。万历之时，九重渊默；泰昌以后，国论纷纭，而维持禁止往往赖抄参之力，今人所不知矣。①

顾炎武的这段话，经常被一些学者引用以证明明代的封驳制度继承了历史上的封驳制度，在监督皇帝方面发挥了重要作用，其实我们刚好可以从相反的角度来加以理解。明代的封驳制度继承了历史上的封驳制度不假，但实际起到的作用不大。明代以前，封驳指的是封还皇帝的诏书，所以顾炎武所举事例皆是如此，到了明代，封驳变成了封还诏书和驳正到部两层意思，顾炎武在"明代虽罢门下省长官，而独存六科给事中，以掌封驳之任"一句后所谈皆是"科参"的含义和作用，而不是封驳诏书的原有之意，他其实是犯了一点逻辑上的错误。六科行使封驳的例子是有的，如《明史》记载："黄中颁阁荫，以侍读随父（焦芳）还。（刘）瑾败，给事、御史交劾，削其官，黜

---

① （清）顾炎武：《日知录》卷九，《封驳》，（清）黄汝成集释：《日知录集释》（上），花山文艺出版社1990年版，第404页。

黄中为民。久之，（焦）芳使黄中赍金宝遗权贵，上章求湔雪复官，为吏科所驳。于是吏部覆奏，请械系黄中法司，以彰天讨。黄中狼狈遁走。"① 吏科的封驳是成功了，但这是在武宗时期刘瑾败后朝野上下正痛恨阉党（黄中父焦芳为阉党之一）的背景下出现的，实际上这样的例子非常少，更未见到"以封还敕书垂名史传"的典型。以"封驳"为关键词搜索，在《明实录》中查到 35 处有关的记载，在《明史》中查到 9 处有关的记载，均是强调六科有封驳的职责，或是建议皇帝重视六科的封驳职责。《明实录》和《明史》都记载了穆宗时期南京刑科给事中骆问礼上疏的事情，即隆庆三年（1569 年）十一月，南京刑科给事中骆问礼条陈十事，其中第四事为："风纪之臣当修员久任，凡诏旨必由六科，诸司始得奉行，即未当许封进执奏。如六科不能封驳，诸司失检察者，许御史纠弹。仍愿皇上虚怀容纳，令风宪各举其职。"② 很多学者引用此言证明六科有封驳之职，这应当也是没有问题的；但同时也应当看到，骆之所以提出这样的建议，就是因为这一制度没有得到执行才要求执行的，而且包括这一条建议在内的所有建议都没有被穆宗皇帝采纳，其结果是"上以言狂妄，命降三级。于是吏部拟补问礼于南京国子监学正，有旨改边方用"。③万历末年于慎行指出："本朝六科给事中，沿门下旧僚，主于封驳；各道御史，沿台官之旧，主于弹击，今皆以纠劾为事，亦非设官意也。"④ 这也很好地说明了封驳权只是流于形式，实际很少使用。

三　谏诤

谏诤指对君主过失进行直言规劝，即所谓以匡君失。荀子说：

---

① 《明史》卷三百六，《列传第一百九十四·阉党·焦芳》，中华书局 1974 年版，第 7836—7837 页。

② 《明穆宗实录》卷三十九，隆庆三年十一月庚辰。《明史》卷二百十五，《列传第一百三·骆问礼》，中华书局 1974 年版，第 5681 页，所记相同。

③ 《明穆宗实录》卷三十九，隆庆三年十一月庚辰。

④ （明）于慎行：《谷山笔麈》卷十，《建言》，《元明史料笔记丛刊》，中华书局 1984 年版，第 112 页。

"君有过谋过事，将危国家、殒社稷之惧也，大臣父兄有能进言于君，用则可，不用则去，谓之谏；有能进言于君，用则可，不用则死，谓之争……传曰：'从道不从君'，此之谓也。"① 洪武十七年（1384年）四月，朱元璋对谏议大夫唐铎说："人有公私好恶不齐，故其言有邪有正，正言务规谏，邪言务谤讽。"② 其中"规谏"一词即古之谏诤之意。谏诤的形式，实际有两种，一种是廷谏，一种疏谏。

廷谏是指于殿廷之上当面发表与皇帝决定不同的意见，或者指陈皇帝之非，有时候出现与皇帝争执不下的情况，称"廷争"。如《明史》记载：刑科给事中曹凯，磊落多壮节，"景泰中，迁左。给事中林聪劾何文渊、周旋，诏宥之。凯上殿力诤，二人遂下吏"③。正德十三年（1518年）七月，"帝从江彬言，将遍游塞上。托言边关多警，命总督军务、威武大将军、总兵官朱寿统六师往征，令内阁草敕。阁臣不可，帝复集百官左顺门面谕。廷和、冕在告，储、纪泣谏，众亦泣，帝意不可回。已而纪亦引疾。（梁）储独廷争累日，帝竟不听。"④ 明朝历史上几起大的谏诤皇帝的事件，如后面将要谈到的大臣集体谏阻武宗南巡、世宗时期"议大礼"时大臣们集体跪谏等都是以廷争的形式出现的。

疏谏是指以奏疏的形式对皇帝进行规劝。疏谏又有单疏和联疏的区别。对皇帝的监督主要以疏谏为主，疏谏的例子不胜枚举。

第四节　谏诤皇帝的主要事由

从道理上讲，只要是皇帝违背了儒家经典中阐明的伦理道德及朱元璋对其后世子孙提出的要求，出现了任何对国家、人民和朱氏王朝统治不利的行为，大臣特别是风宪官就有责任进行规劝，但从实际发

---

① 《荀子·臣道》。
② 《明太祖实录》卷一百六十一，洪武十七年四月己丑。
③ 《明史》卷一百六十四，《列传第五十二·曹凯》，中华书局1974年版，第4454页。
④ 《明史》卷一百九十，《列传第七十八·梁储》，中华书局1974年版，第5041页。

生的情况看，对皇帝进行谏诤的事由还是相对集中的，主要有以下几种。

一 敬天

明太祖朱元璋与历朝开国之君一样，为了表明自己得国的正当性，总是强调自己"受命于天"，既"受命于天"，就要敬天。史载，吴元年十月（1367年），朱元璋对刘基等人说："吾自起兵以来，凡有所为，意向始萌，天必垂象示之，其兆先见，故常加儆省，不敢逸豫"，又说："天垂象所以警乎下，人君能体天之道，谨而无失，亦有变灾而为祥者，故宋公一言，荧惑移次；齐侯暴露，甘雨应期。灾祥之来，虽曰在天，实由人致也。"① 这是明确地将天道与人事紧密地联系在一起了。洪武元年（1368年）正月，朱元璋将告祀南郊，对百官执事说："人以一心对越上帝，毫发不诚，怠心必乘其机；瞬息不敬，私欲必投其隙。夫动天地，感鬼神，惟诚与敬耳。人莫不以天之高远、鬼神幽隐而有忽心。然天虽高，所鉴甚迩；鬼神虽幽，所临则显。能知天人之理不二，则吾心之诚敬自不容于少忽矣。"② 这是明确地要求敬天要诚心。鉴于朱元璋的认识和态度，明代文武百官特别是风宪官，总是借"上天垂象"来谏诤皇帝。如景泰二年（1451年）十月，吏科左给事中程信建言三事，一是"敬天"，一是"谨灾"，一是"纳谏"，其基本根据就是"上天垂象"的道理，他说："臣闻人君一心，天之所存也。迩者，天心不豫，日食星殒，雷雨阴霾，变生不一，必有感召。陛下诚能祗畏天道，敬存乎心，节供奉，严祀典，声色不迩，货利不殖，隆孝反之实，笃亲亲之恩，侈靡游畋一无所幸，庶几吾心正，而天心豫矣。"结果"帝嘉纳之。"③ 又如成化十二年（1476年）十二月，南京六科给事中言："南京雷震非时，京师黑眚伤人，天心谴告，甚为昭著谆切"，因此，提出"惩励

---

① 《明太祖实录》卷二十六，吴元年十月丙午。
② 《明太祖宝训》卷一《敬天》。
③ 《明英宗实录》卷二百九，景泰二年冬十月戊寅。

边将""省费便民""思患预防""禁革扰害""汰除旷职"等方面的建议，结果宪宗"诏付其奏于所司"。①

以敬天作为理由对皇帝进行规劝，在明代是建言者经常采取的办法，也是通常比较有效的办法。当然，也不是百发百中的办法，如万历三十六年（1608 年）九月，礼科都给事中胡忻等言："南京自八月初天鸣至九月初二日未止，天载无声而鸣者，异也；鸣于留都根本之地，至一月不止，异之异也。宜以非常之修省，答非常之谴告，清政府以调元气，征众正以亨阳德，屏邪佞以廓氛祲，肃军政以防不测，散积而无用之财，宥逮而无辜之吏，则允格天心，六符协，秦阶平矣。"神宗的态度是"不报"。②神宗对待"敬天"的态度在一定程度上也反映了他对待其他事情的态度，因为连"敬天"的规劝他都可以置之不理，那么，还有什么事由是他认为必须做出回应的呢？

二 遵守祖宗成法

朱元璋在《皇明祖训》序中强调"凡我子孙，钦承朕命，无作聪明，乱我已成之法，一字不可改易"，在其他很多地方也要求后世子孙遵守祖宗成宪。我们在前面"监察法律体系"一章中已经指出，朱元璋所制定的基本法律在后世都没有被更改过，如果谁想要更改，就会受到变乱祖制的攻击。反过来，谨守祖宗成法也常常成为大臣特别是风宪官员谏诤皇帝的理由。

在朱元璋所制定的法律制度中，其最在意的是"不许设立丞相""止守《律》与《大诰》"及不许宦官与外戚干政几条。其中，"不许设立丞相"一条规定的对违反者的处分最为严厉，后世的确无人敢犯。而严禁宦官干政是朱元璋强调比较多的一条，据《明太祖宝训》记载：洪武元年（1368 年）四月，丙辰，朱元璋对侍臣说："吾见史传所书，汉唐末世，皆为宦官败蠹，不可拯救，未尝不为之慨叹。此

① 《明宪宗实录》卷一百六十，成化十二年十二月戊子。
② 《明神宗实录》卷四百五十，万历三十六年九月戊申。

辈在人主之侧，日见亲信，小心勤劳，如吕强、张承业之徒，岂得无之？但开国承家，小人勿用，圣人之深戒。其在宫禁，止可使之供洒扫、给使令、传命令而已，岂宜预政典兵？汉唐之祸，虽曰宦官之罪，亦人主宠爱之使然。向使宦官不得典兵预政，虽欲为乱，其可得乎？"① 洪武四年（1371 年）闰三月乙丑，朱元璋命吏部定内官监等官品秩，并对侍臣说："古之宦竖在宫禁，不过司晨昏、供役使而已。自汉邓太后以女主称制，不接公卿，乃以阉人为常侍、小黄门通命，自此以来，权倾人主。及其为患，有如城狐社鼠，不可以去。朕谓此辈但当服事宫禁，岂可假以权势，纵其狂乱。吾所以防之极严，但犯法者，必斥去之，不令在左右，慎履霜坚冰之意也。"② 但遗憾的是，这一条是其后世子孙违反最多的一条，当然，这一条也理所当然地成为大臣特别是科道官谏诤皇帝所用的理由最多的一条。如《明史》记载："隆庆改元，司礼中贵及藩邸近侍荫锦衣指挥以下至二十余人。（周）弘祖驰疏请止赉金币，或停世袭，且言：'高皇帝定制，宦侍止给奔走扫除，不关政事。孝宗召对大臣，宦侍必退去百余武，非惟不使之预，亦且不使之闻。愿陛下勿与谋议，假以噢笑，则彼无乱政之阶，而圣德媲太祖、孝宗矣。臣又闻先帝初载，欲荫太监张钦义子锦衣，兵部尚书彭泽执奏再四。今赵炳然居泽位，不能效泽忠，无所逃罪。'报闻。已，请汰内府监局、锦衣卫、光禄寺、文思院冗员，复嘉靖初年之旧，又请仿行古社仓制。诏皆从之。"③ 周弘祖时为御史，正出督屯田、马政。所幸穆宗初政，又是忠厚之君，他的意见均被采纳。

维护《大明律》权威的例子，如嘉靖七年（1528 年）正月，礼科右给事中蔡经等上书建言："国家内设刑部、大理寺，外设抚按、按察司等官，皆为陛下奉三尺法者。故内外有犯，责之推鞫，在诸臣

① 《明太祖宝训》卷一《论治道》。
② 《明太祖宝训》卷一《经国》。
③ 《明史》卷二百十五，《列传第一百三·周弘祖（岑用宾　邓洪震）》，中华书局1974 年版，第 5677 页。

者亦足办矣。今陛下时差官校逮系罪人，此属假势作威，淫刑黩货，譬则虎狼蛇虺，遇者无不被其毒噬。至于地方之骚扰，驿递之需求，又不可胜言，愿自今罢勿遣。"刑部尚书胡世宁请从其议，被世宗采纳。① 嘉靖三年（1524年）十一月。吏部右侍郎胡世宁上书建言："迩因大礼之仪，群臣执议不合，陛下优容再三，而彼愤激愈甚，以致圣心赫怒，薄示威罚，朝野肃然震栗，圣武昭彰，三德备矣！然臣窃有忧之，盖三德以仁为主，而明与武所以成之者也……请自今中外群臣有罪，悉下司寇问理罪状明白，轻重诛黜皆依律科断，奸不能惑，俟不能移"，世宗"诏下礼部议闻"②。显然后续没有结果。

三　维护纲常伦理

朱元璋将儒家的纲常礼教奉为治国的指导思想，在强调纲常礼教为治国之本的同时，制定了各种礼仪规范和维护纲常礼教的制度，并要求后世子孙特别是继承皇位者要谨守他所制定的这些规范和制度，并要求科道官员把维护纪纲作为首要任务。他多次谈到礼对国家治理的重要性。洪武五年（1372年）三月辛亥，他对礼部大臣说道："礼者，所以美教化而定民志。成周设大司徒，以五礼防万民之伪而教之中。夫制中莫如礼，修政莫如礼，齐家莫如礼。故有礼则治，无礼则乱。居家有礼，则长幼叙而宗族和。朝廷有礼，则尊卑定而等威辨。"③ 洪武六年（1373年）三月甲辰，礼官呈上所定礼仪，他对礼部尚书牛谅说："礼者，国之防范，人道之纪纲，朝廷所当先务，不可一日无也。"④ 他是要求人君在谨守礼制方面做出表率。在所有国家关于礼制的制度中，最重要是皇位继承制度及与此相关的礼制，朱元璋强调："凡朝廷无皇子，必兄终弟及，须立嫡母所生者。庶母所生，虽长不得立。若奸臣弃嫡立庶，庶者必当守分

---

① 《明世宗实录》卷八十四，嘉靖七年正月壬寅。
② 《明世宗实录》卷四十五，嘉靖三年十一月甲子。
③ 《明太祖宝训》卷二《议礼》。
④ 《明太祖宝训》卷二《议礼》。

勿动，遣信报嫡之当立者，务以嫡临君位，朝廷即斩奸臣。"① 有明一代，因礼而起的对皇帝的谏诤持续时间最长、卷入的大臣特别是科道官员人数最多、君臣之间斗争最激烈、历史影响最为深远的有三个事件。

一是宪宗时期的议礼事件。宪宗成化年间，先朝英宗的慈懿太后（钱太后）去世，按礼仪应与英宗共陵，但宪宗生母周太后不同意，想将慈懿太后别葬，以空出位子留给自己。宪宗想按周太后的意见办理，但这样做是不符合礼仪规则的，因为周太后虽然是当朝皇帝的生母，但毕竟是英宗的贵妃，而不是皇后。因此，大臣们拒不同意皇帝的决定，特别是台谏官的反对最为激烈，给事中魏元等疏谏，未得同意，"朝罢，（毛）弘倡言曰：'此大事，吾辈当以死谏，请合大小臣工伏阙固争。'众许诺。有退却者，给事中张宾呼曰：'君辈独不受国恩乎，何为首鼠两端。'乃伏哭文华门，竟得如礼"。② 最后是宪宗做了妥协，听从了大臣们的规劝。

二是世宗时期的"大礼议"事件。正德十六年（1521 年）三月，武宗驾崩，无嗣，根据《皇明祖训》中所说的"兄终弟及"的原则，武宗的堂弟朱厚熜由藩邸入继大统，是为世宗。四月二十七日，世宗下令群臣议定武宗的谥号及生父兴献王的主祀及封号。以内阁首辅杨廷和为首的朝中大臣提出，以明孝宗为皇考，兴献王改称"皇叔考兴献大王"，母妃蒋氏为"皇叔母兴国大妃"，祭祀时对其亲生父母自称"侄皇帝"。五月初七，礼部尚书毛澄和文武群臣六十余人将此议上奏皇帝，并声称朝臣中"有异议者即奸邪，当斩"。而世宗认为这样的观点绝对不可以接受，于是双方产生僵持。正德十六年（1521年）七月初三，新科进士张璁上疏支持世宗，但张璁微末之身人单势孤，难以动众，世宗唯有先行妥协。嘉靖三年（1524 年）正月，世宗召集群臣集议，礼部尚书汪俊酝酿集体谏诤。适逢主事侯廷训据宗

---

① 《皇明祖训·法律》
② 《明史》卷一百八十，《列传第六十八·毛弘》，中华书局 1974 年版，第 4770 页。

法作《大礼辨》，吏部尚书乔宇等人遂据此率群臣近两百五十人一同进言，反对世宗以兴献王为皇考。明世宗不悦，下令更多的官员参与讨论。于是，给事中张翀等三十二人，御史郑本公等三十一人，以及邹守益等都抗章力论。世宗因此恼羞成怒，将此次进言之人予以斥责、罚俸甚至罢黜。嘉靖三年（1524 年）七月十二日，世宗诏谕礼部，十四日为父母上册文、祭告天地、宗庙、社稷，群臣哗然。正逢早朝刚结束，吏部左侍郎何孟春倡导众人道："宪宗时，百官在文华门前哭请，争慈懿皇太后（孝庄钱皇后）下葬礼节，宪宗听从了，这是本朝的旧事。"杨廷和之子状元杨慎亦称："国家养士一百五十年，坚守节操大义而死，就在今日。"随后编修王元正、给事中张翀等在金水桥南拦阻挽留群臣，何孟春、金献民、徐文华等又号召群臣。随后两百余位朝廷大臣在左顺门跪请世宗改变旨意。世宗在文华殿听闻门外哭声震天，命太监传谕大臣们退朝，但群臣直到中午仍伏地不起，企图迫使世宗屈服。杨慎等人撼门大哭，"声震阙庭"。世宗震怒，令锦衣卫逮捕为首者八人，下诏狱。此举令其他人更为激动，冲至左顺门前擂门大哭，世宗再下令将五品以下官员一百三十四人下狱拷讯，四品以上官员八十六人停职待罪。七月十六日，世宗为母亲上尊号"章圣慈仁皇太后"。七月二十日，锦衣卫请示如何处理逮捕的大臣，世宗下令四品以上官员停俸，五品以下官员当廷杖责。因廷杖而死的共十六人。左顺门廷杖后，反对议礼的官员纷纷缄口，为时三年的"大礼议"以世宗获胜告终。① 清人赵翼在比较这一次的"大礼议"事件与宪宗时的争礼事件时指出："同一伏阙，而从违各异，固由宪宗仁厚，世宗刚决，性各不同，然亦以所争典礼有当有不当也。"②

---

① 参见（清）赵翼《廿二史札记》卷三十一，《大礼之议》，凤凰出版社 2023 年点校本，第 497—499 页。及《明史》卷一百九十一，《列传第七十九·何孟春》，中华书局 1974 年版，第 5068 页。

② （清）赵翼：《廿二史札记》卷三十四，《成化嘉靖中百官伏阙争礼凡两次》，凤凰出版社 2023 点校本，第 535 页。

三是神宗时期的"争国本"事件。所谓"争国本"实际是"建储之争"。神宗有三子，其中长子朱常洛为恭妃所生，第三子为神宗宠幸的郑贵妃所生。皇后不育。依制，无嫡立长，但神宗不愿长子嗣位，想立郑贵妃之子为太子，这就遭到了大臣特别是言官的激烈反对。万历十四年（1586 年）二月，户科给事中姜应麟率先抗疏，提出"册立元嗣为东宫，以定天下之本"①。随后，给事中王三余、御史何倬、钟化民等人多次疏请建储，但神宗一直采取拖延的办法应付。万历二十年（1592 年）皇长子已年届 11 岁，本早该举行"豫教"典礼开始读书，这也是确定嗣位的一个象征，因此，礼科都给事中李献可"偕六科诸臣疏请豫教"，实际上再次提出了建储的问题。神宗仍不想改变主意，当然拒绝了他们的请求。② 于是，御史、给事中与百官又借请"豫教"，纷纷上谏，掀起了建储之争的第二个高潮。但神宗仍不同意，依然采取拖延的办法一年一年地加以应付。一直到皇长子十六岁时，依制要为其举行婚礼，这就涉及到他是以太子身份还是以藩王身份"冠婚礼"的问题，实质上还是要明确是否建储的问题。神宗依然不同意大臣们的意见，这样出现了建储之争的第三次高潮。许许多多的台谏官接连上疏，尖锐批评神宗皇帝。最终，经过十五六年旷日持久的斗争，到万历二十九年（1601 年）十月，才按照朝臣的意见，立长为嗣。③

四　勤勉朝政

朱元璋是中国历史上少有的勤于政事的皇帝，他曾经对皇太子说："吾自有天下以来，未尝暇逸于诸事务，惟恐毫发失当，以负上天付托之意，戴星而朝，夜分而寝，日有未善，寝亦不安，此尔所亲

---

① 《明史》卷二百三十三，《列传第一百二十一·姜应麟》，中华书局 1974 年版，第 6070 页。

② 《明通鉴》卷六十九，《万历二十年》，中华书局 2009 年点校本，第 2467 页。

③ 《明通鉴》卷七十二，《万历二十九年》，中华书局 2009 年点校本，第 2562 页。

见也。亦能体而行之，天下之福，吾无忧矣。"① 他也孜孜告诫后世皇帝要勤勉朝政。洪武十一年（1378 年）三月，朱元璋训诫诸子说："昔有道之君，皆身勤政事，心存生民，所以保守天下。至其子孙，废弃厥德，色荒于内，禽荒于外，政教不修，礼乐崩弛，则天弃于上，民离于下，遂失其天下国家。为吾子孙者，当取法于古之圣帝哲王，兢兢业业，日慎一日，鉴彼荒淫，勿蹈其辙，可以长享富贵矣。"② 洪武二十四年（1391 年）三月癸卯，朱元璋对太子诸王说："人君之有天下者，当法天之德也。天之德，刚健中正，故运行不息。人君体天之德，孜孜不倦，则庶事日修。若怠惰侈肆，则政衰教弛，亏损天德，而欲长保天位者，未之有也。昔元世祖东征西讨，混一华夏，是能勤于政事。至顺帝，偷情荒淫，天厌人离，遂至丧灭。诗曰：'殷鉴不远，在夏后之世。'尔等当克勤克慎，他日庶可永保基业。"③ 朱元璋以布衣而有天下，深知得国不易，因而倍加珍惜，对政事不敢稍加疏怠；他也深知历史上多少朝代都是因君主荒政怠政而导致政权丢失的教训，因而希望后世皇帝能以他为榜样勤勉政事。但是，其后世子孙中怠政荒政者太多，因此而不断地遭到大臣特别是台谏官员的指摘。

有明一代怠政荒政的皇帝中比较突出的是：明宪宗在位 23 年，前 7 年还算尽心朝政，但从成化七年（1471 年）以后一直到去世，长达 15 年不见群臣。孝宗皇帝即位后开始还勤政图治，坚持"内殿日再进奏，事重者不时上闻，又常面召儒臣，咨访政事"，但当了 8 年皇帝后，"视朝渐晏"。朝臣除了"朝参之外，不得一望天颜"。④ 武宗更是荒淫无度，整日寻欢作乐，不务朝事。世宗在位 45 年，在嘉靖十一年（1532 年）经历被宫女合谋杀害的"宫婢之变"后移居西苑，连内廷

---

① 《明太祖宝训》卷三《教太子诸王》。
② 《明太祖宝训》卷三《教太子诸王》。
③ 《明太祖宝训》卷三《教太子诸王》。
④ 《明史》卷一百八十一，《列传第六十九·徐溥》，中华书局1974年版，第4806页。

也不去了①，不理朝政达 37 年之久。穆宗在位 6 年，怠政 6 年。神宗
10 岁登基，前 10 年由内阁首辅张居正柄政，张居正去世后亲政 7 年便
"怠于临政""不郊不庙不朝者三十年，与外廷隔绝"②。是时，"召对
既少，朝讲久虚，君臣相通，惟有章疏之一线，而章疏又多不报"③，
这一线也不通了。通观几朝，"自成化至天启一百六十七年，其间延方
大臣不过弘治之末数年，其余皆廉远堂高，君门万里"④。

　　在所有怠政荒政的皇帝中，最为突出的是万历皇帝。"万历末年，
怠荒日甚，官缺多不补。旧制，给事中五十余员，御史百余员，至是
六科只四人，而五科印无所属，十三道只五人，一人领数职，在外巡
按，率不得代。六部堂官仅四五人，都御史数年空署，督、抚、监、
司亦屡缺不补。文武大选急选官及四方教职，积数千人，以吏、兵二
科缺掌印不画凭，久滞都下，时攀执政舆哀诉。诏狱诸囚，以理刑无
人不决遣，家属聚号长安门。职业尽弛，上下解体，内阁亦只方从哲
一人，从哲请增阁员，帝以一人足办，不增置。从哲坚卧四十余日，
阁中虚无人，帝慰留再三，又起视事。帝恶言者扰聒，以海宇升平，
官不必备，有意损之。及辽左军兴，又不欲矫前失，行之如旧……观
此可见是时废弛之大概也。"⑤

　　针对万历皇帝的怠政荒政，大臣特别是科道官劝谏之声一浪高过
一浪，如御史马经纶疏言："陛下数年以来，深居静摄，君臣道否，
中外俱抱隐"，直言不讳地批评皇帝"辍朝不御，停讲不举"⑥。御史

　　① （清）赵翼：《陔余丛考》卷十八，《有明中叶天子不见群臣》，中华书局 2019 年点
校本，第 460 页。
　　② 参见孟森《明清史讲义》上册，商务印书馆 2011 年版，第 262 页。
　　③ （明）张萱：《西园闻见录》（8）卷九十三，《建言上》，周骏富辑：《明代传记丛
刊》，明文书局 1940 年印行，第 740 页。
　　④ （清）赵翼：《陔余丛考》卷十八，《有明中叶天子不见群臣》，中华书局 2019 年点
校本，第 462 页。
　　⑤ （清）赵翼：《廿二史札记》卷三十五，《万历中缺官不补》，凤凰出版社 2023 年点
校本，第 545—546 页。
　　⑥ 《明史》卷二百三十四，《列传第一百二十二·马经纶》，中华书局 1974 年版，第
6104 页。

冯从吾也也批评皇帝："陛下郊庙不亲，朝讲不御，章奏留中不发。"① 其中具有代表性的是万历四十年（1612 年）五月，署吏部尚书赵焕的上书：

> 内阁者，人主心膂之臣，所与造膝而谋者也。当世庙静摄时，阁臣皆入直西苑，一日御札相咨常三四，至今辅臣叶向高杜门三月矣，丝纶之地，烟锁尘封，阒无人迹，岂三月之内无一事可与辅臣相商者乎？六部分领庶政，都察院总持风纪，佐五位以率百僚，职任何如其重者！今吏部全空矣；兵部虽点尚书而未至，犹然空也；刑部止臣一人，并无侍郎；户礼工三部各侍郎一人，并无尚书；都察院止一副都，左都左佥俱久悬缺，何寥寥也！以一人理一署尚苦独力难支，若臣焕则又以刑部兼吏部，孙玮则以仓场兼兵部与京营，身虽左支右吾，势必顾此失彼，中间脱有事故，注籍数时，则公门长扃矣。欲奸弊不生，而事体不废，胡可得哉！六科主封驳，十三道主纠察，凡政事得失、军民利病、朝纲国是、吏弊官邪，皆得直言；而仓庾库厂，但干钱粮者又无不用科道巡视，至于两畿十三省提学、巡按盐茶马，尤不可一日无御史。今六科除册封典试外，仅四五人，孰为视篆？孰为管差？御史在内者一人数差，分身无术；在外者一差数年，候代无期。若浙江、湖广、贵州各省，尚无人可差，不知大比大计属谁料理，以至紧至要之官而坐视其消磨匮缺，挪东补西，不免捉襟露肘，束手无措。凡此，皆祖宗以来二百余年未有之事也。今天下眷眷多事矣，千疮百孔，人切杞忧，其所以助勤拮据以转危为安者，惟用人为第一义。伏愿皇上念大器之必须众擎，思各官之必难终废，将候补及考选科道即涣俞旨，以济中外各差之急；其部院大僚陆续简用，务足旧员。一切章奏悉付内阁，亟谕

---

① 《明史》卷二百四十三，《列传第一百三十一·冯从吾》，中华书局 1974 年版，第6315 页。

辅臣入直，票拟间有不当圣心者，不访谕令再票，勿概留中，则上下之脉络通，人心之湮阏畅，朝廷之气象新，大臣纲纪于上，科道振肃于中，百司顺承于下，庶事有不举、天下有不治者，臣不信也。①

言辞如此肯切，但万历皇帝还是留中不报。以后各衙门缺官的情况更加严重，到万历四十五年（1617 年）十月，大学士方从哲上言："臣每经过科门，见其空虚寂寞之状，辄泚然汗下，以为此掖垣之职、纠绳封驳之司，乃我祖宗设立以贻后人者，而乃令其旷废一至此乎？即六科而十三道可知也，今即不能尽数推补如先朝旧额，而每科之中一人署印，一二人守科，其可少乎？……前八月选官，候凭已过两月，时将寒冻，旅寓艰难，日群聚长安门内外，求臣揭催吏科，涕泣号呼，麾之不去，就此一事，而科臣之不容不补已可见矣。臣力竭词穷，不能委曲开陈，以回天听，但望皇上于兹颁历之始，沛发德音，将各处抚按已票者即刻批行，未点者尽数发票，仍将各项科道官或概赐允用，或先下考选，或先下候补散馆，令即到任供职。此真圣明非常举动，一日而可为尧舜之君者也。"② 万历四十五年（1617 年）十月，大学士方从哲言："科道各官缺人之极，候命之久，与夫人情之郁、国体之亏，臣于数年间不啻千言万语、舌敝唇焦矣。乃皇上听之愈邈，持之愈坚，若将谓言官可以尽废，而见在候命诸臣可以锢其终身者，皇上试思祖宗旧章、累朝行事及皇上御极以来，曾有此事否？……"③这些大臣或援引祖制以为根据，或以解决现实困境为恳请，甚至以辞职相威胁，但神宗丝毫不为所动，概以"不报"以应付。

五　节用爱民

朱元璋深深懂得"天听自我民听，天视自我民视""所畏者天，

---

① 《明神宗实录》卷四百九十五，万历四十年五月己酉。
② 《明神宗实录》卷五百六十二，万历四十五年十月己亥。
③ 《明神宗实录》卷五百六十二，万历四十五年十月乙巳。

所惧者民"的道理，要求后世君主节用爱民。洪武十二年（1379年）三月戊辰朔，朱元璋对皇太子说："君道以事天爱民为重，其本在敬身。人君一言一行，皆上通于天，下系于民，必敬以将之，而后所行无不善也。盖善，天必鉴之，不善，天亦鉴之。一言而善，四海蒙福；一行不谨，四海罹殃。行言如此，可不敬乎？汝其识之。"① 这年十一月甲午朔，朱元璋对翰林待制吴沉说："人君理财之道，视国如家可也。一家之内，父子不异赀，其父经营储积，未有不为子计者。父子而异赀，家必隳矣。君民犹父子也，若惟损民以益君，民衣食不给，而君独富，岂有是理哉？"② 洪武十四年（1381年）正月丁未，朱元璋谈到为君生财养民时说："天地生财以养民，故为君者当以养民为务。夫节浮费，薄税敛，犹恐损人，沉重为征敛，其谁不怨咨也"，又说："人君制财，与庶人不同。庶人为一家之计，则积财于一家。人君为天下之主，当贮财于天下。岂可塞民之养，而阴夺其利乎？昔汉武帝用东廓咸阳、孔仅之徒为聚敛之臣，剥民取利，海内苦之。宋神宗用王安石理财，小人竟进，天下骚然。此可为戒。"③ 洪武十七年（1384年）八月丙寅朔，朱元璋对大臣说："治天下者，不尽人之财，使人有余财；不尽人之力，使人有余力。斯二者，人皆知之。"④ 朱元璋可谓言之谆谆，但后世之君听者藐藐，其与民争利突出者以神宗为最。清人赵翼在《廿二史札记》中专门记载了"万历中矿税之害"及廷臣谏阻的情况：

> 万历中，有房山民史锦、易州民周言等，言阜平、房山各有矿砂，请遣官开采，以大学士申时行言而止。后言矿者争走阙下，帝即命中官与其人偕往，盖自二十四年始。其后又于通都大邑增设税监，故矿税两监遍天下。两淮又有盐监，广东又有珠监，或

---

① 《明太祖宝训》卷三《教太子诸王》。
② 《明太祖宝训》卷三《理财》。
③ 《明太祖宝训》卷三《理财》。
④ 《明太祖宝训》卷一《论治道》。

专或兼，大珰小监，纵横绎骚，吸髓饮血，天下咸被害矣。其最横者，有陈增、马堂、陈奉、高淮、梁永、杨荣等。增开采山东，兼征东昌税，纵其党程守训等大作奸弊，称奉密旨搜金宝，募人告密，诬大商巨宝藏违禁物，所破灭什伯家，杀人莫敢问。又诬劾知县韦国贤、吴宗尧等，皆下诏狱，凡肆恶山东者十年。堂天津税监，兼辖临清。始至，诸亡命从者数百人，白昼手银铛夺人财，抗者以违禁罪之。僮告主者，畀以十之三，破家者大半。远近罢市，州民万余纵火焚堂署，毙其党三十七人，皆黥臂诸偷也。事闻，诏捕首恶，株连甚众。……此外如江西李道，山西孙朝、张忠，广东李凤、李敬，山东张晔，河南鲁坤，四川邱乘云辈，皆为民害，犹其次焉者也。是时廷臣章疏悉不省，而诸税监有所奏，朝上夕报可，所劾无不曲护之。以故诸税监益骄，所至肆虐，民不聊生，随地激变。迨帝崩，始用遗诏罢之，而毒痡已遍天下矣！论者谓明之亡，不亡于崇祯而亡于万历云。[1]

对于万历皇帝滥征矿税的行为，大臣们特别是言谏官反复谏诤，但均无效果，其中以左都御史温纯最为典型。据《明史》记载："矿税使四出，有司逮系累累，纯极论其害，请尽释之，不报。已，诸阉益横，所至剽夺，污人妇女。四方无赖奸人蜂起言利：有请开云南塞外宝井者；或又言海外吕宋国有机易山，素产金银，岁可得金十万、银三十万；或言淮、扬饶盐利，用其策，岁可得银五十万。帝并欣然纳之，远近骇震。纯言：'缅人方伺隙，宝井一开，兵端必起。余元俊一盐犯，数千赃不能输，而欲得五十万金，将安取之？机易山在海外，必无遍地金银，任人往取；不过假借诏旨，阑出禁物与番人市易，利归群小，害贻国家。乞尽捕诸奸人，付臣等行法，而亟撤税监之害民者。'亦不报。当是时，中外争请罢矿税，帝悉置不省。纯等

---

[1]　（清）赵翼：《廿二史札记》卷三十五，《万历中矿税之害》，凤凰出版社 2023 年点校本，第 544—545 页。

忧惧不知所出，乃倡诸大臣伏阙泣请。帝震怒，问谁倡者，对曰：
'都御史臣纯。'帝为霁威，遣人慰谕曰：'疏且下。'乃退。已而卒
不行。广东李凤、陕西梁永、云南杨荣并以矿税激民变，纯又抗言：
'税使窃弄陛下威福以十计，参随凭藉税使声势以百计，地方奸民窜
身为参随爪牙以万计。宇内生灵困于水旱，困于采办、营运、转输，
既嚣然丧其乐生之心，安能复胜此千万虎狼耶！愿即日罢矿税，逮凤
等置于理。'亦不报。① 温纯先后数次谏请罢矿税，甚至"倡诸大臣
伏阙泣请"，但神宗一概以"不报"处置。

六　任官惟贤

知人善任是朱元璋以布衣取得天下的重要法宝，他一直强调身为
君王要任官唯贤、任官以公。吴元年（1367 年）十二月，戊辰，朱
元璋对中书省的大臣说："自古圣贤之君，不以禄私亲，不以官私爱。
惟求贤才，以治其民，所以示天下至公也。"② 洪武八年（1375 年）
七月，朱元璋对侍臣说："举大器者不可以独运，居大业者不能以独
成。是故择贤任能，列布庶位，安危协心，盛衰同德。"③ 洪武十二
年（1379 年）十二月，朱元璋对礼部大臣说："为天下者譬如作大
厦，非一木所成，必聚材而后成。天下非一人独理，必选贤而后
治。"④ 洪武十三年（1980 年）十月，戊辰，朱元璋对吏部大臣说：
"天下之务，非贤不治；求贤之道，非礼不行。"⑤ 为做到选贤任能，
朱元璋在牢牢控制官员的选拔任用权时也制定了一系列的任用官员的
程序和规则，要求后世皇帝遵守，据《大明会典》："凡各衙门大小
官员，不由吏部铨选推举，径自朦胧奏请乞恩，传旨升除等项，本科
（吏科）参出施行。"⑥ 但其后世皇帝中经常有不按程序和规则任用官

---

① 《明史》卷二百二十，《列传第一百八·温纯》，中华书局 1974 年版，第 5801 页。
② 《明太祖宝训》卷六《谕群臣》。
③ 《明太祖宝训》卷五《求贤》。
④ 《明太祖宝训》卷五《求贤》。
⑤ 《明太祖宝训》卷五《求贤》。
⑥ 《大明会典》卷二百十三，《六科·吏科》。

员的情况，因此而受到大臣特别是风宪官员的谏诤，其突出者当数宪宗和世宗以中旨滥授官职及风宪官员所做的劝阻。清人赵翼在《廿二史札记》中专题进行了总结：

> 宪宗好方技，初即位即以道士孙道玉为真人。其后李孜省以符箓进，官至礼部侍郎，邓常恩、赵玉芝、凌中、顾玒亦皆以方术得幸，官至太常卿。其他杂流加侍郎、通政、太常、太仆、尚宝者，不可胜计。每令中官传旨，一传至百十人，时谓之传奉官，王瑞疏所谓"一日而数十人得官，一堂而数百人寄俸"也。是时孜省尤宠幸，朝臣毁誉多出其口，士大夫遂多附之。又有僧继晓以秘术进，赐号通元翊教广善国师。其后西番僧札巴坚参封万行庄严功德最胜智慧圆明（端）［能］仁感应显国光教弘妙大悟法王、西天至善金刚普济大智慧佛，其徒札实巴、锁南坚参、（巴）［端］竹也失皆为国师。……而继晓尤奸黠窃权，所奏请无不允。迨孝宗即位，始尽汰传奉官千百人。又诏礼官议汰诸寺法王至禅师四百三十七人，喇嘛僧七百八十九人，华人为禅师及善世、觉义诸僧官（千）一百二十人，道士自真人、高士及正一、演法诸道官一百二十三人。可见成化中授官之滥也。（孜省下狱死，常恩等遣戍，继晓弃市。）其后嘉靖中，又有方技滥官之秕政……是嘉靖时之优待方技，较成化更甚。其故何也？盖宪宗徒侈心好异，兼留意房中秘术，故所昵多而尚非诚心崇奉。世宗则专求长生，是以信之笃而护之深，与汉武之宠文成、栾大遂同一辙，臣下有谏者必坐以重罪，后遂从风而靡，献白兔、白鹿、白雁、五色龟、炅芝、仙桃者，几遍天下。贻讥有识，取笑后世，皆贪生之一念中之也。①

据《明史》记载，"帝（宪宗）践位甫逾月，即命中官传旨，用工人为文思院副使。自后相继不绝，一传旨姓名至百十人，时谓之传奉官，文武、僧道滥恩泽者数千。"① 宪宗这种不按选任程序滥授官职的行为严重破坏了明太祖建立的选用官员的制度，影响了整个官僚队伍建设，一开始就受到了大臣特别是言谏官的反对。成化初，陕西巡抚郑时，批评"传奉之官，日益冗滥"，弹劾宦官梁芳及其荐用的李孜省、继晓等人。后来传奉官有增无减，反对的呼声也更高了。成化十九年（1483 年）冬，吏科都给事中王瑞以传奉冗员淆乱仕路，率同官奏曰："祖宗设官有定员，初无幸进之路，近始有纳粟冠带之制，然止荣其身，不任以职。今幸门大开，鬻贩如市。恩典内降，遍及吏胥。武阶荫袭，下逮白丁。或选期未至，超越官资；或外任杂流，骤迁京职。以至厮养贱夫、市井童稚，皆得攀援。妄窃名器，逾滥至此，有识寒心。伏睹英庙复辟，景泰幸用者卒皆罢斥。陛下临御，天顺冒功者一切革除。乞断自宸衷，悉皆斥汰，以存国体。"御史宝应张稷等也上疏建言："比来末流贱伎妄厕公卿，屠狗贩缯滥居清要。文职有未识一丁，武阶亦未挟一矢。白徒骤贵，间岁频迁，或父子并坐一堂，或兄弟分踞各署。甚有军匠逃匿，易姓进身；官吏犯赃，隐罪希宠。一日而数十人得官，一署而数百人寄俸。自古以来，有如是之政令否也？"结果，"帝得疏，意颇动。居三日，贬李孜省、凌中等四人秩，夺黄谦、钱通等九人官。人心快之"。② 众论得到了，但未彻底解决问题。于是，成化二十一年（1485 年），台谏又一次掀起反对传奉官的斗争。这年正月，吏科都给事中李俊率领六科诸臣上言，批传奉官之弊，说："一岁而传奉或至千人，数岁而数千人矣。数千人之禄，岁以数十万计。是皆国之命脉，民之脂膏，可以养贤士，可以活饥民，诚可惜也。"他们把这种"爵赏太滥"的现象，作为"今之弊政最大且

---

① 《明史》卷三百七，《列传第一百九十五·佞幸·李孜省》，中华书局 1974 年版，第 7881 页。

② 《明史》卷一百八十，《列传第六十八·王瑞》，中华书局 1974 年版，第 4777—4778 页。

急者"之一，强烈要求"尽罢传奉之官，毋令污玷朝列"。结果"帝优诏答之。降孜省上林丞，常恩本寺丞，继晓革国师为民，令巡按御史追其诰敕。制下，举朝大悦"①，并于该年二月斥罢了 500 人②。弘治初，降黜传奉官 2000 余人，并下诏：规定"文武官不由臣部推举传乞除授者，参送法司按治"，然而不久又重蹈覆辙，一次"传至百二十余人"，另一次"传至一百八十余人"。于是给事中张宏至？上言批评这个问题，孝宗至死前，下遗诏裁汰传奉文官 746 人，武官 683 人。至世宗即位后，才"尽斥先朝传奉官三百余人"。③

七 修身养德

朱元璋深知皇帝个人的私生活对国家治理的重要性，因此告诫后世子孙要"谨好尚"。洪武元年（1368 年）闰七月丁卯，朱元璋对宋濂等人说："自古圣哲之君，知天下之难保也，故远声色，去奢靡，以图天下之安，是以天命眷顾，久而不厌。后世中材之主，当天下无事，侈心纵欲，鲜克有终"，接着批评秦始皇、汉武帝"好尚神仙"，然后说："夫恍惚之事难凭，幽怪之说易惑，在谨其所好尚耳。朕常夙夜兢业，图天下之安，其敢游心于此！"④ 洪武六年（1673 年）正月辛酉，朱元璋对詹同说："朕尝思声色乃伐性之斧斤，易以溺人，一有溺焉，则祸败随之，故其为害甚于鸩毒。朕观前代人君，以此败亡者不少。盖为君居天下之尊，享四海之富，靡曼之色，窈窕之声，何求而不得？苟不知远之，则人乘间纳其淫邪，不为靡惑者几人焉。况创业垂统之君，为子孙之所承式，尤不可以不谨。"⑤ 洪武十六年（1383 年）四月乙亥，朱元璋对侍臣说："人君不能无好尚，要当慎之。盖好功则贪名者进，好财则言利者进，好术则游谈者进，好议则

---

① 《明史》卷一百八十，《列传第六十八·李俊》，中华书局 1974 年版，第 4779—4781 页。
② 《明通鉴》卷三十五，《成化二十一年》，中华书局 2009 年点校本，第 1221 页。
③ 《明会要》卷四十九，《选举三·传奉》，中华书局 1956 年版，第 933 页。
④ 《明太祖宝训》卷一《谨好尚》。
⑤ 《明太祖宝训》卷一《谨好尚》。

巧佞者进。夫偏于好者，鲜有不累其心。故好功不如好德，好财不如好廉，好术不如好信。好谀不如好直。夫好得其正，未有不治。好失其正，未有不乱。所以不可不慎也。"① 朱元璋如此警戒后世皇帝，但其后世子孙中"好尚"不谨、行止不端的人太多，因之也成为大臣特别是科道官谏诤的主要事由。

明朝皇帝中，行为举止最为玩劣不化、乖张怪异的当数武宗皇帝。其登基不久，就沉湎于各种奇特的"玩好"，甚至任性非为。于是，大臣们纷纷上疏援引祖训加以谏阻。正德元年（1506 年）四月，五府六部等衙门、英国公张懋等上疏建言：

> 自古人君未有不以忧勤而兴、骄佚而坏者，益之戒舜曰：罔游于逸，罔淫于乐。成王初政，周公作'无逸'以训之。诚见夫废兴之机于此乎系，不可以不慎也。太祖高皇帝间关百战以有天下，深虑后世溺于宴安，故《皇明祖训》首谓'守成之君，常存敬畏'。以祖宗忧天下为心，则能永受天之眷；顾若生息慢，祸必加焉。贻谋之远，盖与益周公异世而同符也。仰惟皇上嗣位以来，日御经筵，躬亲庶政，求治之心恒惧弗逮，迩者忽闻燕闲之际留心骑射，甚至群小杂香径、出掖门、游观苑囿、纵情逸乐，臣等闻之不胜惊惧。……上天之变不可玩，古人之戒不可忽，圣祖之训不可忘，宗社之虞不可不虑。伏愿陛下居安思危，严恭寅畏，凡骑射游乐之事，一切屏绝。

当时武宗皇帝年纪尚轻，加上登基时间不长，还不敢公开反对，因此批答："卿等所言良是，朕皆体而行之。"② 其后，科道官纷纷上疏劝谏，如吏科给事中丘俊批评武宗"仁德或未修，赏罚或未当，学问或未勤，游玩或过度，营造或太繁，才者未进而不才者或未之

---

① 《明太祖宝训》卷一《谨好尚》。
② 《明武宗实录》卷十二，正德元年四月癸丑。

退"，希望武宗"励精克断、敬天省躬，勿纵骑射之娱，勿为怠荒之行"。① 兵科给事中杨一溁针对武宗好骑射、时出微行建言："人君不可有他嗜好，驰骤弓矢尤非所宜。况深居九重，必清道而后出，岂宜轻易！秦皇游幸，变起副车；武帝微行，戒严柏谷。盖天下重器，置之安处则安，置之危处则危，万一不虞，所系非细。即今天下民穷财尽，边报灾异无日无之，陛下正宜修政务学、节用恤民，庶足以维持治理。至于声色奇巧，亏损圣德，尤宜痛绝。"② 刑科给事中汤礼敬针对武宗"走马猎射、游乐无度"的行为建言："伏愿思祖宗基业之大念，先帝付托之重，宵衣旰食，勿事盘游。政务之余留心讲学，经筵之外勤加咨访。"③ 对于这些建议，武宗一概批以"知之"予以搪塞。

随着年岁的增长，武宗放荡不羁的性格愈发暴露出来，于是发生了百官因谏阻南巡而受廷杖的事件。据《明史》记载：正德十四年（1519 年）春正月，武宗"自加太师，谕礼部曰：'总督军务威武大将军总兵官太师镇国公朱寿将巡两畿、山东，祀神祈福，其具仪以闻。'三月癸丑，以谏巡幸，下兵部郎中黄巩六人于锦衣卫狱，跪修撰舒芬百有七人于午门五日。金吾卫都指挥佥事张英自刃以谏，卫士夺刃，得不死，鞫治，杖杀之。乙卯，下寺正周叙、行人司副余廷瓒、主事林大辂三十三人于锦衣卫狱。戊午，杖舒芬等百有七人于阙下……戊寅，杖黄巩等三十九人于阙下，先后死者十一人。"④

武宗此次南巡之行终因群臣之谏而止。清人赵翼认为："成化、嘉靖两次伏阙，固属大案，而正德中百官谏南巡被杖之多，亦不减此二案也。"⑤

武宗之外，玩好不端的皇帝还有穆宗，不少科道官加以劝阻。

---

① 《明武宗实录》卷十二，正德元年四月癸丑。
② 《明武宗实录》卷十二，正德元年四月癸亥。
③ 《明武宗实录》卷十二，正德元年四月壬申。
④ 《明史》卷十六，《本纪第十六·武宗》，中华书局 1974 年版，第 210—211 页。
⑤ （清）赵翼：《廿二史札记》卷三十四，《正德中谏南巡受杖百官》，凤凰出版社2023 年点校本，第 536 页。

隆庆初，穆宗下诏让户部购买宝珠，尚书马森执奏，给事中魏时亮、御史贺一桂等相继上疏谏诤，皆不听。御史詹仰庇上疏说："顷言官谏购宝珠，反蒙诘让。昔仲虺戒汤不迩声色，不殖货利；召公戒武王玩人丧德，玩物丧志。汤、武能受二臣之戒，绝去玩好，故圣德光千载。若侈心一生，不可复遏，恣情纵欲，财耗民穷。陛下玩好之端渐启，弼违之谏恶闻，群小乘隙，百方诱惑，害有不胜言者。况宝石珠玑，多藏中贵家，求之愈急，邀直愈多，奈何以有用财，耗之无用之物。今两广需饷，疏请再三，犹靳不予，何轻重倒置乎！"① 他的建言未被采纳，不久又针对"内官监岁入租税至多，而岁出不置籍"的情况，向穆宗建言："陛下前取户部银，用备缓急。今如本监所称，则尽以创鳌山、修宫苑、制秋千、造龙凤舰、治金柜玉盆。群小因干没，累圣德，亏国计。望陛下深省，有以玩好逢迎者，悉屏出罪之。"结果，"宦官益恨。故事，诸司文移往还及牧民官出教，用'照'字，言官上书无此体。宦官因指'再照人主'语，为大不敬。帝怒，下诏曰：'仰庇小臣，敢照及天子，且狂肆屡不悛。'遂廷杖百，除名，并罢科道之巡视库藏者。南京给事中骆问礼、御史余嘉诏等疏救，且言巡视官不当罢。不纳。仰庇为御史仅八月，数进谠言，竟以获罪"。②

八　皇帝家庭私事

按照儒家的经典理论，修身齐家治国平天下具有内在的逻辑，特别是皇帝，既是国家的元首，又是一家之主，家事国事的联系更为紧密；当然，要说皇帝自家的事情也全都关系国家也不尽然，对有些大臣针对皇帝家庭生活提出的规谏，皇帝有时会以"朕家事耳"予以推脱。朱元璋在《皇明祖训》专列"持守"一章，其中谈到他的个人生活，说道"凡吾平日持身之道，无优伶进狎之失，无酣歌夜饮之

---

① 《明史》卷二百十五，《列传第一百三·詹仰庇》，中华书局1974年版，第5678页。
② 《明史》卷二百十五，《列传第一百三·詹仰庇》，中华书局1974年版，第5679—5680页。

欢；正宫无自纵之权，妃嫔无宠恣之专幸。朕以乾清宫为正寝，后妃宫院各有其所，每夕进御有序。或有浮词之妇，察其言非，即加诘责，故宫无妒忌之女"①，这是希望后世皇帝能他为榜样，但态度又不如其他方面的要求那样坚决。到成祖时，他以武力夺取其侄儿建文帝的皇位，在遭到方孝孺的责问时，还说"此朕家事耳"，虽是强词夺理之说，但也说明在他看来家事与国事还是有分别的。但到后来，大臣对皇帝的谏诤越来越深入到皇帝的家庭内部。如成化四年（1468年）九月，己巳，六科给事中魏元等建言数事，其中说："臣闻君之与后，犹天之与地，不可得而参贰者焉。外间传闻，陛下于中宫，或有参贰之者，礼部尚书姚夔等尝以为言。陛下谓内事朕自处置，屏息倾听将及半年，而昭德宫进膳不闻有减，中宫不闻有增。夫宫墙虽深，而视听犹咫尺也；衽席虽微，而悬象甚昭著也。且陛下富有春秋，而震宫尚虚，岂可以宗庙社稷之大计，一付于爱专情一之所，而不求子孙众多，以固国本安民心哉！伏愿陛下思祖宗传体之重，明伉俪之义，严嫡庶之分，以尊敌体以正宫闱，使阴阳各归其分，日月相并而明。宗社万年之基，将在于此。"宪宗皇帝的答复是："所言有理，宫中事朕自处置，其余所司即拟行之。"② 十三道监察御史康永韶等亦奏："且太子者，天下之大本也，古者人君一娶九女，所以广继嗣也……伏望均六宫之爱，协宜家之祥，庶几螽斯绳绳，麟趾振振，而大本立矣。"宪宗表示赞同。③

大臣特别是言谏官员不仅要管皇帝与皇后的"衽席"之事，还要管皇帝与皇太后的母子关系. 据《明史》记载：嘉靖三年（1524年）春，遇昭圣皇太后生辰，世宗有旨免命妇朝贺。御史朱淛进言："皇太后亲挈神器以授陛下，母子至情，天日昭鉴。若传免朝贺，何以慰亲心而隆孝治？"明衡亦言："暂免朝贺，在恒时则可，在议礼纷更之时则不可。且前者兴国太后令节，朝贺如仪，今相去不过数旬，而

---

① 《皇明祖训·持守》。
② 《明宪宗实录》卷五十八，成化四年九月己巳。
③ 《明宪宗实录》卷五十八，成化四年九月己巳。

彼此情文互异。诏旨一出，臣民骇疑。万一因礼仪末节，稍成嫌隙，俾陛下贻讥天下，匪细故也。"时帝亟欲尊所生，而群臣必欲帝母昭圣，相持未决。二人疏入，帝恚且怒。立捕至内廷，责以离间宫闱，归过于上，下诏狱拷讯。侍郎何孟春、御史萧一中论救，皆不听。御史陈逅、季本、员外郎林应骢继谏。帝愈怒，并下诏狱，远谪之。帝必欲杀二人，变色谓阁臣蒋冕曰："此曹诬朕不孝，罪当死。"冕膝行顿首请曰："陛下方兴尧、舜之治，奈何有杀谏臣名。"良久，色稍解，欲戍之。冕又固请，继以泣。乃杖八十，除名为民，两人遂废。廷臣多论荐，不复召。① 这种对皇帝家庭生活的谏诤，实际是导致皇帝与言谏者关系紧张的一个重要原因。

上述谏言，是以大略而分，事实上，很多谏言带有综合性质，既有针对政事处理的，又有针对个人私生活的；既有针对用人不当的，又有针对敛财扰民的，还有各个方面都涉及的。上面对谏诤事由所作的分类，仅为研究的方便起见。

第六节　皇帝对监督的反应

历代皇帝对待监督采取的应对方式，取决于他个人对言谏制度意义的认识、对所谏事项的态度、与大臣的关系及个人的性格特点等因素；而有些皇帝在位时间比较长，各种因素前后发生的变化比较大，其所采取的应对方式也有较大的差别。

一　接受

通观有明一代，在其前期，皇帝大多能认识到言谏制度对国家治理和维护朱家王朝统治的正面意义和本身的责任，对待大臣的谏诤采取接受态度的比较多。如明太祖夺得天下后，汲取历史教训，鼓励臣下直言进谏，因而对臣下的直言进谏大多都能接受。史书中记载了不

---

① 《明史》卷二百七，《列传第九十五·朱淛》，中华书局1974年版，第5463—5464页。

少这样的例子。如欧阳韶为监察御史，一日和另一御史侍直殿下，"帝乘怒将戮人，他御史不敢言，韶趋跪殿廷下，仓卒不能措词。急捧手加额，呼曰：'陛下不可！'帝察韶朴诚，从之。"① 明成祖以武力夺取天下，皇位也得之不易，对大臣的谏诤也采取了鼓励的态度。穆宗端拱无为，"当隆庆初，以地震言事者，又有邓洪震，宣化人。时为兵部郎中，上疏曰：'入夏以来，淫雨弥月。又京师去冬地震，今春风霾大作，白日无光。近大同又报雨雹伤物，地震有声。陛下临御甫半年，灾异叠见。传闻后宫游幸无时，嫔御相随，后车充斥。左右近习，滥赐予。政令屡易，前后背驰，邪正混淆，用舍犹豫。万一奸宄潜生，寇戎轶犯，其何以待之？'帝纳其言，下礼官议修省。"②

当然，有些时候，皇帝虽然接受了大臣的意见，但并非心甘情愿，其间经历了惨烈的斗争。如武宗时期的谏南巡，虽最后武宗接受了大臣的谏诤，但过程之艰难曲折，大臣牺牲之巨大，在历史上都前所未有。还有一些谏言，皇帝是前拒后纳，如隆庆初年，周弘祖与邓洪震对穆宗的谏言，两人所谏内容几乎是一样的，后者所言就被穆宗接纳。

二 留中不报

有时皇帝对大臣的建议不愿意接受，也不想反击，就干脆置之不理，称为"不报"或"留中"。其中又分为两种情况，一种是皇帝不同意大臣的意见，但觉得也没有反击的必要；一种是皇帝觉得大臣所言并无不妥，但就是怠于朝政，万事不理。

留中不报的情况很早就有了，据《明史》记载：隆庆二年（1568年），周弘祖上言："近四方地震，土裂成渠，旗竿数火，天鼓再鸣，陨星旋风，天雨黑豆，此皆阴盛之征也。陛下嗣位二年，未尝

---

① 《明史》卷一百三十九，《列传第二十七·韩宜可（周观政 欧阳韶）》，中华书局1974年版，第3984页。
② 《明史》卷二百十五，《列传第一百三·周弘祖（岑用宾 邓洪震）》，中华书局1974年版，第5678页。

接见大臣，咨访治道。边患孔棘，备御无方。事涉内庭，辄见挠沮，如阅马、核库，诏出复停。皇庄则亲收子粒，太和则榷取香钱，织造之使累遣，纠劾之疏留中。内臣爵赏谢辞，温旨远出六卿上，尤祖宗朝所绝无者"，结果是"疏入，不报"。① 留中不报的情况在万历一朝后期特别突出。比如，对于科道官缺人一事，无论大臣和言官们如何进言，神宗一概采取"不报"的态度以应对。采取留中不发的态度对待大臣章疏，宪宗一朝以后就比较常见，而使用比较多的当数武宗和世宗。据《明实录》，武宗与"留中"有关的记载一共有 15 段，正德十六年（1521 年）十一月，戊辰，"以纂修毅皇帝实录，发正德间留中不报疏八百六十余本付史局"②。神宗一朝与"留中"有关的记载一共有 361 次。天启元年（1621 年）三月，己酉，福建道御史周宗建言，仿"嘉靖初修武宗实录曾简正德中留中章奏尽付纂修"做法，将神宗末年所留诸疏"宣付史馆"，但未被采纳。③ 这样，我们并不知道神宗留中的章疏到底有多少本，但可推断出至少有上万本，于此，也可见神宗之懒政怠政到了何种地步。

三 反击

反击是皇帝对待谏诤官员的一种极端态度。明太祖朱元璋一直倡言监察官员尽忠直谏，但他驭官严，官员小有过失辄置重典，对触怒他的言官有时也予以贬杀。据《明史》记载：王朴，"本名权，帝为改焉。除吏科给事中，以直谏忤旨罢，旋起御史。陈时事千余言，性鳗直，数与帝辩是非，不肯屈。一日，遇事争之强。帝怒，命戮之。及市，召还，谕之曰：'汝其改乎？'朴对曰：'陛下不以臣为不肖，擢官御史，奈何摧辱至此？臣今日愿速死。'帝大怒，趣令行刑。过史馆，大呼曰：'学士刘三吾志之，某年月日，皇帝杀无罪御史朴

---

① 《明史》卷二百十五，《列传第一百三·周弘祖（岑用宾 邓洪震）》，中华书局 1974 年版，第 5677 页。

② 《明世宗实录》卷八，正德十六年十一月戊辰。

③ 《明熹宗实录》卷八，天启元年三月己酉。

也。'竟戮死。帝撰《大诰》，谓朴诽谤，犹列其名。"① 这时的太祖，盛怒之下，早把以前的要求和许诺忘光了。

成祖和其父一样，对触怒他的言官也予以贬谪。如《明史》记载：陈谔为刑科给事中，"遇事刚果，弹劾无所避。每奏事，大声如钟。帝令饿之数日，奏对如初……曾借事忤旨，命坎瘗奉天门，露其首，七日不死，赦出还职，已复忤旨，罚修象房"。② 这样的事例还有不少。

明孝宗虽然经常听信言官所言，但一怒之下同样也会无理地处罚言官。弘治九年（1496年），岷王劾武冈知州刘逊，孝宗命锦衣卫前往逮系刘逊。给事中庞泮率同官上疏，提出不可轻遣锦衣卫外出逮人，应由抚按官体勘。疏入以后，孝宗以为"忤旨，下泮等四十二人及御史刘绅等二十人诏狱，六科署空"。③

对言谏官反击最厉害、持续最久的皇帝当数世宗。世宗刚即位时对言谏官采取的是宽容的态度，但经历"议大礼"事件后态度遽变，对言官采取了极为严厉的处罚方式，而最经常使用的处罚方式，是动辄"下诏狱拷讯""廷杖"，并伴随"谪戍""降职""罚俸""黜职为民"等。④ 世宗朝言官虽屡遭打击，仍直言不缀，故《明史》作者赞曰："当世宗之代，何直臣多欤！重者显戮，次乃长系，最幸者得贬斥，未有苟全者。然主威愈震，而士气不衰，批鳞碎首者接踵而不可遏。观其蒙难时，处之泰然，足使顽懦知所兴起，斯百余年培养之效也。"⑤

明代对皇帝的监督总体上看是不成功的，究其根本原因并不是明朝的皇帝中不像样的太多，而是对皇帝的要求完全脱离了现实情况。朱元璋强调以儒家思想治理国家，按照儒家修身齐家治国平天下的逻

---

① 《明史》卷一百三十九，《列传第二十七·王朴》，中华书局1974年版，第3999—4000页。

② 《明史》卷一百六十二，《列传第五十·陈谔》，中华书局1974年版，第4399页。

③ 《明史》卷一百八十，《列传第六十八·庞泮》，中华书局1974年版，第4794页。

④ 参见《明史》卷二百九，《列传第九十七·马从谦（孙允中　狄斯彬）》，中华书局1974年版，第5545页。

⑤ 《明史》卷二百九，《列传第九十七·马从谦（孙允中　狄斯彬）》，中华书局1974年版，第5545页。

辑对后世皇帝提出要求①；大臣特别是言谏官深受儒家思想特别宋朝朱熹儒学的影响来要求皇帝。这就导致了对皇帝进行谏诤具有以下特点：一是谏诤所涉及的内容极其广泛，从国家政事的处理到纯属皇帝家庭的私事，从履职尽责的情况到个人的兴趣爱好，靡所不包；二是谏诤的重点或焦点集中在封建伦理方面，一些大的谏诤事件都与是否符合封建伦理有关；三是对皇帝的要求非常高，总是希望皇帝能成为圣贤之君，朱元璋甚至期待"人主能清心寡欲，常不忘博施济众之意，庶几民被其泽"②。但他们忽略了以下事实：一是这些皇帝自幼生长深宫，根本没有机会经历社会历练，无从取得处理国家政事经验，加之以国家政务之繁剧、人心之复杂，他们自然是没有能力鉴别和处理臣下的谏诤意见的；二是他们的皇位由出身取得，根本不能体会创业之君的艰难，又何来强烈的珍惜祖宗基业的责任意识：三是每一位皇帝都是有血有肉的人，都会有自己的人性化的需求（玩好），这些需求不能像寻常百姓那样有正常的渠道满足，就只能寻求旁门左道；四是皇帝作为职业，实在是苦差事，除了早朝、午朝及各种祭祀活动，还有经筵、日讲这些既枯燥又辛苦的活，时间一长，性格变态是正常的，不变态才是不正常的。归结起来，明代对皇帝监督制度的失败是理想与现实冲突的结果，而理想与现实冲突又是明代以儒家伦理治国的必然结果。

---

① 据《明太祖宝训》记载：洪武三年七月戊子，太祖谓皇太子曰："天子之子，与公卿士庶人之子不同。公卿士庶人之子系一家之盛衰，天子之子系天下之安危。尔承主器之重，将有天下之责也。公卿士庶人不能修身齐家，取败止于一身一家。若天子，不能正身修德，其败岂但一身一家之比？将宗庙社稷有所不保，天下生灵皆受其殃，可不惧哉！可不戒哉！"（《明太祖宝训》卷三《教太子诸王》）

② 据《明太祖宝训》记载：洪武十三年六月庚申朔，太祖谓侍臣曰："人主能清心寡欲，常不忘博施济众之意，庶几民被其泽。"侍臣对曰："陛下此心，即天地之心也。惟人主之心无欲，故能明断万事。万事理，则天下生民受其福。"太祖曰："人之不能明断者，诚以欲害之也。然明断亦不以急遽苛察为能。苟见有未至，反损人君之明。求之太过，则亏人君之量。"（《明太祖宝训》卷一《论治道》）

第六章　对中央机关和官员的监察

明代中央最重要的政务机关是吏、户、礼、兵、刑、工六部，南北两京并置。六部尚书与都察院都御史为国家级别最高同时也是权力最大的官员，并称为"七卿"。明代的内阁开始仅是皇帝的顾问机关，后来发展成为国家政事的根本所在，内阁首辅成为实际的宰相。监察机关对中央机关及其官员的监察，主要体现和集中在对内阁首辅、六部及其官员的监察上。鉴此，如果弄清楚了监察机关和监察官员如何对内阁和六部及其大臣实施监察，就可以从根本上认识和把握监察机关和监察官员是如何对整个中央层面的机构和官员实施监察的。

第一节　对内阁的监察

明代内阁特别是其首辅的权力与实际政治有着密切的关系，实际政治不断发展变化，内阁特别是首辅的权力边界也处在不断的变化之中，因此，对内阁的监察也就缺少稳定的系统性的制度规定，弹劾成为对内阁大臣特别是对内阁首辅实施监察的主要形式。

《大明会典》开列中央各衙门，并未将内阁单列，而是放在"翰林院"中，在简述其历史变迁后说："文渊阁银印，自宣德中特赐。凡机密文字，钤封进至御前开拆。其余公务行移各衙门，皆用翰林院印。而各衙门章奏文移，亦止曰行翰林院。后阁臣又奏于本院设公座，于是内阁、翰林称同官。其院事主于内阁，而掌印则以学士或侍郎、詹事等官兼学士或春坊官署掌，从内阁题请云。"① 观乎《大明会典》，翰林院在整个官制体系中的位置不仅居于六部、都察院、通政使司、六科、大理寺这些政务机关之后，而且在詹事府、光禄寺、太仆寺、鸿胪寺、国子监这些业务机关之后，仅列在尚宝司、钦天监、太医院等之前。

关于内阁的主要职掌，《大明会典》开载如下："凡经筵。钦命内阁大学士知经筵事，或同知经筵事，班俱在尚书、都御史上。讲书、展书等官及日讲官，俱从内阁于本院及詹事府、春坊、司经局官内具名题请。其经筵讲章、日讲直解，俱送内阁看定""凡东宫出阁讲学。内阁官提调讲读，其讲读、侍班及校书、正字官从内阁于本院及詹事府、春坊、司经局官内，具名题请""凡上徽号议、劝进笺、登极表并一应奉旨应制文字，俱从内阁撰进""凡修实录史志等书，内阁官充总裁，本院学士等官充副总裁，皆出钦命""凡驾诣郊坛或巡狩、行幸、亲征，内阁官扈从""凡两京乡试及会试考试官，礼部奏行本院，会试于大学士、学士等官，乡试于春坊司经局官及本院讲读修撰内，内阁具名奏请钦命。其会试，同考试史官于本院讲读官及春坊司经局官内与各衙门官相兼推选""凡武举会试考试官，兵部奏行内阁，于本院学士讲读、修撰及坊局官内具名，奏请钦命""凡殿试读卷官，内阁于大学士、学士等官内具名，从礼部奏请。至日，与各衙门该读卷官详定试卷""凡东宫及亲王冠礼，内阁官充宾赞；婚礼，充纳征等使，从礼部奏请钦命""凡册封亲王、郡王，本院官及坊局等官充正副使，从礼部奏请钦点""凡兵部清理武官贴黄，奏请命学士等官一员，同该部及都察院堂上官，于阙右门清理，本院官专管撰述""凡庶吉士，内阁会同吏、礼二部考选送院读书""凡五府、六部、都察院等衙门，关给内府精微文簿，开写日行事务，注销前件。按月奏送本院稽考，年终类送司礼监交收。万历元年题准：各部院章奏，覆'奉钦依'，转行各衙门覆勘、提问、议审、催督、查

---

① 《大明会典》卷二百二十一，《翰林院》。

核。一应考成事件，立限造册，每月终送内阁注销稽考""凡会议大政事、大典礼，正统十年，令内阁与各衙门会议。或合儒臣会议者，则本院官、詹事府坊局官及国子监堂上官皆预"。①

《明史》在记述明代官制时将内阁列在六部之前，关于其职掌的具体内容大体从《大明会典》的规定中概括而成，只是没有关于稽考各部院所行事务特别是张居正为内阁首辅时所行考成法的内容；但有两句非常重要的定性的话，即内阁大学士"掌献替可否，奉陈规诲，点检题奏，票拟批答，以平允庶政"及"以其授餐大内，常侍天子殿阁之下，避宰相之名，又名内阁"。②

《明史》与《大明会典》的记载之所以有这样的差别，其原因可能有以下两点：一是内阁在明朝的不同时期地位不一样，难以给予简单的概括；二是在内阁首辅最具权力的时期其职掌与法律的规定或祖制有根本性的区别，申时行等人在编定《大明会典》时不便明确地给予定性。这样，相应地就使得对内阁的监察也具有两个特点：一是对内阁的监察形式主要是以对内阁成员特别是内阁首辅的纠弹为主；二是在内阁发展的不同时期，纠弹的内容和重点有很大的区别。

明代内阁的演变，大体经历了萌发、成型、专权、平庸几个阶段，各个不同的阶段其权力的行使及所受弹劾的情况也不相同。

一　内阁的萌发阶段及其所受的监察

从洪武到永乐为内阁的萌发阶段。据《明史》记载：洪武十三年（1380 年）正月，诛丞相胡惟庸，罢中书省。洪武十五年（1382年），仿宋制，置华盖殿、武英殿、文渊阁、东阁诸大学士，后又置文华殿大学士，秩皆正五品。洪武二十八年（1395 年），朱元璋敕谕群臣："国家罢丞相，设府、部、院、寺以分理庶务，立法至为详善。以后嗣君，其毋得议置丞相。臣下有奏请设立者，论以极刑。"这个

---

① 《大明会典》卷二百二十一，《翰林院》。
② 《明史》卷七十二，《志第四十八·职官一·内阁》，中华书局1974 年版，第 1732 页。

时期，以翰林、春坊详看诸司奏启，兼司平驳。大学士只是"侍左右、备顾问"而已。成祖即位，特简解缙、胡广、杨荣等直文渊阁，参预机务，"阁臣之预务自此始。然其时，入内阁者皆编、检、讲读之官，不置官属，不得专制诸司。诸司奏事，亦不得相关白"。① 这一阶段，内阁虽有其名，但并未有实质性的行政权力，因而也就谈不上对其有实质性的监察。

二 内阁的成型阶段及其所受的监察

内阁制度的成型以内阁成为政事的根本和首辅制度、票拟制度的形成为标志，时间大致从仁、宣到嘉靖前期。"仁宗以杨士奇、杨荣东宫旧臣，升杨士奇为礼部侍郎兼华盖殿大学士，杨荣为太常卿兼谨身殿大学士（谨身殿大学士，仁宗始置），阁职渐崇。其后士奇、荣等皆迁尚书职，虽居内阁，官必以尚书为尊。景泰中，王文始以左都御史进吏部尚书，入内阁。自后，诰敕房、制敕房俱设中书舍人，六部承奉意旨，靡所不领，而阁权益重"。② 《续通志》也说：仁宗登基后，内阁之权日渐加重，"无异宋、辽、金、元三省长官，而六部皆禀受内阁风旨而后行"③。大学士之间区分首辅、次辅与群辅也是在这一时期。在内阁制度创建之初，同时入阁预机务者在职责方面没有明确的分工，地位上也没有太大的差别，到英宗天顺年间，李贤入阁柄政，开创首辅专权先例，以后遂相沿不改，"李文达贤，以吏侍领吏部尚书，而彭文宪时、商文毅辂、万安，相继领吏部尚书，自后遂为首辅故事"④。内阁行使职权的方式称"票拟批答"，指内外诸司上达皇帝的章奏经御览后，先发交内阁，由大学士检阅内容，附以意见，并拟具办法，用小纸条墨书贴于疏面，再进呈皇帝，供其批答时

---

① 《明史》卷七十二，《志第四十八·职官一·内阁》，中华书局1974年版，第1733—1734页。

② 《明史》卷七十二，《志第四十八·职官一·内阁》，中华书局1974年版，第1734页。

③ 《续通志》卷一百二十五，《职官略六》。

④ （清）孙承泽：《春明梦余录》卷二十三，《内阁一·文渊典故》，北京古籍出版社1992年点校本，第338页。

参考。内阁大学士掌票拟始于宣德，到正统成为制度。宣德时，"始令内阁杨士奇辈……于中外奏章，许用小票墨书，贴各疏面以进，谓之条旨"①，后英宗九岁登极，军国大事悉秉太皇太后懿旨，而太皇太后为避后宫干政嫌疑，"悉令送内阁杨士奇等议决，然后行"②，当时内外章奏均由三杨共同票拟，实际又等于共同"批答"，所以有"政在三杨"之说。"世宗时，三殿成，改华盖为中极，谨身为建极，阁衔因之。嘉靖以后，朝位班次，俱列六部之上。"③这样，内阁首辅名正言顺地成为百官之长，因而真正具有了前朝宰相的性质。

首辅成了百官中权位最高的人，相应地也成为了被监察的重点。但因内阁特别是首辅尚未独掌大权，因而对其纠弹的重点主要还是放在履职尽责方面。这一阶段比较著名的首辅为李贤，曾于天顺元年七月至成化二年三月（1457年至1466年）和成化二年（1466年）五月至十二月两度出任首辅，"帝（英宗）既任贤，所言皆见听……终天顺之世，贤为首辅，吕原、彭时佐之，然贤委任最专……时劝帝延见大臣，有所荐，必先与吏、兵二部论定之。及入对，帝访文臣，请问王翱；武臣，请问马昂。两人相左右，故言无不行，而人不病其专，惟群小与为难"，"宪宗即位，进少保、华盖殿大学士，知经筵事……自三杨以来，得君无如贤者"。④李贤所受到的弹劾，是天顺八年（1464年）十一月南京六科给事中王徽等上书言事中所涉及，疏中说："贼臣牛玉大肆奸欺、横贪贿赂、朦胧进退，其意欲固宠于内、檀权于外，包藏祸心，深不可测……李贤等坐视成败，不出一言，其初不言者是党牛玉也，其后不言者是畏牛玉，之后复有如牛玉者而祸己也，党恶欺君，莫此为甚。伏望陛下刚毅明断，即将牛玉明正典枭首示

---

① （明）廖道南：《殿阁词林记》卷九，《拟旨》，《四库全书》本第四五二册，上海古籍出版社1988年影印版，第272页。

② 《明通鉴》卷二十一，《宣德十年》，中华书局2009年点校本，第802页。

③ 《明史》卷七十二，《志第四十八·职官一·内阁》，中华书局1974年版，第1734页。

④ 《明史》卷一百七十六，《列传第六十四·李贤》，中华书局1974年版，第4675—4677页。

众，仍将李贤等明正其罪以警方来"。① 最后不仅王徽的建议未被采纳，他本人反倒受到处分。从对李贤的弹劾来看，这一时期对首辅的监察重点，不仅不是擅权，反倒是"坐视成败，不发一言"，似乎是嫌李贤作为首辅所发挥的作用还不够充分。事实上也是这样，天顺八年（1464 年）九月，"少保吏部尚书兼华盖殿大学士李贤言：'近科道官言举官须会内阁计议，此虽故例，然先帝有旨"保官审囚不必会同翰林院"遵行已久，宜仍不预为是。'上曰：'内阁儒臣，所以辅朕裁处万几者，如举官论狱亦令参预，事有可否，谁更商确？卿等言是，先帝著令宜永遵守。'"② 这说明李贤作为首辅，的确是不太想直接插手行政事务，只想做皇帝的高参，而皇帝也赞成这样的想法。

张璁（嘉靖十年二月易名张孚敬）曾于嘉靖八年九月至十年七月（1529 年至 1531 年）、嘉靖十年十月至十一年八月（1531 年至 1532 年）、嘉靖十二年四月至十四年四月（1533 年至 1535 年）三度出任首辅，是世宗前期著名的首辅。其在任时协助世宗采取了一系列的改革措施，如整顿吏治特别是加强监察制度建设，清理勋戚庄田，罢撤镇守太监，严分厂、卫与法司职权，改革科举之弊，改正孔子称号和典祀，以及整顿军队团营等，但他多次受到言谏官的弹劾。嘉靖十一年（1532 年）冬，南京御史冯恩，上疏请斩张璁等三奸。疏中说："（张）孚敬刚恶凶险，媢嫉反侧。近都给事中魏良弼已痛言之，不容复赘……故臣谓孚敬，根本之彗也；鋐，腹心之彗也；献夫，门庭之彗也。三彗不去，百官不和，庶政不平，虽欲弭灾，不可得已。"世宗皇帝得疏大怒，"逮下锦衣狱，究主使名。恩日受搒掠，濒死者数，语卒不变。惟言御史宋邦辅尝过南京，谈及朝政暨诸大臣得失。遂并逮邦辅下狱，夺职。"③ 同年八月，"都给事中魏良弼诋孚敬奸，孚敬言：'良弼以滥举京营官夺俸，由臣拟旨，挟私报复。'给事中秦鳌劾孚敬强辨饰奸，言官论

---

① 《明宪宗实录》卷十一，天顺八年十一月丙寅。

② 《明宪宗实录》卷九，天顺八年九月丁巳。

③ 《明史》卷二百九，《列传第九十七·冯恩》，中华书局 1974 年版，第 5519—5520 页。

列辄文致其罪,拟旨不密,引以自归,明示中外,若天子权在其掌握。帝是螯言,令孚敬自陈状,许之致仕。"① 此例说明,在这一时期首辅已有专权的苗头,但苗头刚一冒出来就被监察官员捕捉到,而且很轻易地就被皇帝扼杀掉了。

三 内阁首辅专权阶段及其所受的监察

明代内阁首辅的专权自夏言始。如嘉靖三十二年(1553 年)三月,巡按云贵御史赵锦在劾奏大学士严嵩时说"成祖文皇帝时,始命解缙、杨士奇等七人入直内阁,然初皆编修待诏等官,终永乐之世,亦不过春坊学士之职,取其足以代王言、备顾问而已;洪熙中,杨士奇等始以东宫旧思兼领保传,景泰中王文复以保传之重,兼领冢宰,于是内阁之权日以重而祖宗之微意以失矣。列圣相承,循为故典,故议者以为今之内阁,无丞相之名,而有丞相之实,非高皇帝不设丞相本意。当然,时诸臣虽身居宥密,参与谋议,犹未敢招权市宠,公行贿赂,故内阁之权虽重,其蔽犹为未极。顷者夏言以贪暴之资,厕迹禁扉,今大学士严嵩复以奸佞之雄,继登台鼎,怙恩宠以张其威权,假刑赏以行其爱憎,事无大小,咸专于己,人有少违必中以祸,于是百官望风慑息……"② 嘉靖四十四年(1565 年)三月,大学士徐阶说:"阁臣地亲任重,自来每用三四员,本不欲权有所专。先臣每事相商,确亦无敢专者。自夏言暴戾,嵩复继之,始专权独断。"③

嘉靖二十一年十月二十一日(1542 年 11 月 27 日),发生宫女试图扼杀世宗皇帝未遂的"壬寅宫变"。此后,世宗独居西苑,专一奉道事玄,怠于政事。世宗死后,继位的穆宗"端拱无为"。穆宗死后,神宗以十岁冲龄登基,直到十年后首辅张居正去世才亲政。这一阶段,"大事皆首辅主持,次揆以下,不敢与较",如夏言为首辅,严嵩至不敢与分席,及严嵩为首辅,次辅徐阶又如嵩之事言,"凡可

---

① 《明史》卷一百九十六,《列传第八十四·张璁》,中华书局 1974 年版,第 5179 页。
② 《明世宗实录》卷三百九十五 嘉靖三十二年三月丁亥。
③ 《明世宗肃皇帝实录》卷五百四十四,嘉靖四十四年三月辛亥。

以结欢求免者，无不为也"。至张居正当国，"次辅吕调阳，恂恂如属吏，居正以母丧，三日不出阁，吏封章奏就第票拟，调阳坐阁，候票进乃出。及居正归葬，大事必驰驿江陵听其处分。"①

内阁首辅之所以具有这么大的权威，主要是因其独掌了票拟的权力。首辅票拟的效力当然归根结蒂取决于皇帝个人的作风，但在一般情况下，皇帝会同意内阁的票拟。如果皇帝不同意票拟意见，首辅可申请再拟，或固执己见，直到皇帝改变初衷或自己被贬离阁。隆庆六年（1572年），高拱疏上"新政所急五事"，其中一事是："事不议处必有差错，国朝设内阁官看详票拟上进，若不当上意，仍发内阁再详拟。上若或有未经发拟径自内批者，容臣等执奏明白，方可施行，庶事得停当，亦可免假借之弊。"② 张居正在位时也多次坚持票拟意见，如"（万历五年六月）初，兵部以罗旁叙功及辅臣张居正等。居正拟票，乃差第诸有功者各赏赉而不及阁臣。是日中官传谕改票来行。于是居正等疏言：'前已奉旨，以边功不许叙及辅臣，臣等又岂敢身自犯之？请赐停寝，以安微分。'上乃从之"。③ 票拟为内阁履行职权实施政务最经常的方式，它又具有如此大的效力，因而被视为内阁具有宰相性质最明显的标志。崇祯时，给事中冯元标说："夫中外之责，孰大于票拟，有汉、唐宰相之名，而更代天言；有国初顾问之荣，而兼隆位号。地亲势峻，言听志行，柄用专且重者，犹可谢天下责哉！"④

首辅俨然成为一代宰相，与这一形势相适应，对内阁的监察也发生了转变，一是监察的重心进一步集中到首辅身上，二是监察的内容转变为内阁制度的合法性和首辅的擅权专断上。现根据他们担任首辅的时间先后分述如下。

---

① （清）赵翼：《廿二史札记》卷三十三，《明内阁首辅之权最重》，凤凰出版社2023年点校本，第525页。

② 《明神宗实录》卷二，隆庆六年六月丁卯。

③ 《明神宗实录》卷六十二，万历五年五月己酉。

④ 《明史》卷二百五十七，《列传第一百四十五·冯元标》，中华书局1974年版，第6640页。

夏言四度出任首辅，四度被罢，分别是嘉靖十七年十二月至十八年五月（1538 年至 1539 年），嘉靖十八年五月至嘉靖二十年八月（1539 年至 1541 年），嘉靖二十年十月至二十一年七月（1541 年至 1542 年），嘉靖二十四年十二月至二十七年正月（1545 年至 1548 年）。其在位期间，首辅对其他阁臣的优势地位进一步巩固，其第一次为首辅时，同为阁臣的翟銮"恂恂若属吏然，不敢少龃龉"；其第四次为首辅时，"（夏）言至，直陵（严）嵩出其上。凡所批答，略不顾嵩，嵩嗫不敢吐一语。所引用私人，言斥逐之，亦不敢救，衔次骨。海内士大夫方怨嵩贪忮，谓言能压嵩制其命，深以为快。而言以废弃久，务张权"。① 夏言的"张权"一定程度上属形势所需，因而并未受到言官的弹劾，但被世宗皇帝责为"强君胁众"，最后被处弃市之刑。

严嵩于嘉靖二十三年（1544 年）八月至二十四年（1545 年）十二月、二十七年（1548 年）正月至四十一年（1562 年）五月两度担任首辅。其间，言官和大臣们不断地对他进行弹劾，而最有名的是嘉靖三十二年（1553 年）正月，兵部武选司员外郎杨继盛的弹劾。杨继盛在所上弹劾严嵩的奏章中备陈"嵩之专政误国十大罪"，其中说：

> 我太祖高皇帝诏罢中书丞相而立五府九卿分理庶政，殿阁之臣惟备顾问、视制草，故载：诸皇帝时臣下有建言设立丞相者，罪人凌迟，全家处死。此其为圣子神孙计至深远也。及嵩为辅臣，俨然以丞相自居，凡府部题覆，必先禀而后起稿，是嵩虽无丞相之名而有丞相之权，有丞相之权而无丞相之贵，以故各官之升迁，未及谢恩，而先谢嵩，盖惟知事权在嵩，畏惧奉承而已，此坏祖宗之成法，一大罪也。权者，人君所以统驭天下之具，不可一日下移，臣下亦不可毫发僭逾。嵩一有票本之任，遂窃威福

---

① 《明史》卷一百九十六，《列传第八十四·夏言》，中华书局 1974 年版，第 5197 页。

之权。皇上用一人，嵩曰"我荐之也"；及黜一人，嵩曰"此人非我所亲，故罢之"；皇上宥一人，嵩曰"我救之也"；及罚一人，嵩曰"此人得罪于君，我故报之"。借朝廷之恩威，行一己之爱恶，此窃皇上之大权，二大罪也。善则称君，过则称己，人臣事君之忠也。嵩于皇上行政之善，必令子世蕃传于人曰："上故无此意，我议而成之。"又将圣谕及嵩所进揭帖刊行为书，名曰"嘉靖议"，欲使天下后世谓皇上所行之善尽出于彼而后已，此掩皇上之治功，三大罪也。皇上之令嵩票本，盖取君逸臣劳义也，嵩乃令子世蕃及诸义子赵文华等群会而票，机密岂不漏泄乎？所以题方上，满朝纷然已知，天语既下，前讲若合符契，此纵奸子之僭窃，四大罪也……①

　　杨继盛的弹章直指严嵩专权，而且指斥他"俨然以丞相自居"不合祖宗旧制，借所掌票拟权"纵奸子之僭窃"，其疏谏虽未被世宗皇帝采纳，但影响巨大。其后，又有多官上疏论劾严嵩，如嘉靖三十七年（1558 年）三月，"刑科给事中吴时来、刑部主事张翀、董传策交章论劾大学士严嵩纳贿误国"。②直到嘉靖四十一年（1562 年），御史邹应龙一举弹劾严嵩儿子严世藩，导致严嵩垮台，严嵩才被逐回江西分宜老家，最后凄然死去。

　　徐阶于嘉靖四十一年（1562 年）五月至隆庆二年（1568 年）七月担任首辅。期间以"以威福还主上，以政务还诸司，以用舍刑赏还公论"自勉，而且大行驳乱反正之政，"论者翕然推阶为名相"③。但仍有言官张齐弹劾他"擅作威福"。据《明实录》：隆庆二年（1568 年）七月，户科左给事中张齐上劾大学士徐阶不职状，疏中说："比者各边告急，皇上屡勤宣谕，阶略不省闻，惟务养交

---

① 《明世宗实录》卷三百九十二，嘉靖三十二年正月庚子。
② 《明世宗实录》卷四百五十七，嘉靖三十七年三月丙子。
③ 《明史》卷二百十三，《列传第一百一·徐阶》，中华书局 1974 年版，第 5635—5636 页。

固宠，擅作威福，天下惟知有阶，不知有陛下。臣谨昧死以闻。"
穆宗当然不同意张齐的意见，说："徐阶辅弼首臣，忠诚体国，朕
所素鉴。张齐辄敢肆意诋诬，姑调外任用。"①

　　高拱于隆庆五年五月至六年六月（1571 年至 1572 年）为首辅。
期间，因考察科道一事，高拱与大学士兼掌都察院事赵贞吉发生矛
盾，给事中韩楫疏劾赵贞吉有所私庇，赵贞吉怀疑韩楫受高拱指使，
于是抗章劾拱。赵贞吉在疏中说：

　　　　夫楫，言官也，公朝之臣也。今之劾臣，果为公朝扶持正论
乎，抑为私门排击异己乎？内所举数事，皆先奉旨处分，臣不敢
渎辨，但其恶臣之深者，直为近日止考察科道一事与大学士高拱
之意不合。盖拱欲藉乎圣谕以报复私愤，以张大威权。故臣冒死
陈情，以阻其谋，既不得命，即是吏部同拱等考察，兢兢焉惟拱
言是听。楫谓臣极力救解，恣意诋拱者指何人乎？考察之事甚
密，楫亦在考察数，果何人以此言告之乎？臣欲阻拱之报复，今
乃反谓臣欲为报复之地，可乎？楫又劾臣为庸横夫人，臣庸则不
能横，横非人臣之所能也。臣往时奉特旨兼掌院事，臣不敢辞，
窃意上以拱权太重，故委臣弹压之司，与之并立，以分其权，此
明君御臣之术也。今既十月矣，仅以此考察一事与之相左耳，其
他坏乱选法，纵肆大恶，昭然在人耳目者，尚噤口不能一言，有
负任使。如此，臣真庸臣也。若拱者，斯可谓横也已夫楫乃背公
死党之人，横臣之门生羽翼也，他日助成横之势，以至于摩天横
海而不可制，然后快其心，于此已见其端矣！臣放归后，愿令拱
复还内阁，毋久专大权，以树众党，使后来奸臣欲盗威权以行己
私者不得援此为例。②

---

① 《明穆宗实录》卷二十二，隆庆二年七月甲子。
② 《明穆宗实录》卷五十一，隆庆四年十一月乙酉。

赵贞吉的奏疏上去以后，穆宗不仅不采纳他的意见，还"手诏令贞吉致仕"。其后，高拱"专横益著。尚宝卿刘奋庸上疏阴斥之，给事中曹大埜疏劾其不忠十事，皆谪外任"，直到穆宗去世以后神宗继位，司礼太监冯保"诉于太后，谓拱擅权，不可容。太后颔之"，才被逐出朝廷。①

张居正于隆庆六年六月至万历十年六月（1572 年至 1582 年）担任首辅。期间，"帝虚己委居正，居正亦慨然以天下为己任，中外想望丰采"。其在位期间，先后有给事中余懋学、御史傅应祯、御史刘台等上疏弹劾，其中较为有名的是刘台。万历四年（1576 年）正月，巡按辽东御史刘台论劾大学士"张居正擅作威福，蔑祖宗法"②，疏中说：

> 高皇帝鉴前代之失，不设丞相，事归部院，势不相摄，而职易称。文皇帝始置内阁，参预机务。其时官阶未峻，无专肆之萌。二百年来，即有擅作威福者，尚惴惴然避宰相之名而不敢居，以祖宗之法在也。乃大学士张居正偃然以相自处，自高拱被逐，擅威福者三四年矣……祖宗朝，一切政事，台省奏陈，部院题覆，抚按奉行，未闻阁臣有举劾也。居正定令，抚按考成章奏，每具二册，一送内阁，一送六科。抚按延迟，则部臣纠之。六部隐蔽，则科臣纠之。六科隐蔽，则内阁纠之。夫部院分理国事，科臣封驳奏章，举劾，其职也。阁臣衔列翰林，止备顾问，从容论思而已。居正创为是说，欲胁制科臣，拱手听令。祖宗之法若是乎？③

---

① 《明史》卷二百十三，《列传第一百一·高拱》，中华书局 1974 年版，第 5641—5642 页。

② 《明神宗实录》卷四十六，万历四年正月丁巳。

③ 《明史》卷二百二十九，《列传第一百十七·刘台》，中华书局 1974 年版，第 5989—5990 页。

刘台对张居正的弹劾集中在张居正破坏祖宗成法上，可谓直击要害。张居正非常愤怒，提出辞职，最后被神宗皇帝慰留再三，才勉强视事。

在内阁首辅专权的时期，对他们监察的共同点，一是方式上都是进行弹劾，而且是连续不断地弹劾；二是弹劾内容基本上都集中在违背"祖宗旧制"和专权两个方面。

四　内阁平庸时期所受的监察

张居正死后，内阁首辅的权力在皇帝的不信任、内阁与六部的斗争以及宦官权力再次膨胀的情况下走向衰落。包括内阁首辅在内的内阁大臣大都碌碌无为，浮沉守位，没有再出现此前一类"权臣"，对他们的监察成为宦官用来排陷大臣的工具，或是成为党争的一个部分。

五　对内阁首辅进行弹劾的总体情况

内阁起初为皇帝的秘书机关，后来演变成事实上的宰相，其权力由小到大有一个发展过程；即使在内阁制度成熟以后，因皇帝作风的不同和历史环境的差异，内阁首辅的权力也有很大的不同，因之对其实施弹劾的情况差异也较大。台湾学者张治安在其所著《明代监察制度史》一书中附录了《明代御史弹劾事实及结果表》[①]和《明代给事中弹劾事实及结果表》[②]，为分析明代内阁首辅所受弹劾情况，现将两表合一后，抽取其中弹劾内阁首辅的部分，制作成《明代御史、给事中弹劾内阁首辅事实及结果表》（见表6－1）。从该表可以看出，在内阁首辅权力鼎盛时期，其全面介入立法、司法、人事、经济各个方面的事务并在一定程度上具有决定的权力，相应地其所受到的弹劾

[①]　张治安：《明代监察制度研究》下册，台北五南图书出版公司2000年版，第462—520页。

[②]　张治安：《明代监察制度研究》下册，台北五南图书出版公司2000年版，第523—572页。

也最集中，罪名也最重。而在其他时期，其所受的弹劾也与他们实际掌握权力的情况有很大的相关性。

表6-1　　　　　　　明代御史、给事中弹劾内阁事实及结果

序号	年代	被弹劾者	弹劾者	弹劾事实	结果		出处
					被劾者	弹劾者	
1	景泰三年	内阁大学士陈循	给事中张宁等	王文子伦及陈循子英乡试被黜，反构考官	不问		《明史》卷一六八《陈循传》
2	成化四年	内阁大学士商辂	御史林诚、胡深	曾预易储，不作匡救，今亦滥猥不职，宜罢		诚等被杖复职	《明史》卷一七六《商辂传》
3	弘治元年	内阁大学士刘吉等	十三道御史陈壮等	妨政失职，致天变示警	不问	壮等为吉所谗被谪	《明史》卷一六八《刘吉传》
4	弘治元年	内阁大学士万安	御史汤鼐、文贵、姜洪等	阻抑言路，归过人君，无人臣礼	安致仕		《明史》卷一六八《万安传》
5	弘治元年	内阁大学士尹直	御史汤鼐、姜洪、缪樗、许斌	直自初为侍郎以至入阁，贪缘攀附，皆取中旨	直致仕		《明史》卷一六八《尹直传》
6	弘治元年	内阁大学士刘吉	御史姜洪、曹璘、欧阳旦、陈嵩	奸邪小人，当罢		俱被谪	《明史》卷一六八《刘吉传》
7	弘治元年	内阁大学士刘吉	南京给事中方向、周纮	妨政失职，致天变示警	不问	俱被谪	《明史》卷一六八《刘吉传》
8	弘治六年	礼部尚书兼文渊阁大学士丘濬	御史周津	为太医院判刘文泰草疏讦吏部尚书王恕	不问		《明史》卷一八一《丘濬传》

222

续表

序号	年代	被弹劾者	弹劾者	弹劾事实	结果		出处
					被劾者	弹劾者	
9	正德五年	致仕大学士焦芳、刘宇	给事中李贯等	阿附权奸，贪缘入相，党恶之罪，同于张彩	芳、宇既已致仕已之		《国朝典汇》卷四二页十、一一
10	正德五年	致仕大学士焦芳、刘宇	御史舒晟等	阿附权奸，贪缘入相，党恶之罪，同于张彩	芳、宇既已致仕已之		《国朝典汇》卷四二页十、一一
11	正德十六年	大学士梁储	给事中张九叙等	结附权奸，持禄固宠	琼、达下都察院鞠治，杲令巡按御史执送京		《国朝典汇》卷四二页一二、一三
12	正德十六年	大学士梁储	御史李献等	储结附权奸，持禄固宠	不问		《国朝典汇》卷四二页一三
13	正德十六年	大学士蒋冕	御史张鹏	辅弼无功，当罢		以鹏妄言责之	《国朝典汇》卷四二页一六
14	嘉靖三年	翰林学士张璁、桂萼	御史郑本公、吉棠	曲学阿世		帝切责之	《明史》卷一九六《张璁传》
15	嘉靖三年	翰林学士张璁、桂萼	给事中李学曾等	曲学阿世，不称职任		帝切责之	《明史》卷一九六《张璁传》
16	嘉靖八年	太子太保武英殿大学士桂萼	给事中陆粲	考选行私，家人居间行贿，自用自恣，负君负国	夺官致仕		《明史》卷一九六《桂萼传》
17	嘉靖八年	大学士张璁、桂萼	给事中陆粲	专横朝事，为社稷患	下诏暴璁、萼罪状，罢其相	以粲不早发，下之吏	《明史》卷二〇六《陆粲传》

序号	年代	被弹劾者	弹劾者	弹劾事实	结果		出处
					被劾者	弹劾者	
18	嘉靖十一年	大学士张孚敬、桂萼	给事中王准	朋奸为恶，倾陷正士		准谪云南典史	《国朝典汇》卷四二页三三
19	嘉靖十一年	大学士张孚敬、吏部尚书汪鋐	礼科都给事中魏良弼、给事中秦鳌	专横窃威福，致奸星示异，亟宜罢斥	孚敬罢去，鋐不问	良弼夺俸	《明史》卷二〇六《魏良弼传》
20	嘉靖十一年	大学士张孚敬翟銮	御史冯恩	刚恶凶剧，媢嫉反侧附势依权，持禄保位		编成雷州	《国朝典汇》卷四二页三一至三四
21	嘉靖二十一年	大学士严嵩及子世蕃	南京刑科给事中张永明等	贪污		疏虽不尽行，中外惮之	《明史》卷二〇二《张永明传》
22	嘉靖二十八年	大学士严嵩及其子世蕃	给事中厉汝进	奸恶		谪为典史	《国朝典汇》卷四二页四一
23	嘉靖三十一年	内阁大学士严嵩	南京御史王宗茂	奸佞贪鄙等罪		谪平阳县丞	《明史》卷二一〇《王宗茂传》
24	嘉靖四十一年	内阁大学士严嵩及其子工部侍郎严世蕃	御史邹应龙	嵩弄权贪污，世蕃居丧淫纵	嵩致仕，世蕃下狱		《明史》卷二一〇《邹应龙传》
25	隆庆元年	内阁大学士高拱	御史凌儒	专擅	去官		《明史》卷二〇七《杨思忠附传》
26	隆庆元年	内阁大学士徐阶	御史齐康	二子多干请及家人横里中状	阶乞休，不允	康斥为民	《明史》卷二一三《徐阶传》

序号	年代	被弹劾者	弹劾者	弹劾事实	结果		出处
					被劾者	弹劾者	
27	隆庆四年	大学士赵贞吉	给事中韩楫	庸横，考察时有私	贞吉致仕		《明史》卷一九三《赵贞吉传》
28	隆庆四年	大学士高拱	给事中曹大埜	不忠十事		大埜谪外任	《明史》卷二一三《高拱传》
29	万历元年	内阁大学士张居正	南京户科给事中余懋学	居正以旱忧献瑞，非大臣谊	不问		《明史》卷二三五《余懋学传》
30	万历四年	内阁大学士张居正	御史刘台	擅作威福，以丞相自居及其他变乱祖宗成宪等事		被杖，谪成广西	《明史》卷二二九《刘台传》
31	万历十年	内阁大学张四维、吏部尚书王国光	御史曹一夔	国光媚四维，拔其中表弟王谦为吏部主事	四维求去不允，国光罢职		《明史》卷二一九《张四维传》
32	万历十一年	内阁大学士张四维	御史魏允贞	徇私		谪许州判官	《明史》卷二三二《魏允贞传》
33	万历十五年	大学士许国	御史黄仁荣、王麟趾	与其他大臣党比为奸		仁荣、麟趾停俸	《明史》卷二二一《耿定向传》
34	万历十六年	内阁大学士许国	南京给事中伍可受	以丁此吕事遭劾		可受被谪	《明史》卷二一九《许国传》
35	万历十六年	大学士王锡爵、故詹事刘虞夔	兵科右给事中逯中立	诏修国史，锡爵举虞夔为总裁，中立劾锡爵任用私人	帝寝召命		《明史》卷二三〇《逯中立传》
36	万历十八年	内阁大学士申时行	御史万国钦	朋奸误国，擅取纳贿		谪剑州判官	《明史》卷二三〇《万国钦传》

续表

序号	年代	被弹劾者	弹劾者	弹劾事实	结果		出处
					被劾者	弹劾者	
37	万历十八年	内阁大学士申时行	南京御史章守诚	欺蔽罔上，专擅威福	疏留中		《明史》卷二一六《刘应秋传》
38	万历十八年	内阁大学士许国	给事中任让	庸鄙当罢		让夺俸	《明史》卷二一九《许国传》
39	万历十九年	内阁大学士申时行	给事中罗大纮	就册立皇太子阳附群臣之议以请立，阴缓其事以内交		大纮被黜责	《明史》卷二一八《申时行传》
40	万历十九年	内阁大学士申时行	御史邹德泳	就册立皇太子，排陷同官，巧避首事	时行求罢，诏驰驿归		《明史》卷二一八《申时行传》
41	万历十九年	内阁大学士申时行、许国	巡按御史胡克俭	护庇李成梁，背公徇私	帝不问		《明史》卷二二一《郝杰传》
42	万历二十年	内阁大学士赵志皋、张位	兵科给事中史孟麟	收权揽威，坏祖宗成法	不问		《明史》卷二三一《史孟麟传》
43	万历二十年	内阁大学士申时行	给事中罗大纮	内外二心，藏奸蓄祸，误国卖友，罪不胜言		大纮斥为民	《明史》卷二三三《罗大纮传》
44	万历二十一年	内阁大学士赵志皋、张位	吏科给事中朱爵	寝阁壅蔽，私同年罗万化为吏部尚书		爵谪山西按察知事	《明史》卷二三〇《杨恂附传》
45	万历二十二年	内阁大学士赵志皋、张位	户科都给事中杨恂	二人贪黩，交通边寇，专擅朋比为奸，排斥异己		恂谪外	《明史》卷二三〇《杨恂传》

续表

序号	年代	被弹劾者	弹劾者	弹劾事实	结果		出处
					被劾者	弹劾者	
46	万历二十二年	内阁大学士赵志皋	御史柳佐、章守诚	拟旨失当，贪鄙无为	乞罢不许		《明史》卷二三〇《杨恂传》
47	万历二十二年	内阁大学士赵志皋	御史冀体	贪鄙无为，不可不去		贬三秩，出之外	《明史》卷二三〇《杨恂传》
48	万历二十四年	内阁大学士张位	给事中张正学	逢迎迁就，宜斥	不报		《明史》卷二一九《张位传》
49	万历二十四年	内阁大学士张位	给事中刘道亨	劾其奸贪数十事		落道亨三官	《明史》卷二一九《张位传》
50	万历二十四年	内阁大学士赵志皋、兵部尚书石星	右都御史沈思孝	处置日本封事大坏，误国	不问		《明史》卷二二九《沈思孝传》
51	万历二十五年	内阁大学士张位	给事中刘道亨	利用言官排挤吕坤	不问		《明史》卷二二六《吕坤传》
52	万历二十六年	内阁大学士赵志皋	给事中刘道亨	耄老柔懦	志皋求去不允		《明史》卷二一九《赵志皋传》
53	万历二十六年	内阁大学士张位	御史赵之翰	主谋妖书忧危竑议	除名为民		《明史》卷二一九《张位传》
54	万历三十四年	内阁大学士沈一贯	右佥都御史李三才	排挤沈鲤、朱赓，阴阻新政，行贿左右，蛊惑圣听		严旨切责，夺俸五月	《明史》卷二三二《李三才传》
55	万历三十四年	内阁大学士沈一贯	御史孙居相	奸贪	求归，允之	夺俸	《明史》卷二一八《沈一贯传》
56	万历三十四年	内阁首辅沈一贯	给事中陈嘉训	奸贪	一贯求去，允	嘉训被黜	《明史》卷二一八《沈一贯传》

续表

序号	年代	被弹劾者	弹劾者	弹劾事实	结果		出处
					被劾者	弹劾者	
57	万历三十四年	内阁大学士朱赓、李廷机	给事中王元翰、胡忻	用人行私		元翰、忻被切责	《明史》卷二一九《朱赓传》
58	万历三十五年	内阁首辅待召王锡爵	给事中段然、胡嘉栋	诋諆言官	锡爵不应召		《明史》卷二一八《王锡爵传》
59	万历三十五年	内阁大学士李廷机	御史马孟祯	朋比为奸,摧抑言路	不报		《明史》卷二三〇《马孟祯传》
60	万历四十一年	内阁大学士方从哲	御史钱春	阿顺取容,当罢		出为福建右参议	《明史》卷二三一《钱一本附传》
61	万历四十四年	内阁大学士吴道南	给事中刘文炳	考察部属不公		文炳谪外任	《明史》卷二一七《吴道南传》
62	万历四十四年	内阁大学士吴道南	御史李嵩、周师旦	考察部属不公		夺俸	《明史》卷二一七《吴道南传》
63	万历四十六年	内阁大学士方从哲	御史熊化	时事多艰,佐理无效,乞用灾异策免	乞罢不允		《明史》卷二一八《方从哲传》
64	万历四十七年	内阁大学士方从哲	御史张新诏	委罪君父,诳言欺人,坏祖宗法	不问		《明史》卷二一八《方从哲传》
65	万历四十七年	内阁大学士方从哲	御史左光斗、萧毅中、刘蔚、周方鉴、杨春茂、王尊德	以上诸人继张新诏交章劾从哲	不问		《明史》卷二一八《方从哲传》
66	万历四十八年	内阁首辅方从哲	给事中杨涟	光宗病,文升妄进泄药,从哲不加阻止	不报		《明史》卷二一八《方从哲传》

续表

序号	年代	被弹劾者	弹劾者	弹劾事实	结果		出处
					被劾者	弹劾者	
67	万历四十八年	鸿胪寺丞李可灼、内阁首辅方从哲	给事中魏应嘉	可灼进红丸致光宗崩殂，从哲庇之	不报		《明史》卷二一八《方从哲传》
68	万历四十八年	内阁首辅方从哲	给事中惠世扬	数其十罪及三可杀		帝责世扬轻诋	《明史》卷二一八《方从哲传》
69	万历四十八年	内阁大学士方从哲、鸿胪寺丞李可灼	御史王安舜、郑宗周、郭如楚、冯三元、焦源溥	从哲轻荐狂医，又赏之以自掩，可灼妄进红丸	从哲不问，可灼罚俸一年		《明史》卷二一八《方从哲传》
70	万历四十八年	内阁大学士方从哲	御史王允成	封还选侍还宫敕谕，允成劾之	从哲求去		《明史》卷二四六《王允成传》
71	天启元年	内阁大学士沈淮	吏科给事中侯震旸	结奉圣夫人及诸中官为朋党，构杀故监王安		被谪	《明史》卷二四六《侯震旸传》
72	天启二年	内阁大学士沈淮	给事中周朝瑞、惠世扬等	结中官练兵，为肘腋之贼	疏辨	世扬夺俸	《明史》卷二四四《周朝瑞传》
73	天启二年	内阁大学士沈淮、中官刘朝、乳媪客氏	御史江秉谦	沈淮结朝、客氏，募兵入禁中，兴内操		被出于外	《明史》卷二四六《江秉谦传》
74	天启四年	中官魏忠贤、内阁大学士魏广微	左金都御史左光斗	三十二斩罪		削籍	《明史》卷二四四《左光斗传》
75	崇祯二年	内阁大学士周延儒	南京御史刘之凤	剪忌树私		忤旨诘责	《明史》卷二五六《刘之凤传》

序号	年代	被弹劾者	弹劾者	弹劾事实	结果		出处
					被劾者	弹劾者	
76	崇祯二年	内阁大学士刘鸿训、吏部尚书王永光	御史田时震	鸿训纳田仰金，嘱永光用为四川巡抚	仰罢去	进秩一等	《明史》卷二六四《田时震传》
77	崇祯元年	内阁大学士周延儒	御史黄宗昌	贪秽		停俸半年	《明史》卷二五八《毛羽健附传》
78	崇祯四年	内阁大学士周延儒	御史余应桂	纳私受贿		贬三秩	《明史》卷二六〇《余应桂传》
79	崇祯四年	内阁大学士周延儒	御史卫景瑗	纳贿行私	不纳		《明史》卷二六三《卫景瑗传》
80	崇祯四年	内阁大学士周延儒、兵部尚书熊明遇、职方主事张国臣	御史王道纯	交通十罪	不问		《明史》卷二六四《王道纯传》
81	崇祯四年	内阁大学士周延儒	御史路振飞	卑污奸险，党邪丑正		被旨切责	《明史》卷二七六《路振飞传》
82	崇祯四年	内阁大学士周延儒、巡抚余大成、孙元化	御史路振飞	大成、元化为山东巡抚，山东兵叛，延儒曲庇	不问		《明史》卷二七六《路振飞传》
83	崇祯四年	首辅周延儒	刑科给事中吴执御	揽权		削籍	《明史》卷二五八《吴执御传》
84	崇祯四年	首辅周延儒	兵科给事中傅朝佑	结私变诏，倾陷正士		忤旨切责	《明史》卷二五八《傅朝佑传》

序号	年代	被弹劾者	弹劾者	弹劾事实	结果		出处
					被劾者	弹劾者	
85	崇祯四年	大学士谢陞	兵科给事中方士亮等	诽谤君父，泄禁中语，大不道，无人臣礼	削籍		《明史》卷二五八《熊开元附传》
86	崇祯五年	大学士王应熊	工科给事中范淑泰	朋比行私		不纳	《明史》卷二六七《范淑泰传》
87	崇祯六年	内阁大学士温体仁	南京御史郭维经	执政无才，聚讼排正		被责	《明史》卷二七八《郭维经传》
88	崇祯七年	大学士温体仁	刑科左给事中黄绍杰	秉政数载，天怒人怨，宜罢斥以回天意		贬一秩	《明史》卷二五八《黄绍杰传》
89	崇祯七年	大学士温体仁	刑科给事中黄绍杰	纳贿		调上林苑署丞	《明史》卷二五八《黄绍杰传》
90	崇祯七年	大学士温体仁、吴宗达、兵部尚书张凤翼	刑科给事中李世祺	溺职贪奸		谪福建按察司检校	《明史》卷二五八《黄绍杰附传》
91	崇祯八年	内阁大学士温体仁、王应熊	工科都给事中许誉卿	玩寇速祸		被责	《明史》卷二五八《许誉卿传》
92	崇祯九年	内阁大学士温体仁	刑科都给事中傅朝佑	失职六大罪	逾月罢职	除名，下吏按治	《明史》卷二五八《傅朝佑传》
93	崇祯十一年	礼部尚书兼东阁大学士杨嗣昌	给事中何楷	嗣昌既夺情入阁，又夺情起陈新甲总督		镌三级	《明史》卷二五二《杨嗣昌传》
94	崇祯十一年	内阁大学士掌兵部事杨嗣昌	御史林兰友	夺情入阁，又夺情起陈新甲总督		获谴	《明史》卷二五二《杨嗣昌传》

续表

序号	年代	被弹劾者	弹劾者	弹劾事实	结果		出处
					被劾者	弹劾者	
95	崇祯十一年	内阁大学士掌兵部事杨嗣昌	南京御史成勇	尸位卑劣		戍宁波卫	《明史》卷二五八《成勇传》
96	崇祯十二年	内阁大学士掌兵部事杨嗣昌	御史王志举	误国四大罪		夺官	《明史》卷二五二《杨嗣昌传》
97	崇祯十二年	礼部尚书兼东阁大学士杨嗣昌	给事中李希沆	言连年积罪未正，语侵嗣昌	自疏引罪，落职冠带视事	贬秩	《明史》卷二五二《杨嗣昌传》
98	崇祯十三年	内阁大学士范复粹	给事中黄云师	无才识度，请罢	温旨慰留		《明史》卷二五三《程国祥附传》
99	崇祯十三年	内阁大学士范复粹、张四知	御史魏景琦	学浅才疏，伴食中书，遗讥海内		以妄诋下吏	《明史》卷二五三《程国祥附传》

第二节　对吏部的监察

吏部尚书、左右侍郎"掌天下官吏选授、封勋、考课之政令，以甄别人才，赞天子治"①。吏部所属有文选、验封、稽勋、考功四司，皆称清吏司。文选清吏司"掌天下官吏班秩品命。凡铨综选授之典，注拟黜陟之法，各参伍而分理之"②，简言之是协助尚书确定官员品秩之高低以及处理官员升迁、改调之事务。验封清吏司"掌百官之封爵诰敕，与夫置吏、训官、给符考成之事，咸综理之"③，其大者有功臣封爵、文官封赠、土官承袭及荫叙、诰敕等事项。稽勋清吏司

---

① 《大明会典》卷二，《吏部一》。
② 《大明会典》卷二，《吏部一·文选清吏司·官制一·京官》。
③ 《大明会典》卷六，《吏部五·验封清吏司》。

"掌邦国官人之勋级及名籍、丧制、归宁之事，皆核实然后定拟"①。
开始文武官员授勋俱由此司，后武勋改隶兵部武选司。考功清吏司
"掌文职官吏之考课及内外官之考察。凡旌别访举及诸事故皆得稽
之"②。吏部设官，正官：尚书一员，左、右侍郎各一员；首领官，
司务二员；属官：各司郎中、员外郎、主事若干员。③在六部之间，
吏部与他部虽同为正二品衙门，法律上地位平等，然"吏部尚书，表
率百僚，进退庶官，铨衡重地，其礼数殊异，无与并者"，班秩列于
其他五部尚书之上，所谓"盖古冢宰之职，视五部为特重"。④也因
此，吏部成为监察的重点对象。

吏部的文卷由都察院的贵州道负责照刷，其郎中、员外郎、主事
等官考满先由都察院河南道负责考核，分别写出考语后牒送吏部考功
司候考⑤；六科中的吏科主要负责对吏部实施监察。

一 对官员选授进行监察

明代"任官之事，文归吏部，武归兵部，而吏部职掌尤重。"⑥
洪武十三年（1380 年）十二月，天下郡县所举聪明正直、孝弟力田、
贤良方正、文学才干之士至京者八百六十余人。明太祖命吏部各授以
官，并告诫吏部官员说："人之才能，少得全备。如宽厚慈祥者，使
之长民；勤敏通达者，使之集事。量能授官，庶有成绩。若使才不称
职，位不达才，国家虽有褒德录贤之名，而无代天理物之实，非所以
图治也。尔其审之。"⑦于是授职各有差。朱元璋在这里明确了吏部
选官的责任，同时也对吏部选官提出了明确要求，成为对吏部实施监
察的基本依据。法律上，对于官员的选授，即从官职空缺备案到遴

---

① 《大明会典》卷十，《吏部九·稽勋清吏司》。
② 《大明会典》卷十二，《吏部十一·考功清吏司》。
③ 参见《大明会典》卷二，《吏部一·京官》。
④ 《明史》卷七十二，《志第四十八·职官一·吏部》，中华书局 1974 年版，第 1734 页。
⑤ 参见《大明会典》卷二百九，《都察院一·考核百官》。
⑥ 《明史》卷七十一，《志第四十七·选举三》，中华书局 1974 年版，第 1715 页。
⑦ 《明太祖实录》卷一百三十四，洪武十三年十二月丙戌。

选、授职及到任有一套完整系统的监察规定。

（一）对官职空缺备案的监察

官员得到任用或升迁的前提是要有职务空缺，吏部要随时掌握官职空缺的情况，六科中吏科要对官职空缺备案的情况实施监察。据《大明会典》："凡官员作缺。洪武二十六年定：内外官员考满、侍亲、致仕、丁忧、残疾、极刑，考功司勋来付，案呈本部，立案作缺。类写缺本，赴内府铨注。如遇本科迁调改降，及内外衙门开到为事提问等项官员，本部立案作缺，仍连送选部，移付司勋照勘明白，开附转续贴黄，考功附写行止。如事故不明，难以作缺者，本科自行照勘。回报明白者，一体作缺，开附贴黄行止。又令内外大小衙门缺官，逐日申部作缺。临选类缺赴科，填注铨选。"① 这一规定后来又有变化，一是向吏部申报的时间上改变了逐日申报的作法，再是将内外官的申报进行了区分："永乐间，令按季造册送部。成化间定，在内缺官，照旧移报本部。在外，所司五日一申巡抚都御史、巡按御史，抚按两月一奏，以凭铨补。"② 六科中吏科有关的监察职责为："凡吏部累次选过官缺，除大选外，每一月或两月，堂上官赴科附簿，以备查考""凡吏部贴黄，本科官一员，会同稽勋司官赴印绶监领贴""凡吏部累次选除过官员职名，除写文簿用宝。年终，本科奏送印绶监，转送古今通集库收贮"。③ 对官职空缺备案的监察可以说是对吏部任官权实施监察的起点。

（二）对官员遴选的监察

明代官员的正常选授，即由吏部渠道或由吏部主导的选授，从大的方面分为两块，一块是初授，即从有任官资格但还没有担任过职官的人中选取部分授与官职。有任官资格的人分为三类，一类是进士，这是必须授与官职的；一类是举人、贡生，还包括官生、恩生、功生、监生、儒士等，他们如果不想继续参加科举考试或学习，也可被

---

① 《大明会典》卷五，《吏部四·选官》。
② 《大明会典》卷五，《吏部四·选官》。
③ 《大明会典》卷二百十三，《六科·吏科》。

选任官职；还有一类，以吏员为代表，包括承差、知印、书算、篆书、译字、通事等，他们已经担任职事，但未进入官的序列。这些人都等待被授与官职，称为"听选"。概括起来说，明代选官，"进士为一途，举贡等为一途，吏员等为一途，所谓三途并用也"①。选授官员的另一块是升迁，即对已经是职官的人作出升降改调的安排。其中又分为两种情况，一种是经历考满以后统一作出安排，与官员的考核制度联系在一起；另一种是因员缺应补不待考满而临时作出的安排，称为"推升"。明代官员非正常的选授，即不通过吏部渠道或不由吏部主导的选授，还有保举。《明史》对保举的解释为："保举者，所以佐铨法之不及，而分吏部之权。"② 监察机关和官员根据不同的情况而实施相应的监察。

1. 对进士选除实施监察

凡进士选除，洪武间定：第一甲第一名，除翰林院修撰；第二名、第三名，除编修；其余分送各衙门办事，内外以次兼除。凡庶吉士考选，洪武间，分置近侍衙门；永乐二年（1404 年），令就文渊阁进学，后只送翰林院，命学士等官教习，学业成者，除翰林官。后定以二甲除编修，三甲除检讨兼除科道部属等官。嘉靖十一年（1532 年），"令内阁会同吏、礼二部复试，监察御史监试、锦衣卫官校巡察。"③

2. 对官员推升实施监察

推升的具体办法为："内阁大学士、吏部尚书，由廷推或奉特旨；侍郎以下及祭酒，吏部会同三品以上廷推；太常卿以下，部推；通、参以下，吏部于弘政门会选，詹事由内阁，各衙门由各掌印。在外官，惟督、抚廷推，九卿共之，吏部主之。布、按员缺，三品以上官会举。监、司则序迁。其防边兵备等，率由选择保举……在外府、州、县正

---

① 《明史》卷七十一，《志第四十七·选举三》，中华书局1974年版，第1715页。
② 《明史》卷七十一，《志第四十七·选举三》，中华书局1974年版，第1719页。
③ 《大明会典》卷五，《吏部四·选官》。

佐，在内大小九卿之属员，皆常选官，选授迁除，一切由吏部。"① 六科中吏科对吏部推升官员有监察之责："凡吏部推升官员，正德四年题准：若将才力不及改除教授等官朦胧奏升有司者，本科劾奏。"②

3. 参与保举并对之实施监察

保举之令，历朝各异："或令在京三四品以上官，或两京堂上五品以上官，或两京科道部属等官，或布按两司官，皆得杂举。或进士办事，或监生历事，或吏员两考，或岩穴隐逸，皆与举例。今惟抚按行部，及部臣出差者，始得举其所属。"③ 凡是存在以下情形的，要由吏科参出，请旨究处：一是内外衙门及巡抚、巡按等官保举官员不当，或交通嘱托、徇私滥保者；二是抚按等官复命，将任浅官员概荐，及有举无劾，或将已致仕官员混劾充数者；三是各差御史于本等职业之外，滥保市恩者。④

（三）对官员授职的监察

凡官员被授与官职，要由吏部将他们引领到皇帝面前谢恩，谓之引选。吏科负责监督吏部引选："凡吏部引选文职官员，由掌科官一员，与本部尚书、侍郎同赴御前请旨选用，并看用选官印子，填发榜文"。⑤

（四）对官员的赴任实施监察

吏科负责签发外官文凭："凡吏部选除在外衙门官员，该领赴任文凭，俱先赴本科画字定限。考满官复任同。如在京领凭后患病未即出京，在外因公事稽迟未即离任，具奏。具状到部，告改凭限者，亦送科定改发行。"⑥

按察司官、抚按官等对官员赴任违限实施监察："弘治十三年奏准：除领敕人员并京官升除外，其余若延缓过半月之上不辞朝出城

---

① 《明史》卷七十一，《志第四十七·选举三》，中华书局 1974 年版，第 1716 页。
② 《大明会典》卷二百十三，《六科·吏科》。
③ 《大明会典》卷五，《吏部四·保举》。
④ 参见《大明会典》卷二百十三，《六科·吏科》。
⑤ 《大明会典》卷二百十三，《六科·吏科》。
⑥ 《大明会典》卷二百十三，《六科·吏科》。

者，参提问罪。若已辞出城复入城潜住者，改降别用。违凭限半年之上不到任者，虽有中途患帖亦不准，问罪还职。违一年之上者，不许到任，起送吏部，革职为民。隆庆二年议准：今后推升除补州县正官，照依朝觐回任事例赴任。违限一月之上问罪，两月之上送部别用，三月之上罢职不叙。监司不举者同罪。四年议准：将两广及各省水程通行裁革。万历元年题准：今后赴任官员，止照凭内朱限到任，不得再援水程旧例。有过违朱限者，照例查究。七年题准：今后两司方面、行太仆苑马卿、少卿、府运州县正官，违限一月以上问罪，三月以上送部别用，半年以上罢职不叙。两京官员及在外佐贰首领杂职等官，违限一月以上问罪，半年以上降级别用，八个月以上罢职不叙。十年议准：各边兵备候代离任者，如凭限有违，抚按官将本官离任日期具由送彼处抚按查黜。十二年令：冲要边方兵备官虽系降调，还听候交代，不许擅离。"①

对大臣赴任，由吏部和吏科实施监察。据《大明会典》："万历十二年议准：两京部院大臣遇有升调起用，吏部即于咨文内开载，行令上紧赴任。仍将交代起程月日奏报查考。如有迁延不即赴任者，听吏部、该（吏）科参奏。"②

二　对官吏考核实施监察

对官员的考核，由吏部与都察院共同负责。明中期以前，吏部的考核责任要大于都察院。洪武十一年（1378 年）三月，"河间府知府杨冀安等考绩来朝。太祖命吏部曰：'考绩之法，所以旌别贤否，以示劝惩。今官员来朝，宜察其言行，考其功能，课其殿最，第为三等：称职而无过者为上，赐坐而宴；有过而称职者为中，宴而不坐；有过而不称职者为下，不预宴，序立于门，宴者出，然后退。庶使有司知所激劝。'"③洪武十七年七月，"吏部奏考满官二员绩最当迁。

---

① 《大明会典》卷五，《吏部四·选官》。
② 《大明会典》卷五，《吏部四·推升》。
③ 《明太祖实录》卷一百十七，洪武十一年三月丁丑。

太祖曰：'任官之法，考课为重。唐虞、成周之时，所以野无遗贤、庶绩咸熙者，用此道也。若百司之职，贤否混淆，无所惩劝，则何以为政？故鉴物必资于明镜，考人当定以铨衡。尔等考覆，务存至公，分别臧否，必循名责实。其政绩有异者，即超擢之，庶几贤者在位，而人有所劝矣。'"① 从这两个例子来看，明朝初期对官员的考核，是由吏部来主导的，或者说是由吏部负主要责任。但这一情况后来发生了变化，据《明史》记载："弘治六年考察，当罢者共一千四百员，又杂职一千一百三十五员。帝谕：'方面知府必指实迹，毋虚文泛言，以致枉人。府、州以下任未三年者，亦通核具奏。'尚书王恕等具陈以请，而以府、州、县官贪鄙殃民者，虽年浅不可不黜。帝终谓人才难得，降谕谆谆，多所原宥。当黜而留者九十余员。给事、御史又交章请黜遗漏及宜退而留者，复命吏部指实迹，恕疏各官考语及本部访察者以闻。帝终以考语为未实，谕令复核。恕以言不用，且疑有中伤者，遂力求去。"② 这个例子说明，当时对官员的考核仍由吏部承担着主要责任，但科道官的介入已经比较深入了。

弘治十七年（1504 年），在吏部和科道官之间发生了一次关于考察是六年举行一次还是十年举行一次的讨论。这年六月，吏科给事中许天锡建议"请六年一次考察两京五品以下官"，吏部议复，希望按照旧例，"十年一次，本部会同各衙门堂上官考核。但恐访察未真，徒为劳扰，乞行两京科道官会同访察，指实劾奏，如有疏虞，本部访实奏黜"。而吏科左给事中任良弼等人则说："祖宗设府部卿寺等衙门堂上官以监临众职，所属贤否，皆莫能逃。吏部则专以甄别淑慝为务，每官考满，具有各衙门及本部事迹考语可以参察。凡遇考察之岁，必会各衙门堂上官举察。吏部、都察院又从而斟酌黜陟，鲜有不当。今若一委诸科道，则是以平昔所监临者，反不如素不纯属之为悉；历年所核实者，反不如一时传闻之得情也。况五品以下官员，数

---

① 《明太祖实录》卷一百六十三，洪武十七年七月壬子。
② 《明史》卷七十一，《志第四十七·选举三》，中华书局 1974 年版，第 1724 页。

既多，职务亦繁，欲人人付于科道，岂能周且当哉？且科道之设，将以补阙拾遗、举正欺蔽，是以每当考察之后，例必纠正。盖使司考察者畏清议，而不敢不公；被考察者仗公论，而不患不当。今若令科道先行访察，而后本部举奏，其于事体恐亦未安。乞仍敕两京吏部会同各该堂上官照例考察，如有遗漏偏徇，臣等照例纠举。今后或六年或十年一次，取自上裁，著为定例，则行之久远而无弊矣。"时监察御史翁理等也说："吏部复奏，谓言官纠劾百官不职系是旧制，后来法纲稍疏，只论列两京堂上大臣而不及庶官，所以言官建议，欲考察两京五品以下官，遂著为十年一次之例。近累会议，欲五六年一次，俱奉旨照旧，今科道又所奏如是，乞赐裁处。"最后宪宗下旨："仍令两京吏部各会同都察院并各衙门堂上官从公考察，今后每六年一次。著为令。"① 这个例子表面上看是关于考察多久举行一次合适的问题，但它反映了科道官对考察的介入已经非常深入了。

嘉靖十年（1531 年）九月，南京给事中林士元、御史冯恩等请如累年朝觐考察故事，南京科道先生弹章，使部院有所据考。其冒升京升得漏网者，再听科道官举奏。掌院都御史汪鋐奏言："弹劾在考察之先，则部院惑于其言，恐去留有所迁就，而科道或有报复之私；拾遗于考察之后，则部院得虚心询问，而科道未尝失弹劾之。部院诸臣，苟有不公，尚惧言官之议其后也。宜准成化弘治以前故事。上以其言下吏部，命查旧例以闻。吏部复言：往年朝觐考察，论劾先后未有定例。据嘉靖七年都御史李承勋所奏，则论劾在考察之后；据成化二十年南京御史朱守恕等所劾，则在考察之前。然臣等窃谓不当计先后，当计公私。且论劾在科道斟酌，在部院横权，亦自不失。自今朝觐之岁，宜令南京科道论劾方面官，各举其实，于十二月终具奏，俟部院考察临期，参合以为去留。"世宗皇帝同意这一建议。② 这一建议实际充分认可了科道官深度介入官员考核的事实。而随着科道介入

---

① 《明孝宗实录》卷二百十三，弘治十七年六月乙亥。
② 《明世宗实录》卷一百三十，嘉靖十年九月辛酉。

239

官员考核的程度越深，吏部所负的责任也就越来越小，而受到的监察压力也会越来越小。

三 对封勋进行监察

明代的封勋，主要包括封爵、袭荫、褒赠等项。"凡爵，非社稷军功不得封，封号非特旨不得与。或世或不世，皆给诰券。衍圣公及戚里恩泽封，不给券"① "凡荫叙，明初，自一品至七品，皆得荫一子以世其禄……后乃渐为限制，京官三品以上，考满著绩，始荫一子曰官生，其出自特恩者曰恩生"② "凡封赠，公、侯、伯之追封，皆递进一等。三品以上政绩显异及死谏、死节、阵亡者，皆得赠官……其封赠后而以墨败者，则追夺"③。

封赠之权完全操诸皇帝之手，但具体事务由吏部根据规定办理。对封赠的监察，据《大明会典》开载，吏科的职责有："凡尚宝司奏过文职官员，合给诰敕用宝。本科官、中书舍人、吏部验封司官同赴皇极门监视。其合追夺，从吏部奏缴者，亦会本科官烧毁" "凡各衙门大小官员，不由吏部铨选推举径自朦胧奏请乞恩、传旨升除等项，本科参出施行。凡杂流异途出身及年远违例、妄行陈乞录荫者，本科参奏治罪。凡大臣乞恩赠谥，弘治四年令：吏部斟酌可否，务合公论，不许一概徇情，比例滥请。该科记着。"④ 礼科相应的监察职责有："凡大臣曾经纠劾削夺公论不与者，弘治四年，令本科记着，不许滥请赠谥" "凡祭葬、赠谥、荫子，正德二年题准：三品以上未经三年考满，未及关诰命，违例陈请者，本科纠奏"⑤。

四 对吏部主要官员的弹劾

洪武四年（1371 年）五月，朱元璋任命李守道、詹同为吏部尚书，

---

① 《明史》卷七十二，《志第四十八·职官一·吏部》，中华书局1974年版，第1735页。
② 《明史》卷七十二，《志第四十八·职官一·吏部》，中华书局1974年版，第1736页。
③ 《明史》卷七十二，《志第四十八·职官一·吏部》，中华书局1974年版，第1737页。
④ 《大明会典》卷二百十三，《六科·吏科》。
⑤ 《大明会典》卷二百十三，《六科·礼科》。

对他们说:"吏部者,衡鉴之司。鉴明,则物之妍媸无所遁。衡平,则物之轻重得其当。盖政事之得失在庶官,任官之贤否由吏部。任得其人,则政理民安。任非其人,则瘝官旷职。卿等居持衡秉鉴之任,宜在公平,以辨别贤否。毋但庸庸碌碌,充位而已。"① 吏部之职重在选官任官上,须以公正为心,因此,监察官员对吏部官员的纠劾主要集中在选官任官不公上。台湾学者张治安在其所著《明代监察制度史》一书中附录了《明代御史弹劾事实及结果表》② 和《明代给事中弹劾事实及结果表》③,为分析明代吏部官员所受弹劾情况,现将两表合一后,抽取其中对吏部堂上官弹劾的部分,并根据《明实录》的记载对其中个别史实进行辨别后,制作成《明代御史、给事中弹劾吏部官员事实及结果表》(见表6-2)。从该表看,首先,御史与给事中对吏部正官的弹劾主要集中在尚书身上,说明吏部任官的权力在某种意义上是由尚书大权独揽,同时也体现了科道官不畏权势的精神;其次,就弹劾的事实看,主要集中在选用官员上,同时也有相当部分是关于私德方面或履职能力方面,说明科道官对吏部尚书的期望非常之高,希望能全面发挥表率作用;第三,从结果看,有将近一半的被弹劾者受到处罚,个别的还被"下狱",说明弹劾的效果还是比较明显的。

表6-2　　　明代御史、给事中弹劾吏部官员事实及结果表

序号	年代	弹劾者	被弹劾者	弹劾事实	结果		出处
					被劾者	弹劾者	
1	正统六年	御史孙毓	吏部尚书郭琎	琎子亮受赂为人求官	令致仕		《明史》卷一五七《郭琎传》

<hr />

① 《明太祖实录》卷六十五,洪武四年五月丁巳。
② 张治安:《明代监察制度研究》下册,台北五南图书出版公司2000年版,第462—520页。
③ 张治安:《明代监察制度研究》下册,台北五南图书出版公司2000年版,第523—572页。

续表

序号	年代	弹劾者	被弹劾者	弹劾事实	结果		出处
					被劾者	弹劾者	
2	景泰三年	御史练纲等	吏部尚书何文渊	推选不公，任情上下	不罪		《明史》卷一六四《左鼎附传》
3	景泰四年	御史左鼎等	吏部尚书何文渊	不职	锡罢，文渊致仕		《明史》卷一六四《左鼎传》
4	景泰五年	给事中林聪	吏部尚书何文渊	不职	文渊下狱致仕		《明史》卷一七七《林聪传》
5	成化四年	给事中萧彦庄	吏部尚书李秉	阴结年深御史附己揽权等十二大罪	秉致仕		《明史》卷一七七《李秉传》
6	成化四年	南京给事中朱清等	南京吏部侍郎章纶	欺君妄上，宜罢	被劾者事在革前，并宥之		《国朝典汇》卷四二页五
7	成化十五年	六科张海等	南京吏部侍郎钱溥	屡见弹劾，老悖不明	仍留治事		《明宪宗实录》卷一百九十五
8	弘治十八年	御史何天衢	吏部尚书马文升	徇私欺罔	不问		《明史》卷一八二《马文升传》
9	正德十六年	给事中张九叙等	吏部尚书王琼	滥鬻将官，依阿权幸	琼下都察院鞫治		《国朝典汇》卷四二，页一二、一三
10	嘉靖五年	给事中杜桐、杨言、赵廷瑞等	吏部尚书廖纪	引用邪人		帝怒，切责之	《明史》卷一九六《张璁传》
11	嘉靖十年	南京御史马敭等十人	吏部尚书王琼	先朝遗奸，宜罢		敭等下诏狱	《明史》卷一九八《王琼传》

续表

序号	年代	弹劾者	被弹劾者	弹劾事实	结果		出处
					被劾者	弹劾者	
12	嘉靖十年	御史冯恩	吏部尚书方献夫	凶奸肆巧辨，播弄威福		下狱	《明史》卷一九六《方献夫传》
13	嘉靖十一年	御史冯恩	吏部尚书方献夫吏部右侍郎许诰	外饰谨厚，内实奸凶。学术迂邪，急功名，无廉耻		编成雷州	《国朝典汇》卷四二，页三一～三四
14	嘉靖十一年	给事中叶洪	吏部尚书汪鋐	奸暴不宜居冢宰		洪夺俸三月	《国朝典汇》卷四二，页三三
15	嘉靖十一年	礼科都给事中魏良弼、给事中秦鳌	吏部尚书汪鋐	专横窃威福，致奸星示异，亟宜罢斥	孚敬罢去，鋐不问	良弼夺俸	《明史》卷二〇六《魏良弼传》
16	嘉靖二十五年	吏科给事中杨上林、徐良辅	吏部尚书唐龙	衰暮不堪任职	龙黜为民	上林、良辅以不早言罢职	《明史》卷二〇二《唐龙传》
17	嘉靖三十一年	给事中孙应奎（余姚人）	吏部尚书汪鋐	奸诈	罢官	廷杖谪县丞	《明史》卷二〇二《孙应奎传》
18	嘉靖三十一年	给事中袁洪愈	吏部尚书万镗、侍郎葛守礼	两人不能秉公执法，表正属官。镗衰老贪得，守礼督饷宣大刻削军储	镗、守礼上疏引罪，俱留用		《国朝典汇》卷四二，页四一
19	嘉靖三十二年	给事中梁梦龙	吏部尚书李默	徇私		帝责梦龙	《明史》卷二〇二《李默传》

序号	年代	弹劾者	被弹劾者	弹劾事实	结果		出处
					被劾者	弹劾者	
20	嘉靖四十年	吏科给事中梁梦龙等	吏部尚书吴鹏	阿谀取容	山冠带闲住,鹏致仕		《明史》卷二一六《吴山传》
21	嘉靖四十一年	给事中张益	吏部尚书郭朴	秉铨衡重寄,为官择地,开奔竞之门	朴供职如故		《国朝典汇》卷四二,页四五
22	嘉靖四十一年	给事中丘橓	吏部主事刘应峰	躐跻华要	应峰、遵调别任用		《国朝典汇》卷四二,页四六
23	嘉靖四十一年	御史尹校	掌詹事吏部侍郎董份	主戊午顺天乡试,私其妻弟尚书吴鹏之子,诏置前列	份视事如故,光昇下吏部,议留用	以挟私被责	《国朝典汇》卷四二,页四六
24	隆庆元年	河东巡盐御史郜永春	吏部侍郎张四维	为势要根据,专利大商,坏盐法	疏辨,令供职如故		《国朝典汇》卷四二,页四八、四九
25	万历五年	御史谢思启	吏部尚书张瀚	瀚得罪张居正,居正嗾思启撼他事劾之	勒致仕归		《明史》卷二二五《张瀚传》
26	万历五年	给事中王道成	吏部尚书张瀚	瀚忤张居正,道成承居正指意劾之	勒致仕归		《明史》卷二二五《张瀚传》
27	万历九年	给事中张世则	吏部尚书王国光	鬻官黩货		世则贬仪真县丞	《明史》卷二二五《王国光传》
28	万历十年	御史杨寅秋	吏部尚书王国光	劾其六大罪状	落职闲住		《明史》卷二二五《王国光传》
29	万历十年	御史曹一夔	吏部尚书王国光	媚内阁大学张四维,拔其表弟王谦为吏部主事	罢职		《明史》卷二一九《张四维传》

续表

序号	年代	弹劾者	被弹劾者	弹劾事实	结果		出处
					被劾者	弹劾者	
30	万历十三年	御史王士性、李植等	吏部尚书杨巍	阿大学士申时行意,蔽塞言官	不问		《明史》卷二一八《申时行传》
31	万历十八年	御史万国钦	吏部尚书杨巍	阿顺取容		被诘让	《明史》卷二三〇《万国钦传》
32	万历十八年	给事中李春开	吏部员外郎赵南星	出位妄言	不问		《明史》卷二三〇《万国钦传》
33	万历十九年	御史陈登云	吏部尚书陆光祖	不详		清乞查勘并赐罢职,不允	《明神宗实录》卷二百三十七,万历十九年六月己酉
34	万历十九年	御史王之栋	吏部尚书陆光祖、南京吏部尚书赵锦	二人不当用本职		贬杂职	《明史》卷二二四《陆光祖传》
35	万历二十六年	御史况上进	吏部尚书蔡国珍	国珍有八大罪	乞休,允之		《明史》卷二二四《蔡国珍传》
36	万历三十年	御史汤兆京	吏部左侍郎朱国祚	纵酒逾检	不问		《明史》卷二四〇《朱国祚传》
37	万历三十年	御史左宗郢、李培	吏部尚书李戴	表率无状	戴引疾乞去,帝谕留		《明史》卷二二五《李戴传》
38	万历三十五年	吏科给事中陈治则	吏部左侍郎杨时乔	怨怼无人臣礼	帝降旨切责时乔		《明史》卷二二四《杨时乔传》
39	万历三十九年	御史乔允升	吏部侍郎萧云举	佐察行私	引去		《明史》卷二五四《乔允升传》

续表

序号	年代	弹劾者	被弹劾者	弹劾事实	结果		出处
					被劾者	弹劾者	
40	万历四十年	给事中李成名	吏部左侍郎方从哲	中旨升迁为侍郎,当罢	从哲求罢,不允		《明史》卷二一八《方从哲传》
41	万历四十一年	给事中李成名	吏部尚书赵焕	党同伐异	焕乞休,许之		《明史》卷二二五《赵焕传》
42	万历四十一年	御史汤兆京	吏部尚书赵焕	调补及出外御史,皆不咨都察院		夺俸	《明史》卷二三六《汤兆京传》
43	万历四十一年	御史李邦华、孙居相、周起元	吏部尚书赵焕	擅权	致仕	夺俸	《明史》卷二三六《汤兆京传》
44	天启元年	给事中孙杰	吏部尚书周嘉谟	受嘱托为王安报仇	嘉谟求退,魏忠贤矫诏许之		《明史》卷二四一《周嘉谟传》
45	天启四年	御史倪文焕、门克新	吏部尚书崔景荣	阴护东林,媚奸邪而邀后福	削夺为民		《明史》卷二五六《崔景荣传》
46	天启五年	御史周维持、牟志夔	致仕吏部尚书张问达	植党乱政,赃私	削夺,下吏按问		《明史》卷二四一《张问达传》
47	天启五年	南京给事中陈尧言	吏部尚书王永光	永光珰孽,不当正铨席		被责	《明史》卷二五八《许誉卿传》
48	崇祯二年	御史田时震	吏部尚书王永光	内阁大学士刘鸿训纳田仰金,嘱永光用为四川巡抚	仰罢去	进秩一等	《明史》卷二六四《田时震传》
49	崇祯二年	御史张继孟	吏部尚书王永光	疏语谬戾	不问		《明史》卷二九五《张继孟传》

续表

序号	年代	弹劾者	被弹劾者	弹劾事实	结果		出处
					被劾者	弹劾者	
50	崇祯三年	南京御史郭维经	吏部尚书王永光	为人谿刻，用人颠倒	不问		《明史》卷二七八《郭维经传》
51	崇祯四年	御史卫景瑗	吏部侍郎曾楚卿	憸邪	不纳		《明史》卷二六三《卫景瑗传》
52	崇祯四年	御史王道纯	吏部尚书王永光	当去者三，不可留者四	不纳		《明史》卷二六四《王道纯传》
53	崇祯四年	刑科给事中吴执御	吏部尚书王永光	奸贪纳贿		不纳	《明史》卷二五八《吴执御传》
54	崇祯五年	御史路振飞	吏部尚书闵洪学	结权势，树私，秉铨以来，吏治日坏	自引去		《明史》卷二七六《路振飞传》
55	崇祯五年	御史路振飞	南京吏部尚书谢升	升廷推为左都御史，振飞历诋其丑状	升不果用		《明史》卷二七六《路振飞传》
56	崇祯十一年	吏科给事中吴麟征	吏部尚书田唯嘉	赃污	罢去		《明史》卷二六六《吴麟征传》

第三节 对户部的监察

户部尚书、左右侍郎掌"天下户口、田赋之政令"①。具体职责为："稽版籍、岁会、赋役实征之数以下所司。十年攒黄册，差其户上下畸零之等，以周知其登耗。凡田土之侵占、投献、诡寄、影射有禁，人户之隐漏、逃亡、朋充、花分有禁，继嗣、婚姻不如令有禁。

---

① 《明史》卷七十二，《志第四十八·职官一·户部》，中华书局1974年版，第1739页。

皆综核而纠正之。天子耕耤，则尚书进耒耜。以垦荒业贫民，以占籍附流民，以限田裁异端之民，以图帐抑兼并之民，以树艺课农户，以刍地给马牧，以召佃尽地利，以销豁清赔累，以拨给广恩泽，以给除差优复，以钞锭节赏赉，以读法训吏民，以权量和市籴，以时估平物价，以积贮之政恤民困，以山泽、陂池、关市、坑冶之政佐邦国、赡军输，以支兑、改兑之规利漕运，以蠲减、振贷、均籴、捕蝗之令悯灾荒，以输转、屯种、籴买、召纳之法实边储，以禄廪之制驭贵贱。"①户部下设浙江、江西、湖广、福建、山东、山西、河南、陕西、四川、广东、广西、云南、贵州十三清吏司，"各掌其分省之事，兼领所分两京、直隶贡赋，及诸司、卫所禄俸，边镇粮饷，并各仓场盐课、钞关"②。户部设官，正官：尚书一员，左、右侍郎各一员；首领官，司务二员，照磨所照磨一员、检校一员；属官：各司郎中、员外郎、主事若干员。③

户部的文卷由都察院的福建道监察御史负责照刷。其郎中、员外郎、主事等官考满，先由都察院河南道监察御史负责考核，分别写出考语后牒送吏部考功司候考④；六科中的户科主要负责对户部的日常运行实施监察。

一 对田土管理实施监察

明朝编制了非常完备、详细的土地登记册即"鱼鳞图册"，作为土地管理的依据。全国所有的田土都"载在册籍可考。其间科则升降、收除、开垦、召佃、拨给有定例，诡射、侵献、有严禁，各宫勋戚寺观田地及草场苑牧有额数"⑤。户部十三清吏司按照分管范围对

---

① 《大明会典》卷十四，《户部一·十三司职掌》。参见《明史》卷七十二，《志第四十八·职官一·户部》，中华书局1974年版，第1741页。

② 《明史》卷七十二，《志第四十八·职官一·户部》，中华书局1974年版，第1739页。参见《大明会典》卷十四，《户部一》。

③ 参见《大明会典》卷二，《吏部一·京官》。

④ 《大明会典》卷二百九，《都察院一·考核百官》。

⑤ 《大明会典》卷十七，《户部四·田土》

田土进行管理，监察机构对之实施监察。

（一）对科则实施进行监察

明朝将全国田土分为官田、民田两类，民田又分为自有、重租、新开垦几种，根据不同的情况制定应收田赋的数额即科则。各地要准确界定田土的性质，根据科则征收田赋，屯田御史对之实施监察。如万历二年（1574 年）奏准："仁寿、清宁、未央三宫庄田，坐落顺天、河间等府。每年额征子粒银三万七千八百三两五钱九分零。内除未央宫庄田量拨供奉景陵香火，每年该银九百八两九钱五分七厘四毫，实该进银三万六千八百九十四两六钱三分八厘零。前项官庄田地，俱系膏瘦。每亩止征课三分或二分。坐落各该地方亩数逐一丈量，将清查出田土、改正过姓名、佃种地亩、应纳子粒备细造册奏缴。仍造青册一样四本，一送户部，一留屯田御史，余留该府州县。以后再有延欠奸豪，该州县按名径申屯田御史处治"。①

（二）对改变田土性质实施监察

朝廷严禁改变田土的性质以逃避赋税，先后出台了"诡寄、投献禁例"，即严禁将诸王、驸王、功勋大臣及各衙门妄献田土给山场窑冶，不得将田地诡寄他人名下，公、侯、驸马、伯等官不许违规奏讨田地，皇亲、公、侯、伯、文武大臣不许强占官民田地，等等。违者，科道官要参究，然后依律治罪。如弘治年间多次出台禁止诡寄、投献的禁例，其中明确提出监察机构和官员负有监察职责的有：弘治三年（1490 年）奏准："今后如有皇亲并权豪势要之家奏讨地土，非奉旨看了来说，一切立案不行。仍要追究拨置主谋之人，参送问罪。本部仍行都察院，转行巡视五城及巡按御史，出榜晓谕禁约：军民人等敢有投托势要之家充为家人，及通同旗校、管庄人等妄将民间地土投献者，事发，悉照天顺并成化十五年钦奉敕旨事例问（罪），发边卫永远充军"；弘治十五年议准："各王府、皇亲、侯、伯庄田、地土、店肆等项，如有强夺侵占，并管庄人役生事害民，抚按官挐问发

---

① 《大明会典》卷十七，《户部四·田土》。

遣，应参奏者参奏"。① 到嘉靖年间，诡寄、投献现象日益严重，朝廷连续出台有关方面的禁例，其中不仅强调科道官的监察责任，也明确了抚按衙门的责任："嘉靖六年，诏户部通行各抚按衙门，转行各司府州县官：民间田地悉照册籍应当粮差。查出奸弊，即为究治改正。不许一概丈量改科，自立新法，生事扰民。又诏：勋戚之家除钦赐庄田之资养赡外，再不许听信拨置，将有主之业朦胧陈乞。违者，许本部、该科参究处治。八年奏准：清查，部、科道等官将各该勋戚田土尽数查出。内有世远秩降果系宗派照旧不动外，若世远、本房子孙已绝傍枝影射冒占者，于内量存三分之一以为修坟办祭之资，其余尽革入官，照例征银解部以备边饷。其戚畹开垦、置买田土，欺隐不行报官者，比照功臣田土律例一体追断"。②

朝廷还专门出台了关于勋戚庄田的管理办法，包括各王府及功臣之家钦赐田土佃户的科征、田土的查勘及减革等内容，要求科道官监督落实。如嘉靖十六年（1537 年），"敕差科道部属官各一员，前去会同巡按查勘八府庄田。但自正德以来朦胧投献及额外侵占者尽行查出，各依拟给主召佃，管庄人员尽数取回，着管屯田佥事兼带督管。该征税租，照依原定则例折收银钱，原系皇庄者解部类进，系皇亲者赴部关领。不许自行收受"③；隆庆二年（1568 年）题准："以后奏请庄田，乞钦定数目拨给。其年远勋戚，行屯田御史查自封爵之日为始，传派五世亲服已尽者，止留庄田百顷。或枝派已绝，并爵级已革，尽行追夺还官"④；万历九年（1581 年）题准："勋戚庄田，有司照例每亩征银三分，解部验给。如有纵容家人下乡占种民地，及私自征收多勒租银者，听屯田御史参究。"⑤

（三）对屯田制度的实施进行监察

据《大明会典》记载："国初，兵荒之后，民无定居，耕稼尽

---

① 《大明会典》卷十七，《户部四·田土》。
② 《大明会典》卷十七，《户部四·田土》。
③ 《大明会典》卷十七，《户部四·给赐》。
④ 《大明会典》卷十八，《户部四·给赐》。
⑤ 《大明会典》卷十七，《户部四·给赐》。

废，粮饷匮乏。初，命诸将分屯于龙江等处，后设各卫所，创制屯田，以都司统摄。每军种田五十亩为一分，又或百亩或七十亩或三十亩、二十亩不等。军士三分守城，七分屯种。又有二八、四六、一九、中半等例，皆以田土肥瘠、地方冲缓为差。又令少壮者守城，老弱者屯种，余丁多者亦许。其征收则例，或增减殊数，本折互收，皆因时因地而异。"① 从永乐五年（1407 年）起，逐步在各按察司增置佥事一至二员或按察司副使一员提督屯田，或令巡按监察御史兼理屯田。同时，朝廷还专门选派御史巡查屯田，称为屯田御史。据《大明会典》开载："正德三年题准：每岁选差御史一员，请敕督理北京并直隶卫所屯种，比较子粒，禁革奸弊。年终更替（北京巡屯御史始此）。嘉靖四年题准：将南昌卫饶州、抚州千户所屯田坐落池州府地方，许令江西屯田佥事带管。凡词讼有干屯政者，听其综理，仍给关防以便行事。八年题准：南京卫所屯田地方广阔，巡屯御史周岁不能遍历，请给敕印，定限以三年为满。又题准：在京并直隶各卫所屯种照南直隶事例，都察院差委御史一员领敕清查，三年一替。其屯田佥事裁革，十二年题准：贵州屯田、水利二事，责令各该分巡官各照地方管理，提学官不必兼管。十九年，令清军御史带管各省屯田事宜，各该管屯副使、佥事并分守官悉听节制。一十四年，令各卫屯田，有管粮通判处，行通判带管；其无通判处，行各该兵备官带管。二十九年，令选风力重臣二员，督理北直隶、山西、宣大屯牧。三十八年，令宣大添设同知一员，专管屯政。隆庆二年，差都御史三员，一督理江南，一督理江北，一督理山西等处各屯政。后罢。三年，令给宣大兵备守巡敕书专理屯田，听巡按御史举劾。万历元年，令巩昌府清军同知、临洮府管粮通判各加管屯职衔，分理应隶卫所屯田。"②

朝廷还要求巡按御史和按察司官督比屯种。据《大明会典》记载："洪武三十五年令各处卫所每卫委指挥一员、每所委千户一员提

------

① 《大明会典》卷十八，《户部五·屯田》。
② 《大明会典》卷十八，《户部五·屯田》。

督屯种。年终，以上仓并给军子粒数目造册赴京比较。各该都司每岁仍委指挥一员督察，年终同赴京复奏。又令各处屯田卫所每军岁征正粮一十二石，直隶差御史比较；各都司所属，巡按御史同按察司掌印官比较，年终造册奏缴户部。不及数者具奏降罚，所收子粒行御史等官盘查。"①

二 对户口和田赋管理实施监察

明朝管理户口、田赋以黄册为基本依据。洪武十四年（1381年），朱元璋下诏令天下府州县编赋役黄册，"以一百一十户为里，推丁多者十人为长，余百户为十甲。甲凡十人，岁役里长一人，管摄一里之事。城中曰坊，近城曰厢，乡都曰里。凡十年一周，先后则各以丁数多寡为次，每里编为一册，册首总为一图。鳏寡孤独不任役者则带管于百一十户之外，而列于图后，名曰畸零。册成，一本进户部，布政司及府、州、县各存一本"②。朝廷对违反造册规定的要给予严厉的处罚："如有奸民豪户通同书手，或诡寄田地飞走税粮，或瞒隐丁口脱免差徭，或改换户籍埋没军伍匠役者，或将里甲挪移前后应当者，许自首改正入籍，免本罪。其各司、府、州、县委官并当该官吏提督书算，从实攒造。仍先以提调委官并书算姓名贯址，造册一本缴部。如有似前作弊者，事发，问罪充军。"③

为了保证有关造册的规定落到实处，由抚按介入监察。嘉靖九年（1530年）题准："吏部将浙江等十三布政司官每司各推一员，疏名上请；及行南北直隶抚按官会推所属佐贰官，每府、州各一员，疏名上闻。各提调督理大造黄册，不许别项差占。仍降敕各该委官以便行事。若有纸张粉饬、差错、稽迟等弊，俱听后湖管册官指名参究。不分已未升迁，俱照例以罢软黜退。"④ 嘉靖十年，"令巡按御史备行布

---

① 《大明会典》卷十八，《户部五·屯田》。
② 《大明会典》卷二十，《户部七·户口二·黄册》。
③ 《大明会典》卷二十，《户部七·户口二·黄册》。
④ 《大明会典》卷二十，《户部七·户口二·黄册》。

政司及南北两直隶府、州、县，今次黄册照依旧式穿甲攒造。违者，听后湖管册官查究。"①

三　对积贮管理实施监察

据《大明会典》："国家设仓庾储粟以赡军赈民，两京、直隶、各布政司府州县、各都司卫所以及王府莫不备具。其收贮有时，支给有数，注销有册，各有通例。"② 朝廷先后出台规定，派遣科道官对仓库的管理实施监察，如"成化二年，令户部管粮官提调官军、人匠修理仓廒，仍令巡仓御史常川点视。十一年，令京通二仓各委户部员外一员定廒坐拨粮米，务令挨次，不许徇情私占廒座。嘉靖九年题准：请敕一道，赍付通仓坐粮员外郎，会同巡仓御史督理运粮。其各总轻赍银两，照例验给官军，雇脚完粮。其通惠河成，扣省闸运脚价解送太仓，以备修河等项支用。万历二年，铸给监督徐州、淮安、临清、德州、天津仓关防"，宣德三年奏准："凡设内外卫所仓，每仓置一门，榜曰某卫仓。三间为一廒，廒置一门，榜曰某卫某字号廒。凡收支，非纳户及关粮之人不许入。每季差监察御史、户部属官、锦衣卫千百户各一员往来巡察。各仓门，以致仕武官各二员率老幼军丁十名看守，半年更代。仓外置冷铺，以军丁三名巡警。在外仓，都布按三司设法关防，巡按御史点视。凡军民偷盗、官吏斗级通同者，正犯处斩，仍追所盗粮入官。全家发边远充军，给家产一半赏首告者。同盗能首者，免本罪，亦给被首告者家产之半充赏。其揽纳虚收，及虚出通关者，罪同偷盗"，弘治十三年（1500 年）奏准："凡仓库钱粮，若宣府、大同、甘肃、宁夏、榆林、辽东、四川、建昌、松潘、广西、贵州并各沿边沿海去处，有监守盗粮二十石、草四百束、银四十两、钱帛等物值银一十两以上，常人盗粮一十石、草八百束、银二十两、锦帛等物值银二十两以上，俱问发边卫永远充军。两京各衙门

---

① 《大明会典》卷二十，《户部七·户口二·黄册》。
② 《大明会典》卷二十一，《户部八·仓庾一·黄册》。

漕运及京、通、临、淮、徐、德六仓并腹里，节差给事中、御史查盘去处……"①

朝廷还规定，科道官对各马房设立的仓场、草场的管理实施监察。据《大明会典》："在京御马监及各马房皆有仓场储蓄草料，以供饲秣之用……每上下半年，户部山东、河南等司官，九门盐法等委官，会同科道，照时岁丰歉估定价值。"② 各代还出台"马房仓场通例"，其中明确了科道官的监察职责，如"宣德九年，令监察御史并户部主事于象、马、牛、羊等房仓场监督收受草料。仍令内官一员、通政使司通政一员往来提督""正统元年，令都察院榜示：坝上大马房草场内外官员人等不许私役官军占种、交通、擅借及纵容官豪建立窑座、创盖寺庙等项。每岁秋后，遣给事中、御史等官巡视。其有仍前不悛者，处以重刑""景泰三年，令御史一员巡视草场""成化十六年，令户部收草主事等官、提督御马仓草场各该官旗人等筑立封堆、开挑壕堑、栽种榆柳为界。仍令给事中、御史等官不时巡察"。③

四　对钱粮征收和仓库管理实施监察

明朝建国初期因田制赋，税粮、草料各有定额。每年，户部先行会计，然后将实征数目分派各司、府、州，由其照数征收。④ 其征收之法，洪武二十六年（1393年）定："凡征收税粮，律有定限，其各司、府、州、县如有新增续认，一体入额科征。所据该办税粮，粮长督并里长，里长督并甲首，甲首催督人户装载粮米。粮长点看见数，率领里长并运粮人户起运。若系对拨者，运赴所指卫分，照军交收。存留者，运赴该仓收贮。起运折收者，照依定拨各该仓库交纳，取获通关奏缴。本部委官于内府户科领出立案，附卷存照，以凭稽考。"⑤

---

① 《大明会典》卷二十二，《户部九·仓庾二·各司府州县卫所仓》。
② 《大明会典》卷二十三，《户部十·仓庾三》。
③ 《大明会典》卷二十三，《户部十·仓庾三·马房等仓（草场附）》。
④ 《大明会典》卷二十九，《户部十六·征收》。
⑤ 《大明会典》卷二十九，《户部十六·征收》。

到了正统元年（1436 年）税粮征收办法有了较大变化，朝廷决定将南直隶、浙江、江西、湖广、福建、广东、广西之夏税秋粮折银征收，缴纳到北京内承运库，谓之金花银。其后，概行于全国其他各布政司，以为永例。科道官对于原定征收的实物田赋即本色和改征的其他实物或货币即折色的解纳实施监察："其本色，经验粮厅委官验过，会同科道官覆验堪中，于六科领勘合，填数照进。其折色，召商买办，户部、山东河南等司官，九门盐法等委官，亦会同科道官，照时会估价直，办纳应用。"①

六科中户科对国家钱粮的收入与支出负有重要职责。监督钱粮收支方面："凡有司征收秋粮，南京户部照例刊印勘合给付粮长，将本区合征税粮依期送纳，各该仓库填写实收数目，奏缴其勘合，仍送本省注销""凡光禄寺该收钱粮，每季本科差官一员监收""凡甲字等库官遇考满等项，本科官一员引奏。将收过钱粮等物，委官查盘""凡查盘边方粮草，本科官与各科轮差""凡甲字等十库，该收钱钞等物，每季，本科与各科轮差官一员监收"。② 监督支出方面，如："各边钱粮，巡抚、都御史、郎中等官造到文册，户部查明造表册八本，每年八月中题知，堂上官并该司郎中送科批押收候。各处报到收放数目，赴科添注注销。迟错故违等项，本科纠举"。③

在对仓库管理实施监察方面，首先是六科中的户科负有重要责任。据《大明会典》："盘查仓库。凡甲字等库官遇考满等项，本科官一员引奏，将收过钱粮等物，委官盘查"④。除了户科官员，御史也会承担对内府各库进行巡视监察的任务，通常还是科道同差。如宣德七年（1432 年），"差户部主事一员，同拣钞御史、给事中巡视甲字等库。凡各处解到布绢丝绵，即督官攒人等照洪武年间所定长阔丈

---

① 《大明会典》卷二十三，《户部十·仓庾三》。
② 《大明会典》卷二百十三，《六科·吏科》。
③ 《大明会典》卷二百十三，《六科·吏科》。
④ 《大明会典》卷二百十三，《六科·户科》。

尺收受。若有兜揽作弊者，具奏挐问"①。又如"嘉靖八年，令每年差给事中、御史各一员，于内府内承运等库并各监局巡视监收，禁革奸弊。先将各衙门见在各项钱粮会同该管人员逐一查盘明白，作为旧管。每年终，通将旧管收除实在数目磨算无差，造册奏缴"②。再如"隆庆元年，令内府各衙门供应钱粮，查照弘治年间及嘉靖初年旧额，酌量征派。其以后年分加添者，尽行革除，将革过数目奏知，仍造册送部备照。如各衙门假以缺少为由行文加派，及该部阿奉准行，科道实时参奏，治以重罪"③。

值得一提的是上述嘉靖八年（1529 年）出台的条例。这年二月，世宗皇帝对户、兵、工三部发布上谕，说："朕惟天下财物不在民则在官，取诸民者甚难，则用之岂可无节！易曰：'节以制度，不伤财，不害民。'孔子曰：'节用而爱人。'此先圣之明训也。今在外钱粮，皆有抚按等官岁奏月报，奸弊可稽；在京惟太仓具有成，其余各衙门积弊多端，未经查考，且如后府柴炭银两及团营子粒，掌事者收受之际，多方掊克；又如太仆寺常盈库所贮马价，但有奏请支用，而见在收入之数不见开报。户部、工部其亟行议查，使科道官监之。岁终，将旧管、新收、开除实在数目奏缴。其有可用而未尽者，条画上之，用称朕节财恤民之意。"于是工部尚书刘麟等奏："本部四司钱粮，旧皆贮之后堂大库，令司官出纳，浮谤易生。请将本库墙北开户外，通设库官、库吏领之，该司以籍上提督侍郎，岁终类奏。仍三年一次，委官稽查，使在部掌案者不预库藏，在库收受者不预派征，互相觉察，庶几无弊。"世宗皇帝对他们的建议给予充分肯定并全部采纳，而且"令本部侍郎督理，该城御史监查，务使衙门肃清，浮议永息。其未尽事宜，仍听随时损益条奏。诏遣科道官巡视象、马、牛、羊等仓场，内府内承运等库，并各监局、府、部等衙门钱粮，每岁终，籍

---

① 《大明会典》卷三十，《户部十七·库藏一·内库府》。
② 《大明会典》卷三十，《户部十七·库藏一·内库府》。
③ 《大明会典》卷三十，《户部十七·库藏一·内库府》。

奏出入之数以为常，具南京各衙门亦如之。"① 这一条例针对当时内府各库在钱粮收支方面存在的问题提出了改进措施，明确了户部的管理责任特别是科道官包括巡城御史的监察责任。

五　对漕运管理实施监察

漕运历来是国家的大事。明初，"太祖都金陵，四方贡赋，由江以达京师，道近而易"②，即使这样，明太祖也派遣武臣进行监督。明成祖迁都北京后，要将南方的粮食运往北京，漕运的重要性突显出来，奸弊也相应地增多。为了保证漕运的正常进行，朝廷就更加重视对漕运事务的监察。

有明一代，前后漕运官员的设置屡有变化，监察官员的遣置也不一样。据《大明会典》记载："总理漕运兼提督军务、巡抚凤阳等处兼管河道一员。永乐间，设漕运武臣。至景泰二年，因漕运不继，特命都御史总督，与总兵、参将同理其事，因兼巡抚淮、扬、庐、凤四府，徐、和、滁三州。成化八年，分巡抚、总漕，各设一员。九年，复旧。正德十三年，又各设。十六年，复旧。嘉靖三十六年，以倭警，添设提督军务，巡抚凤阳御史。四十年，会议归并，改总督漕运，兼督军务，巡抚凤阳等处地方。万历七年，加兼管河道。"③

在设置漕运专职监察官的同时，朝廷还派遣科道官前往加强督查，如"永乐十六年，令沿河坝闸，每三处差御史一员攒运。宣德二年，差侍郎五员、都御史一员，催督浙直等府军民粮运。四年题准：差侍郎、都御史、少卿、郎中等官攒运"④。

在朝廷出台的与漕运有关的条例中，有不少涉及监察方面的内容，如宣德年间出台的条例："（宣德）五年，令巡按御史、布按二司及漕运都指挥选举管运官员，军多卫分指挥二员，少者一员。六年

---

① 《明世宗实录》卷九十八，嘉靖八年二月癸巳。
② 《明史》卷七十九，《志第五十五·食货三·漕运》，中华书局1974年版，第1915页。
③ 《大明会典》卷二百九，《都察院一·督抚建置》。
④ 《大明会典》卷二十七，《户部十四·会计三·漕运》。

奏准：差给事中、御史于南京各卫会同该府堂上官，在外会同各都司、按察司堂上官及中都留守司、直隶卫所点选运军。其管运官员不能抚恤以致逃故者，从总兵官处治。所亏粮，仍令补还"；弘治年间出台的事例："弘治十二年，令户部会同兵部及漕运都御史等官考察运粮各卫所指挥千、百户，廉干有为者存留管事，贪婪无为者革退，另选相应官代补"；嘉靖年间出台的事例："（嘉靖）八年议准：江北、直隶等总系南京卫分者，南京兵部选委主事一员；系布政司者，各该巡按御史会同监兑守巡兵备等官，严督各该卫所军政掌印官，通查原额运军逃故缺少者，先将掌印住俸，另选正伍内精壮旗军补役。正军不足，于空闲余丁或别差下选补；该卫所无丁，同卫所拨补；本卫无丁，于本总卫所拨补，发各把总官处审验上运。如有已拨上运又复改差，及老弱不堪、诡名搪塞等弊，听漕运衙门并巡按御史及各委官照例参究。仍将拨过姓名数目，造册送户、兵二部查考……十四年题准：运粮把总卫所总等官，每三年一次，户、兵二部会同考察，分别去留等第，奏请定夺。千（户）、百户、镇抚等官，亦三年一次，漕运衙门考选。南京兵部及各省抚按衙门，遇有申告运官一切患病、年老缘事等项，必须会行漕运衙门勘实，方许替换。若遇考选军政之期，查系户、兵二部原考定者，不得擅为纷更。各处卫所总官有缺，于领运及各卫所佥书、军政等官素有才力者选补。其余管事缺官，不许擅掣运官。其各该运官，如有科扰侵欺等项实迹，悉听漕运衙门监兑官并巡按御史指实参究黜罚，不在三年考察之限。"①

《明史》还对粮食攒运过程中监察官与事务官的责任划分作了概括："攒运则有御史、郎中，押运则有参政，监兑、理刑、管洪、管厂、管闸、管泉、监仓则有主事，清江、卫河有提举。兑毕过淮过洪，巡抚、漕司、河道各以职掌奏报。有司米不备，军卫船不备，过淮误期者，责在巡抚。米具船备，不即验放，非河梗而压帮停泊，过洪误期因而漂冻者，责在漕司。船粮依限，河渠淤浅，疏浚无法，闸

---

① 《大明会典》卷二十七，《户部十四·会计三·漕运》。

坐启闭失时，不得过洪抵湾者，责在河道。"①

六 对灾荒赈济实施监察

明朝对于灾荒（伤）的赈济十分重视，地方上发生灾荒后，如何奏报，如何核实，如何蠲免租税及进行赈济，法律都有明确的规定，所谓"国朝重恤民隐。凡遇水旱灾伤，则蠲免租税，或遣官赈济；蝗蝻生发，则委官打捕，皆有其法云"②。为了保证救助灾荒的政策措施落到实处，朝廷十分重视发挥科道官的监察作用。

（一）在报勘灾伤方面实施监察

在明朝前期，朝廷就明确了监察机构和官员的职责："永乐二十二年令：各处灾伤，有按察司处按察司委官，直隶处巡按御史委官，会同踏勘。成化十二年令：各处巡按御史、按察司官踏勘灾伤，系民田者，会同布政司官；系军田者，会同都司官"，特别是万历九年（1581 年）出台了较为详细的规定："地方凡遇重大灾伤，州县官亲诣勘明，申呈抚按。巡抚不待勘报，速行奏闻。巡按不必等候部覆，即将勘实分数作速具奏，以凭覆请赈恤。至于报灾之期，在腹里地方仍照旧例，夏灾限五月、秋灾限七月内。沿边如延宁、甘固、宣大、山西、蓟密、永昌、辽东各地方，夏灾改限七月内，秋灾改限十月内，俱要依期从实奏报。如州县卫所官申报不实，听抚按参究；如巡抚报灾过期或匿灾不报，巡按勘灾不实或具奏迟延，并听该科指名参究。又或报时有灾，报后无灾；及报时灾重，报后灾轻；报时灾轻，报后灾重，巡按疏内明白从实具奏，不得执泥巡抚原疏，致灾民不沾实惠。"

（二）在蠲免折征政策落实上实施监察

如嘉靖十六年（1537 年）题准："今后凡遇地方夏秋灾伤，遵照勘灾体例定拟成灾应免分数，先尽存留，次及起运。其起运不敷之

---

① 《明史》卷七十九，《志第五十五·食货三·漕运》，中华书局1974 年版，第1923 页。
② 《大明会典》卷十七，《户部四·灾伤》。

数，听抚按官将各司、府、州、县官库银两、钱帛等项通融处补，及听折纳轻赍。存留不足之数，从宜区处。不许征迫小民，有孤实惠。"①

（三）在赈济办法落实方面实施监察

如宣德九年（1434 年），"差给事中、御史、锦衣卫官往山东、河南、打捕蝗虫"②。又如嘉靖七年（1528 年）奏准："河南灾荒，将所属库贮各项钱粮动支及准留改折兑军米十万石，赈济被灾府饥民。又谕巡抚官督令司、府、州、县等官将极贫人户先尽见在仓粮量为给赈，若有不敷，将各项官银给发。灾轻去处，照例征免输纳。其兑军起运不可缺者，将两淮等运司盐价银两及各处先因别项征纳今未用者，酌量派补运纳。如有不敷，仍将太仓收贮官银动支百余万两派发送去，以备代补起运及赈济二项支用。事完，造册奏缴。"③

七 对"课程"管理实施监察

明代的"课程"包括田赋以外即与商业活动有关的税收管理和市场管理。朝廷一方面要保证该收的税要收到，另一方面又要防止滥收税增加百姓负担，特别是要防止官员克扣税收中饱私囊，故建立了严格的税收制度和市场管理制度，并由监察官员监督落实。

（一）对税收制度落实方面实施的监察

朝廷规定的税收项目有盐课、钞关（对货物运输船舶征收的税）、商税、渔课、茶税等名目，在设置专门的征收机构的同时，也选派科道对征收行为实施监察。

对税收的监察以对征收盐课的监察最为严格，《大明会典》对各代派遣科道官监察盐政作了详细记载，如"永乐十三年，差御史给事中内官各一员，于各处闸支盐课。十四年，差监察御史一员，巡视河间运司私盐。宣德十年，差监察御史一员，于两淮通州狼山镇守，提

---

① 《大明会典》卷十七，《户部四·灾伤》。
② 《大明会典》卷十七，《户部四·灾伤》。
③ 《大明会典》卷十七，《户部四·灾伤》。

督军卫，巡捕私盐。正统元年，差侍郎及监察御史，巡视长芦等处私盐"；景泰元年（1450 年），"差侍郎二员清理两淮两浙盐法。二年，取回两浙巡盐御史，令镇守侍郎兼理盐法。三年，令巡河御史兼理两淮盐法，裁省巡盐御史。又令差监察御史二员，于两淮两浙巡盐。七年，令广西按察司各道分巡官兼催督各该盐课司盐课，又令四川按察司各道分巡官兼督盐课"；弘治元年（1488 年），"差侍郎二员兼佥都御史，清理两淮两浙盐法"；正德三年（1508 年），"差科道官各一员查盘两淮运司，革支商人引盐，变卖银两解京。又添差科道官，清查各运司在库并未卖引目"；嘉靖八年（1529 年），"令云南巡抚都御史于布政司参政、参议官员内定委一员，专管盐法"。① 朝廷还出台了盐场官吏禁约，如正统元年（1436 年）奏准："各盐运盐课司及各场官吏考满考退等项到部者，俱送户部发回住俸，责限催办未完盐课。其应考满未起程者免赴京，亦住俸催办，完日奏请定夺"；成化十六年（1480 年），"令各处盐课，次年正月不完者，该场官住俸杖追。分司并运司官，以十分为率，三分不完者，一体住俸。其各官三年六年考满，巡盐御史查勘任内盐课完足，方许起送。若九年考满，所属盐课过违限期不完者，查送吏部降二级叙用。官攒丁忧事故等项，从巡盐御史委官查盘经手盐课，交付接管官攒，方许离任"；弘治元年（1488 年），"令各处盐场官，仍旧九年考满。二年，令巡盐御史查考各处该年盐课。其有延至次年六月终不完者，于本衙门递降一级。运使六年不完者一体施行。又令各巡盐御史，清查各运司提举司盐场官，自成化元年以后未经考退者，不分在任改任，但于任内有报足通关而亏欠盐课，一千引之上者，俱作素行不谨；一万引者俱作贪官。分司三年之内，所属场分各年有报完亏欠者，亦作不谨；六年，亦作贪官，俱行吏部定夺。其攒典不分见役去役，俱发为民"；嘉靖二年（1523 年），"令各该盐运分司场官今后不许擅收折色，违者，听巡盐

---

① 《大明会典》卷三十四，《户部二十一·课程三·盐法三》。

御史问，以不职罢黜"。①

对其他税收事务实施的监察，主要有以下方面：第一，钞关方面。嘉靖四年（1525年）议准："凤阳府照旧开正阳钞关，每年选委该府廉干佐贰官一员，查照临清等处折收商税事例，遇有往来商客从宽折收银钱，按季类解该府贮库，专备高墙庶人供给。收支过数目，抚按官按季稽考。不许别项花销。九年议准：各处钞关，巡按御史按季选委属内佐贰官一员，每日赴厂听钞关主事督同公平秤收倾煎银两，以候类解。各该府县于均徭内编审门子二名、库子四名、皂隶八名，每年更替。该府岁拨吏一名，该县月拨吏二名应用。其积年作弊人役，通行查革。内九江钞关主事，凡遇差满，须待接管官员交代，方许离任。违者，抚按官访实纠举"。② 第二，商税方面。正统四年（1439年），"令各处有客商数少、税课亏欠、累民包纳者，所在有司按察司及巡按御史踏勘，从实征收"；永乐十年（1412年），"令各处巡按御史及按察司官，体察闸办课程。凡有以该税钞数倍增收，及将琐碎之物一概勒税者，治以重罪"；弘治元年（1488年），"令顺天府委官二员，分给印信簿籍，于草桥、芦沟桥宣课司监收商税。草桥，行巡视南城御史；芦沟桥，行抽分御史，各不时亲诣闸检。遇有收税官攒巡栏串同本处豪强无藉迎接客商在家，不令亲自投税，多勒银物少纳钱钞者，就便挐问"。③ 第三，茶税方面。"国初招商中茶，上引五千斤，中引四千斤，下引三千斤，每七斤蒸晒一篦，运至茶司。官商对分，官茶易马，商茶给卖……若陕之汉中、川之夔保私茶之禁甚严，凡中茶有引由，出茶地方有税，贮放有茶仓，巡茶有御史，分理有茶马司、茶课司，验茶有批验所。"④

（二）对市场管理实施的监察

市场管理主要有"时估"和"权量"两种。

---

① 《大明会典》卷三十四，《户部二十一·课程三·盐法三》。
② 《大明会典》卷三十五，《户部二十二·课程四·钞关》。
③ 《大明会典》卷三十五，《户部二十二·课程四·商税》。
④ 《大明会典》卷三十七，《户部二十四·课程六·茶课》。

"时估"是指物货价值高下不一，官司与民贸易，随时估计价值。洪武二年（1369 年），"令凡内外军民官司，并不得指以和雇和买扰害于民。如果官司缺用之物，照依时值，对物两平收买。或客商到来中买物货，并仰随即给价。如或减驳价值，及不即给价者，从监察御史、按察司体察，或赴上司陈告，犯人以不应治罪"；正统二年（1437 年），"令买办物料，该部委官一员会同府县委官拘集该行铺户，估计时价，关出官钱。仍委御史一员，会同给与铺行，收买送纳。"①

"权量"是指街市斛斗秤尺的较勘。洪武元年（1368 年），"令兵马司并管市司，二日一次较勘街市斛斗秤尺。并依时估，定其物价。在外府州各城门兵马，一体兼领市司"；嘉靖八年（1529 年），"令顺天府将官较秤斛印烙给送监收科道官各一副。凡解户到部，即领票关给秤斛，预先秤量包封，候进纳报完。监局各衙门，会同照样较收，以革奸弊。"②

八 对禄廪管理实施监察

官员俸禄的发放，朝廷有明确的规定，科道官对之实施监察。据《大明会典》："正统元年，令在京军官折俸银，户部按季取数类奏，赴该库关出，于午门里会同司礼监官及给事中、御史唱名给散。"③户科有关的监察职责有："凡户部关给京官折俸绢布等物文册到科，及各已开具关给数目送科挂号磨算，差者参奏""凡遇节日等项赏赐各衙门官吏、监生人等钞锭，本科于午门里照数给散。"④

宪宗成化二十二年（1486 年）十二月，发生太子少保户部尚书刘昭违规给自己儿子发放俸禄而被纠劾案件。据《明实录》记载："初，陕西饥，许民输粟授武职，然例不得管事及支全俸。时昭子绮纳粟授锦衣千户，夤缘得全俸，且典銮舆事。至是事觉，绮下狱。六

① 《大明会典》卷三十七，《户部二十四·权量》。
② 《大明会典》卷三十七，《户部二十四·权量》。
③ 《大明会典》卷三十九，《户部二十六·廪禄二·俸给》。
④ 《大明会典》卷二百十三，《六科·户科》。

科给事中马铨等十三道监察御史丁隆等交章劾昭：'内包奸险，外肆刚愎，贪名素著，秽德稔闻。原其心，胜李义府之笑刀；迹其行，同赵师睪之吠犬。比令其子，以钱房白丁，滥授锦衣近职，冒支全俸，兼典銮舆。父知溺爱，而恃终欺罔之不顾；子知凭籍，而违法诈冒之敢为。同恶相济，厥罪惟均。乞明正昭罪，以为人臣欺罔之戒。'"宪宗览疏后说："刘昭纵子冒支全俸，违例管事，溺爱玩法，本当逮治如律，姑宥之。其革去太子少保，令致仕。侍郎孙仁佐理部事，既有人比例陈告，何乃因循不理？亦当置之于法，且从宽典，停俸两月。"最后是将刘昭子刘绮发原籍为民，同时还处分了掌锦衣卫事都指挥使朱骥。① 虽然刘昭及相关人员所受处分并不算重，但户部尚书违规给自己发放俸禄这样的事本身已够奇葩的。

九　对户部主要官员的弹劾

洪武十六年（1383 年）九月，朱元璋在给户部的敕谕中说："数年以来，颇致丰稔。闻民间尚有衣食不足者，其故何也？岂徭役繁重而致然欤？抑吏缘为奸而病吾民欤？今岁丰而犹如此，使有荒歉，又将何如？四民之中，惟农最苦，有终岁勤谨而不得食者。其令有司务加存抚，有非法苛刻者重罪之。"② 洪武十九年（1386 年）三月，朱元璋对户部大臣说："善理财者，不病民以利官，必生财以阜民。前代理财窃名之臣，皆罔知此道。谓生财裕国，惟事剥削蠹饵，穷锱铢之利，生事要功。如桑弘羊之商贩，杨炎之两税，自谓能尽理财之术，殊不知得财有限，而伤民无穷。我国家赋税已有定制，樽节用度，自有余饶。减省徭役，使农不废耕，女不废织，厚本抑末，使游惰皆尽力田亩，则为者疾而食者寡，自然家给人足，积蓄富盛。尔户部政当究心，毋为聚敛，以伤国体。"③ 他的这些意见，是对户部提出的要求，同时也可以理解为对户部及其所管事务实施监察指出了方向。台湾学者张

① 《明宪宗实录》卷之二百八十五，成化二十二年十二月癸酉。
② 《明太祖宝训》卷四《仁政》。
③ 《明太祖实录》卷一百七十七，洪武十九年三月戊午。

治安在其所著《明代监察制度史》一书中附录了《明代御史弹劾事实及结果表》①和《明代给事中弹劾事实及结果表》②，为分析明代户部官员所受弹劾情况，现将两表合一后，抽取其中对户部堂上官弹劾的部分，并根据《明实录》的记载对个别史实进行订正后，制作成《明代御史、给事中弹劾户部官员事实及结果表》（见表6-3）。从该表分析，以正德划线（含正德年间），在此以前，共发生9件针对8名户部官员（其中1人受到两次）的纠劾事件，全部集中在户部尚书身上（其中一人为南京户部尚书）；从弹劾事实看，共9件弹劾案，有5件涉及过度征收方面。而正德以后，共有弹劾案15件，其中只有3起涉及户部尚书，另8件涉及南部户部尚书，4件涉及其他官员，而所有弹劾案件没有一件是针对科征方面的，这说明在正德以前科道官对户部官员的纠劾主要集中在户部能否落实惠民养民政策方面，而正德以后则将纠劾重点集中到官员个人的品德上了。

表6-3　　　明代御史、给事中弹劾户部官员事实及结果表

序号	年代	弹劾者	被弹劾者	弹劾事实	结果		出处
					被劾者	弹劾者	
1	景泰三年	御史王允	户部尚书金濂	为国敛怨，失信于民	下狱		《明史》卷一六〇《金濂传》
2	景泰三年	给事中李侃等	户部尚书金濂	景帝即位诏免二年天下租十之三，濂檄有司但减米麦，其余征如故，为国敛怨，失信于民	濂下都察院狱，寻削官保改工部		《明史》卷一六〇《金濂传》

① 张治安：《明代监察制度研究》下册，台北五南图书出版公司2000年版，第462—520页。

② 张治安：《明代监察制度研究》下册，台北五南图书出版公司2000年版，第523—572页。

序号	年代	弹劾者	被弹劾者	弹劾事实	结果		出处
					被劾者	弹劾者	
3	景泰五年	给事中成章、杨惢等	户部尚书张凤	征收超额，擅更祖制	不问		《明史》卷一五七《张凤传》
4	天顺二年	右副都御史王宇	户部尚书沈固、督饷郎中杨益	益不能备刍粮，固庇之	固等输罪		《明史》卷一五九《王宇传》
5	成化四年	御史胡深等六人	户部尚书马昂	昂不学无术，妨政害民	诏所言不允		《国朝典汇》卷四二，页三～四
6	成化十五年	御史	户部尚书杨鼎	性拘滞，非经国才，宜罢	求去，允致仕		《明史》卷一五七《杨鼎传》
7	弘治二年	御史陈瑶	户部尚书李敏	以崇文门宣课司增差御史主事监视收税一事劾其为聚敛	不问		《明孝宗实录》卷二十二，弘治二年正月丙寅
8	正德五年	御史舒晟、给事中李贯等	南京户部尚书张綵	催科急而常怀媚灶	綵仍留用		《国朝典汇》卷四二，页十、一一
9	正德十六年	给事中张九叙等	户部尚书杨潭	庸陋不职	潭已自陈解官，及论黜，不复究		《国朝典汇》卷四二，页一二、一三
10	嘉靖十年	都御史汪鋐	南京户部尚书边贡	嗜酒旷职	诏致仕		《国朝典汇》卷四二，页二九
11	嘉靖十五年	南京御史龚湜	南京户部尚书王轼	老悖庸鄙，不堪大任	轼、瑶供职如旧	湜妄言姑贳之	《国朝典汇》卷四二，页三六

序号	年代	弹劾者	被弹劾者	弹劾事实	结果		出处
					被劾者	弹劾者	
12	嘉靖二十五年	南京给事中万虞恺等	南京户部尚书闵楷	楷……要致宝玩，不宜处钱谷之地	楷罢职		《国朝典汇》卷四二，页三八、三九
13	嘉靖二十六年	南京御史吉来献	户部侍郎及宦	举劾赃私	宦供职如故		《国朝典汇》卷四二，页四〇
14	嘉靖二十六年	给事中马锡、厉汝进	户部尚书王杲	任职受贿	杲遣戍		《明史》卷二〇二《王杲传》
15	嘉靖三十一年	给事中徐公遴	户部尚书孙应奎	边事耗费多，疑有侵冒，劾应奎粗疏自用	应奎改南京工尚书		《明史》卷二〇二《孙应奎传》
16	嘉靖三十七年	南京御史黄希宪	户部侍郎马森	先为巡抚时荐人不当，为布政使时贪贿数千金	调大理卿		《国朝典汇》卷四二，页四三
17	嘉靖四十一年	御史尹校	南京户部尚书黄光昇	擅借库银助工	份视事如故，光昇下吏部，议留用	以挟私被责	《国朝典汇》卷四二，页四六
18	万历十年	吏科给事中邹元标	南京户部尚书张士佩	先附张居正，后结申时行，夤缘幸进	俱劾罢		《明史》卷二四三《邹元标传》
19	万历十七年	南京御史陈所闻	南京户部尚书张孟男	贪鄙	乞休,允之		《明史》卷二二一《张孟男传》
20	万历十八年	给事中李春开	户部主事姜士昌	出位妄言	不问		《明史》卷二三〇《万国钦传》
21	万历三十年	御史张至发	户部郎中李朴	背公死党，诳语欺君	不报		《明史》卷二五三《张至发传》

序号	年代	弹劾者	被弹劾者	弹劾事实	结果		出处
					被劾者	弹劾者	
22	天启元年	御史江秉谦	户部尚书李汝华	汝华尸素，宜亟罢	不问		《明史》卷二四六《江秉谦传》
23	天启五年	巡监御史陆世科、徐扬先	工部右侍郎兼户部侍郎董应举	侵官	落职闲住		《明史》卷二四二《董应举传》
24	崇祯二年	御史余应桂	户部尚书毕自严	殿试读卷，首荐陈于泰，乃辅臣周延儒姻娅	引疾乞休，不允		《明史》卷二五六《毕自严传》

第四节　对礼部的监察

礼部尚书、左右侍郎"掌天下礼乐、祭祀、封建、朝贡、宴享、贡举之政令"，其内设机构有仪制、祠祭、精膳、主客四清吏司。① 仪制清吏司分掌"礼仪、宗封、学校、科贡，举其仪度而辨其名数"②，具体职责为：遇天子即位，天子冠、大婚，册立皇太子等事，该司举诸仪注条上；如果有经筵、日讲、耕耤、视学、策士以及皇太子出阁、监国，亲王读书、之藩诸如此类的活动，该司颁仪式于诸司。至于传制、诰，开读诏、敕、表笺及上下百官往来文移，皆授以程式；每岁请封宗室王、郡王、将军等，各以其亲疏分为等第；对于宗室、驸马都尉、内命妇、少数民族首领的诰命，该司会同吏部上请。请司印信，由该司领其制度。③ 祠祭清吏司分掌"郊庙、群祀之

① 《大明会典》卷四十三，《礼部一》。
② 《大明会典》卷四十三，《礼部一·仪制清吏司》。
③ 参见《明史》卷七十二，《志第四十八·职官一·礼部》，中华书局1974年版，第1746页。

典及丧礼、历日、方伎之事"①，具体职责为分辨祭祀等第以便敬供，管理坛场、祠庙、陵寝而不时省阅，预备牺牲之物以作供奉，遇丧葬之事依贵贱而定其程则，督促天文官颁历象于天下，于天文、地理、医药、卜筮、师巫、音乐、僧道人等一并籍领。② 精膳清吏司分掌"宴享、牲豆、酒膳之事。会其品数，程其出纳"③，具体为每次皇帝遇正旦、冬至等节，经筵、日讲等事，照例赐百官礼食，该司视其品秩之高低，分为上中下三等。至于邻国来使，土官朝贡，亲王之藩，王、公、将军来朝，均有宴享，也由本司办理。④ 主客清吏司分掌"诸蕃朝贡、接待、给赐之事，简其译伴，明其禁令。凡百官恩赉，各省土贡亦隶焉"⑤。所谓"诸蕃朝贡、接待、给赐之事"主要指少数民族部落遣使来朝，由该司辨其贡道远近、贡使多寡、贡物丰约情况以确定迎送、宴劳、庐帐、食料的等次和赏赉的差别。遇各部落请求嗣封，该司遣使颁册其国；诸部落有保塞之功，则授予敕印封其爵位。各国使者往来，验其诰敕或勘籍。⑥ 礼部设官，正官：尚书一员，左、右侍郎各一员；首领官，司务二员；属官：各司郎中、员外郎、主事若干员。⑦

　　礼部的文卷由都察院的河南道监察御史负责照刷。其郎中、员外郎、主事等官考满，先由都察院河南道负责考核，分别写出考语后牒送吏部考功司候考⑧。六科中主要由礼科负责对礼部的日常运行实施监察。

---

① 《大明会典》卷八十一，《礼部三十九·祠祭清吏司》。
② 参见《明史》卷七十二，《志第四十八·职官一·礼部》，中华书局1974年版，第1749页。
③ 《大明会典》卷一百十四，《礼部七十二·精膳清吏司》。
④ 参见《明史》卷七十二，《志第四十八·职官一·礼部》，中华书局1974年版，第1749—1750页。
⑤ 《大明会典》卷一百五，《礼部六十三·主客清吏司》。
⑥ 参见《明史》卷七十二，《志第四十八·职官一·礼部》，中华书局1974年版，第1749页。
⑦ 参见《大明会典》卷二，《吏部一·京官》。
⑧ 《大明会典》卷二百九，《都察院一·考核百官》。

一 监纠礼仪

礼制是封建等级、封建统治秩序的具体体现，历代统治者都非常重视仪制建设。明太祖以布衣而至皇帝，自然会更加重视维护自己的威严，因此将仪制的作用发挥到了极致，其重要表现就是凡重大活动均须举行盛大的典礼仪式。① 为了保证典礼活动顺利举行并达到维护皇帝威严的效果，法律赋予了监察官员监纠礼仪的重要职责，大至朝会、祭祀等重大活动中百官是否行礼如仪，小至百官的服饰、举止都在监察范围之内。

（一）朝会纠仪

早在明朝建立之初，朱元璋就建立起极其隆重而庄严的朝会制度，并安排御史监纠礼仪。洪武六年（1373 年）九月，礼部上报拟定的百官日常朝见时的班次和报告事情的礼仪，朱元璋借此对中书省的大臣们说：“朝廷之礼，所以辨上下，正名分。百官有列，班序有伦，非惟尊礼统，抑亦四方瞻仰所在也。今文武百官朝参奏事，有未娴礼仪者，是礼法不严于殿陛，何以训天下？自今凡新任官及诸武臣于礼仪有不娴习者，令侍仪司官日于午门外演习之，且命御史二人监视，有不入仪者纠举之。百官入朝失仪者，亦纠举如例。”② 并且命令朝班时，每天都察院轮流委派二位御史陪从，以纠察失仪事。以后朝会纠仪形成严格的制度：“凡朔望日皇极殿朝参，丹墀、皇极门外，各侍班二员。每日常朝，丹墀、午门外，各侍班二员。”“凡大朝会行礼，若有失仪，听纠仪御史举劾。常朝，大小衙门官员奏事理有未当及失仪者，听侍班御史并给事中劾奏，依律罚俸。凡朝会行礼，敢有搀越班次、言语喧哗、有失礼仪及不具服者，随即纠问。”“凡早朝遇雨雪，司礼监传旨，有事进，无事退。有事者，即从东西廊行至皇极门上，东西对立。纠仪御史序班，俱北向立。凡京堂四品官员失

---

① 参见陈国平《明代行政法研究》，法律出版社 1998 年版，第 26 页。
② 《明会要》卷十二，《礼七·朝仪》，中华书局 1956 年版，第 184 页。

仪，照三品事例，具本劾奏。"①

另外，礼科的监察还体现在："凡朝参官员关领牙牌，及改造者，俱从礼部手本赴本科画字，出给字号，赴尚宝司关领。"②

（二）祭祀纠仪

在祭祀郊、庙、社稷、神祇、诸陵、历代帝王、先师孔子时，均设监祀御史，"凡大小祭祀，敢有临事不恭，牲币不洁，亵渎神明，有乖典礼，失于举行；及刑馀、病之人陪祭、执事者，随即纠劾。"③嘉靖九年（1530 年）二月，"诏定百官谒文庙礼。凡春秋二丁不与陪祀者，皆以常服序列陪祀官之后，同时行礼。正旦次日，诸司必候其堂属毕集，始得谒拜。有先后参差者，听纠仪御史劾治之。"④凡遇陵祭，正统元年（1436 年）谕："是日与百官俱浅淡服色。"成化九年（1473 年）奏准："孝陵祭祀，凡南京文武大小官员有不赴者，令御史纠察。"⑤对礼科相应职责的规定为："凡每岁大祀天地，都给事中入坛陪祀，给事中各一员从驾供事。嘉靖十五年（1536 年）题准："凡遇宗庙祭祀，都给事中俱令陪祭""凡遇圣驾亲行耕耤礼，各科掌印官陪祀，给事中各一员供事。一体侍宴""凡遇圣驾上陵，各科官扈从"。⑥

（三）重大庆贺活动纠仪

明朝朝廷的庆贺活动非常多，凡有庆贺活动，也必由科道官监纠礼仪："凡贺万寿圣节、正旦、冬至，皇极殿行礼，殿上侍班四员，丹墀十二员。贺大祀礼成，册立皇后、东宫，殿上、丹墀各侍班二员。贺圣驾视学还，皇极门行礼，丹墀侍班二员。凡颁诏，殿上侍班四员，丹墀、午门外、承天门外各二员。登极颁诏，殿上侍班四员，丹墀十二员，午门外、承天门外各二员。凡册立东宫传制，殿上侍班

---

① 《大明会典》卷二百十一，《都察院三·监礼纠仪》。
② 《大明会典》卷二百十三，《六科·礼科》。
③ 《大明会典》卷二百十一，《都察院三·监纠礼仪》。
④ 《明世宗实录》卷一百一十，嘉靖九年二月壬申。
⑤ 《大明会典》卷九十，《礼部四十八·陵坟等祀·陵寝》
⑥ 《大明会典》卷二百十三，《六科》。

四员，丹墀十二员，午门外、承天门外各二员。大祀誓戒及一应传制，殿上、丹墀、各侍班二员""圣驾幸学，行释奠礼，监礼四员""凡庆成宴，殿上侍班二员，丹墀纠仪四员。凡经筵，侍班二员。凡冬夏至，大祀斋戒点斋二十四员。凡救护日月食，纠仪六员""凡贺皇太子，文华殿行礼，殿上、门外各侍班二员。凡皇子行冠礼，殿上、丹墀、各侍班二员""凡祭酒等官，率诸生上表谢圣驾视学，状元率诸进士上表谢恩，及进春、进历，殿上、丹墀俱各侍班二员。进实录，殿上侍班四员，丹墀十二员"。①

关于大成宴及其纠仪，法律还有极为具体的规定：凡大祀天地，次日庆成，大宴文武百官及四夷使臣土官人等。先期，礼部行各衙门，开与宴官员职名，画位次进呈，经批准后在长安门悬挂公示。开宴之日，"纠仪御史四人，二人立于殿东西，二人立于丹墀。锦衣卫、鸿胪寺、礼科，亦各委官纠举"。② 凡正旦、冬至、万寿圣节、洪武永乐间大宴，皆与庆成仪相同。

据《明实录》记载，天顺八年（1464 年）十月，英宗去逝孝宗登基不久，发生礼科都给事中张宁等劾奏礼部尚书姚夔一事。当时皇太后诞日建设斋醮，姚夔率百官赴坛焫香行礼，张宁等人认为此等行为与朝廷奉行的以儒教立国的精神不符。他们在奏疏中说："释道之教三代所无，至汉唐而盛。历代英君谊辟非不深恶而痛革之，特以化导愚昧存之，以备治外之一术耳，非谓其能扶世立教延永国祚而为之崇奉也。皇上即位之初，不许增列寺观乞请额名，固可传法将来。今礼部尚书姚夔等因皇太后诞日建设斋醮，乃会百官焫香赴坛行礼，则是儒者自失其守矣！夫臣之于君愿其福也，当劝以修德善；愿其寿也，当劝以去逸欲。今乃不能尽所当为，以瓣香尺楮列名其上宣扬于木偶之前，相率而拜曰'为朝廷祈福祝寿'，通朝之人靡然相从，既不能辟而排之，又不能以正自处，天下后世谓何？……乞敕礼部：凡

---

① 《大明会典》卷二百十，《都察院三·监礼纠仪》。
② 《大明会典》卷七十二，《宴礼·大宴仪（中宴常宴附）》。

遇斋醮,不许百官于寺观炷香行礼,其僧道坐食无所效劳自愿焚修以为尽心者听。如此,庶可以扶名教全治体,而与三代之时并隆矣!”他们的意见被孝宗接受,说:“尔等所言有理,今后僧道斋醮不许百官行香”。① 此件弹劾案说明:科道官希望朝廷能正确处理维护封建礼制与释道等宗教活动的关系,特别是礼部大臣能在维护封建礼制方面起到正确的示范和引导作用。

二　对宗封事宜实施监察

明朝宗室封爵制度,由朱元璋定下基本原则:“天下之大,必建藩屏,上卫国家,下安生民。今诸子即长,宜各有爵封,分镇诸国。朕非私其亲,乃遵古先王之制,为久安长治之计。”② 具体制度规定:“皇子封亲王,授金册金宝,岁禄万石,府置官属。护卫甲士少者三千人,多者至万九千人,隶籍兵部。冕服车旗邸第,下天子一等。公侯大臣伏而拜谒,无敢钧礼。亲王嫡长子,年及十岁,则授金册金宝,立为王世子;长孙立为世孙,冠服视一品。诸子年十岁,则授涂金银册银宝,封为郡王。嫡长子为郡王世子,嫡长孙则授长孙,冠服视二品。诸子授镇国将军,孙辅国将军,曾孙奉国将军,四世孙镇国中尉,五世孙辅国中尉,六世以下皆奉国中尉。其生也请名,其长也请婚,禄之终身,丧葬予费,亲亲之谊笃矣。”③ 明宗室封爵后权力过大,俸禄过多,给朝廷带来了许多的麻烦。明朝前期就有建文削藩之乱、汉王朱高煦之叛的事件发生。随着时间的推移,宗室人口变得越来越多,国家的负担也越来越重,朝廷于是加强了对宗封之事的管理,同时也采取了严格的监察措施。

(一)关于名封奏结

明代宗室请名制度包括王府代奏、宗人府审核、礼臣拟名、皇帝赐名四个步骤。宗室成员年满五岁,需通过亲王府属官长史代其奏

---

① 《明宪宗实录》卷之十,天顺八年冬十月壬辰。
② 《明太祖实录》卷五十一,洪武三年夏四月辛酉。
③ 《明史》卷一百十六,《列传第四·诸王》,中华书局1974年版,第3557页。

请，经宗人府审核合格后，由礼部官员按照派语取名，最后以皇帝名义赐名。请名成功后，再依次请封、请婚、请禄，可以得到相应的政治、经济待遇。请名制度作为明代宗藩制度的重要一环，基本与明王朝相始终。对请名请封事项的监察，万历十年（1582 年）议准："宗室子女请名请封，俱由各该亲郡王及管理府事者审实，定于每季仲月类奏一次。仍取具本位亲支，如无亲支，以次挨及房族宗室五位，并长史、教授等官、两邻收生人等，不致扶同欺隐甘结。于具奏之时，一并差人赍送到部，转行宗人府，备查生年月日、父爵母封，明白回报。仍将礼部收贮玉牒文册，查对相同，方与题覆。其或查无奏报及有差错者，行布政司查勘。若有扶同隐匿，将额外滥收妾媵并乞养过房、来历不明乐妇花生传生子女捏作嫡出庶出，朦胧冒请名封者，本部查出，或被奏告事发，将本位参降爵级。保勘宗室，罚革禄米；长史、教授等官，革职。一应甘结人等，行巡按御史提问，以枉法论罪。"[1] 弘治间及嘉靖三十年（1551 年）例："如王奏到三月以外，而长史教授等结未到，致妨查题者，礼部每上下半年查参一次。行巡按御史，将长史、教授等官提问。"[2]

（二）关于庶子袭封

亲郡王袭封采取嫡长子继承原则，如无嫡子，庶子可袭封。巡按御史对之有监察之责。万历十年（1582 年）议准："亲郡王娶有内助妾媵，不论入府先后、已未加封，所生之子皆为庶子。如嫡子有故，庶子袭封父爵，定以庶长承袭。若有越次争袭，朦胧奏扰者，将本宗参究，罚治辅导官并同谋拨置之人，行巡按御史提问治罪。"[3]

（三）关于越关奏扰

宗室成员请婚、请封、请禄粮须按程序上报，否则即是越关奏扰。巡按御史等对越关奏扰者实施监察。嘉靖十一年（1532 年）题准："郡王、将军、中尉、郡县、乡君夫人等，但有越关陈奏，情轻

---

① 《大明会典》卷五十五，《礼部十三·王国礼一·封爵》。
② 《大明会典》卷五十五，《礼部十三·王国礼一·封爵》。
③ 《大明会典》卷五十五，《礼部十三·王国礼一·封爵》。

者革去爵秩，情重者送发高墙"。万历十年（1582 年）出台了非常具体的规定："宗室如有构讼，及请乞婚、封、禄粮等项，合行长史、教授启王转奏。如亲郡王不与转奏，许差家人于守、巡、抚按衙门具告，即与行勘。轻则启王议处，重则会奏请旨。奏内亦要明开曾否经长史、教授、守、巡、抚按等官告理，抄奏到部，查勘明白，题请究治。不许私自越关来京奏扰。如或故违禁例，已封者，题请降为庶人，送发闲宅拘住，给与口粮养赡。其无名封及花生、传生等项，俱径札顺天府递回该府收管，不送闲宅致冒口粮。若宗妇、宗女犯者，顺付公差人等伴送回府。已封者，题请革去封号，仍罪坐夫男，削夺封职。凡所奏情词，一概立案不行，随行巡按御史根究同行拨置之人，问拟边卫永远充军。该府长史、教授等官失于防范，通候年终类参。每一府而岁至三起以上者，降调；一起二起者，行巡按御史提问罚治。如有需索抑勒、失误应得名封，以致本宗不得已而冒禁者，勘明之日，将辅导官参究革职。"①

（四）关于选择婚配

朝廷对各王府子女的婚配行为制定了严格的规范，违反了要受到追究。监察官员对有关人员的行为实施监察。弘治间定："王府选婚，务要会同长史、承奉、教授等官，于本境内拣选家道清白、人物俊秀、年岁长成者，就行彼处按察司核勘明白，方许具奏。并不许伦理失序，于例有违。若先通媒合纳贿营求及扶同保勘婚配不当者，经该官吏媒合人等通坐以枉法罪名。营求拨置之人，发边卫充军。"② 此例明确了按察司官的监察责任，正德以后进一步明确了抚按官的责任："正德十一年奏准：各王府子女年应请封选婚者，长史、教授即启王复查，一年二次类奏。若过期一年之上，辅导等官以违制论。其请封、选婚勘合到布政司，有指勒迟滞者，巡按官查究。守巡官年终将请封、选婚已未完结报本布政司，呈部稽考。十二年，令各王府子

---

① 《大明会典》卷五十六，《礼部十四·王国礼二·奏事》。
② 《大明会典》卷五十七，《礼部十五·王国礼三·婚姻（仪宾婚配及奏式附）》。

女婚姻，只令布政司保勘奏请，不必转行核实，以致迟误。嘉靖三十七年议准：如有同姓为婚者，不准受封，照依庶人子女事例，不给婚嫁。长史、教授、媒、证人等，巡按御史提问。"①

礼科有关的监察职责有："凡礼部填发各王府名封、婚礼等项勘合，及行两直隶十三布政各项勘合，每季终，精膳司将发过日期开造文册送科备照，候销缴稽查。"②

三　对岁贡之事实施监察

明朝定期从各府、州、县学中选送生员升入国子监就读，称为岁贡。正统六年（1441 年）以前，各地贡额不一，"正统六年，令府学一年贡一人，州学三年贡二人，县学二年贡一人，遂为定例"③。

（一）对起贡的监察

对起贡的要求，正统年间始有普遍适用的规定："正统七年，令岁贡精选端重有文及通书算者起送。天顺六年，令岁贡照例将食粮年深者严加考试，务要通晓文理，方许起送。成化十六年，令岁贡不分军民生，俱听提学官考试。其卫学，在布政司地方，布政司给批起送。在两直隶地方，各府起送。在各边，都司起送。"④ 嘉靖以后，不仅对其中的部分规则作了强调或细化，而且增加了提学官的责任。嘉靖十三年（1534 年）奏准："提学官一遵祖宗旧规，以食粮年深充贡。有司起送，只许正贡一人、陪贡一人。提学官考定一人，起送赴部，不必加添四人五人送考。其考贡不中，愿告衣巾终身者，听提学道照例行"；万历三年（1575 年）题准："各处岁贡生员，该府州县提调官俱要查其节年屡考一等二等，曾经科举，及年在六十以下三十以上者，照依食粮前后选取六人送考，提学官择其最优者起贡。其年

---

① 《大明会典》卷五十七，《礼部十五·王国礼三·婚姻（仪宾婚配及奏式附）》。
② 《大明会典》卷二百十三，《六科·礼科》。
③ 《大明会典》卷七十七，《礼部三十五·贡举·岁贡》。
④ 《大明会典》卷七十七，《礼部三十五·贡举·岁贡》。

力衰迈者，即授以儒官，不准起送。"①

（二）对恩贡的监察

嘉靖十年（1531 年）题准："照宣德、正统、天顺年间事例，今岁各学廪膳生员，果系学行出群，年三十以上者，府学许贡三人，州学许贡二人，县卫学各贡一人。以后仍照该贡年限、数目起送。如廪膳内无人，许于增广附学内考取，务求真才以应明诏。如有名实不称，及夤缘干进情弊，听抚按纠举。"②

（三）对补贡的监察

永乐十九年（1421 年），令岁贡生员起送到部，遇有事故，不许补贡。其在家或中途事故者，勘明后准令次考补贡。如丁忧及患病，勘明后仍补该年之贡。如托故延至二年之外者，亦不准收。有司朦胧送补者，各治罪。以后各朝多次出台关于补贡的规定，而以正德年间的规定最为详细，并在其中强调了提学官的监察责任："正德九年奏准：凡应本年贡，已经考中，领有试卷，丁忧患病回家，不拘已未给文，服满病痊，虽三年外，各该衙门再查无碍，结送补本年贡。若重给文后，又违限三年之上者，虽有患帖，亦发为民。补贡年月，以本地方到部限期为始。其应贡生员，未曾到部填写格眼，遇有事故，该衙门咨申试卷，并将以次生员申送提学官处考补。过一年之上者驳回。若违例起送，本部通将经该官吏并提学官参究。"③

（四）对选贡的监察

据《大明会典》，洪武二十六年（1393 年）定："岁贡生员到部，礼部奏闻，从翰林院考试。如果中式者，送国子监读书。其入学五年以上，及二次不中者发充吏典。提调官吏及教官训导照例决罚。"到嘉靖以后，朝廷进一步明确了都察院和巡按御史的监察责任："嘉靖十一年，令岁贡到部，考试不中五名以上者，提学官降一级；三名

---

① 《大明会典》卷七十七，《礼部三十五·贡举·岁贡》。
② 《大明会典》卷七十七，《礼部三十五·贡举·岁贡》。
③ 《大明会典》卷七十七，《礼部三十五·贡举·岁贡》。

以上者，提学并带考御史从两京都察院，按察司官从巡按御史，各提问。"①

四　监督科举事宜

明朝于洪武三年（1370 年）正式设立科举制度，考试分为乡试、会试、殿试三级。乡试属于省考试，每三年举行一次。参加考试的是一些通过州县考试的"秀才"或生员，他们考中后就成为"举人"。乡试的第二年举行会试，由礼部主持，中式者再参加由皇帝亲自主持的殿试。考中者分三甲，其中一甲三名，第一名叫"状元"，第二名叫"榜眼"，第三名叫"探花"，统称"赐进士及第"。二甲若干人，统称"赐进士出身"。三甲若干人，统称"赐同进士出身"。通过参加殿试中进士后，统统被授予官职。通常情况，状元授修撰，榜眼、探花授编修，二甲、三甲考选庶吉士者可为翰林官。其他则被授予给事、御史、主事、中书、行人、太常、国子博士、推官、知州、知县等。朝廷就监察机关和官员对各级考试的监察都作出了明确规定。

（一）明确监试官、考试官的责任

洪武十七年（1384 年）令："凡试官，不得将弟男子侄亲属入院，徇私取中。违者指实陈告。"② 成化十年（1474 年）定："监试官，都察院十日以前选差公正御史，公同提调官于至公堂编次号图、提点席舍、审察执役人等，禁约希求考试声誉。每场进题，考试官先行密封，不许进题官与闻，以致露泄。生员作文全场减场者，监试官各用全减关防印记。至黄昏，全场誊正未毕者给烛。稿不完者扶出。"③ 以后隆庆、万历年间都出台过补充规定，而以万历元年（1573 年）的内容较为详细："万历元年奏准：各处乡试，行令提调官转行主考官，除初场照旧分经外，其二三场改发别房，各另品题，呈送主考定夺。查果三场俱优者，即置之高选。后场俊异，而初场纯

---

① 《大明会典》卷七十七，《礼部三十五·贡举·岁贡》。
② 《大明会典》卷七十七，《礼部三十五·贡举·科举》。
③ 《大明会典》卷七十七，《礼部三十五·贡举·科举》。

疵相半者，酌量收录。若初场虽善，而后场空疏者，不得一概中式。如有后场雷同作弊者，查将本生从重问拟。其提调、主考等官，仍蹈故习者，听抚按官及礼部查究。"①

（二）对考生答卷内容实施监察

洪武年间，朝廷多次制定考生答卷的文字格式，特别是洪武二十四年（1391 年）专定文字格式，其中对考生答卷的文字提出明确要求，如回避御名和庙讳、不许自叙辛苦门地等。如有违反，誊录官检点出来后送提调监试官阅，不予录取。正统六年（1441 年）还专门就出题和取文作出规定："令出题不许摘裂牵缀，及问非所当问。取文，务须淳实典雅，不许浮华。违者从风宪官纠劾治罪"。②

（三）维持考场秩序

朝廷明令不许参加考试的人员有怀挟、越舍互录、浼托军匠人等夹带文字、冒滥入试等行为，监察官对之有纠举责任，一经查实，要给予严厉处罚。如弘治十七年（1504 年）奏准："凡科举入场及开榜之日，如挟私投匿名文书中伤士子者，在内听巡城御史五城兵马司、在外听按察司并应捕人役缉挐到官，依律治罪。见者即便依律烧毁。不许考试官诿以避嫌，妄退文卷。其士子果有作弊实迹，听明白具告治罪。违者，并听监试御史纠举。"③

（四）参与选用考试官并对其行为实施监察

乡试、会试、殿试入场官员，洪武十七年（1384 年）定："提调官：在内应天府官一员，在外布政司官一员。监试官：在内监察御史二员，在外按察司官二员。供给官：在内应天府官一员，在外府官一员。收掌试卷官一员，弥封官一员，誊录官一员。书写，于府州县生员人吏内选用。对读官四员，受卷官二员，以上皆选居官清慎者充之。巡绰监门口检怀挟官四员，在内从都督府委官，在外从守御官委

---

① 《大明会典》卷七十七，《礼部三十五·贡举·科举》。
② 《大明会典》卷七十七，《礼部三十五·贡举·科举》。
③ 《大明会典》卷七十七，《礼部三十五·贡举·科举》。

官。"① 这些官员中，最重要的是考试官，其选用范围、条件、程序都各有不同，但每种选用监察机构和官员都会深度参与。

乡试。洪武、永乐、正统年间对考试官的选用出台过有关规定，而关于监察机构和官员的监察职责规定以景泰、弘治和万历年间出台的条例最为明确。景泰三年（1452年）令："凡科举，布按二司会同巡按御史公同推保见任教官年五十以下三十以上、平日精通文学、持身廉谨者聘充考官"；弘治十七年（1504年），"令从公访举考试官，不拘职任，务在得人。有不胜任者，罪坐所举官员。又奏准：乡试除主考官，上请会举。其同考官，巡按御史移文别省请取，止具某经员数，不许明列姓名。听彼处巡按御史会提学官推举开送"；万历十三年奏准："各省仍用京官主考。凡遇乡试之年，巡按御史奏请，礼部会同吏部于在廷诸臣内，访其学行兼优者，疏名上请。每省分遣二员，仍酌量道里近远先期奏差。"②

会试。洪武十八年（1385年），朝廷就对会试考试官的选用作了明确规定："令会试主考官二员并同考官三员，临期具奏，于翰林院官请用。其余同考官五员，于在外学官请用"；到正德六年（1511年），增加了考试官人数，并明确六科官员参加："令增会试用同考官共十七员：翰林官十一员，科、部各三员。"③

殿试。永乐二年（1404年）定："前期，礼部奏请读卷并执事等官。其读卷，以内阁官、六部、都察院、通政司、大理寺正官、詹事府、翰林院堂上官。提调，以礼部尚书、侍郎。监试，以监察御史二员。受卷、弥封、掌卷，俱以翰林院、春坊、司经局、光禄寺、鸿胪寺、尚宝司、六科及制敕房官。巡绰，以锦衣等卫官。印卷，以礼部仪制司官。供给，以光禄寺、礼部精膳司官。"④ 以后以此为基本定式。

---

① 《大明会典》卷七十七，《礼部三十五·贡举·科举》。
② 《大明会典》卷七十七，《礼部三十五·贡举·科举》。
③ 《大明会典》卷七十七，《礼部三十五·贡举·科举》。
④ 《大明会典》卷七十七，《礼部三十五·贡举·科举》。

五　对处理对外关系实施监察

明朝立国之后，以恢复华夏正统为己任，一改元朝威服天下的政策，奉行"以德睦邻和谐周边"的外交政策，修复与周边国家的关系，为此制定了一系列对外交往的制度。这些制度在嘉靖时期得以进一步完善，其中增加了监察机构对这些制度实施的监察。

（一）关于人员来往方面的监察

凡夷人入关。嘉靖十二年（1533 年），"令边方一应该管官员，务要盘验明白，方许放进。若敕书内有洗改诈伪字样，即便省谕阻回，不许一概朦胧验放。"①

凡夷人番本。嘉靖二十六年（1547 年）题准："该边官审明封进，若于理法不通，即省谕退还，不必渎奏。到京后如有番本不系边官封奏者，不与准理。"②

凡夷使往回。嘉靖二十六年（1547 年）："令经该巡抚衙门给与印信文簿，事毕回还者，礼部给与印信文簿。令所过驿递，将夷使名数并应付马驴、车辆、廪给口粮各数目，初到及起身各日时逐一登记，就用本驿递条记钤盖，仍付伴送人员，赍往前路驿递，一体填写。事完之日，伴送人员将前簿在内送本部，在边送巡抚衙门稽考。礼部仍咨各该巡抚，凡伴送夷人，务选平昔畏法谙熟夷情者差遣，不得滥委，扰害地方。"③

（二）对接待之事实施的监察

设立会同馆提督。朝廷设立会同馆（旧设南北两会同馆），专事接待番夷使客，"遇有各处贡夷到京，主客司员外郎、主事、轮赴会同馆点视方物、讥防出入。贡夷去，复回部视事。弘治五年，各夷来贡者众，始添设提督会同馆主事一员，专一在馆提督事务。"④

---

① 《大明会典》卷一百八，《礼部六十六·朝贡通例》。
② 《大明会典》卷一百八，《礼部六十六·朝贡通例》。
③ 《大明会典》卷一百八，《礼部六十六·朝贡通例》。
④ 《大明会典》卷一百十三，《礼部七十一·给赐四·给赐番夷通例》。

对差使外国的监察。据《大明会典》："凡差官出使外国。嘉靖二十四年，令选差仪度修伟官员，不许一概轮差。或所用非人，本（礼）科纠举。"

对给赐番夷赏物的监察。《大明会典》在"给赐番夷通例"中就"给赏番易段绢等物"的监察作了规定，万历六年题准："各织造去处，抚按官痛革克减、冒破奸弊。有仍将粗恶不堪之物解进，该部、科将抚按等官一体查参。其给赐衣服、靴袜等件，该衙门成造务要精好。如有不堪，听礼部具实参奏重治。其留边给赏，赍去人员有将赏物抵换勒揸者，督抚官查参重治。至于各夷所得赐物，不许于开市之日货卖。或愿折价，礼部题照原价折给。"①

六 对礼部主要官员的纠劾

从前所谓"礼"者，仅指鬼神祠祀而已，因而礼部的权限较为狭窄。自明代为始，"合典乐典教，内而宗藩，外而诸藩；上自天官，下逮医师、膳夫、伶人之属，靡不兼综"，权限大为扩展。六部之间，虽然其权力不仅次于吏、户二部，也次于兵部，但礼部尚书"登公孤任辅导者，盖冠于诸部焉"②。也因此，对礼部官员的监察也呈现出新的特点。台湾学者张治安在其所著《明代监察制度史》一书中附录了《明代御史弹劾事实及结果表》③和《明代给事中弹劾事实及结果表》④。为分析明代礼部官员所受弹劾情况，现将两表合一后，抽取其中对礼部堂上官弹劾的部分制作成《明代御史、给事中弹劾礼部官员事实及结果表》（见表6-4）。从该表分析，首先，从弹劾对象看，一共有38人次受弹劾，礼部尚书19人次，仅占一半，这一比例是相对较低的，某种意义上说明礼部的权力或其权力的执行是比较分

---

① 《大明会典》卷一百十三，《礼部七十一·给赐四·给赐番夷通例》。

② 《明史》卷七十二，《志第四十八·职官一·礼部》，中华书局1974年版，第1750页。

③ 张治安：《明代监察制度研究》下册，台北五南图书出版公司2000年版，第462—520页。

④ 张治安：《明代监察制度研究》下册，台北五南图书出版公司2000年版，第523—572页。

散的；其次，对礼部官员的弹劾，正德（含正德年间）以前是比较少的，仅有 7 人次受到弹劾，而正德以后共有 31 人次受到弹劾，这是嘉靖以后礼部官员越来越多地卷入政治斗争的结果；第三，就弹劾事实看，所涉面较宽，而且多数属于个人品行和履职能力方面，滥用权力方面比较少，说明礼部的权力在明代是有所扩大，但仅是相对而言，其实仍属于"弱势"部门。

表 6 - 4　　明代御史、给事中弹劾礼部官员事实及结果表

序号	年代	弹劾者	被弹劾者	弹劾事实	结果		出处
					被劾者	弹劾者	
1	成化四年	御史胡深等六人	礼部尚书姚夔	夔用私灭公，贪财黩货	诏所言不允		《国朝典汇》卷四二，页三、四
2	成化四年	给事中董旻等	礼部尚书姚夔	言官劾尚书姚夔等，夔求退疏中多诋言者，旻复上章劾夔饰非强辩		命锦衣卫三法司执旻等廷鞫之	《国朝典汇》卷四二，页四
3	弘治元年	御史汤鼐	礼部尚书周洪谟，侍郎倪岳、张悦	不职，宜罢	不问		《明史》卷一八〇《汤鼐传》
4	弘治六年	御史周津	礼部尚书兼文渊阁大学士丘濬	为太医院判刘文泰草疏讦吏部尚书王恕	不问		《明史》卷一八一《丘濬传》
5	正德五年	御史舒晟、给事中李贯等等	南京礼部侍郎常麟	素行亏而叨滥春卿	麟仍留用		《国朝典汇》卷四二，页十、一一
6	正德十六年	给事中张九叙等	掌太常寺礼部尚书刘恺、礼部侍郎张昱	庸陋不职	恺、昱并致仕		《国朝典汇》卷四二，页一二、一三

续表

序号	年代	弹劾者	被弹劾者	弹劾事实	结果		出处
					被劾者	弹劾者	
7	正德十六年	御史李献等	礼部侍郎顾清	庸陋不职	令致仕		《国朝典汇》卷四二，页一三
8	嘉靖二年	御史曹嘉	礼部尚书乔宇	贿结奸佞，进用私人，变乱成宪	不报		《国朝典汇》卷四二，页一九
9	嘉靖八年	御史吴仲等	礼部侍郎严嵩，礼部侍郎黄绾等人	卑污谀佞。柔媚奸贪	令嵩等留，视事如故		《国朝典汇》卷四二，页二六、二七
10	嘉靖八年	御史王化	南京礼部侍郎黄绾等	党璁、尊，助报私仇，纳贿还官，假作威福	命吏部酌议奏请		《国朝典汇》卷四二，页二六
11	嘉靖九年	南京御史张寅	南京礼部侍郎黄绾	私役优人、滥遣夫役等十罪	下南京都察院勘覆以闻		《国朝典汇》卷四二，页二八
12	嘉靖二十年	南京御史包孝	礼部尚书温仁和	仁和主辛丑会试奸弊不职	不问		《明史》卷二〇七八《包节附传》
13	嘉靖二十年	南京吏科给事中王晔	礼部尚书严嵩	与郭勋阴相结纳，忘公徇私	不问		《国朝典汇》卷四二，页三八
14	嘉靖二十八年	南京御史张诏、南京给事中雷贺等	礼部尚书孙承恩	贪鄙不职	承恩致仕		《国朝典汇》卷四二，页四一
15	嘉靖四十年	吏科给事中梁梦龙等	礼部尚书吴山	卖直沽名	山冠带闲住		《明史》卷二一六《吴山传》

续表

序号	年代	弹劾者	被弹劾者	弹劾事实	结果		出处
					被劾者	弹劾者	
16	嘉靖四十一年	给事中韩楫	南京礼部尚书吴山	召起用，屡辞不即之官，迁延不敬	罢斥		《国朝典汇》卷四二，页四七
17	嘉靖四十一年	给事中张益	礼部主事潘允端	自登第后，偏谒公卿之门，乞哀干进，无所不至	允端调南工部		《国朝典汇》卷四二，页四五
18	万历三年	给事中朱南雍	礼部尚书万士和	士和忤张居正，南雍承风劾之	士和谢病去		《明史》卷二二〇《万士和传》
19	万历十年	御史王国、魏允贞、雷士桢	原任礼部尚书潘晟	张居正病笃疏荐潘晟入内阁，国等抗言不可	寝其命，罢召		《明史》卷二三二《王国传》
20	万历十年	吏科给事中邹元标	礼部尚书徐学谟	先附张居正，后结申时行，贪缘幸进	劾罢		《明史》卷二四三《邹元标传》
21	万历十年	给事中王继光等	原任礼部尚书潘晟	张居正病笃，疏荐其座主潘晟入内阁，帝从之，继光等抗言不可	帝寝其命		《明史》卷二三二《王国传》
22	万历十一年	南京给事中刘一相	礼部侍郎高启愚	启愚诂谀故大学士张居正	启愚劾去		《明史》卷二三六《李植传》
23	万历十三年	御史柴祥等	南京礼部郎中马应图	朋比为奸	已贬不问		《明史》卷二三一《于孔兼附传》
24	万历十三年	给事中王致祥	南京礼部郎中马应图	朋比为奸	已因他事被贬，不问		《明史》卷二三一《于孔兼传》
25	万历十八年	吏科都给事中钟羽正	礼部侍郎韩世能	不职			《明史》卷二四一《钟羽正传》

续表

序号	年代	弹劾者	被弹劾者	弹劾事实	结果		出处
					被劾者	弹劾者	
26	万历十九年	御史陈登云	礼部侍郎韩世能、尚书罗万化	不详			《明史》卷二三三《陈登云传》
27	万历三十三年	给事中袁懋	礼部左侍郎李廷机	考察部属不公	廷机求去，不允		《明史》卷二一七《李廷机传》
28	万历四十年	给事中赵兴邦、亓诗教	礼部左侍郎翁正春	处理乡试弊案徇私	正春求去，不允		《明史》卷二一六《翁正春传》
29	万历四十八年	御史王安舜	礼部右侍郎李腾芳	骤迁	辞位，不允		《明史》卷二一六《李腾芳传》
30	天启三年	御史王际逵	礼部尚书李腾芳	被察骤起，丁忧进官，皆非制	削夺		《明史》卷二一六《李腾芳传》
31	天启六年	御史叶有声	原任礼部右侍郎公鼐	与李三才为姻，徇私妄荐	落职闲住		《明史》卷二一六《公鼐传》
32	崇祯四年	户科给事中冯元飙	礼部侍郎王应熊	贪秽		被旨谯责，乞假归	《明史》卷二五七《冯元飙传》
33	崇祯四年	礼科给事中章正宸	礼部侍郎王应熊	强愎自张，何以特简入阁		削籍	《明史》卷二五八《章正宸传》
34	崇祯四年	户科给事中冯元飙	礼部侍郎王应熊	无大臣礼，宜罢		不纳	《明史》卷二五七《冯元飙传》
35	崇祯十一年	给事中张淳	礼部右侍郎张四知	时廷推阁臣，淳言四知为祭酒时贪污		帝不听	《明史》卷二五三《程国祥附传》

序号	年代	弹劾者	被弹劾者	弹劾事实	结果		出处
					被劾者	弹劾者	
36	崇祯十一年	给事中耿始然	礼部侍郎姚明恭	与副都御史袁鲸比而为奸利		帝不听	《明史》卷二五三《程国祥附传》
37	崇祯十一年	给事中何楷	礼部尚书兼东阁大学士杨嗣昌	嗣昌既夺情入阁，又夺情起陈新甲总督		镌三级	《明史》卷二五二《杨嗣昌传》
38	崇祯十二年	给事中李希沆	礼部尚书兼东阁大学士杨嗣昌	言连年积罪未正，语侵嗣昌	自疏引罪，落职冠带视事	贬秩	《明史》卷二五二《杨嗣昌传》

第五节　对兵部的监察

兵部尚书、左右侍郎"掌天下武卫官军选授、简练、镇戍、厩牧、邮传、舆皂之政令"①。兵部内设武选、职方、车驾、武库四清吏司，又曾设协理京营戎政一人，由尚书或侍郎或左都御史兼任。②武选清吏司分掌"武官升调、袭替、优给、诰敕、功赏之事"③，即所谓"以贴黄征图状，以初绩征诰敕，以效功课将领，以比武练卒徒，以优养恩故绝，以褒恤励死战，以寄禄驭恩幸，以杀降、失陷、避敌、激叛之法肃军机，以典刑、败伦、行劫、退阵之科断世禄"④。职方清吏司职掌"天下地图及城隍、镇戍、营操、武举、巡逻、关津

---

①　《大明会典》卷一百一十八《兵部一》。

②　参见《明史》卷七十二，《志第四十八·职官一·兵部》，中华书局1974年版，第1750页。

③　《大明会典》卷一百十八，《兵部一·武选清吏司》

④　《明史》卷七十二，《志第四十八·职官一·兵部》，中华书局1974年版，第1752页。

之政"①，即所谓"以堡塞障边徼，以烽火传声息，以关津诘奸细，以缉捕弭盗贼，以快壮简乡民，以勾解、抽选、并豁、疏放、存恤之法整军伍"②。车驾清吏司分掌"卤簿、仪仗、禁卫及驿传、厩牧之事"③。掌卤簿即遇郊祀、幸太学、及耕耤田等大典礼和正旦、冬至、圣节等大朝会，该司会同锦衣卫依制陈设卤簿大驾于法定地点。平常早朝则设丹陛驾。掌仪仗即遇皇太子、亲王出入，将合用仪仗依制陈导。掌禁卫即统领朝廷侍卫、将军等项人员，一是根据朝会不同情况用全直或更番直，二是不分昼夜巡警皇城。掌驿传即掌管符验关券，决定给驿与否。掌厩牧即统理专管马政的太仆寺和苑马寺。④ 武库清吏司分掌"军政、武学及戎器、仪仗，辨其出入之数，并请诸杂行冗务"。⑤ 所谓"杂行冗务"包括供应诸司官署柴薪、确定直衙皂隶官品等。此外，协理京营戎政主管京营操练之事，屡设屡罢，无有定制。兵部设官，正官：尚书一员，左、右侍郎各一员；首领官：司务二员；属官：各司郎中、员外郎各一员（职方清吏司员外郎二员），主事若干员；所属衙门会同馆大使一员、副使二员，大通关大使一员。⑥

兵部的职权中最重要的对军事人员的管理权，即选授和军政权，所谓"兵部凡四司，而武选掌除授，职方掌军政，其职尤要"⑦；其次是国防建设管理权，包括厩牧管理、镇戍管理等；再次是社会管理方面的权力；最后是邮传管理方面的权力。兵部的文卷由都察院的山东道监察御史负责照刷。其郎中、员外郎、主事等官考满，先由都察院河南道负责考核，分别写出考语后牒送吏部考功司候考。⑧ 六科中

---

① 《大明会典》卷一百二十四，《兵部七·职方清吏司》。
② 《明史》卷七十二，《志第四十八·职官一·兵部》，中华书局1974年版，第1753页。
③ 《大明会典》卷一百四十，《兵部二十三·车驾清吏司》。
④ 参见《明史》卷七十二，《志第四十八·职官一·兵部》，中华书局1974年版，第1753页。
⑤ 《大明会典》卷一百五十四，《兵部三十七·武库清史司》。
⑥ 参见《大明会典》卷二，《吏部一·文选清吏司·官制一·京官》。
⑦ 《明史》卷七十一，《志第四十七·选举三》，中华书局1974年版，第1724页。
⑧ 《大明会典》卷二百九，《都察院一·考核百官》。

的兵科负责对兵部的日常运行实施监察。由于军事权对国家政权的稳固具有至关重要的意义，对兵部的监察也就非常具体而深入。

一　对兵部选授权的监察

兵部对武职人员的选授即"武选"，指"卫所、土官选授、升调、袭替、功赏之事"①。所有的武官分为六品，其勋十二，散阶三十。武官又分为三类，即世官，共计九等：指挥使，指挥同知，指挥金事，卫镇抚，正千户，副千户，百户，试百户，所镇抚。皆有袭职，有替职。流官分为八等：左右都督，都督同知，都督金事，都指挥使，都指挥同知，都指挥金事，正留守，副留守。以世官升授，或由武举用之，皆不得世。即有世者，出特恩。土司之官分九级，自从三品至从七品，皆无岁禄。其子弟、族属、妻女、若婿及甥之袭替，各从其俗。②对于军官的选授有不同的方式，每种方式都有科道官实施监察。

（一）对大选的监察

宣德三年（1428年）奏定武选条式："一脚色，二状貌，三才行，四封赠，五袭荫。仍具有无残疾，从亲管及同僚同队并首领官保勘，以凭稽考。"③后来又有变化，"弘治间定：凡单本选过军职，遇大选，仍通类具本附选。嘉靖元年议准：一日附对选簿不尽者，听明日补续，又明日奏请用宝。"④

（二）对传旨除授的监察

宣德三年（1428年）令："凡内官传旨除授，不问职之大小、有敕无敕，皆须覆奏，然后施行。"⑤

（三）对叙功升授的监察

对于立有军功的人员，朝廷制定了系统的奖励提拔的规定，据《大

---

① 《明史》卷七十二，《志第四十八·职官一·兵部》，中华书局1974年版，第1751页。
② 《明史》卷七十二，《志第四十八·职官一·兵部》，中华书局1974年版，第1752页。
③ 《大明会典》卷一百十八，《兵部一·武选清吏司·铨选一·升除》。
④ 《大明会典》卷一百十八，《兵部一·武选清吏司·铨选一·升除》。
⑤ 《大明会典》卷一百十八，《兵部一·武选清吏司·铨选一·升除》。

明会典》记载:"国初,论功行赏,皆临时取旨,差次重轻,不预为令。承平以来,意存激劝,率以首功定赏格,条例渐广。凡官及军有功,查勘明白,造册到部,当升赏者,各照立功地方则例,具奏升赏。其论功,以擒斩北虏为首,辽东女直次之,西番及苗蛮又次之。"①

根据军功大小予以升授,具体事务由兵部办理,但科道官要进行查核。据《大明会典》:"凡查核功次。成化十四年申明,功次须验不系一日一处者,方准如例升级。若系一日一处之数,止拟一级。其余给赏,嘉靖十四年议准:今后凡遇各边获功,巡抚官务即委该道官亲诣战阵地方查勘,转送巡按衙门体勘是实,即便如式造册。四十二年令:各处巡按御史今后勘报功次,大功限两月以里,小功限一月以里,不许稽迟。隆庆五年题准:如遇大举官军交战,巡按御史移住近地督并稽查。零骑对敌斩获,该道亲临纪验是否真正,仍查对食粮文册有无姓名,无名者即系买冒,革禄不叙,仍行究遣。如遇家丁随征获功者,务审原系何卫所军民舍余,今顶何军名粮,及将阵亡员役、有无兄弟子孙各明注本名脚下造册,一留备照,一缴部。兵部查核明实,覆请升赏。随将应升官旗,一面移文该府,照旧将勘合径行各该都司卫所,遵照给帖;一面备细开咨都察院,转行原勘御史,查对原册相同,方准授职。以后告并斩首阵亡功级,但系年远、不系己名或故祖父名者,备查案册无名,即系诈冒,俱不准理。六年题准:九边官军获有擒斩功次,本处巡按御史速行核实,一面查收贮库抚按赃罚或别项应动银两,就将愿赏者照数给赏;一面速将核册奏缴兵部,即行题请升赏,候礼部送银到部,兵部即便差官赍送,以补前数。其一应动支补还出入之数,俱听巡按御史径自查理造册交代,督抚官不许干预,巡按先将应动银两具数奏知。沿海腹里地方赏给银两,原不由内府给发,各该巡按照九边例一体先行给赏。又题准:各边海去处,除系大敌决胜一鼓成功外,其陆续零斩功次,核勘之时,宁多拟赏,毋多提升。"②

---

① 《大明会典》卷一百二十三,《兵部六·功次》。
② 《大明会典》卷一百二十三,《兵部六·功次》。

又据《大明会典》，兵科对武官功次有稽考权："凡各边镇、巡等官编造获功、阵亡官军及出境烧荒里数等文册，送该科收查。"[1]

（四）对推举的监察

流官推举与文职官员的保举相同。当某一官职出现空缺以后，须在规定的范围内按照规定的程序推举，最后报皇帝简用。主要官员的推举情况是，凡五军都督府缺掌印官，由兵部奏请皇帝批准后，由兵部会官于现任公侯伯内推举二员；缺佥书官，于各府带俸公侯伯都督，及在京各营都指挥等官、在外正副总兵内推举二员，奏请简用。其府军前卫缺掌印官，亦于侯伯内推举。在推举过程中和经推举由皇帝简用后，科道官都有权实施监察。据《大明会典》开载："凡各都司掌印、佥书等官缺，本处有相应官，听各镇巡官保举，兵部议拟，奏请简用。本处无官，具奏，兵部查访中外相应官兼用。或遇事故犯罪被劾急缺者，兵部即行推用。其都司掌印、佥书官并留守司正副留守缺，兵部于各守备内、留守佥书于指挥内，查其贤能有守、曾经抚按荐举及访系才望出众者，奏请简用。后有贪滥不职，听巡按指实参奏，仍候兵部查访相同，具题革任。凡各处管操领班等项纳粟官，正德三年，令果有奇才异能、累立军功者，各该镇巡等官奏举简用，不许夤缘滥举。"[2]

为了保证推举的公正和皇帝对推举的最终决定权，朝廷建立了武职御览揭帖制度，并明确了兵科对该项制度实施的监察权。据《大明会典》："弘治十八年，令兵部按季将两京五府各营及亲军卫分堂上、管事并在外镇守、分守、守备方面官，开具姓名、履历揭帖进览。嘉靖八年题准：将前项武职官履历、贯址、年岁及曾经举劾考语开造揭帖二本，每孟月一日送兵科，次日早朝掌科官将一本御前奏进，一本留科查考。"[3]

为了便于兵部推用军官，朝廷要求兵部建立"武官贤否文册"，

---

[1]　《大明会典》卷二百十三，《六科·兵科》。
[2]　《大明会典》卷一百十九，《兵部二·铨选二·推举》。
[3]　《大明会典》卷一百十九，《兵部二·铨选二·推举》。

并要求在建立文册的过程中，总督、巡抚、巡按乃至按察司的官员都要发挥作用："万历九年题准：本部将材簿登注将领职名、脚色、历履、荐章，以备推用。通行边腹抚按，着落司道，备将所属见任将领等官通查职名、脚色、履历、到任年月，造册送部。仍每季终，将各官内有升调、闲住、罚俸、住俸、提问、追赃、立功、降级、调卫、充军等项，有碍推升节略，总具一册，即将各官贤否填注。副参、游击、都司、守备、提调、备御、把总各四句，中军、千总、指挥、镇抚、千（百）户各二句，有堪边腹及贪暴实迹皆注考语之末。总具一册，一并送部。其各镇总督亦于每季将各官贤否揭部参考。"①

（五）对举用将才的监察

如果不是因缺官而行推举，而是因人而加升授，谓之"举用将才"。举用将才分两种情况："凡武官奉旨升任者，或一级，或二级，即遵旨照级授官，属武选司掌行。若谋勇出众，累经荐举者，难拘资格，即不次超迁，或曰'量升'、曰'署'、曰'以某官行事'、曰'奉依'，皆属职方司。"② 据《大明会典》开载，很多代皇帝都下过诏书，就举用将才作出规定，其中都明确规定监察机构和科道官荐举武将的职责，如"成化八年，令文武官员军民人等有谙晓兵法、谋勇过人、弓马熟闲者，并许保举。试中者，无官授以冠带，有官仍旧职，拨团营操练听调。边方举者，就各边操备。其有才兼文武堪为大将，耻于自进者，府、部、都察院、通政司、大理寺、科道并在外衙门，各举所知"，以后嘉靖及隆庆年间多次下诏，就举用将才作出补充规定，到万历元年（1573 年）有关的规定趋于完善："在京四品以上及科道官，在外总督、镇巡等官，各延访不拘见任、隐逸及被论、听勘、革弃等项人员，上自总兵，下至卒伍民庶，某可为大将，某可为偏裨，某可备先锋及远使外夷，据实开注。每人或举一二员名，或三五员名具奏，兵部再加品骘，并将举主职名题覆附簿，听备缓急推

---

① 《大明会典》卷一百十九，《兵部二·铨选二·推举》。
② 《大明会典》卷一百三十五，《兵部十八·举用将材》。

用。如树有功绩，赏及举主；或徇私滥举以致偾事，举主一体议罚。"① 其对任用前的举荐和任用后的监察都作了具体规定。

（六）对武职袭替的监察

凡属于世职的武官，殁者承袭，老疾者替。对袭替者的条件、申报期限、申报程序、决定程序及如何监察各代都有明文规定，这些规定到嘉靖朝趋于完备。据《大明会典》开载：凡袭替保勘，"嘉靖十一年题准：通行各处巡按御史置立花栏号票，经由衙门一一拟款，立定保勘起送限期，刊刻印刷，编立巡按半印字号。遇有告袭之人，令其先将原起送公文赴巡按衙门挂号，酌量地里远近填注限期，每名领给一张收执。各衙门照限保勘完日销缴。验有不行依限者，查提治罪。中间如有患病事故等项，各衙门亦就具由回报，并追缴前票。待后病痊事结，或原起送之人病故，别系相应之人另行填给。起送之日，照依兵部所议，将稽迟缘由同原行卷案并封送部查照。其有因贫不能告袭，及曾经具告各该官吏人等刁难揢勒不与保勘者，许被害之人陈告，以凭参究。二十七年题准：远方都司卫所保勘袭替，官舍但系次房子孙、祖父数辈未袭者，俱要明开未袭辈数，呈详抚按审实，取具官吏邻族人等甘结，并本舍的确供图四本，一存本卫，二给本舍赍送府部，一呈都察院咨部查对，以便收选。仍先责付巡按衙门查验，于结状年月后明注'驳查无违碍讫'六字，用印钤盖。如无，不准。二十九年题准：舍人亲供或有洗改字样，兵部验出，径行驳查。若五府验出，止照会本部，不得径自行查。如违，指实参究。三十一年题准：各都司卫所保送曾经问罪军职子孙袭替，不论事情大小及遇宥改拟释放，俱要呈详巡按御史转行原问衙门，备抄招由二本，用印钤盖，一给本舍赍投，一呈都察院咨部查对收选，以省到部查驳之艰"。② 又据《大明会典》，兵科专门对兵部的袭替职权进行监察："凡兵部引选袭替武职官员，掌科官一员与本部尚书、侍郎御前奉旨

---

① 《大明会典》卷一百三十五，《兵部十八·举用将材》。
② 《大明会典》卷一百二十，《兵部三·铨选三·武职袭替》。

同选，并看用选官印子。"①

（七）对官舍比试与旗役升用的监察

有些军官的升授是靠比武来决定的，兵科有监察权。据《大明会典》："凡内外武职比试及总小旗拚枪，本科官一员会同监试，定其对偶，并批中否，送兵部施行。其不中者，本科仍行参奏。"②

（八）对武举的监察

科举取士是对文职官员而言，朝廷仿科举之法制定了武举办法，规定凡军民人等均可通过参加武举而取得军职。累朝的选试升用办法各不相同，大体的情况是，在武举前期，各地由巡抚或巡按御史会同地方官进行考试选拔，然后将中试者送兵部；兵部再组织武举考试，在科道官员的监督下确定录取等次。武举之法，开始于天顺年间，"天顺八年，令天下文武衙门各询访所属官员军民人等，有通晓兵法、谋勇出众者，从公保举，从巡抚巡按会同三司官考试，直隶从巡按御史考试。中者，礼送兵部，会同总兵官于帅府内试策略、教场内试弓马，答策二问、骑中四矢、步中二矢以上者为中式，官量加署职二级，旗舍、余丁授所镇抚，民授各卫试经历，俱月支米三石。若答策二问、骑中二矢、步中一矢以上者次之，官量加署职一级，旗舍、余丁授冠带总旗，民授各卫试知事，俱月支米二石。并送京营，量用把总管队听调，有功照例升赏"。以后武举之法逐渐完善，特别是到嘉靖、隆庆、万历年间陆续出台了一系列更为详细的规定，而与之相适应，科道官员对武举的监察也趋于严密，如嘉靖元年（1522年）议准："武举官生、两京武学，于兵部月考优等选取。在外，听巡按御史考试选取。每遇开科之期，兵部堂上官并提督京营总兵官统领大纲，兵部属官分理众务。初场，较骑射；二场，较步射，俱于京营将台前。三场，试策二道、论一道于文场内。先期，请命翰林官二员为考试官，给事中并部属官四员为同考试官，监察御史二员为监试

① 《大明会典》卷二百十三，《六科·兵科》。
② 《大明会典》卷二百十三，《六科·兵科》。

官……"隆庆四年（1570 年）议准："凡天下军民人等力胜五百斤，或四百斤、三百斤以上，及武艺超众者，府州县呈送抚按严加考校。如果艺勇不凡，量给衣巾充为武生。开科年分，除精通论策者，听随武举入场，其余候场。事毕日，抚按复行验，中，行该府给文到部。会试之年，照例于武举场，毕，将各送到选中之人，公同监试御史通行考验。不中者，发回肄业。中者，为首一人，量给冠带，随宜委用。余俱分发蓟镇……"万历五年（1577 年），"令御史监试武举，严加巡察。有违犯者，照文举例行"。① 上述各代规定，都在不断地强调监察御史对武举的监察责任。

对武官的选任，兵科还有专门的监察责任："凡拣选大汉将军，本科掌印官会选""凡拣选守卫及操练官军，本科差官一员会选"。② 其引选、画凭之制与吏科相同。

二　对武职官员日常管理实施监察

贴黄是明代管理职官的一种方式。明朝建立之初，为了便于对军职人员进行稽考就建立了军职黄簿。其具体事务由武选清吏司负责，内设郎中一员、员外郎一员、主事五员，一员负责清理军职贴黄，一员负责续黄，一员负责新官袭替，一员负责旧官袭替，一员负责优给、优养、官舍。都察院和兵科对写黄和续黄进行监察："洪武二十六年，定写黄续黄例。凡除官，开写年籍、从军脚色，赴内府清理明白写黄。仍写内外贴黄与正黄，关防走号合同，请宝钤记。正黄，送铜柜收贮。内外黄各置文簿附贴，亦于内府收掌。遇有升调袭替官员，次日即具升转袭替缘由奏闻，贴揭续附。如有事故，亦须总为置簿，揭下附贴，以凭稽考。永乐以后续定清黄例。凡武职除授后，有升调袭替及降调减革等项，每三岁一次清理。以兵部侍郎一员总其事，都御史一员主纠察，翰林官一员主编纂，兵部仍委主事一员管

---

① 《大明会典》卷一百三十五，《兵部十八·武举》。
② 《大明会典》卷二百十三，《六科·兵科》。

理。"① 兵科对武职贴黄的监察责任为："凡兵部造完武职贴黄及续附贴黄，并中书舍人写完武职诰敕，尚宝司官用宝，本科官一员监视。其诰敕有应追夺者，亦同尚宝司官烧毁"②。

明代前期，军职管理办法还能得到严格执行，但时间一长，"法纪隳坏，选用纷杂。仅正德年间，冒功升授者三千有奇"。③ 据《明实录》记载：世宗登基之初，即遣给事中夏言等查革军功冒滥官旗三千余人，六年后又下诏书令查复其不应革者，"于是给事中程辂等籍上应留应革之数，下兵部议处。兵部分款覆上。更命与科道官公同再核具奏。至是，给事中黎良等会同查议，备将各边总兵官奏带从征人员功次，及地方捕斩盗贼与获妖言所升功次，以至军功荫升不系赐姓义子及内批陈乞者，并从公酌议，查列款目，拟别去留上请。得旨：'俱如所拟。兹事屡次查审，朝廷从宽处分，一应被革人员敢再奏扰，重治不贷。'"④ 从这一记载中可知科道官在查核军职冒滥方面所发挥的作用。

三 对军政考选进行监察

军政考选与文职考察相同，科道官发挥的监察作用也非常大。据《大明会典》记载："成化二年，令军政官五年一次，通以见任掌印、带俸差操及新袭职官，一体考选。十三年，令两京通考，自是以为常。考选之法，兵部预先通行南北直隶、浙江等处巡抚都御史，转行都布按三司掌印官，各将所属卫所、副参游以下、千户以上贤否、履历访察明白，各注考语，径送抚按官处另注考语。造册三本，限四月终旬差人赍部。至期，各参、游、都司、守备、操守等官，兵部会同兵科参详去留，上请定夺。仍听科道拾遗。其都司卫所官，抚按照例会官从公考选进退。仍将考选官员职名，造册奏缴到部，覆奏定夺"，

---

① 《大明会典》卷一百二十二，《兵部五·贴黄》。
② 《大明会典》卷二百十三，《六科·兵科》。
③ 《明史》卷七十一，《志第四十七·选举三》，中华书局 1974 年版，第 1726 页。
④ 《明世宗实录》卷八十七，嘉靖七年四月丙寅。

以后各朝特别是嘉靖年间对这一规定又有重申或补充性规定，如嘉靖二十九年（1550 年）题准："每遇考选军政之年，俱听自陈，去留取自上裁。其有不协公论者，许言官纠拾。"①

四 对镇戍管理实施监察

兵部管理镇戍方面的事项，具体由职方清吏司负责。根据《大明会典》所载"镇戍通例"，镇戍所涉事项包括烽（土）候的设置和管理、声息的传报及处理、墙堡的修葺和巡察、军马的操练和简阅及班军、战守、防御、军前报劾、边境田土管理、招降夷人、边禁、海禁等事项。朝廷经常派遣御史、科官到督抚驻扎地巡阅，最早在宣德年间，"宣德七年令：居庸、山海关、荆子村、黑峪口，北抵独石，西抵天城，每三月差武官二员、御史二员点视"，后巡阅制度进一步完善，"隆庆五年题准：虏众内附，边患稍宁。严饬各边督抚将领整顿边事，将积钱粮、修险隘、练兵马、整器械、开屯田、理盐法、收胡马、散逆党等八事从实举行。以后三年一次，分遣才望大臣或风力科道官三员，一往延宁、甘固，一往宣大、山西，一往蓟辽、保定阅视回奏。果着有劳绩，与擒斩同功。若仍袭故常，与失机同罪"，万历十三年（1585 年）"敕各该巡按御史遍阅所属地方边备，及查盘钱粮、稽核工程，一并奏报。该部覆请，分别赏罚。又令巡抚总兵官俱依期巡阅沿边地方，不许专驻一城"。②

五 对厩牧管理实施监察

明朝的马政，由太仆寺、苑马寺专理，而兵部负总责。据《大明会典》记载："其目有四：曰厩牧、曰关换、曰折粮、曰收买。而厩牧中有挈牧，有寄牧，有放牧。挈放之处，各有草场。类列其事，则关换外，如起解、印俵、买补、禁约、比较以及收买，皆马政之大凡也。"③

---

① 《大明会典》卷一百十九，《兵部二·铨选二·考选》。
② 《大明会典》卷一百三十二，《兵部十五·镇戍七·各镇通例》。
③ 《大明会典》卷一百五十，《兵部三十三·马政一·民间挈牧》。

朝廷经常派遣御史或科官检查各营卫放牧的情况："永乐十一年，令御史同锦衣卫官巡视官军牧放马匹。以后锦衣、旗手等卫，五军等营，各置草场于顺天等府。每岁春末夏初，各营马匹除例该存留听用外，其余兵部推举坐营官一员，具奏请敕，管领下各该草场牧放。至九月终回营。其牧马，每三日演习一次。下场之后，兵部行移该科（兵科）及都察院具奏，差官点闸马匹例死、官军逃亡，领敕官按月造报。如有纳贿卖闲不行提督，致马瘦损者，点闸官指实参奏。其在边者，以四月中出牧，九月初回营。"① 明中期以后，马政问题越来越严重，朝廷加大了监察和处罚的力度："嘉靖九年议准：每年牧放马匹，放操之时下场者，科官照旧查究。其在营者，行内外提督大臣；在巡捕者，行巡捕提督，通行查究。若把总官用心提督，倒失数少者，具奏旌赏。若全不用心，致令倒失数多，径自参奏提问；甚者，坐营者一体参究。"②

六　对邮传管理实施监察

明代自京师达于四方，设有驿传。在京称会同馆，在外称水马驿或递运所，以便公差人员往来。关于邮传的管理，"其间有军情重务，必给符验以防诈伪。至于公文递送，又置铺舍以免稽迟。及应役人等，各有事例"③ "国初，公差人员应合给驿及应付脚力，各有等差。累朝以来，给驿渐广，事例不一。嘉靖中申明旧制，公差俱改给勘合。其应给勘合及拨夫，俱有则例。"④

为了保证有关驿递制度的实施，朝廷设立了驿递稽查制度："弘治五年奏准：天下驿分，各于巡按御史处给簿一扇。遇应付过夫马车船等项及过客职名，逐一填注。年终类册缴报，以凭查考。嘉靖九年议准：抚按衙门，遇王府及内外镇守、分守、守备三司等官差人赴

---

① 《大明会典》卷一百五十一，《兵部三十四·马政二·营衙放牧》。
② 《大明会典》卷一百五十一，《兵部三十四·马政二·营衙放牧》。
③ 《大明会典》卷一百四十五，《兵部二十八·驿传一》。
④ 《大明会典》卷一百四十八，《兵部三十一·驿传四·应付通例》。

京，或各地方公干，务要将关文挂号。本名之外，不许滥给跟随人役。如有贡物，准带二名。合用车辆人夫，所在抚按二司等衙门查验方物多寡，于原批并关文内明白填注数目，酌量给拨装送。如有仍前滥给，以致夹带私货、多起车辆人夫，或填写诡名批关，带领听选、解军、解匠、进本等项人役，经过抚按等挂号衙门查验得出，照依律例究治。若关文不由抚按衙门挂号者，有司驿递不许应付。仍呈所在官司参治。万历三年议准：每省驿传官各给以专敕关防。其在直隶，增入兵备敕内。务要不时往来巡历，清查钱粮，点检舟车，辨察勘合，禁遏牌票。十一年题准：通行各抚按官查照节年条例及勘合应付款目，着落各驿传道，备查编定夫马、廪粮、额银分发驿递各若干，应付过公差人员是否俱照勘合原定之数。如公差人员勘合外多索，有司勘合外滥给，及擅用金鼓、违例折干等项，即转呈抚按，从实查参。无只取一二卑官塞责。"①

为了严格驿递制度的落实，朝廷还先后制定了驿递方面的"禁例"，其中明确了对科道官不履行监察职责的追究处理办法。据《大明会典》记载："正德六年题准：各处镇守、守备、分守等官，自己并参随家人廪给口粮，只许应付本等廪米，不许计日折银。违者，抚按官将驿递有司官吏提问。干碍公差内外官员，指实参奏。若抚按官不能禁革，其至定有出银则例，听科道官劾奏究治，及都察院考察降黜。"②

明中期以后，违反驿递制度的事件逐渐增多，朝廷要求科道官进行查革，据《明实录》记载：嘉靖九年（1530 年）二月，吏科给事中李鹤鸣劾奏："丰城候李旻先镇守两广，行取至京，沿途需索，乞治以罪"，嘉靖皇帝说："近年驿递被扰，人民困敝已甚，屡谕查革。李旻勋爵重臣，乃所至骚扰，所司勘核以闻。"接着兵科都给事中张润身又弹劾李旻违制乘舆、骄恣不检，请先解其兵柄，俟勘明之日别为奏处。嘉靖皇帝"乃令旻引避，下法司并究其事"。③ 随后朝廷出

---

① 《大明会典》卷一百四十八，《兵部三十一·驿传四·应付通例》。
② 《大明会典》卷一百四十八，《兵部三十一·驿传四·应付通例》。
③ 《明世宗实录》卷一百十，嘉靖九年二月辛巳。

台了新的事例:"嘉靖十年令:凡公差人员,若有违例索取,及沿河吹打响器骚扰驿递者,该地方官即便擒挐,奏闻处治。其各处应付过钱粮,该抚按官并地方兵备各核实,按季造册具奏,发该科清查。有仍袭前项奸弊,及不行举奏者,一体治罪""万历三年令:凡官员人等非奉公差,不许借行勘合。非系军务,不许擅用金鼓旗号。虽系公差人员,若轿扛夫马过溢本数者,不问是何衙门,俱不许应付。抚按有违明旨,不行清查,兵部、该科指实参治。若部、科相率欺隐,一体治罪。"① 这些条例不仅进一步明确了官员乘驿的规定,也加强了监察官员对之进行监察的责任。

七 对舆皂管理实施监察

朝廷为各衙门配备的差役称为皂隶。每个衙门和官员配用多少皂隶,如何拨补,法律都有明文规定,具体事项由兵部武库清吏司负责,而由科道官对之实施监察。据《大明会典》记载:"国初皂隶,取刑部笞杖囚人应役。后照人户差点,尚是正身应当。后复令不愿当者,解柴薪银两。凡佥征有程,拨补有额,又有减免裁革之令。"②

监察御史照刷兵部文卷,是对兵部舆皂管理权实施监察的重要方式。据《明实录》记载:景泰七年(1456 年),监察御史沈性照刷文卷后,"劾奏兵部武库司署郎中戴珉、署员外郎胡温、主事吴福卖放皂隶,以肥身家;违例滥拨,以媚权要,当究问如律,以为贪污不法者之戒。法司执珉等鞫罪体覆,未结,适遇钦恤例以闻,命俱复其官"。③ 被劾者虽然运气好没有受到处罚,但证明照刷文卷制度确实在实行。到嘉靖年间,专门明确科道官通过照刷文卷对裁革的情况实施监察,"嘉靖六年题准:兵部原设听拨皂隶一百二十三名,量留八十二名。詹事府原设直堂守门、看仓库皂隶二十三名,今止詹事一员,量留看仓二名,守门二名,直堂八名,余听该府收贮。待设少詹

---

① 《大明会典》卷一百四十八,《兵部三十一·驿传四·应付通例》。
② 《大明会典》卷一百五十七,《兵部四十·皂隶》。
③ 《明英宗实录》卷二百七十,景泰七年九月甲申。

事一员，再支五名……遇该刷卷之期，奏请差科道官各一员，会同本部堂上官清查。"①

八　对兵部主要官员的弹劾

兵部职权中最重要的是武职的选授权，所受监察最集中的也是选授权。如嘉靖二十八年（1549 年）四月，"兵科给事中杨允绳劾兵部尚书赵廷瑞近罹危疾，举动支离，一时推用，俱不得人，如西官厅总兵李凤鸣、万全都司都指挥杨钺、立威营坐营安乡伯张坤、神机营参将徐溥等，皆近经论罢，辄以远年奏保概为请。宜自今进御推升，本揭各其举劾先后，以杜欺隐。上曰：'廷瑞前经论列，特赐优容；又因边事加恩，何以忘感？今既有疾，令冠带闲住。吏部即择举才堪本兵者以闻，其私用将官及奏进揭帖二事，令兵部查议。'于是侍郎詹荣备列所推诸臣履历上。因言：'属者边方乏人，本部不得已弃短取长，以充任使。检阅疏漏，藻鉴不精，诚有如科臣所论者。及查武职御览揭帖，昉于弘治四年，略具诸臣履历，按季进呈，迄今遵为定式。更请上裁。'得旨：'朦胧推用，私弊已久。廷瑞既罢去，荣初任，且不问。夺所司郎中俸三月，李凤鸣等俱革任闲住。自今揭帖俱宜备列举劾年月，违者，科臣执奏。'"②

台湾学者张治安在其所著《明代监察制度史》一书中附录了《明代御史弹劾事实及结果表》③ 和《明代给事中弹劾事实及结果表》④。为分析明代兵部官员所受弹劾情况，现将两表合一抽取其中对兵部官员特别是兵部正官弹劾的部分，再利用《明实录》的有关资料对其中个别史实进行考订后制作成《明代御史、给事中弹劾兵部官员事实及结果表》（见表 6－5）。从该表分析：首先，对兵部官员

① 《大明会典》卷一百五十七，《兵部四十·皂隶》。

② 《明世宗实录》卷三百四十七，嘉靖二十八年四月辛亥。

③ 张治安：《明代监察制度研究》下册，台北五南图书出版公司 2000 年版，第 462—520 页。

④ 张治安：《明代监察制度研究》下册，台北五南图书出版公司 2000 年版，第 523—572 页。

的弹劾在正德以前（含正德年间）非常少，仅有 8 人次，占全部人次的 1/8，这是与国家的军事斗争形势密切相关的，世宗时期主要是与倭寇的斗争，其后主要是与北方外部势力和内部农民起义军的斗争，兵部所负职责加重，受到的监察也更集中；其次，就弹劾事实看，被劾者不职、误国、不勘重用的占很大比重，说明中期以后，由文臣主持兵部，他们因出身所限在能力上确有不适应军事斗争需要的一面；第三，从处理结果看，对被弹劾者"不问""不罪"的占很大比例，这可能是与第二点相关联的，即纵使现任的兵部官员受到纠劾的事实成立，但现有体制下要找到合适的替代人选也不是一件容易的事，就只好对弹劾一事不了了之。

表 6-5　　　明代御史、给事中弹劾兵部官员事实及结果表

序号	年代	弹劾者	被弹劾者	弹劾事实	结果		出处
					被劾者	弹劾者	
1	洪熙元年	都察院	兵部侍郎曹本	前为云南副使，尝犯赃罪，今虽遇赦，当罢为民，不宜居六卿之二	令削半俸以示惩		《国朝典汇》卷四二，页一
2	成化四年	御史胡深等六人	兵部左侍郎商辂、兵部尚书程信	先时廊邸密谋废立，辂身居大臣，自图富贵无一言。信督师四川，听权豪子弟多分首级报功	诏所言不允		《国朝典汇》卷四二，页三、四
3	成化四年	南京十三道御史杨智、南京给事中朱清等	南京兵部尚书李宾	以猥琐之才，滥膺根本之寄	命礼部侍郎叶盛、给事中毛弘往按之。旋以被劾者事在革前并宥之		《国朝典汇》卷四二，页五、六

续表

序号	年代	弹劾者	被弹劾者	弹劾事实	结果		出处
					被劾者	弹劾者	
4	成化十三年	给事中郭镗、御史冯贯	兵部尚书项忠	论忠违法事，词连其子	革职为民		《明宪宗实录》卷一百六十七，成化十三年六月甲辰
5	弘治元年	御史汤鼐	南京兵部尚书马文升	不职，宜罢	不问		《明史》卷一八〇《汤鼐传》
6	正德五年	御史舒晟、给事中李贯等	兵部尚书王敞	交结权贵，浮陟崇阶	敞仍留用		《国朝典汇》卷四二，页十、一一
7	正德十六年	给事中史道	兵部尚书王宪	谄媚权奸，亟宜罢斥	留用		《国朝典汇》卷四二，页一五
8	正德十六年	给事中张九叙等	兵部尚书王宪、兵部侍郎冯清等	俱庸陋不职	清致仕，宪已自陈解官，及论黜，不复究		《国朝典汇》卷四二，页一二、一三
9	嘉靖五年	御史聂豹	兵部左侍郎郑岳	受宁夏总兵官仲勋贿	岳自白乞休		《明史》卷二〇三《郑岳传》
10	嘉靖五年	给事中刘世扬等	兵部尚书王时中	不当逮忿箝言官	帝切责之，令归听勘		《明史》卷二〇二《王时中传》
11	嘉靖八年	御史王化	兵部尚书李承勋、王琼	阿党璁、萼，助报私仇，纳贿还官，假作威福	命视事如故		《国朝典汇》卷四二，页二六
12	嘉靖十一年	御史傅汉臣	兵部尚书唐龙	才能不过凡庸，总制三边，卒有缓急，不可赖	龙留用如故	汉臣肆意妄言，夺俸五月	《国朝典汇》卷四二，页二九

303

序号	年代	弹劾者	被弹劾者	弹劾事实	结果		出处
					被劾者	弹劾者	
13	嘉靖十七年	御史黄正色	南京兵部尚书张瓒	守藩臬殊无善状		夺俸两月	《国朝典汇》卷四二,页三七
14	嘉靖二十年	南京吏科给事中王晔等	兵部尚书张瓒	外寇陆梁,不堪重寄	帝下其章于所司		《明史》卷二一〇《谢瑜附传》
15	嘉靖二十年	南京吏科给事中王晔	兵部尚书张瓒	与郭勋阴相结纳,忘公徇私	不问		《国朝典汇》卷四二,页三八
16	嘉靖二十一年	南京刑科给事中张永明等	兵部尚书张瓒 兵部尚书戴金	黩货误国。为御史巡监时,增余监羡银,阻坏边计		疏虽不尽行,中外惮之	《明史》卷二〇二《张永明传》
17	嘉靖二十八年	南京给事中雷贺等御史张诏等	兵部尚书赵廷瑞	贪鄙不职,宜罢黜	上谕廷瑞勉修职业		《明世宗实录》卷三百四十四,嘉靖二十八年正月甲午
18	嘉靖三十二年	给事中王国桢	兵部尚书聂豹	迁疏狠愎,不畏公议	豹不问		《国朝典汇》卷四二,页四一
19	嘉靖三十四年	给事中丘橓	南京兵部尚书张时徹、侍郎陈洙	倭寇失道流劫,自太平逼南京,时徹等闭城不敢出	时徹、洙皆罢		《明史》卷二二六《丘橓传》
20	嘉靖三十七年	刑科给事中吴时来	兵部尚书许论	漫无主执而昏酣自恣,视边警若秦越	改南京用		《明世宗实录》卷四五七,嘉靖三十七年三月丙辰
21	嘉靖四十一年	给事中丘橓	南京兵部尚书李燧	先后进用,俱以重贿得之	燧居职故		《国朝典汇》卷四二,页四六

续表

序号	年代	弹劾者	被弹劾者	弹劾事实	结果		出处
					被劾者	弹劾者	
22	万历元年	御史景嵩、韩必显	兵部尚书谭纶	衰病		贬三秩调外	《明史》卷二三四《雒于仁传》
23	万历五年	御史曾乾亨	兵部尚书张学颜	右总兵官李成梁，谪言官		黜为海州判官	《明史》卷二二〇《曾同亨附传》
24	万历十年	御史江东之	兵部尚书梁梦龙	梦龙与爵交欢，以得吏部，宜斥	爵下狱论死，梦龙罢去		《明史》卷二三六《李植传》
25	万历十一年	南京御史孙继先	兵部尚书张学颜	学颜为户部尚书时，诬御史刘台私赎钱，陷台于罪	不问	谪临清州判官	《明史》卷二二九《刘台传》
26	万历十一年	御史魏允贞	兵部尚书吴兑	历附高拱、张居正，且馈司礼太监冯保千金，封识具存	罢去		《明史》卷二二《吴兑传》
27	万历十一年	给事中王继光	兵部尚书吴兑	受将吏馈遗	兑罢职		《明史》卷二二二《吴兑传》
28	万历十四年	御史许守恩、徐元	兵部尚书张佳胤	营结权贵，得兵部尚书	谢病归		《明史》卷二二二《张佳胤传》
29	万历十九年	巡按御史胡克俭	兵部尚书王一鹗	朋奸罔欺	帝不问		《明史》卷二二一《郝杰传》
30	万历二十年	吏科给事中曹于汴	两京兵部尚书田乐、邢玠	不详	乐、玠引去		《明史》卷二五四《曹于汴传》
31	万历二十四年	右都御史沈思孝	兵部尚书石星	处置日本封事大坏，误国	不问		《明史》卷二二九《沈思孝传》

续表

序号	年代	弹劾者	被弹劾者	弹劾事实	结果		出处
					被劾者	弹劾者	
32	万历二十四年	给事中戴士衡	兵部尚书石星	劾其误国五大罪	不报		《明史》卷二三四《戴士衡传》
33	万历三十三年	户科给事中汪若霖	兵部尚书萧大亨	不职	不报		《明史》卷二三〇《汪若霖传》
34	万历三十四年	礼科右给事中汪若霖	兵部主事张汝霖	典试山东，失职	停俸		《明史》卷二三〇《汪若霖传》
35	天启元年	御史江秉谦	兵部尚书张鹤鸣	经略熊廷弼请付军赀，鹤鸣不予	不罪		《明史》卷二四六《江秉谦传》
36	天启二年	御史江秉谦、何荐可	兵部尚书张鹤鸣	鹤鸣任巡抚王化贞，撤熊廷弼，而化贞弃广宁遁		贬官	《明史》卷二五七《张鹤鸣传》
37	天启二年	御史蒋允仪	兵部尚书张鹤鸣	广宁失，熊廷弼、王化贞俱论死，鹤鸣同罪但佚罚	不问		《明史》卷二三五《蒋允仪传》
38	天启二年	御史周宗文	兵部尚书张鹤鸣	八罪	不问		《明史》卷二五七《张鹤鸣传》
39	天启二年	给事中惠世扬、周朝瑞、萧良佐、侯震旸、熊德阳等	兵部尚书张鹤鸣	以巡抚王化贞弃广宁事，请戮鹤鸣	不问		《明史》卷二五七《张鹤鸣传》

续表

序号	年代	弹劾者	被弹劾者	弹劾事实	结果		出处
					被劾者	弹劾者	
40	天启三年	御史江秉谦	兵部尚书张鹤鸣、巡抚王化贞、职方郎中耿如杞	如杞附鹤鸣，力助化贞排熊廷弼，致封疆丧失		夺俸半岁	《明史》卷二四六《江秉谦传》
41	天启三年	给事中袁玉佩	兵部尚书赵彦	冒功滥荫	削其世荫		《明史》卷二五七《赵彦传》
42	天启四年	给事中陈序、虞廷陛	兵部右侍郎孙居相	居相出赵南星门下，与杨涟交好，力荐李三才，遥结史记事	削夺		《明史》卷二五四《孙居相传》
43	天启四年	户科给事中薛国观	兵部侍郎萧近高	为东林党擅权乱政	不报		《明史》卷二五三《薛国观传》
44	天启五年	给事中薛国观	南京兵部左侍郎萧近高	迁延不就职，玩命	落职		《明史》卷二四二《萧近高传》
45	崇祯元年	给事中颜继祖	兵部尚书霍维华	党魏忠贤，朋奸乱政	削籍遣戍		《明史》卷二四八《颜继祖传》
46	崇祯二年	御史张继孟	南京兵部尚书胡应台	贪污	不问		《明史》卷二九五《张继孟传》
47	崇祯三年	御史水佳胤	兵部尚书梁廷栋	纵奸交关，营贿纳私	疏辩求去，帝留之		《明史》卷二五七《梁廷栋传》
48	崇祯三年	给事中陈良训、陶崇道	兵部尚书梁廷栋	嫉廷栋迭升掌兵部，疏其为政轻于发言	优诏慰留之		《明史》卷二五七《梁廷栋传》

序号	年代	弹劾者	被弹劾者	弹劾事实	结果 被劾者	结果 弹劾者	出处
49	崇祯四年	御史葛徵奇等	兵部尚书张凤翼	溺职	乞休不许		《明史》卷二五七《张凤翼传》
50	崇祯四年	御史王道纯	兵部尚书熊明遇、职方主事张国臣	交通十罪	不问		《明史》卷二六四《王道纯传》
51	崇祯七年	给事中顾国宝	兵部尚书张凤翼	举用非人	不问		《明史》卷二五七《张凤翼传》
52	崇祯七年	刑科给事中李世祺	兵部尚书张凤翼	溺职贪奸		谪福建按察司检校	《明史》卷二五八《黄绍杰附传》
53	崇祯八年	给事中刘昌	兵部尚书刘凤翼	纳贿		贬秩调外	《明史》卷二五七《张凤翼传》
54	崇祯八年	工科都给事中许誉卿	兵部尚书张凤翼	固位失事		被责	《明史》卷二五八《许誉卿传》
55	崇祯九年	御史金光辰	兵部尚书张凤翼	劾凤翼三不可解，一大可忧	以凤翼方在行间，寝其奏		《明史》卷二五四《张玮附传》
56	崇祯九年	给事中王家彦	兵部尚书张凤翼	陵寝震惊，坐视不救	自请督师		《明史》卷二五七《张凤翼传》
57	崇祯十一年	御史林兰友	兵部尚书杨嗣昌	阴主互市	不问		《明史》卷二五二《杨嗣昌传》
58	崇祯十一年	御史林兰友	内阁大学士掌兵部事杨嗣昌	夺情入阁，又夺情起陈新甲总督		获谴	《明史》卷二五二《杨嗣昌传》

续表

序号	年代	弹劾者	被弹劾者	弹劾事实	结果		出处
					被劾者	弹劾者	
59	崇祯十一年	南京御史成勇	内阁大学士掌兵部事杨嗣昌	尸位卑劣		戍宁波卫	《明史》卷二五八《成勇传》
60	崇祯十一年	工科都给事中何楷	兵部尚书杨嗣昌	夺情入阁		忤旨，贬二秩，调南京国子监丞	《明史》卷二七六《何楷传》
61	崇祯十一年	给事中何楷、钱增	兵部尚书杨嗣昌	主互市失策	帝不问		《明史》卷二五二《杨嗣昌传》
62	崇祯十二年	御史王志举	内阁大学士掌兵部事杨嗣昌	误国四大罪		夺官	《明史》卷二五二《杨嗣昌传》
63	崇祯十四年	御史金毓峒	兵部尚书陈新甲	庸才误国	不问		《明史》卷二九五《金毓峒传》
64	崇祯十五年	御史甘惟燝	兵部尚书陈新甲	寡谋误国	不纳		《明史》卷二五七《陈新甲传》
65	崇祯十五年	给事中方士亮、马嘉植	兵部尚书陈新甲	密议泄外廷	弃市		《明史》卷二五七《陈新甲传》

第六节　对刑部的监察

刑部尚书、左右侍郎"掌天下刑名及徒隶、勾复、关禁之政令"①。下设浙江、江西、湖广、陕西、广东、山东、福建、河南、山西、四川、广西、贵州、云南十三清吏司，"令各清理所隶布政司

---

① 《大明会典》卷一百五十九，《刑部一》。

刑名，仍量其繁简，带管直隶府、州并在京衙门。凡遇刑名，各照部分送问发落"①。《明史》将刑部的职掌概括为："凡军民、官吏及宗室、勋戚丽于法者，诘其辞，察其情伪，傅律例而比议其罪之轻重以请。诏狱必据爰书，不得逢迎上意。凡有殊旨、别敕、诏例、榜例，非经请议著为令甲者，不得引比。凡死刑，即决及秋后决，并三覆奏。两京、十三布政司，死罪囚岁谳平之。五岁请敕遣官，审录冤滞。霜降录重囚，会五府、九卿、科道官共录之。矜疑者戍边，有词者调所司再问，比律者监候。夏月热审，免笞刑，减徒、流，出轻系。遇岁旱，特旨录囚亦如之。凡大祭止刑。凡赎罪，视罪轻重，斩、绞、杂犯、徒末减者，听收赎。词诉必自下而上，有事重而迫者，许击登闻鼓。四方有大狱，则受命往鞫之。四方决囚，遣司官二人往莅。凡断狱，岁疏其名数以闻，曰岁报；月上其拘释存亡之数，曰月报。狱成，移大理寺覆审，必期平允。凡提牢，月更主事一人，修葺圄圉，严固扃钥，省其酷滥，给其衣粮。囚病，许家人入视，脱械锁医药之。簿录俘囚，配没官私奴婢，咸籍知之。官吏有过，并纪录之。岁终请湔涤之。以名例摄科条，以八字括辞议（以、准、皆、各、其、及、即、若），以五服参情法，以墨涅识盗贼。籍产不入茔墓，籍财不入度支，宗人不即市，宫人不即狱，悼耄疲癃不即讯。"②刑部设官，正官：尚书一员，左、右侍郎各一员；首领官：司务厅司务二员，照磨所照磨一员、检校一员；属官：十三司各设郎中、员外郎、主事若干；所属衙门司狱司司狱六人。③照磨、检校负责照刷文卷，计录赃赎。司狱，率狱吏，典囚徒。

刑部与都察院、大理寺并称为三法司，共同负责刑狱之事，具体分工为"刑部受天下刑名，都察院纠察，大理寺驳正"④。因此，都察院与刑部的关系较之与其他五部的关系极为特殊，都察院的官员与

---

① 《大明会典》卷一百五十九，《刑部一·十三司职掌》。

② 《明史》卷七十二，《志第四十八·职官一·刑部》，中华书局1974年版，第1758页。

③ 参见《大明会典》卷二，《吏部一·文选清吏司·官制一·京官》。

④ 《明史》卷九十四，《志第七十·刑法二》，中华书局1974年版，第2305页。

六科的官员既参与一些重大案件的审理，又对刑部所管业务实施监察。刑部的文卷由都察院的广东道负责照刷。其郎中、员外郎、主事等官考满，先由都察院河南道负责考核，分别写出考语后，牒送吏部考功司候考①。六科中的刑科主要负责对刑部的日常运转实施监察。

一　对刑部的审断权实施监察

明代刑事案件的审判管辖，也称"决囚等第"，分为四类情况，第一类按地域分，刑部十三清吏司，分治各布政司刑名；同时，也依法定范围分管各陵卫、王府、公侯伯府、在京诸曹及两京州郡的刑名②。各提刑按察司，分治各府县事。第二类按量刑分，"凡京师笞以上罪，悉由部议""布政司及直隶府州县，笞杖就决；徒流、迁徙、充军、杂犯死罪解部，审录行下，具死囚所坐罪名上部详议，如律者，大理寺拟覆平允，监收候决。其决不待时重囚，报可，即奏遣官往决之"。③ 第三类，按身份分，又细分为两种，一种为："凡八议者犯罪，实封奏闻取旨，不许擅自勾问；若奉旨推问者，开具所犯，及应议之状，先奏请议，议定奏闻，取自上裁"④；另一种为职官犯罪："凡京官及在外五品以上官有犯，奏闻请旨，不许擅问。六品以下，听分巡御史、按察并分司取问明白，议拟闻奏区处。若府州县官犯罪，所辖上司不得擅自勾问，保许开具所犯事由，实封奏闻。若许准推问，依律议拟回奏，俟委官审实，方许判决。其犯应该笞决、罚俸、收赎、纪录者，不在奏请之限"⑤。第四类，皇帝指定审理的案件。刑部根据上述管辖规定，负责或参加有关案件的审理，而监察机构及其官员对之实施监察。

（一）详拟罪名

对于在外问刑衙门判处死罪的，皆须呈送刑部详议，"议允，则

---

① 《大明会典》卷二百九，《都察院一·考核百官》。
② 参见《大明会典》卷一百五十九，《刑部一·十三司职掌》。
③ 《明史》卷九十四，《志第七十·刑法二》，中华书局1974年版，第2306页。
④ 《大明会典》卷一百六十，《刑部二·律例一·名例上》。
⑤ 《大明会典》卷一百六十，《刑部二·律例一·名例上》。

送大理寺覆拟。覆拟无异，然后请旨施行。其情法未当，及已送寺驳回者，俱发回所司再问"。①

（二）打断狱囚

对于一些轻刑犯，要及时处理："洪武二十六年以前，刑部令主事厅会御史、五军断事司、大理寺、五城兵马指挥使官，打断罪囚。二十九年，并差锦衣卫官。其后惟主事会御史，将笞杖罪于打断厅决讫，附卷，奉旨者次日覆命。万历中，刑部尚书孙丕扬言：'折狱之不速，由文移牵制故耳。议断既成，部、寺各立长单，刑部送审挂号，次日即送大理。大理审允，次日即还本部。参差者究处，庶事体可一。至于打断相验，令御史三、六、九日遵例会同，余日只会寺官，以速遣。徒流以上，部、寺详鞫，笞杖小罪，听堂部处分。'命如议行。"②

（三）参与会审

朝廷对一些重大或疑难案件实行会审制度，同时为了贯彻恤刑政策，对一些待决死刑案件实行朝审、热审、大审等。这些审理由刑部组织，都察院的堂上官、御史及六科的官员都会参与其中，对审理实施监察。本书第四章"法定的监察形式"已作交待，兹不赘述。

二 对"决囚"实施监察

"决囚"即对判处死刑的罪犯执行处决。据《大明会典》："每年在京朝审既毕，以情真罪犯，请旨处决。候刑科三覆奏，得旨，决囚官即于市曹开具囚犯名数，奏请行刑。候旨下，照数处决。其南北直隶、十三省重囚，奉有决单者，各省巡按御史会同都布按三司，两直隶差主事四员会同巡按御史道府等官，俱于冬至前会审处决。"③ 这是总的情况，至于各朝又都出台过相关的条例。

在京会官处决方面，比较典型的条例，如正统元年（1436年），

---

① 《大明会典》卷一百七十七，《刑部十九·详拟罪名》。
② 《明史》卷九十四，《志第七十·刑法二》，中华书局1974年版，第2314页。
③ 《大明会典》卷一百七十七，《刑部十九·决囚》。

"令重囚三覆奏毕，仍请驾帖付锦衣卫监刑官，领校尉诣法司，取死囚赴市"，弘治十三年（1500 年）申明："凡律该决不待时重犯，鞫问明白，曾经大理寺详允，奏奉'钦依'处决者，各该部院并该科即便覆奏会官处决，不必监至秋后"。① 前一个条例对请驾帖作了规定，后一个条例进一步明确了刑科的责任和处决时间。

在外差官审决方面，比较典型的条例，如"洪武二十五年，令刑部详审在外呈详狱囚，务得真情，然后差官审决。惟云南路远，令本处会官详审处决""宣德八年，遣官分往各处，同三司、巡按监察御史及府州县官，公同详审罪囚。若情犯深重，果无冤枉，听从处决。如情可矜疑，及番异不服者，仍监候具奏，与之辩理""弘治二年，令法司每年立秋时，将在外监候一应死罪囚犯通行具奏，转行各该巡按御史，会同都布按三司并分巡分守；南北直隶行移差去审刑主事，会同巡按御史，督同都司府卫从公研审。除情真罪当者照例处决，果有冤抑者即与辩理，情可矜疑者径自具奏定夺。其未转详者，责令转详；未问结者，督同问结。俱要遍历衙门，逐一研审"。② 这两个条例都强调，在会官审决时，巡按御史要加强监察以防止发生冤案。

三　对刑部监狱管理实施监察

被判处徒刑的罪犯，应在规定的时间内送进监狱服刑，并在服刑期间享受法律规定的待遇。刑部官员违反有关规定的要受相应的处罚，监察机关对之实施监察。

（一）对刑部问发罪囚实施监察

据《明史》记载："凡刑部问发罪囚，所司通将所问囚数，不问罪名轻重，分南北人各若干，送山东司，呈堂奏闻，谓之岁报。每月以见监罪囚奏闻，谓之月报。其做工、运炭等项，每五日开送工科，

---

① 《大明会典》卷一百七十七，《刑部十九·决囚》。
② 《大明会典》卷一百七十七，《刑部十九·决囚》。

填写精微册，月终分六科轮报之。"① 刑科的监察职责为："凡法司问过罪囚，各用揭帖，每月初一日，轮报各科，查对相同，领精微文簿填写毕，仍类送本科收贮。"②

（二）对淹滞囚犯实施监察

据《明史》记载，按照法律规定，凡狱囚已审录，应决断者限三日，应起发者限十日，逾限计日以笞。囚淹滞至死者罪徒。嘉靖六年（1527年），给事中周瑯建言："比者狱吏苛刻，犯无轻重，概加幽系，案无新故，动引岁时。意喻色授之间，论奏未成，囚骨已糜。又况偏州下邑，督察不及，奸吏悍卒倚狱为市，或扼其饮食以困之，或徙之秽溷以苦之，备诸痛楚，十不一生。臣观律令所载，凡逮系囚犯，老疾必散收，轻重以类分，枷杻荐席必以时饬，凉浆暖匣必以时备，无家者给之衣服，有疾者予之医药，淹禁有科，疏决有诏。此祖宗良法美意，宜敕臣下同为奉行。凡逮系日月并已竟、未竟、疾病、死亡者，各载文册，申报长吏，较其结竟之迟速，病故之多寡，以为功罪而黜陟之"。世宗对周瑯所言深表赞同，"且命中外有用法深刻，致戕民命者，即斥为民，虽才守可观，不得推荐"。③

（三）通过纠劾提牢官对监狱管理实施监察

刑部每月轮流委派主事一员接管提牢，"先五日，旧提牢官将《提牢须知》封送接管官看阅；至日，将囚数并一应煤米等项文簿呈堂查验，批发新提牢官管理。除朔望日升堂及有事禀堂外，余日不得擅出，专一点视狱囚、关防出入，提督司狱司官吏钤辖狱卒，昼夜巡逻，稽查收支月粮、煤油，修理狱具、什物，查理病囚医药，禁革狱中一应弊端。每日仍会同巡风官点视封监"。④ 提牢、巡风官均为刑部内设的检查刑部监狱的官员，都察系统官员通过对他们的纠劾而对刑部监狱的管理实施监察，如《明实录》记载，正统五年（1440年）

---

① 《明史》卷九十四，《志第七十·刑法二》，中华书局1974年版，第2310页。
② 《大明会典》卷二百十三，《六科·刑科》。
③ 《明史》卷九十四，《志第七十·刑法二》，中华书局1974年版，第2315页。
④ 《大明会典》卷一百七十八，《刑部二十·提牢》。

五月，都察院副都御史周铨劾刑部主事黄瓒提牢时掠杀、窃盗、淫狎妓女、为妓作文酬医诸贪淫状，经过反复辩勘，最后"谪刑部主事黄瓒戍边"①。

（四）通过相互检视病故囚犯实施监察

刑部和都察院各设有监察，"凡刑部遇有病故囚犯，旧例逐日相视，后定以三、六、九日。若奉旨相视者，则不拘日期。洪武二十五年，令刑部原告病故，监察御史同锦衣卫官相视。都察院原告病故，刑部主事同锦衣卫官相视。取获批单，附卷备照。如有欺弊，从相视官奏闻。弘治间定，刑部囚人病故，会同监察御史相视。都察院囚人病故，会同本部主事相视，锦衣卫官不预。若锦衣卫囚人病故，则用监察御史、刑部主事同往相视。其奉有'钦依'相视者，次日早赴御前复命。"② 六科中刑科对此也有专门的监察职责："凡法司见监斩绞罪囚在狱病故者，具题后，用手本送本科类注，以备覆奏。"③

四　科道官与刑部官一起外出"勘事"并管理勘合

凡各地方遇有重大狱情，及宗藩事变，应当差官前往勘查的，皇帝会钦差刑部堂上官一员，会同都察院、大理寺、锦衣卫各堂上官或内臣勋戚；或差刑部司属官一员会同科道官，前往有事地方勘问，"其堂上官领敕谕，司属官领敕。或关领钦给关防，及领兵部勘合。取吏部吏典，俱照审录事理，题请关给。事完回部，一体题缴"④。刑科的职责为："凡奉旨差官勘问在外事情，本科与各科轮差。"⑤

朝廷对刑部开具的追赃、提人勘合管理极为严格。据《大明会典》开载："洪武二十六年定：凡本衙门遇有追赃提人，合行下各布政司、直隶府州追问刑名，并取招、断、决等项，开写犯人姓名、乡

---

① 《明英宗实录》卷之六十七，正统五年五月壬寅朔。
② 《大明会典》卷一百七十八，《刑部二十·相视》。
③ 《大明会典》卷二百十三，《六科·刑科》。
④ 《大明会典》卷一百七十八，《刑部二十·勘事》。
⑤ 《大明会典》卷二百十三，《六科·刑科》。

贯、住址、赃物名项并备细缘由，移付广东部（司），置立文簿，逐件附写。每布政司府州类至四五件、六七件，案呈本部，照依原编定字号勘合文簿，将案呈事件通具手本，差官于原编底簿内附写明白，前赴内府刑科关填勘合完备，领回本部，押字用印。照会布政司，札付直隶府州施行。二十九年，令刑部每司各设勘合卷，其各项卷内遇有应行下各布政司及直隶府州者，俱付该司，自行类填勘合。其有不系所隶地方，开付该隶司分转行。三十二年，令本部各司勘合，仍付广东清吏司类填。每年终，各布政司、直隶府州将奉到勘合开立前件，责差该吏赍捧赴部注销"。① 刑科对有关勘合的监督管理职责为："凡法司奏差勘事、审录、决囚等项官员……各该请给内府精微批文，各具手本赴本科，照各批文定限，转发各衙门给付。事完，各赍原批赴本科，转送内府销缴。"②

五 要求刑部上报罪囚

刑部要将罪囚人数上报皇帝，上报罪囚有岁报、月报之分。据《大明会典》："刑部问发罪囚，各照司分，通将所问囚数，不分死罪、军、徒、笞、杖及供明随审，共若干名口，内分北人若干、南人若干，通付送山东司呈堂奏闻，谓之岁报。若见监罪囚，每月将见在开除病故数目，呈堂奏闻，谓之月报。其做工、运炭等项，则只开送工科。"③ 同时，这些罪囚人数还要报送刑科，由刑科按期分类奏报皇帝。"凡法司送到原报并续收实在囚人数目揭帖，每月三次，本科早朝奏进""凡每年正月初，刑部、都察院开具上年南北囚数揭帖进科，于二月二十一日转送兵科，次早面进""凡每月初，法司问过军职、住俸、京军犯罪，各具报本科附簿，以凭查考""凡岁终，法司问拟过轻重罪囚，开数送本科类奏"。④

---

① 《大明会典》卷一百七十九，《刑部二十一·类填勘合》。
② 《大明会典》卷二百十三，《六科·刑科》。
③ 《大明会典》卷一百七十九，《刑部二十一·岁报罪囚》。
④ 《大明会典》卷二百十三，《六科·刑科》。

六　对刑部主要官员的弹劾

明太祖朱元璋多次向都察院和刑部的大臣说明他的刑罚观，如洪武十六年（1383 年）正月，他对刑部尚书开济、都御史詹徽等人说："凡论囚，须原其情，不可深致人罪。盖人命至重，常存平恕之心，犹恐失之，况深文乎！"[①] 又如洪武十九年（1386 年）十二月，他对都察院左都御史詹徽说："刑不可使纵弛，亦不可使过严。纵弛则为恶者无所畏，过严则为善者或滥及。用刑之道，但贵得中，得中则刑清，失中则刑乱，刑乱而政衰矣。如尔所言，恐流于滥。其可哉！"[②] 这些观点应当说对有明一代都察院司法及对刑部官员的监察都产生了重要影响。台湾学者张治安在其所著《明代监察制度史》一书中附录了《明代御史弹劾事实及结果表》[③] 和《明代给事中弹劾事实及结果表》[④]，为分析明代刑部官员所受弹劾情况，现将两表合一后，抽取其中对刑部堂上官弹劾的部分制作成《明代御史、给事中弹劾刑部官员事实及结果表》（见表 6－6）。从该表分析，首先，有明一代受弹劾的刑部尚书仅 11 人次（不计南京刑部尚书），为总数的小一半，比例是比较偏低的，这可能与会审制度有关，既实行会审，个人发挥的作用相对有限，所犯错误的几率就比较小，所受弹劾的几率也就变小了；其次，就弹劾事实而言，除了早期有个别大臣事涉刑审，其他都与审案无关，这可以看作是对上一点的补充，即实行会审的结果。第三，就处分结果而言，在明朝早期被劾者受到的处理十分严重，往后受到的处分相对较轻，这在一定意义上也与会审制度的成熟有关，因为早期被劾者容易犯下"酷虐"之罪，后来实行会审也没什么机会实施"酷虐"手段了。总体上看，会审制度在一定程度上对刑部大臣起到了保护作用。

---

① 《明太祖宝训》卷五《恤刑》。

② 《明太祖宝训》卷五《恤刑》。

③ 张治安：《明代监察制度研究》下册，台北五南图书出版公司 2000 年版，第 462—520 页。

④ 张治安：《明代监察制度研究》下册，台北五南图书出版公司 2000 年版，第 523—572 页。

表6-6　　　　　明代御史、给事中弹劾刑部官员事实及结果表

序号	年代	弹劾者	被弹劾者	弹劾事实	结果		出处
					被劾者	弹劾者	
1	洪武九年	御史大夫陈宁	刑部侍郎黎光	不法	坐事死贬所		《明史》卷一三八《周祯附传》
2	洪武十六年	御史陶垕仲	刑部尚书开济	专恣苛酷	坐死		《明史》卷一四〇《陶垕仲传》
3	永乐三年	左都御史陈瑛	行部(北京)尚书雒佥	贪婪暴虐，擅作威福，纵妻于所部郡县索财物	处死		《国朝典汇》卷四二，页一
4	宣德五年	御史张楷	南京刑部尚书赵羾、侍郎俞士吉	怠纵	命致仕		《明史》卷一五〇《赵羾传》
5	景泰四年	御史左鼎等	刑部尚书俞士悦	不职	锡罢，文渊致仕		《明史》卷一六四《左鼎传》
6	景泰七年	御史庄升等	南京刑部尚书杨宁	胁制言路	诏免其罪，录状示之		《明史》卷一七二《杨宁传》
7	成化四年	南京十三道御史杨智、南京给事中朱清等	南京刑部侍郎王恕	不顾名节，以大臣偶失节之妇	命礼部侍郎叶盛、给事中毛弘往按之。旋以被劾者事在革前并宥之		《国朝典汇》卷四二，页五—六
8	正德五年	御史舒晟、给事中李贯等	刑部侍郎张子麟	清议不齿	子麟仍留用		《国朝典汇》卷四二，页十、一一

续表

序号	年代	弹劾者	被弹劾者	弹劾事实	结果		出处
					被劾者	弹劾者	
9	正德十六年	给事中刘蘷	刑部侍郎胡韶	依阿诡随，衰暮不知止足。并以道流谬典三礼	诏致仕，九畴削职，道荣留用		《国朝典汇》卷四二，页一五
10	嘉靖十一年	御史冯恩	刑部尚书王时中	进退昧几，委靡不振		编戍雷州	《国朝典汇》卷四二，页三一~三四
11	嘉靖二十七年	给事中程时恩	南京刑部侍郎魏有本	庸劣贪鄙，尝为给事中胡宾等所劾，不宜推升	有本留用		《国朝典汇》卷四二，页四〇
12	嘉靖四十一年	给事中韩楫	南京刑部尚书黄光昇	召起用，屡辞不即之官，迁延不敬	罢斥		《国朝典汇》卷四二，页四七
13	嘉靖四十一年	御史郑洛	刑部侍郎鄢懋卿	与他人朋比奸赃，不职	闲住		《国朝典汇》卷四二，页四四
14	嘉靖四十一年	给事中赵灼	刑部侍郎何迁	躁进好名，其抚江西时，厚敛以贻嵩父子，欲致崇膴	革职闲住		《国朝典汇》卷四二，页四五
15	隆庆六年	给事中韩楫	刑部侍郎游居敬	年老	致仕		《国朝典汇》卷四二，页四九
16	万历五年	给事中周良寅	刑部尚书刘应节	出郭与奉表至京云南参政罗汝芳谈禅，不敬	劾罢		《明史》卷二二〇《刘应节传》

319

续表

序号	年代	弹劾者	被弹劾者	弹劾事实	结果		出处
					被劾者	弹劾者	
17	万历八年	给事中周良寅、萧彦	原任刑部侍郎翁大立、刑部郎中潘志伊、王三锡、徐一忠	草菅人命	大立夺职，志伊谪知陈州，三锡、一忠调外任		《明史》卷二二三《朱衡附传》
18	万历十一年	御史张应诏	南京刑部尚书殷正茂	交通贿赂大学士张居正及中官冯保得进，宜罢	致仕		《明史》卷二二二《殷正茂传》
19	万历十二年	御史李植	刑部尚书潘季驯	朋党奸逆，诬上欺君	削籍		《明史》卷二三六《李植传》
20	万历十五年	给事中邵庶、胡时麟、梅国楼、郭显忠	刑部员外郎李懋桧	出位妄言	懋桧谪为湖广按察司经历		《明史》卷二三四《李懋桧传》
21	万历二十一年	御史朱吾弼	南京刑部尚书赵参鲁	曲庇私人，背公徇私	乞休，不允		《明史》卷二二一《赵参鲁传》
22	万历二十五年	给事中戴士衡	刑部左侍郎吕坤	机深志险	坤既罢，不问		《明史》卷二二六《吕坤传》
23	万历二十五年	给事中戴士衡	刑部侍郎吕坤	潜进《闺范图说》，结纳宫闱	坤以直谏去		《明史》卷二三四《戴士衡传》
24	万历四十五年	给事中徐绍吉	刑部主事王之寀	不职	削籍		《明史》卷二四四《王之寀传》

续表

序号	年代	弹劾者	被弹劾者	弹劾事实	结果		出处
					被劾者	弹劾者	
25	万历四十八年	给事中孙杰、董承业、毛士龙	刑部尚书黄克缵	克缵言选侍移宫事为是非舛谬	不问		《明史》卷二五六《黄克缵传》
26	天启元年	刑科给事中毛士龙	刑部尚书黄克缵	阿旨骫法	不报		《明史》卷二四六《王允成附传》
27	天启三年	给事中薛国观	刑部尚书乔允升	主谋邪党	落职闲住		《明史》卷二五四《乔允升传》
28	天启四年	户科给事中薛国观	刑部尚书乔允升等	皆为东林党擅权乱政	不报		《明史》卷二五三《薛国观传》

第七节 对工部的监察

工部正官为尚书、左右侍郎，"掌天下百工营作、山泽采捕、窑冶、屯种、榷税、河渠、织造之政令。"① 直属机关为司务厅，下设营缮、虞衡、都水、屯田四清吏司。营缮清吏司分掌"官府器仗、城垣、坛庙经营兴造之事"②。凡宫府所用卤簿、仪仗、乐器由该司移交内府或其它主管部门，而该司不时检视；如有宫殿、陵寝、城郭、坛场、祠庙、仓库、廨宇、营房、王府邸第需营建或修缮，由该司备办工料，计划工程。虞衡清吏司分掌"天下山泽采捕，陶冶之事"。③ 采捕三种，野味以供宾客和祭祀，皮张、翎毛以供军器和军装。凡军器军装之造办，由该司与兵部共同监督。陶器和铸器，

---

① 《大明会典》卷一百八十一，《工部一·工部》。
② 《大明会典》卷一百八十一，《工部一·营缮清吏司》。
③ 《大明会典》卷一百九十一，《工部十一·虞衡清吏司》。

由该司供给物料、审其模范，然后交付有司完成。铸钱更是由该司严格控制。都水清吏司分掌"川渎、陵池、桥道、舟车、织造、衡量之事"①。包括兴修水利，葺治道路、关津、桥梁，备造御用及转漕所用舟车，检查和监督织造，校勘和颁布度量权衡等。屯田清吏司分掌"屯种、坟墓、抽分、柴炭之事"②。所谓"屯种"，即于军马守镇之处设屯田以益军储；"坟墓"，即据宗室、勋戚、文武官员的等第定其高下；"抽分"，即视商贾货物多寡抽取额税；"柴炭"，即采办运纳皇宫和各衙门所用柴炭。工部设官，正官：尚书一员，左、右侍郎各一员；首领官，司务二员；属官：各司郎中、员外郎、主事若干员。③

工部的文卷由都察院四川道监察御史负责照刷。其郎中、员外郎、主事等官考满，先由都察院河南道负责考核，分别写出考语后牒送吏部考功司候考④。六科中的工科主要负责对工部实施监察。

一　对百工营作管理权实施监察

百工营作的具体业务由营缮清吏司分掌。内府造作，包括国家重要庙宇的建造、在京文武衙门公廨的起盖或修理、陵工的兴建等，"大者莫如宫殿门楼"⑤。如要兴造，必须由有关的部门提出报皇帝批准，然后由工部组织实施。在其前期和开工以后，都要派遣科道官实施监察，如"宣德九年，敕内府各监局内官内使等：凡在内各衙门修造，必明白具奏。有擅为者，悉处重罪。嘉靖八年奏准：内府监局，凡有工作，俱要该衙门先期上请。敕下工部，奏差科道官会同内外委官从公估计。料无冒破，事非得已，方会本具题，仍听工部斟酌议覆，然后派行天下。二十九年题准：凡内府及在外各项大工，例应内

---

① 《大明会典》卷一百九十六，《工部十六·都水清吏司》。
② 《大明会典》卷二百二，《工部二十二·屯田清吏司》。
③ 参见《大明会典》卷二，《吏部一·京官》。
④ 参见《大明会典》卷二百九，《都察院一·考核百官》。
⑤ 《大明会典》卷一百八十一，《工部一·营缮清吏司·营造一·内府》。

官监估计，工部扣留三分之一者，遇有工程严禁，官匠从实估计，不得恣意加增，以俟扣留。仍行监工科道及工部委官，凡验收物料，严加稽查，足用即止，不必泥数收完。管工人员，如有仍前冒破者，听科道官参究"。① 嘉靖三十六年（1557 年），重建朝门午楼，议准："户兵工三部各预处银三十万两以备兴作，差御史四员查解节年拖欠工部料银。仍准开例，行各抚按取赃罚及缺官柴薪解用。次敕两京科道官清查各监局库厂收贮各省年例物料解用"。嘉靖三十八年（1559年），三殿兴工，题准："差工部尚书提督，侍郎二员分管运木采石。仍差科道官二员监工。"②

皇帝陵墓的兴建是国家的一项大事："凡陵工兴建，敕武职大臣一员、工部堂上官一员总督工程，礼部堂上官一员总拟规制，兵部堂上官一员总督官军，科道官各一员监视。"③ 据《明实录》记载：嘉靖九年（1530 年）五月，"以四郊兴工，敕武定侯郭勋、宣城伯卫錞、大学士张璁知建造事，督视规制总督工程。礼部尚书李时同知建造事，督视规制。工部左侍郎蒋瑶提督工程，都察院右都御史汪鈜、吏科给事中夏言监视巡察工程，錞兼管领官军。"④ 后来，阳翠岭诸陵工因故暂停，内外总督、提督已经缴敕，管工御史曾守约也已升任大理寺丞。嘉靖二十年（1541 年）十二月，"工部尚书甘为霖奏兴前工。上曰：兹工既未完，管工官不当辄迁。曾守约仍同给事中王继宗等协理，刻期完美。已缴敕者，不必再领，惟月轮二员阅视"。⑤ 由此可见，世宗对陵工修建监察的重视程度。

工科对营作的监察职责有："凡营建监工，本科与各科官轮差""凡京通二仓，每年工部修理仓厂。工完，开具手本送科。本科官一员，查验有无冒破。年终，造册奏缴""估价工部工料。凡工部

---

① 《大明会典》卷一百八十一，《工部一·营缮清吏司·营造一·内府》。
② 《大明会典》卷一百八十一，《工部一·营缮清吏司·营造一·内府》。
③ 《大明会典》卷二百三，《工部二十三·山陵》。
④ 《明世宗实录》卷一百十三，嘉靖九年五月壬寅。
⑤ 《明世宗实录》卷二百五十六，嘉靖二十年十二月戊午。

各项料，每年上下半年，本科差官一员同巡视科道、四司掌印官，会估时价一次，造册奏报""凡因人运砖赎罪。工部于司礼监关领精微簿二扇，法司附簿送本科，每月一注，以凭稽考""凡因人工役运灰等项，工科按季委办事官管领。遇有逃者，本科官引奏挨拏"。①

二　对军器军装造办的监察

军器军装的造办具体由虞衡清吏司分掌，朝廷经常派遣科道官会同工部官员监收或盘查。

对军器造办的监察，据《大明会典》："凡试验军器。正统三年，令军器局成造，于兵仗局各取一件为式。造完，请给事中、御史各一员同工部堂上官按季试验，送库交收。但有不如法及克落隐瞒匠料者，治罪。以后每年终，照例请官试验。嘉靖二十八年题准：近西安门建造试验官厅一所，遇有各处解到军器弓箭、弦等项，工部札行司官及咨兵部委司官会同试验，精美合式，给与进状呈部，札委戌字库官吏请科道官复行查验照数收库。查验不堪，本部驳回陪补造解。隆庆五年题准：军器局年例造完，开数送部，委官查验，如式贮库。仍造册奏报。"② 关于工科相关监察职责的专门规定有："凡工部军器局制造军器，本科差官一员试验。"③

负责查盘军器。景泰二年（1451年）奏准："各卫所季造军器，令巡按御史同按察司官五年一次吊卷查盘。成化二年，令天下卫所照依原定则例督匠按季成造军器，完日会同原办物料有司掌印官查点，试验堪中，用油漆调朱于背面书某卫、某所、某年、某季成造字样。候至五年，本部通行巡按御史查盘。敢有仍前侵欺物料及造不如法者，指挥、千百户各降一等叙用，不许管事。旗军人等各发极边卫分充军。弘治十三年，令各处巡按御史、三司守巡官查盘军器。若卫所

---

① 《大明会典》卷二百十三，《六科·工科》。
② 《大明会典》卷一百九十三，《工部十三·军器军装二》。
③ 《大明会典》卷二百十三，《六科·工科》。

官旗人等侵欺物料、挪前补后、开报虚数及三年不行造册奏缴者，官降一级带俸差操，旗军人等发边卫充军。其各该都司并守巡官怠慢误事者，参究治罪。"①

值得一提的是，在盘查军器方面，朝廷注意发挥御史照刷文卷的作用。宪宗成化十七年（1481 年）奏准："各卫所军器，每三年令刷卷御史请敕带管查盘。其收贮远年军器，堪中者修理；如不堪，铜铁等项抵充年例物料。"② 以后正德十一年（1516 年）奏准："各处刷卷御史，或清军、巡按兼刷卷者，各查盘该卫所军器。造册二本，一本奏缴，一本送部查考。以后刷卷之年，照例举行。嘉靖八年奏准：盔甲厂贮库物料，差科道官会同工部委官并管厂内外官员盘验过，给造军器。"③。工科相应的监察职责规定为："凡工部盔甲、王恭二厂军器，及各处解到弓箭弦条，本科官一员会同巡视东城御史及工部司官一员，于戊字库监收。年终，造册奏报。"④

三　对窑冶管理实施监察

窑冶指烧造、铸造供官府取用的各种器物，具体事务由营缮清吏司负责。⑤ 朝廷经常派遣科道官进行监察，如"弘治十五年奏准：光禄寺岁用瓶、坛、缸，自本年为止，已造完者解用，未完者量减三分之一。本寺该管人员轻易毁失者，科道官查究送问，陪偿"。⑥

四　对河渠管理实施监察

河渠的管理最重要的是对大通河、运河、黄河的疏浚和管理，具体事务由都水清吏司负责，朝廷专设监察官负责或由科道官实施监察。大通河明代也称潞河，即北京现在的通惠河，"其源出昌平州白

---

① 《大明会典》卷一百九十三，《工部十三·军器军装二》。
② 《大明会典》卷一百九十三，《工部十三·军器军装二》。
③ 《大明会典》卷一百九十三，《工部十三·军器军装二》。
④ 《大明会典》卷二百十三，《六科·工科》。
⑤ 参见《大明会典》卷一百九十四，《工部十四·窑冶》。
⑥ 《大明会典》卷一百九十四，《工部十四·窑冶·陶器》。

浮村神山泉，过榆河，会一亩马眼诸泉，汇为七里泺，东贯都城，由大通桥而下，至通州高丽庄，入白河。长一百六十余里。元初所凿，赐名通惠。每十里为一闸，蓄水通舟，以免漕运陆挽之劳"①。大通河与运河是国家的主要运道："国初都金陵，则漕于江。其饷辽卒，犹漕于海。自永乐都燕后，岁漕东南四百万石。由江涉高宝诸湖，绝淮入河，经会通河，出卫河白河，溯大通河，以达于京师。诸洪泉坝闸，以次修举。"②

对大通河的疏浚及其监察，据《大明会典》："国朝永乐以来，诸闸犹多存者，仍设官夫守视。然不以转漕，河流渐淤。成化、正德间，累命疏之，功不果就。嘉靖六年，遣漕运总兵、锦衣卫都指挥及御史会浚之。"③

对于运河的疏浚和管理，各朝的规定不尽一致，负责监察的风宪官也不尽相同。成祖时期，负责监察的主要是御史："永乐十二年议罢海运，令工部尚书一员及都督一员疏浚运河。十五年遣侍郎提督，监察御史、锦衣卫千户等官巡视。"④ 宪宗时，河道分节管理，增加了有关按察司官的责任："成化七年，始分河道为三节：北自通州至德州，南自沛县至仪真，各属郎中一员；中自德州至济宁，属山东，按察司官一员，又以侍郎一员总理，罢主事御史。惟管洪闸主事如故。"⑤ 嘉靖、万历年间，又增加了总督、巡抚的责任："嘉靖二年议准：遣都御史一员提督河道事务。山东、河南、南北直隶巡抚、三司等官俱听节制。仍添注郎中、员外郎各一员分理""万历元年题准：苏常镇三府运河，责之苏松兵备副使；浙西运河，责之浙江水利佥

---

① 《大明会典》卷一百九十六，《工部十六·都水清吏司·河渠一·运道一（海道附）》。

② 《大明会典》卷一百九十六，《工部十六·都水清吏司·河渠一·运道一（海道附）》。

③ 《大明会典》卷一百九十六，《工部十六·都水清吏司·河渠一·运道一（海道附）》。

④ 《大明会典》卷一百九十八，《工部十八·河渠三·运道三》。

⑤ 《大明会典》卷一百九十八，《工部十八·河渠三·运道三》。

事，照所辖地方时加疏浚。如有疏浚不早，致误粮运者，俱听总理河道侍郎并攒运御史参究"。此后，对运河的管理设官又屡有变化。朝廷还对运河疏浚过程中的具体事项出台了禁令，并对这些禁令的执行明确由巡河御史监察，如："成化十年令：凡故决南旺阳湖堤岸，及阻绝泰山等处泉源者，为首之人发充军，军人发边卫。凡侵占河岸牵路为房屋者，撤去，治罪。凡漕河事，悉听掌管官区处，他官不得侵越。凡所征桩草并折征银钱备河道之用者，毋得以别事擅支。凡府、州、县添设通判、判官、主簿闸坝官，专理河防，不许别委。有犯，行巡河御史等官问理。别项上司，不许径自提问。"①

黄河事关国家命脉，设总理河道都御史负责疏浚事务。黄河，自古水患不断，明代尤其频发。治理黄河成为国家的大事，朝廷设治河总督总理其事。《大明会典》记载了万历十年（1582 年）之前的设官情况："永乐九年，遣尚书治河，自后间遣侍郎，或都御史。成化弘治间，始称总督河道。正德四年，始定设都御史提督，驻济宁，凡漕河事，悉听区处。嘉靖二十年，以都御史加工部职衔，提督河南、山东、直隶三省河患。隆庆四年，加提督军务。万历五年，改总理河漕兼提督军务。八年，革。"② 至万历十五年（1587 年），黄河又发生大的洪灾，大学士申时行建议："河所决地在三省，守臣画地分修，易推委。河道未大坏，不必设都御史，宜遣风力老成给事中一人行河。"于是，神宗命工科都给事中常居敬前往，"居敬及御史乔璧星皆请复专设总理大臣。乃命潘季驯为右都御史总督河道"，以后设官相沿不改。③

五　对织造管理实施监察

明代从事织造的机构，按经营管理体制分为朝廷官局和地方官

---

① 《大明会典》卷一百九十八，《工部十八·河渠三·运道三》。
② 《大明会典》二百九，《都察院一·督抚建置》。
③ 参见《明史》卷八十四，《志第六十·河渠二·黄河下》，中华书局 1974 年版，第 2055 页。

局。朝廷官局包括：设在南京的内织染局，又名南局，隶工部，料造进宫各色绢布；设在北京的外织染局，即工部织染所，以染练绢布为主；另在南京设有神帛堂（隶司礼监）和留京供应机房，前者专造神帛，后者备不时织造。地方官局为分设在浙江、南直隶等八省直各府州的二十二处织染局，嘉靖七年（1528 年）后约为四省直十九处。各地方织染局岁造段匹（包括纻丝、罗、绢等）的原料为本府州民间交纳的税丝，经费多出自里甲丁田税银。明代官局织造虽遍及各省，但其搜刮重心是江南地区。朝廷官局大半只从事织品染练，而皇帝所用赏赐各项段匹，主要由苏州、杭州等府地方织染局分别造解。岁造段匹虽有定额，但常在额造之外添派，且往往增造坐派远较常额为大。明代又以太监督管织造，最初督造上供段匹，后发展为兼管地方织局的岁造。这些人凭借威权，搜劫不已，奸弊日滋。

　　管理织造的具体事务由都水清吏司负责，朝廷经常派遣科道官实施监察。据《大明会典》："凡岁造，宣德十年令：各处解到段匹，原解人员连原封同该司官吏、辨验御史送至午门内，会司礼监委官及库官拣验，堪中收库。不许在部开封。正统元年令：各处岁造段匹等物。该府、州、县官将织染局见在各色人匠机张及岁办并关支颜料等物数目开报巡按官，以凭稽考""成化二十年奏准：各司府设有织染衙门去处，不许另科价银，转往别处织买段匹因而侵克钱粮。违者，从重究治。嘉靖八年奏准：各司、府、州额办纻丝、纱罗、绸绢，令巡按御史催督。十四年题准：各处岁造段匹，如有过限解纳、不及原数并验过不中等项，布政司至一千匹、府至一百匹以上者，将各掌印官并解官住俸责限，完日开支。若司至二千匹、府至二百匹以上者，参行提问，送部降级叙用。"① 值得一提的是万历元年（1573 年）出台的条例，该条例规定："督造专责司、府掌印官，辨验委巡按御史。御史失参，听本部、该科参奏。本部失参，听该科参奏"。该条例将司、府掌印官的专责，巡按御史的监察责任、工部的监督责任及工科

---

① 《大明会典》卷二百一，《工部二十一·织造》。

的纠劾责任作了明确划分，要求层层负责，体现了张居正推行的考成法的精神。

六　对屯种管理实施监察

屯种是指"自内廷及边境荒闲田土由各卫所拨军开垦，岁收子粒，为官军俸粮，以省馈饷"①的一种制度或开垦方式，具体事务由屯田清吏司负责，而由巡抚、巡按等官实施监察。如"嘉靖七年，令陕西、山西、山东、北直隶、沿边提督巡抚都御史查革军伴退回原卫所，并招辑游民、游僧编堡定户，以耕边地""嘉靖十三年题准：陕西河西地方多有可耕之田，限于境外无人敢种。通行巡抚等官，查照国初壕墙边界筑浚高深，可耕之田尽令开垦。给与牛种，拨人佃种。岁熟，但收牛种原值。应纳税粮，缓以年岁，然后量地起科"。②

七　对榷税管理实施监察

朝廷在通州等五处设立抽分竹木局，对客商兴贩竹木抽分即按规定征税，"抽分之例，各有分数，以资工用，亦以防过取"③。其具体事务由屯田清吏司负责，而派遣科道官实施监察，如："成化六年，令每处差主事、给事中、御史各一员，按季更换。每月初六日，各造册，与本局官同复命""嘉靖元年奏准：通州抽分竹木局，凡商贩黄松等木，曾经真定府九一抽取。有印信执照者，止用九一抽分，通前合为二八。其未经真定抽分者，仍用二八抽取。六年，裁革白河抽分竹木局。官吏军人拨回原卫所差操。例该抽分竹木柴炭砖瓦等项，行令广积抽分竹木局带管。仍听直隶巡按监察御史督察。"④ 六科中工科与之有关的监察职责为："凡芦沟桥、通州广积、通积抽分竹木局，

---

① 《大明会典》卷二百二，《工部二十二·屯田清吏司·屯种》。
② 《大明会典》卷二百二，《工部二十二·屯田清吏司·开垦》。
③ 《大明会典》卷二百四，《工部二十四·工部二十四·抽分》。
④ 《大明会典》卷二百四，《工部二十四·工部二十四·抽分》。

每月初一日，将前月分支过竹木等项数目开具手本，大使等官赴科投报查考""凡南京龙江、瓦屑坝二处抽分竹木等物，每季将收放过数目造册，差人赍缴。本科官引奏查理""凡工部奏差造坟、抽分等项官员，各该请给内府精微批文，各具手本送本科，照批定限给付。事完，各赍原批赴本科，转送内府销缴""凡南京六畜场，并在京宣课司等衙门，抽分猪羊等物，本科编成字号勘合用印，送司礼监等衙门转发填用。"① 这些规定在对工科的监察职责所作的规定中内容占比算是最高的。

八 对工部经费及节慎库的管理实施监察

工部四司负责从各地布政司及府征收料银，各代额数不一，嘉靖三十五年（1556年）定，全国共征收料银五十万两，其中营缮司征收一十六万两，虞衡司征收八万两，都水司征收一十四万两，屯田司征收一十二万两。② 朝廷派科道官对料银的征收实施监察。据《大明会典》："嘉靖六年奏准：每三年奏请差科道官各一员，会同工部堂上官一员，清查原派并已解、已支、未支、见在数目明白，分别旧管、新收、开除、实在，备造黄册一本进缴，各收青册一本备照。郎中等官遇有升迁及吏役满日，一应经手钱粮案卷，本部委司务公同清查明白，方许离任起送。如有不明、侵欺等项奸弊，听部参究。"③ 工科的监察职责为："凡各直省司府解纳钱粮完欠分数，工部开载考成簿内，每月赴科注销一次；本科查对分数不及者，每上下半年会同各科题参。"④

节慎库本为工部所属之办事机构，嘉靖八年（1529年）改本部大堂后库设置，贮藏矿银，以给工价，后专备内府取用。照户部太仓例，专定本部侍郎一员提督，仍轮委员外郎一员管理，要求"提督侍

---

① 《大明会典》卷二百十三，《六科·工科》。
② 参见《大明会典》卷二百七，《工部二十七·四司经费》。
③ 《大明会典》卷二百七，《工部二十七·四司经费》。
④ 《大明会典》卷二百十三，《六科·工科》。

郎年终将收过钱粮造册奏缴。若有亏弊，参奏处治"①。嘉靖二十六年（1547年）题准："罢提督侍郎，注选虞衡司主事一员专管。每三年奏差科道官各一员，及本部别委官查盘。其主事三年满日，交盘明白，送吏部改用。"②

宝源局为工部所属的铸造钱币的机构。据《大明会典》："凡宝源局铸钱，弘治十七年题准：按季稽考工料并钱数，本科与各科官轮差""本科官及东城御史，仍兼巡视节慎库钱粮"。③

九 对工部主要官员的弹劾

台湾学者张治安在其所著《明代监察制度史》一书中附录了《明代御史弹劾事实及结果表》④ 和《明代给事中弹劾事实及结果表》⑤，为分析明代工部官员所受弹劾情况，现将两表合一后，抽取其中对工部官员弹劾的部分，并根据《明实录》等资料对有些史实进行订正后，制作成《明代御史、给事中弹劾工部官员事实及结果表》（表6-7）。从该表看，首先，在被论劾的官员中，尚书共12人次，其中又有6人次与履行本职无关，所占比重是非常少的；其次，工部的主要职责是管理工程营建，很容易成为腐败的"重灾区"，但就被论劾的事实看，仅5人事涉"贪""侵"，不到1/5，而且有的还是已经辞官后因其他原因被劾；第三，从处分结果看，除内阁大学士严嵩之子工部侍郎严世蕃下狱，其他人所受的处分都较轻，这些说明工部官员作为典型的技术型官员在履职方面其实还是非常尽职的，总体上也比较廉洁，这也许可以从一定意义上证明监察在澄清吏治方面的确是起到了重要的作用。

---

① 《大明会典》卷二百七，《工部二十七·四司经费·节慎库》。
② 《大明会典》卷二百七，《工部二十七·四司经费》。
③ 《大明会典》卷二百十三，《六科·工科》。
④ 张治安：《明代监察制度研究》下册，台北五南图书出版公司2000年版，第462—520页。
⑤ 张治安：《明代监察制度研究》下册，台北五南图书出版公司2000年版，第523—572页。

表 6 - 7　　　　　明代御史、给事中弹劾工部官员事实及结果表

序号	年代	弹劾者	被弹劾者	弹劾事实	结果		出处
					被劾者	弹劾者	
1	永乐三年	左都御史陈瑛	工部尚书黄福	营造不恤工匠	改北京行部尚书		《明史》卷一五四《黄福传》
2	正统十四年	御史张洪等	工部尚书石璞	赴江西参赞军务讨贼逗遛无功	诏俟师旋以闻		《明史》卷一六○《石璞传》
4	景泰四年	御史左鼎等	工部侍郎张敏	不职	不问		《明史》卷一六四《左鼎传》
5	成化四年	南京十三道御史杨智、南京给事中朱清等	南京工部侍郎范理	外似纯朴，内实奸贪	命礼部侍郎叶盛、给事中毛弘往按之。旋以被劾者事在革前，并宥之		《国朝典汇》卷四二，页五~六
6	正德五年	御史舒晟、给事中李贯等	南京工部尚书李善、工部侍郎胡谅	贪婪桀骜，处脂膏而大肆奸贪	致仕		《国朝典汇》卷四二，页十、一一
7	正德十六年	给事中张九叙等	工部尚书李燧、工部侍郎刘永、冯兰	俱庸陋不职。	燧、永已自陈解官，及论黜，不复究		《国朝典汇》卷四二，页一二、一三
8	嘉靖元年	御史陈克宅	南京工部尚书丛兰	依附江彬，品卑行险	不问		《明史》卷一八五《丛兰传》
9	嘉靖五年	御史郑洛书	工部侍郎盛应期	贿结权贵	引疾归		《明史》卷二二三《盛应期传》

序号	年代	弹劾者	被弹劾者	弹劾事实	结果		出处
					被劾者	弹劾者	
10	嘉靖五年	御史梁世骠、南京给事中林士元等	工部侍郎童瑞等	以上诸人俱贪污不职	瑞等留用，勉图后效		《国朝典汇》卷四二，页二二
11	嘉靖八年	御史王化	工部侍郎何诏、刘思贤、	皆阿党璁、萼，助报私仇，纳贿还官，假作威福	命吏部酌议奏请		《国朝典汇》卷四二，页二六
12	嘉靖十五年	南京御史龚湜	工部尚书蒋瑶	老悖庸鄙，不堪大任	瑶供职如旧	湜妄言，姑贳之	《国朝典汇》卷四二，页三六
13	嘉靖十六年	御史桑乔、给事中管见	工部尚书林庭㭿	妄加天下田赋	庭㭿乞罢，归		《明史》卷一六三《林瀚附传》
14	嘉靖十八年	御史黄正色	工部尚书温仁和及诸内臣	护送慈宫，沿途索求，大为民害		编戍辽东	《国朝典汇》卷四二，页三七
16	嘉靖十八年	监察御史利宾等	工部尚书甘为霖	以考察论劾不职	已有旨，不问		《明世宗实录》卷二百三十，嘉靖十八年十月癸巳
17	嘉靖二十年	刑科给事中聂静	工部尚书甘为霖	为霖卑污溲忍、冒破虚糜	为霖具辞免，不允		《明世宗实录》卷二百四十七，嘉靖二十年三月己酉
18	嘉靖四十一年	御史邹应龙	内阁大学士严嵩子工部侍郎严世蕃	居丧淫纵	嵩致仕，世蕃下狱		《明史》卷二一〇《邹应龙传》

333

续表

序号	年代	弹劾者	被弹劾者	弹劾事实	结果 被劾者	结果 弹劾者	出处
19	嘉靖四十一年	给事中赵灼	工部侍郎刘伯跃	女适严嵩之甥	革职闲住		《国朝典汇》卷四二,页四五
20	嘉靖四十五年	给事中郑钦	工部尚书兼右副都御史朱衡	虐民幸功	遣给事中往勘之		《明史》卷二二三《朱衡传》
21	万历二年	给事中林景旸	工部尚书朱衡	刚愎自用	衡再疏乞休,诏驰驿归		《明史》卷二二三《朱衡传》
22	万历十一年	御史杨有仁	南京工部尚书陆光祖	受赇请属	不问,引疾去		《明史》卷二二四《陆光祖传》
23	万历十三年	御史王学曾	工部尚书杨兆	谀谄中官	兆引罪宥之		《明史》卷二三三《王学曾传》
24	万历十六年	御史林祖述、毛在	工部主事饶伸	出位妄言,排陷大臣	削籍		《明史》卷二三〇《饶伸传》
25	万历二十年	监军御史梅国桢	南京工部尚书叶梦熊	前在三边贪功杀降	梦熊疏辨,帝为和解		《明史》卷二二八《魏学曾传》
26	万历二十五年	给事中戴士衡	南京工部尚书叶梦熊	不详	梦熊不问		《明史》卷二三四《戴士衡传》
27	天启三年	御史宋师襄	工部侍郎周应秋	尸位素餐,当去不去	不问		《明史》卷二六四《宋师襄传》
28	天启五年	巡监御史陆世科、徐扬先	工部右侍郎兼户部侍郎董应举	侵官	落职闲住		《明史》卷二四二《董应举传》

　　明代监察机关和官员对内阁和六部及其官员的监察呈现以下几个特点：一是权力越大的机关所受到的监察越集中，体现在对内阁的监察方面，就是在内阁的发展阶段权力越大的时候受到的监察越严格；体现在内阁与六部的关系上，即当内阁权力超越六部权力的时候它所受到的监察会越严格；体现在对六部各部监察的分别上，权力越大的部门如吏部所受到的监察会越严格，这是监察机关作为权力监控机关的本性使然。二是监察御史与六科给事中品秩虽低，但敢于弹劾二品以上大臣，充分体现了中国古代监察法制蕴含的"以小制大"的精神。三是对内阁和六部大臣的弹劾主要是针对他们在廉洁和履职方面的表现，但又不限于这些方面，体现了朝廷对大臣品德修养、能力素质各个方面要求的全面性和弹劾事由的广泛性。四是明代国家政务的实施主要靠六部，监察机关对六部所管事务实施的监察非常深入和具体，这是监察机关职权扩张的重要表现。

第七章　对地方政权机关及其
官员的监察

　　明朝在全国按行政区划分为浙江、江西、福建、广西、四川、山东、广东、河南、陕西、湖广、山西、云南、贵州十三布政司。布政司为省级行政区划单位，同时也是省一级的政权，各设都指挥使司、承宣布政使司和提刑按察使司，三个机构分别掌管军事、行政、监察，彼此颉颃，互不统属。省以下为府，正官为知府；府之下为县，正官为知县。同时，还有州的设置。州有两种，一种叫直隶州，直属布政司管辖，正官为知州，其地位略低于府，但品秩与府无异，可辖有少量的县；另一种叫属州，隶属于府，品与县相同。此外，布政司还设有派出机构，即各地分守道。永乐年间，成祖每令方面官巡视民瘼，后来形成制度，由各布政司右参政、右参议分守各属府、州、县，成为分守道。全国计59道。其他有督粮道、督册道，属于按事分设，各布政司均有。[①] 明朝十分重视对地方政权机关和地方官的监察，各省的提刑按察司负责对本省的官员进行监察，中后期普遍设置的总督、巡抚也对所辖地方的文武官员实施监察，同时朝廷还采取选派科道官出巡等方式对地方官实施监察。

---

　　① 参见《明史》卷七十五，《志第五十一·职官四·各道》，中华书局1974年版，第1841页。

第一节　地方官员的基本职责及对其
实施监察的主要依据

明朝从明太祖朱元璋开始就非常重视地方政权和地方官吏队伍建设。在明朝建立之初，朱元璋为了让地方官员明了自己的职责，亲自主持制定了《到任须知》，"冠以敕谕。令凡除授官员皆于吏部关领赴任，务一一遵行，毋得视为文具。盖示入官之法也。"① 朱元璋在敕谕中说："志人未官，不可不知受任应行之事。但肯于闲中先知《到任须知》明白，为官之道，更有何加。若提此纲领、举是大意以推之，诸事无有不知办与不办。若人懒于观是纲领，虽是聪敏过人，官为之事亦不能成。若能善读勤观，则永保禄位，事不劳而疾办。此书所载，学生及野人辈皆可预先讲读，以待任用。且五经四书修身为治之道，有志之士固已讲习。此书虽麤俗，实为官之要机，熟读最良。故兹敕谕。"《到任须知》一共31条，包括祀神、恤孤、狱囚、田粮、制书榜文、吏典、吏典不许挪移、承行事务、印信衙门、仓库、所属仓场库务、系官头匹、会计粮储、各色课程、鱼湖、金银场、窑冶、盐场、公廨、系官房屋、书生员数、耆宿、孝子顺孙义夫节妇、官户、境内儒者、起灭词讼、好闲不务生理、祗禁弓兵、犯法官吏、犯法民户、警迹人等。每一条都讲明该项事务的重要意义和具体内容，要求"凡到任那一日，便问先任官、首领官、六房吏典，要诸物诸事明白、件数须知"②。

到了洪武二十三年（1390年），朱元璋鉴于很多地方官员对《到任须知》不加重视，又亲自制定了《责任条例》，"颁行各司府州县，令刻而悬之，永为遵守。务使上下相司，以稽成效。"③ 朱元璋在敕谕中说："方今所用布政司、府州县、按察司官，多系民间起取秀才、

---

① 《大明会典》卷九，《吏部八·关给须知》。
② 《大明会典》卷九，《吏部八·关给须知》。
③ 《大明会典》卷十二，《吏部十一·责任条例》。

人材、孝廉。各人授职到任之后，略不以《到任须知》为重，公事不谋，体统不行，终日听信小人浸润谋取赃私，酷害下民。以此仁义之心沦没，杀身之计日生，一旦系狱临刑，神魂仓皇，至于哀告恳切。奈何虐民在先，当此之际，虽欲自新不可得矣！如此者往往相继而犯，上累朝廷，下辱乡闾，悲哀父母妻子，孰曾有鉴其非而改过也哉。"① 由此可见朱元璋对《责任条例》的重视程度。《责任条例》主体内容如下：

> 布政司治理亲属临府，岁月稽求所行事务，察其勤惰，辩其廉能，纲举《到任须知》内事目，一一务必施行。少有顽慢，及贪污、坐视恬忍害民者，验其实迹，奏闻提问。设若用心提调催督，宣布条章，去恶安善。傥耳目有所不及，精神有所不至，遗下贪官污吏及无藉顽民，按察司方乃是清。
>
> 府临州治，亦体布政司施行。耳目有所不及，精神有所不至，遗下贪官污吏及无藉顽民，布政司方乃是清。
>
> 州临县治，亦体府治施行。耳目有所不及，精神有所不至，遗下贪官污吏及无藉顽民，本府方乃是清。
>
> 县亲临里甲，务要明播条章、去恶安善，不致长奸损良。如此，上下之分定，民知有所依，巨细事务诉有所归。上不紊政于朝廷，下不衔冤于满地，此其治也钦。若耳目有所不及，精神有所不至，遗下无藉顽恶之民，本州方乃是清。
>
> 若布政司不能清府，府不能清州，州不能清县，县不能去恶安善，遗下不公不法，按察司方乃是清。
>
> 按察司治理布政司府州县，务要尽除奸弊、肃清一方。耳目有所不及，精神有所不至，巡按御史方乃是清。傥有通同贪官污吏，以致民冤事枉者，一体究治。
>
> 此令一出，诸司置立文簿，将行过事迹逐一开写，每季轮差

---

① 《大明会典》卷十二，《吏部十一·责任条例》。

吏典一名赍送本管上司查考。布政司考府、府考州、州考县，务从实效，毋得诳惑繁文因而生事科扰。每岁进课之时，布政司将本司事迹并府州县各赍考过事迹文簿赴京通考。敢有坐视不理，有违责任者，罪以重刑。呜呼！今之布政司不挐所属贪赃官吏，又不申闻阘茸不才，诸等不公不法亦不究问。府文到司并不审其为何，但知递送而已。府亦以州文如此，州亦以县文如此。自布政司至府州皆不异邮亭耳，所以不治为此也。①

《责任条例》的意义，一是与《到任须知》相结合，明确了布政司、府、州、县各级衙门的职责和任务；二是明确了布政司对府、府对州、州对县的领导责任及考核办法；三是明确了按察司对本省内包括布政司在内的各级政权机构官吏的监察权利和责任；四是明确了巡按御史对按察司官的监察责任。到了洪武二十六年（1393年），朱元璋颁行《诸司职掌》时再次强调要严格依照《到任须知》的内容对地方各级官吏进行考核。《诸司职掌》规定："凡在外官员，三年遍行朝觐。其各布政司、按察司、盐运司、府、州、县，及土官衙门，流官等衙门官一员，带首领官吏各一员、各理问所官一员，照依《到任须知》，依式对款攒造文册，及将原领敕谕、《诸司职掌》内事迹文簿，具本亲赍奏缴，以凭考核。"② 但《责任条例》也有明显的局限，即没有明确按察司对都司、卫所官员的监察权。据《明实录》记载：宣德元年（1426年）三月，"广西按察使刘子春奏：'广西都指挥同知陈全，受庆远卫官军银七十两、钞六百二十锭，请治其罪'。命按察司鞫之"③。宣德五年八月，"湖广按察司奏：'五开卫指挥倪善、赵兴各怀私心，不顾大体，凡有公事不肯和平计议，动辄喧争，文书积滞，至有一事累月搁而不行者。请皆治其罪。'上谕右都御史

① 《大明会典》卷十二，《吏部十一·责任条例》。
② 《诸司职掌·吏户部职掌·吏部·考功部·朝见》，杨一凡点校：《皇明制书》第二册，社会科学文献出版社2013年版，第409页。
③ 《明宣宗实录》卷十五，宣德元年三月甲辰。

顾佐，令按察司俱治之。又谓佐曰：'同僚有兄弟之谊，当情意相孚，可否相济，譬如操舟行车，虽众论不齐，但欲舟车可行而已，何必争竞？此辈皆胶于私意，以致妨废职务，若仓猝蛮夷有警，不能协和，何以济事？故不可不治，以示儆也。'"① 从这些事例看，至少到宣德年间，按察司实际已经拥有了对都司、卫所官的监察权。当然，宣德十年才出台了正式的规定："凡在外都司、卫所首领官并断事等官，从巡按御史、按察司考察，阘茸无能者起送赴部"，正统元年（1436年）对此又作了进一步的明确："各处卫所官员，听巡按御史、按察司照依文职事例一体考察"。② 嘉靖九年（1530年）五月，陕西道御史郭登庸上言："榆林各卫所官占种屯田，私役军卒，扣减粮廪，大为奸利，而纳级武官为尤甚。故今军士一遭凶年，死者枕籍，请重贪官之罚，罢入粟之例，则宿害可革，灾变可弭"，世宗对之深表赞同，"命都察院通行各抚按官榜谕禁革"③。

明朝初期就从地方各级政权机关和官员的职责任务出发，明确地将各种监察形式充分地运用到对地方衙门和官员的监察中，其后，历年又出台了相关的条例加以修订和补充，使之日臻完备。

第二节　出巡

出巡包括御史巡按与按察司官分巡。巡按是指监察御史经皇帝批准后对地方进行巡视检查，分巡是指按察司的官员到本省所辖地方进行巡视检查，两者在监察内容、规则及要求上有很多共同之处，因而监察方面的法律常常将两者并提。

一　出巡监察的内容

巡按御史与按察司分巡官开展监察的内容以明初朱元璋所定为基

---

① 《明宣宗实录》卷六十九，宣德五年八月辛未。
② 《大明会典》卷二百十，《都察院二·出巡事宜》。
③ 《明世宗实录》卷一百十三，嘉靖九年五月甲午。

本内容，后来各朝又根据当时的情况制定了新的条例加以补充完善。朱元璋于洪武二十六年（1393 年）制定《诸司职掌》时明确规定风宪官"凡至地方，所有合行事件，着令首领官吏抄案施行"，具体有以下内容：

科差赋役。仰本府凡有一应差役，须于黄册丁粮相应人户内周而复始，从公点差，毋得放富差贫，挪移作弊，重扰于民。先具见役里长姓名，同重甘结罪文状，并依准回报。

圩岸、坝堰、陂塘。仰行府县提调官吏，查勘该管地面应有圩岸、坝堰坍缺，陂塘、沟渠涌塞，务要趁时修筑坚完，疏洗流通，以备旱潦。毋致失时及因而扰害于民，先具依准回报。

荒闲田土。仰本府正官多方设法召民开垦，趁时布种。其合纳秋粮，须候年限满日科征，毋致抛荒，仍将任内开过田亩数目，同依准缴报。

站驿。仰行提调官常川整点。各驿船马铺陈什物一切完备，仍钤束惯熟稍水人夫，常川在驿，听候递送使客，毋得失误。先具站船人夫、什物、马骡头匹数目，并不致违误结罪文状缴报。

急递铺。仰行提调官常川点视。铺舍合用什物完备，严督铺长、司兵常川在铺。走递公文，毋致磨擦及稽迟沉匿。仍禁约往来差使人员，不得役使铺兵，损坏铺舍。如有缺坏，即便修理。具各铺司兵姓名、田粮、什物数目回报。

桥梁道路。仰令提调官常加点视。但有损坏去处，即于农闲时月，并工修理，务要坚完，毋致阻碍经行。具依准回报。

税粮课程。仰本府即将岁办税粮、诸色课程，各各数目，保结开报。

户口。仰本府取勘籍定户口，分豁城市、乡都，旧管、收、除、实在，增减数目，开坐回报。

学校。仰提调官凡遇庙学损坏，即为修理完备。敦请明师，教训生徒，务要作养成材，以备擢用，毋致因循弛废。仍将见在师生员名缴报。

收买军需等项。仰本府照依按月时估，两平收买，随即给价，毋致亏官损民，及纵令吏胥、里甲、铺户人等，因而克落作弊违错，具依准回报。

额造段疋等物。仰本府即将织染局见在各色人匠、机张、岁办数目、关支颜料等物，开坐回报。

升斗秤尺。仰行提调官照依原降样式，较勘均平，毋容嗜利之徒私自造置，欺诈小民，具依准回报。

词讼。仰本府应有词讼，疾早从公依律归结，毋得淹延，妨废民生，及听吏胥增减情词，出入人罪。仍将见问应有囚数，分豁已、未完结，尽实开报，毋得隐漏，自取罪愆。具依准回报。

皂隶弓兵。仰行本府并合属取勘额设名数、籍贯、田粮数目开坐，毋得多余滥设，有害于民。具依准回报。

节义。仰本府取勘境内应有孝子顺孙、义夫节妇，果有志能卓异，明着实迹，结罪举保。毋得举富遗贫，影蔽差徭，扶同作弊，具依准回报。

原设申明、旌善亭，但有损坏，仰本府严督所属，即便并工修理，条列榜示，使善恶知所劝惩，毋得视为文具，因而废弛。先将都隅处所，同善恶人数回报。

印信衙门。仰照勘本府并所属应有印信大小衙门保结回报。

上年分巡官有无寄收赃罚，仰本府取勘见数，开坐已未起解数目回报。

取勘。仰本府将所属去处四至八到画图，帖说缴报。

讲读律令。仰本府并合属官吏，须要熟读详玩，讲明律意，取依准回报。

鳏寡孤独。仰本府将所属养济院合支衣粮，依期按月关给，存恤养赡，毋致失所。仍具孤贫名数，同依准状呈。

　　仓库房屋。仰行本府提调官常川点视，若有损坏，即便修理，及设法关防斗级人等作弊。仍将见在钱粮等物，分豁上年旧管、今岁收除、实在，备细数目，同官吏结罪文状缴报。

　　官吏脚色。仰取勘本府并合属见在官吏姓名、年甲、籍贯、历仕脚色、到任月日，回报。①

　　上述事项总括起来一共 23 项。对这些事项，巡按御史和按察司分巡官员每到一个地方后，都要采取吊刷卷宗的方式了解情况，并重点对词讼、祭祀、存恤孤老、仓库、学校等方面的情况按次序进行检查："凡至按临处所，先将罪囚审录、卷宗吊刷外，稍有余暇，首先亲诣各处祭祀坛场，点其祭器墙宇有无完缺；其次存恤孤老，审问衣粮有无支给；巡视仓库，查算钱粮有无亏欠；勉励学校，考课生员有无成效。中间但有欺弊，即便究问如律。"②

　　洪武以后朝廷对御史出巡的内容又不断作出了一些新的规定，举其要者有以下三点。

　　一是关于完销勘合。凡是六部、都察院、五军都督府行文地方政府要求办理的事项，巡按御史、按察司分巡官要督办完成。据《大明会典》："凡完销勘合。成化三年奏准：各处布政司分巡分守官员，遇有陈告违法事情并奉到勘合应该勘问事理，俱要亲自勘问；及访问军民休戚、官吏贤否并举行兴利除害等事，周岁满日，交替接管，方许回司。仍备将问过囚犯、完过事件开报本司，转呈抚按等官稽考。若有奸慢误事者，径自参奏挐问。嘉靖二十七年，令御史差满之日严核司道原奉勘合，务完至七分之上。如不及数，指名参劾。又令各边巡按御史查勘将官失事并究问未结事情，务要从公据实作速奏结，使

────────────

① 《诸司职掌·兵刑工都通大职掌·都察院·十二道监察御史职掌·出巡》，杨一凡点校：《皇明制书》第二册，社会科学文献出版社 2013 年版，第 646—649 页。
② 《诸司职掌·兵刑工都通大职掌·都察院·十二道监察御史职掌·出巡》，杨一凡点校：《皇明制书》第二册，社会科学文献出版社 2013 年版，第 646 页。

有功者早蒙录用，有罪者不至漏网"。①

二是关于勘报灾伤。明代是我国历史上灾害频发的一个时期，在恤民思想的指导下，朝廷非常重视灾伤的勘报，以便为开展赈灾救灾提供基本的依据。明朝初期将报勘灾伤的责任交由当地官员承担，规定"灾伤去处，有司不奏，许本处耆宿连名申诉，有司极刑不饶""凡各处田禾遇有水旱灾伤，所在官司踏勘明白，具实奏闻。仍申合干上司转达户部，立案具奏，差官前往灾所覆踏是实，将被灾人户姓名、田地顷亩、该征税粮数目造册缴报，本部（户部）立案，开写灾伤缘由具奏"②。明成祖以后，先是加强了巡按御史与按察司官勘报灾伤的责任，待巡抚制度建立之后又逐渐出台了巡抚巡按同责的一些规定："永乐二十二年令：各处灾伤，有按察司处按察司委官，直隶处巡按御史委官，会同踏勘。成化十二年，令各处巡按御史、按察司官踏勘灾伤，系民田者会同布政司官，系军田者会同都司官。弘治十一年，令灾伤处所及时委官踏勘，夏灾不得过六月终，秋灾不得过九月终。若所司报不及时，风宪官徇情市恩勘有不实者，听户部参究。万历九年题准：地方凡遇重大灾伤，州、县官亲诣勘明，申呈抚按。巡抚不待勘报，速行奏闻。巡按不必等候部覆，即将勘实分数作速具奏，以凭覆请赈恤。至于报灾之期，在腹里地方仍照旧例，夏灾限五月，秋灾限七月内。沿边，如延宁、甘固、宣大、山西、蓟密、永昌、辽东各地方，夏灾改限七月内，秋灾改限十月内，俱要依期从实奏报。如州、县、卫所官申报不实，听抚按参究；如巡抚报灾过期，或匿灾不报；巡按勘灾不实，或具奏迟延，并听该科指名参究。又或报时有灾，报后无灾；及报时灾重，报后灾轻；报时灾轻，报后灾重，巡按疏内明白从实具奏，不得执泥巡抚原疏，致灾民不沾实惠。"③

三是明确了巡按御史对都司卫所军官的考察责任。按照明初的

---

① 《大明会典》卷二百十，《都察院二·奏请点差》。
② 《大明会典》卷十七，《户部四·灾伤》。
③ 《大明会典》卷十七，《户部四·灾伤》。

规定，十三道监察御史要带管相应的卫所，但《诸司职掌》中所列名目并没有涉及出巡御史巡历卫所的内容，可能是当时军职地位还比较高，并不愿意巡按御史涉及军事。这一点到宣德时期就比较明确了："宣德十年奏准：凡在外都司、卫所首领官并断事等官，从巡按御史、按察司考察。阘茸无能者，起送赴部。正统元年议准：各处卫所官员，听巡按御史、按察司照依文职事例一体考察。"① 及至正德以后，巡按御史、按察司官特别是后来设置的巡按还渐渐掌握了都司、卫所军政官员的考选权。据《大明会典》："凡在外都司、卫所缺军政官，正德八年，令行巡按御史及按察司等官公同考选。每都司及卫，俱掌印官一员，佐贰官二员，每千户所俱掌印官一员。非遇紧急军情，不许辄调。弘治十八年议准：都司卫所军政官务精选才能，或由武举并经保举者，照京卫例调改。如旧官不才者，尽发操备。其首领官，亦铨选科贡正途、年力相应者，与军政官颉颃行事。仍行抚按严加察举。嘉靖六年奏准：在外军政官考选员缺，本年八月终，巡按御史类奏推补。十六年，令都察院转行各处巡按御史，置立格眼文簿，用印钤记，发各都司掌印官收掌。遇大小军职问拟罪名，逐起登记。年终，类报抚按查考。候考选之期，呈送镇巡会考。"② 这种变化反映了明中期以后武职人员地位下降和监察权力扩张的实际。

二　巡历规矩

明朝建立之初，统治者秉持"治人者必先自治"的理念，就对手握监察大权的巡按御史和按察司官如何正当行使权力保持高度警惕，为防止他们在出巡过程中滥用权力，就巡按御史和按察司官出巡应遵守的规矩作了明确规定。据《大明会典》："洪武二十六年定：凡分巡按治州郡，必须遍历，不拘限期。风宪官吏务要同行，不许先后相

---

① 《大明会典》卷二百十，《都察院二·出巡事宜》。
② 《大明会典》卷一百十九，《兵部二·铨选二·考选》。

离。其经过去处，除差拨弓兵防护，依律关支廪给、应付脚力、买办心红纸札之外，不许擅令所司和买物货、私役夫匠、多用铺陈等项，亦不得纵容官吏出郭迎送。其分巡地面果系原籍，及按临之人设有仇嫌，并宜回避。毋得沽恩报仇，朦胧举问。"① 这一规定可以看作是对出巡规矩所作的纲领性规定，以后在正统四年（1439 年）考定重刊的《宪纲》中又重申并细化了这些规定。概括起来，这些规矩主要有以下几个方面。

一是要持身廉洁。正统四年《宪纲》首先对出巡的御史和按察司官出巡时的待遇作了明确规定，要求"凡监察御史巡按，许带吏书一名。照刷文卷许带人吏二名。若应用监生，临期奏请。按察司官分巡，许带吏典二名、承差一名。皆须官吏、监生、承差同行，不许相离。御史及按察司官陆路给驿马，水路应付站船。监生、吏典、承差、陆路并骑驿驴，水路应付递运船，俱支廪给。经过去处量拨弓兵防送，不许别带吏典皂隶人等"②。

正统四年《宪纲》中关于持身廉洁的规定还有："居风宪者，须用持身端肃，公勤详慎，毋得亵慢怠惰。凡饮食供帐，只宜从俭，不得逾分；风宪之职，其任至重，行止语默，必须循理守法。若纤毫有违，则人人得而非议之，为风宪之累矣。故所至州县，取假分毫之物，即自玷溷。在我无瑕，方可律人""所至之处，须用防闲。未行事之先，不得接见闲杂人。凡官吏禀事，除公务外，不得问此地出产何物，以防下人窥伺作弊""分巡所至，不许令有司和买物货，及盛张筵宴、邀请亲识，并私役夫匠、多用导从，以张声势，自招罪愆""巡按之处，不得令亲戚人等于各所属衙门嘱托公事及营充勾当"。③

---

① 《大明会典》卷二百十，《都察院二·出巡事宜》。
② 《宪纲事类·宪纲三十四条·出巡随从》，杨一凡点校：《皇明制书》第四册，社会科学文献出版社 2013 年版，第 1449 页。
③ 《宪纲事类·宪体十五条》，杨一凡点校：《皇明制书》第四册，社会科学文献出版社 2013 年版，第 1459 页。

　　二是要勤谨。正统四年《宪纲》规定："凡监察御史、各道按察司官每出巡审囚、刷卷必须遍历，不拘限期"①"凡监察御史、按察司官分巡去处，如有陈告官吏取受不公等事，须要亲行追问，不许转委。违者，杖一百"②"风宪为朝廷耳目，宣上德、达下情乃其职任。所至之处，须访问军民休戚，及利所当兴、害所当革者随即举行。或有水旱灾伤当奏者，即具奏。不可因循苟且，旷废其职"③。

　　三是要公正。《宪纲》规定："风宪存心须要明白正大，不可任一己之私，昧众人之公。凡考察官吏廉贪贤否，必于民间广间密访，务循公议，以协众情。毋得偏听，及辄凭里老吏胥人等之言颠倒是非。亦毋得搜求细事罗织人过，使奸人得志、善人遭屈。"④

　　四是要谦敬。《宪纲》规定："凡监察御史、按察司官巡历去处，各衙门官吏不许出郭迎送。违者，举问如律。若容令迎送，不行举问者，罪同。如有规避者，从重论。都司、布政司、府州官所至亦同。"⑤《宪纲》中与之有关的规定还有："出巡同事之人须相协和。若有所见不同而行事乖舛者，可于无人之处，从容陈说利害，以开导之。彼心既悟，必能从正。凡人有言，须虚心以听，不可偏执己见。若听者能从，则言者亦不可矜为己功。大抵同僚同事，当如兄弟相亲相爱，积诚相与，未有不相契者。凡有善相让，有过相规，相规之言，只两人自知，切不可对众发之，庶其能从。凡处同僚，不可推恶避劳，不可妨彼利己，不可扬己抑人，必务协和以相

---

　　① 《宪纲事类·宪纲三十四条·出巡期限》，杨一凡点校：《皇明制书》第四册，社会科学文献出版社 2013 年版，第 1449 页。
　　② 《宪纲事类·宪纲三十四条·亲问公事》，杨一凡点校：《皇明制书》第四册，社会科学文献出版社 2013 年版，第 1450 页。
　　③ 《宪纲事类·宪体十五条》，杨一凡点校：《皇明制书》第四册，社会科学文献出版社 2013 年版，第 1458 页。
　　④ 《宪纲事类·宪纲三十四条·禁约迎送》，杨一凡点校：《皇明制书》第四册，社会科学文献出版社 2013 年版，第 1456 页。
　　⑤ 《宪纲事类·宪纲三十四条·亲问公事》，杨一凡点校：《皇明制书》第四册，社会科学文献出版社 2013 年版，第 1450 页。

帮助。不但宪司如此，诸司处同僚者，亦皆当然""学校者，礼让之地。凡监察御史、按察司官所至下学，先诣大成殿拜谒。礼毕，退诣明伦堂。生员讲说经史，监察御史、按察司官中坐，本处提调七品以上正佐官序坐于左，教授、学正、教谕、训导序坐于右听讲，余皆立听。布政司官下学亦同。若布政司、按察司官与御史一同下学，御史左边正面坐，布政司、按察司官依品级右边正面坐。问答之际，教官生员不许行跪礼""初到按临之处，其都司、布政司、按察司及卫所、府州县官相见之后，各回衙门办事，每日不许伺候作揖及早晚听事。遇有事务，许唤首领官吏抄案，或佐贰官一员前来发落，不许辄唤正官。或有合令正佐官计议事务，及正佐官自来禀白者，不在此例。按察司官分巡同。都司、布政司官所至亦同。违者，从风宪官举劾""各衙门问过罪囚或有合断事理干碍计禀者，先令有司定拟罪名，然后参考事例明白，方可发落，不可辄自与决。恐有别例，议论不同，宜从所长"。①

五是要遵守与地方官相见礼仪。《宪纲》规定："方面官与御史初相见，左右对拜。方面官来见御史，前门外下马，由正道入，御史延至后堂，方面官坐左，御史坐右。及御史回望，司前下马，由正道入，方面官延至后堂，御史坐左，方面官坐右。首领官初见行拜礼，御史中立答拜""中都留守司官、各处按察司官相见，并如前仪"。②《宪纲》还具体规定了巡按御史、按察司官与各卫所官、盐运司官、府州县官等官相见的礼仪，并强调"其指挥、运使、运同、知府、知州问答之际，不许行跪礼"。③

六是要遵守回避规定。《宪纲》规定："凡监察御史、按察司官追问公事，中间如有仇嫌之人，并听移文陈说回避。若朦胧怀私按

① 《宪纲事类·宪体十五条》，杨一凡点校：《皇明制书》第四册，社会科学文献出版社 2013 年版，第 1459—1461 页。
② 《宪纲事类·出巡相见礼仪四条》，杨一凡点校：《皇明制书》第四册，社会科学文献出版社 2013 年版，第 1461 页。
③ 《宪纲事类·出巡相见礼仪四条》，杨一凡点校：《皇明制书》第四册，社会科学文献出版社 2013 年版，第 1461 页。

问，致有违枉者，于反坐上加二等科罪。所问虽实，亦以不应科断"①"凡分巡地面果系原籍，并先曾历仕寓居处所，并须回避"②。

七是禁止酷虐。《宪纲》规定："风宪官当存心忠厚，其于刑狱尤须详慎。若刻薄不仁，专行酷虐，不思罪有大小、罚有重轻，一概毒刑以逞，动辄棰人致死，不惟有失朝廷钦恤之意，抑且祸及身家，虽悔无及"。③

上述规定是明朝前期作出的，后来随着形势的发展变化，有的作出了调整，如关于御史出巡不拘期限的规定变成"岁一更代"。有的被现实打破，不得不反复加以重申，如礼仪方面，嘉靖八年（1529年），"令巡按御史不许折挫凌辱守令，知府相见不许行跪礼"④；嘉靖十二年（1533年）奏准："御史巡历郡邑，本等导从皂隶之外并不许多用一人。府州县驿丞等官，亦不许隔境随从迎候"⑤；禁止酷虐方面：嘉靖二十一年（1542年）令："御史出巡，务要痛革淫刑，严惩酷吏。如用酷刑，及打死无辜者，密拘尸属审实。六品以下径拏，五品以上参题，俱照律例重治。巡按满日，将问过酷吏名数开报。若御史自行酷虐，及纵庇不究者，回道考以不职"。⑥ 还有的进行了补充完善，如"遍历"方面，嘉靖二十七年（1548年）奏准："偏僻州县，俱要一体遍历，纠察官吏，访求民隐。如果地方广远不能遍及，亦须严督守巡依期巡历。如直隶无守巡官去处，仍要首先巡历。"⑦ 这些对原先的规定所作的重申也好，修改完善也罢，都是根据当时的实际需要采取的针对性措施。

---

① 《宪纲事类·宪纲三十四条·回避仇嫌》，杨一凡点校：《皇明制书》第四册，社会科学文献出版社2013年版，第1456页。

② 《宪纲事类·宪纲三十四条·分巡回避》，杨一凡点校：《皇明制书》第四册，社会科学文献出版社2013年版，第1449页。

③ 《宪纲事类·宪体十五条》，杨一凡点校：《皇明制书》第四册，社会科学文献出版社2013年版，第1459页。

④ 《大明会典》卷二百十，《都察院二·出巡事宜》。

⑤ 《大明会典》卷二百十，《都察院二·出巡事宜》。

⑥ 《大明会典》卷二百十，《都察院二·出巡事宜》。

⑦ 《大明会典》卷二百十，《都察院二·出巡事宜》。

三 处断规则

巡按御史、按察司官作为监察官员，就其职务性质而言只是了解情况，进行检查、督促，而不能代行地方官的权力，遇有情况必须报告皇帝决断；但"天高皇帝远"，事事都报告皇帝处理既无可能，也无必要，这就必须为其明确权力的边界。

（一）监察事项限制

巡按御史、按察司官巡历地方，官员的一切活动都在其监察的范围，但对于军事安排和乡试则为例外。正统四年《宪纲》规定："总兵、镇守官，受朝廷委任，以防奸御侮。凡调度军马、区画边务，风宪官皆无得干预。其相见相待之礼，尤须谦敬。如总兵、镇守官有犯违法重事，须用体覆明白、指陈实迹，具奏请旨，不许擅自辱慢。其军职有犯，具奏请旨已有定例。风宪官巡历去处，亦须以礼待之，并不得轻易凌辱""在外乡试，自有布政司官提调、按察司官监试，其巡按及公差问理等项监察御史毋得干预，及列名于乡试小录，甚失大体。其所试生徒，若有情弊，听行纠举，亦不得生事诬执"。①

（二）人事处理权限

为了维护封建等级秩序，也为了保持地方政治的稳定，《宪纲》规定了因被监察官员的品级不同而有不同的处断权限："凡监察御史、按察司官有追问诸衙门官员取受不公、刑名等事，除军官、京官并勋旧之臣及在外文职五品以上官，具奏请旨，方许取问。其余六品以下，取问明白，从公决断之后，仍具奏闻。若奉特旨委问者，须将始终缘由、议罪回奏，取自上裁。"②

正统四年《宪纲》刊印不久，有一场关于仓场、库局、阴阳、医

---

① 《宪纲事类·宪体十五条》，杨一凡点校：《皇明制书》第四册，社会科学文献出版社2013年版，第1460页。

② 《宪纲事类·宪纲三十四条·追问刑名》，杨一凡点校：《皇明制书》第四册，社会科学文献出版社2013年版，第1450页。

学、闸坝、驿递等衙门官犯罪由谁具奏提问的讨论。正统六年（1441年）春正月，陕西左布政使郭坚上言："《大明律》载：府、州、县官有犯，所辖上司不得擅自勾问，止许开具所犯奏闻。其仓场、库局、阴阳、医学、闸坝、驿递等衙门官犯罪，俱不该载。所以各处此等有犯，间有径行勾问，又有具奏提问，所行不一，请敕法司议。"郭坚提出的问题交由刑部讨论，刑部尚书魏源会都御史陈智等商议，认为应当从布政司具奏提问，刑科给事中廖庄则认为："《律》载：在外五品以上官有犯，奏闻请旨；六品以下，听分巡御史、按察司并分司取问。臣窃以为仓、场、库、局，律虽不载，其曰六品以下听御史、按察司分司取问，则是此等官员亦载其中，而布政司不得擅问明矣。盖布政司所管者户口钱粮军需差役等项，而仓库等衙门实为所属，事体相关，或一时干办不及，或有时逢迎失意，必有多被取问。若御史、按察司分司可得径问，布政司亦可得径问，则此等官员将不胜其去故迎新，而见任者亦无以自立矣。他日又岂无奏巡检司与学官《律》不该载者，亦乞照此例者乎？"廖庄的意见是应从巡按御史、按察司官具奏提问，结果"上从庄议"。① 英宗的决定实际是进一步明确甚至是扩大了巡按御史的人事处置权限。到中期以后，巡按御史对六品以下官员的处置权限又进一步得到了加强："嘉靖二十一年奏准：御史论劾三司方面，及有司五品以上，指实参纠。六品以下，贪酷显著者，即便拏问；其才宜烦简者，疏请调用；老疾等项，俱于考语内明白开报。"②

（三）告诉处理程序

御史出巡遇到的事情，可能有刑事的，也可能有民事的；可能只是老百姓之间的争讼，也可涉及到告官，不同的情况有不同的处理程序。据《大明会典》，洪武二十六年（1393年）定："凡受军民词讼，审系户婚、田宅、斗殴等事，必须置立文簿、抄写告词、编成字

①《明英宗实录》卷七十五，正统六年正月甲子。
②《大明会典》卷二百十，《都察院二·出巡事宜》。

号、用印关防，立限发与所在有司追问明白，就便发落，具由回报。若告本县官吏，则发该府；若告本府官吏，则发布政司官吏，则发按察司；若告按察司官吏，及伸诉各司官吏枉问刑名等项，不许转委，必须亲问。干碍军职官员，随即奏闻请旨，亦不得擅自提取。凡主所在，体知有司等官守法奉公、廉能昭著者，随即举奏。其奸贪废事、蠹政害民者，究问如律。"①

（四）举劾责任

御史出巡的成果最终要落到举劾地方官员上。《宪纲》规定："凡监察御史、按察司官巡历去处，但知有司等官守法奉公、廉能昭著者，随即举闻。若奸贪废事、蠹政害民者，即便拿问。其应请旨者，具实奏闻。若知善不举，见恶不拿，杖一百，发烟瘴地面安置。有赃，从重论。"② 以后这一规定得到细化："天顺元年奏准：每年巡按御史将司、府、州、县见任官员从公诘察。除贪污不法者就便擎问，其老疾、罢软等项起送吏部，查例定夺。如有奉公守法、廉能超卓者，更替回京之日，指实具奏。吏部记其姓名，候考满到部，查考升用。若御史考察不公、颠倒是非者，参奏如律。"③ 嘉靖、隆庆年间，关于巡按御史举劾奖戒的责任得到了强化："（嘉靖）二十七年题准：御史巡历地方，务要访求按属贤否，勉励戒饬。其有戒饬不悛者，实时随事参奏提问。不必以无人诉告、例难访察，使久为地方之害。仍行各抚按官，一体悉心究访。隆庆二年题准：御史出巡，果系卓异官员，方许举荐。方面多不过六七员，或三四员；有司多不过七八员，或五六员。其荐词以四五句为止，参语举一二事为证。不许烦冗鄙亵，失章奏之体。其应劾官员，须先及大奸，不许止以州县府佐等官充数。所劾之人，仍明开或贪或酷，以凭议覆。如有荐举方行，即以事败，官箴已坏，故为容隐

① 《大明会典》卷二百十，《都察院二·出巡事宜》。

② 《宪纲事类·宪纲三十四条·巡按失职》，杨一凡点校：《皇明制书》第四册，社会科学文献出版社2013年版，第1453页。

③ 《大明会典》卷二百十，《都察院二·出巡事宜》。

者，回道之日考察降黜。"①

　　巡按御史代天子巡守，确实在一定程度上起到了整肃吏治、与民伸冤、维护社会稳定及为皇帝耳目的作用。这些在明中期以前比较明显，如朱鉴，宣德二年（1427 年）擢为御史，"巡按湖广，谕降梅花峒贼萧启宁等。请复旧制，同副使、金事按行所部，问民疾苦。湖湘俗，男女婚嫁多逾三十。鉴申明礼制，其俗遂变。三载代归。正统五年复按广东。奏设钦州守备都指挥。奉命录囚，多所平反，招抚逋叛甚众。还朝，请天下按察司增金事一人，专理屯田，遂为定制。"②正统年间，御史韩雍"巡按江西，黜贪墨吏五十七人。庐陵、太和盗起，捕诛之。十三年冬，处州贼叶宗留自福建转犯江西。官军不利，都督金事陈荣、指挥刘真遇伏死。诏雍及镇守侍郎杨宁督军民协守。会福建巡按御史汪澄牒邻境会讨贼邓茂七，俄以贼议降，止兵。雍曰：'贼果降，退未晚也。'趋进，贼已叛，澄坐得罪死。人以是服雍识。"③ 天顺年间，御史李纲"历按南畿、浙江。劾去浙江赃吏至四百余人，时目为'铁御史'"④。这些都是能够严格执行法律规定认真履职尽责御史的典范。

　　明中期以后，御史出巡产生的问题就比较多了。嘉靖二十一年（1542 年）四月，掌都察院事毛伯温等上疏奏请申明《宪纲》八事：

　　　　一禁酷刑。谓今御史不知详慎刑狱，动凭棰楚立威，致使无辜之民毙于杖下，伤天地之和，失好生之德，甚非盛世之所宜有也，宜一切禁之。

　　　　二慎举劾。御史举劾，吏部凭之以黜陟，乃或举者多致数十，劾者下及丞尉，假公济私，毛举塞责，甚不称风纪之职。宜著为令，举必以上贤，而劾不下五品，毋令枉滥，以滋奸弊。

① 《大明会典》卷二百十，《都察院二·出巡事宜》。
② 《明史》卷一百七十二，《列传第六十·朱鉴》，中华书局 1974 年版，第 4587 页。
③ 《明史》卷一百七十八，《列传第六十六·韩雍》，中华书局 1974 年版，第 4732 页。
④ 《明史》卷一百五十九，《列传第四十七·李纲》，中华书局 1974 年版，第 4343 页。

三革骚扰。御史以廉察为职，所在务宜亲历。顷或动委属官分行州县，不准迎送旁午倚势作威，或计睚眦以中伤善类，望风旨而微文出入，甚至勤肥钓赇，为害不可胜言，宜痛革之。

四惩势豪。今乡官清修苦节者固多，而凭倚恣睢者亦有，若纵而不问，非所以著风裁、明宪纪也？宜少加惩创。

五省繁文。凡御史出巡，有造缴文册，费逾千金，然不过文具而已。自今除《宪纲》考语外，一切虚文通行厘韦，以敦实政。

六明职守。巡抚巡按及中差御史各有职掌，具载风宪事宜，极为明备，宜各遵守，不许侵越违异。

七正士风。学校诸生，倚藉衣巾臧否人物，甚或见事风生挟制官府。宜严督学官，令其遵守卧碑，以敦习尚。

八备两造。夫两造不备，而欲民无冤不可得也。民有屈抑者，悉宜听其诉理，毋主先入之见，偏执曲断。

毛伯温的建议每条都针对时弊，世宗皇帝读疏后深受震动，说："朕恒念天下苍生不得其所，祗因有司官贪酷肆行，有司善恶无所劝惩；又因巡按御史不能振扬风纪，举劾失实。御史臧否不分，却由都察院不严考核，吏部不公黜陟，该科不行举正，政体相维，本无难睹，乃上下不能尽职，失朝廷设官初意，国家何赖焉？览奏，具见振举纲维，切中时弊，朕心嘉慰，所陈悉允行，务从实振举。所在巡按御史即宜精白奉扬，勿负朝廷简命。如或故违，重治不宥！"①

世宗决心对御史进行整顿，但该年十月发生"壬寅宫变"，从此，他将主要精力用在养生修道上，法纪日渐松驰。嘉靖四十五年（1566年）十一月，都察院右都御史王廷相陈言六事，其中第一事为"慎选授"，其他五事都是关于御史出巡的，具体内容如下：

慎刑狱。狱者，民命所寄，所贵情法相丽，不宜以贫富殊

---

① 《明世宗实录》卷二百六十，嘉靖二十一年四月丁丑。

科，近或借称修理军饷等名，法外滥罚，动逾千百金；人命重狱，又多委寄不慎，以致误有出入，非纵则滥。至如审录之典，乃巡按所专行者，其巡盐等差御史各有攸司，毋得参听庶狱，致乖政体。

慎猖率。御史司宪一方，各司视为表率，己则不饬，何以责人？宜饬各差御史，务以端肃持身，以俭约率下，日廪五升之外，不得滥取扰民。

慎检来。近者御史差满回京，行李乃至数十舁者，或张筵列弊托之乎饯赆，或遣贺修坊名之曰交际，甚有至出境写本受所属之金为保荐者，风纪不振，职此之由。自今宜一切禁止，以崇宪体。

慎举劾。举劾乃黜陟攸系，必公必慎，乃是勤惩将合己而后举，则才諂者或售其奸，将忤己而必纠，则忠朴者遂没其善，甚或劾称奸淫而拟改教论，以贪污而拟调官，或以初任而辄举，或以去任而足数，事甚悖也。自今凡所举劾，务求至当，其有卖直市恩，情状败露者，俟回道之日，听臣等考察。

慎分巡。御史以纠举为职，凡原籍与历甚寓居之所，《宪纲》例宜回避。自御史闻人铨以宝应知县行取，不数年而提督南畿学校，自是袭以为常，然铨竟以此败。宜申明《宪纲》，悉如旧例。他如按察司分巡及提学副使、佥事等，俱一体回避。

王廷相的奏疏直指当时御史出巡时的各种违规表现，世宗皇帝接受他的建议，要求"从实行之"。① 但不久世宗离世，直到神宗即位，张居正当国，对出巡御史进行整顿，有关的规定才又得到较好的执行。御史出巡表现如何、取得的效果怎样，始终是同整个大的政治环境相适应的。

---

① 《明世宗实录》卷五百六十五，嘉靖四十五年十一月丙子。

第三节　照刷文卷监察

照刷文卷作为法律规定的对从中央到地方各级各类衙门实施监察的重要形式，在对地方衙门和官员的监察中也得到了极为充分的运用。明朝法律规定：巡按御史和按察分司官在出发之前，要对将要出巡地方布政司的文卷先行照刷，以便了解情况；巡按御史出巡过程中，每到一个地方如府、州、县，都要先行照刷文卷，作为巡按监察的第一个步骤。而且，朝廷还出台了将照刷文卷作为专项任务加以实施的法律。因此，照刷文卷实际可分为监察御史和按察司官出巡前照刷文卷、出巡中照刷文卷、专门照刷文卷三种情况。

一　照刷地方衙门文卷的基本规定

洪武二十六年（1393年）颁行的《诸司职掌》，专门就监察御史与按察司官巡历地方照刷文卷的程序、方法作了详细规定。前面第四章"法定的监察形式"部分曾经指出，这些规定其实是适用于各种类型的照刷文卷的，当然，其直接适用和最有针对性的还是巡按御史和按察司官出巡时的照刷文卷，《诸司职掌》因此就监察御史和按察官到巡历的地方后如何照刷文卷，采取了逐项举例的方式作了极为详细的说明。具体内容如下：

> 照刷吏房起取罢闲官吏文卷。假如应天府某年月日承奉吏部劄付，仰行所属应有为事罢闲官员，取勘现数，一名名起送听用。当日立案，行移上元等几县，取勘花名，先申到府。案催各县，陆续照依原报名数，申解完绝。取获批收明白，卷内行移又无迟错事理，则刷尾批云"照过"。设若起解未尽，行催不绝，则批"通照"。其或各县开称事故文书到后，或半月，或数日，不行催问，则批云"事属稽迟"。及有先申某、今解某，本作某

却作某之类，则批云"事属差错"。如是原申十名，已解六名，外有四名未解，经年歇案不催，中间情弊不无，则驳之曰"埋没"。照刷州县吏房卷同。

照刷户房开垦荒田文卷。假如扬州府承户部劄付，仰行所属应有荒闲田土，召人开垦，合纳税粮三年后依例科征。据江都等县申报人户姓名，开过田亩数目立案。候至年限满日，已将起科则例、花名、田粮数目，移付征收秋粮卷，收科了当，卷内别无稽迟差错事件，则批刷尾云"照过"。设若年限未满，申报未绝，则批"通照"。其或各县申称现行开垦，先具人户花名到府，迁延三五日或数十日，不行立案，行催开过田数，则批云"事属稽迟"。其有原开项亩该科秋粮十石，却作千石之类，则批"差错"。至于原申开过田土，比候年限已满，或逾年不行收科，或将原报顷亩减多作少，其弊显然，则当驳之以"埋没"。照刷州县户房卷同。

照刷礼房买办祭祀猪、羊、果品、香烛等项文卷。先看何年月日承奉礼部劄付，开到本府合该祭祀社稷、先圣先贤及风云雷雨山川、无祀鬼神等坛若干处，每坛计用猪若干，羊若干，果品、香烛等项若干。其价照依本处时估对物收买，仰于官钞内放支。当日立案定限，行移所属州县收买。要见回报，是何行人物户时估，及差委何官眼同收买，送官应用。仍查算原估与收买价钞相同，已用与原买之数无异，俱有行人物户领状在卷。祭祀已毕，事无施行，则批以"照过"。若或已买在官，祭祀日期未临，虽皆有发付收领明白，事无施行，则批以"通照"。其或经违日久，才方立案行移，祭期将临，其收买猪羊等项尚有未备，显是怠慢，则批以"事属稽迟"。若或分派各行人物户所买品数皆同，而价钞不一，且如春丁祭先师孔子，该猪六口，每口价钞二百贯，却共作一千二百五十贯附卷，及查行人物户领状，实领一千二百贯，并查放支官钱卷内，亦止一千二百贯，既以明白，别无规避，则批以"事属差错"。其或猪羊等项已备，祭祀已毕，但不见所用过钞贯花销，不见是何行人物户收领价钞，及有无余下物件未用，责付何人收领，朦胧不明，显有规避，则批以"事属埋没"。照刷州县礼房卷同。

照刷兵房勾补军役文卷。先看本府何年月日承奉兵部劄付，或都司、布政司、各卫公文，坐勾补役军丁若干名。若当日立案，行移各该州县，立定限期解府，各该州县照依坐下名数随即解到，卷内现有原获合干上司实收，事无施行，则于刷尾批以"照过"。若于当日立案，照依名数行下各该州县，或全不解到，已经节次移文催并，差人坐守起解，虽已尽绝，如无实收，则批以"通照"。又或经违三五日，甚至十数日，才方立案行移，虽各该州县依数起解，未见实收，则批"事属稽迟"。若行移不迟，名数不缺，中间原坐张某，今解李某，案内不见审实缘由，及驳问所司官吏，虽有实收，则亦批"事属差错"。其或已承上司明文，虽已立案，经年不见催举，间或行移，如勾十名，止解到五六名，已解到者不见实收，未解者又不举问，显有规避。则批曰"事属埋没"。照刷州县兵房卷同。

照刷刑房贪赃坏法文卷。先看本府何年月日据某人所告词状，当日曾无立案，将本人引审，或监或保。若监收原告，要见为何缘故，明白立案，取具司狱司收管在卷。若或保在原告，要见立案批差皂隶取获保状附卷。其状内合问人数，查照曾无立案，分豁被告、干连，着落所司提解。其或当日立案，差人定限，分豁被告、干连，着落所司提解。又当看本府何年月日据所司依限解到坐提人数，要见当日立案，将各人引问，责与原告对理。且如甲告乙受丙赃五十贯，乙招如告；又告丁赃四十贯，丁供明白，甲自招虚。又当看甲、乙、丙之招词，丁之供状同甲、乙、丙之服辩，曾无题押入卷；乙招赃钞，曾无立案追征；既已追征，曾无纳足，有无该库收贮领状。又看有无立案，引律拟罪发落。又于发落案内先看原发事由，中间曾无增减原状紧关情节，查比解到月日有无淹禁。次于问拟招罪项下，详看乙所招受赃情节，比甲所告是否同异，却于前件议得项下，参详甲、乙、丙之罪名，比律允当，并无招涉，依例疏放。又于照行事理，要见准工者差人起解，的决者立案摘断，免科者疏放宁家，追足乙名下招受赃钞，责令该库收贮，取获领状在卷。如原发事由内无增减原状紧关情节，问拟招罪内无故失出入人罪，前件议得下比照律条所拟允当，照行事理内无人赃埋没之弊，俱已完结，事无施行，则批以"照过"。若或已提未到人数累催不到，原追赃钞催促未足，则批以"通照"。其或受状不即立案，已经数日方才施行，以致提人未到，则批曰"事属稽迟"。若案内字样不同，粘连颠倒，以致月日参差，官不题押，吏不书名之类，事已完结而无规避，则批"事属差错"。若或囚人招出人赃，照行事理内不照追提，以致经年不行，显有规避，则批曰"事属埋没"。照刷州县刑房卷同。

　　照刷工房成造船只文卷。先看何年月日承奉工部剳付，坐下本府该造船若干只，每只计用丁线大小不等若干斤，桐油若干斤，麻穰若干斤。其价照依时值对物收买，抑於官钱内放支。合用木植着落人夫采斫，当日立案定限，行移所属州县起集人夫，采办木植，要见回报：起到人夫若干名，并所指处所及已收买丁线等物时价，差委何人带领各匠若干名，前来场所兴造。次将引各行具领状收支钞，依数收买物料，成造船只，查算原估与收买价钞相同，已用与原计物料无异，船只已起，限期不违，事无施行，俱有各行收买物料领状在卷，则批以"照过"。若或行移不迟，兴工不后，物料不缺，人匠不少，支用物料未尽，原定限期不违，船只未起，事有施行，则批以"通照"。其或经违数日，才方立案，行移其所属州县，合办物料人匠虽已不缺，而船只亦起，终是怠慢，则批云"事属稽迟"。若或派料或多或少，用工或众或寡，且如每船合办五寸丁线二百斤，却买二百五十斤；合办三寸丁线三百斤，却买二百五十斤之类，以致船只未起，又违限期，中间收买价钞并无克落，查考各行领状在卷，文案明白，别无规避，则批"事属差错"。其或船只已完，不见各船已用物料花销余下丁线等物，不见责令是何库分收贮，原计料数多，已收买数少，显有规避，则批云"事属埋没"。照刷州县工房卷同。①

由上述规定可知，朱元璋对御史和按察司官出巡之照刷文卷是极为重视的，其规定极为详备。后来朝廷还将照刷文卷作为一项专门性的工作进行安排，派遣御史专门到地方照刷文卷，或要求按察司官按时照刷所辖地区地方衙门的文卷。照刷文卷的方式方法一如御史、按察司官出巡时照刷文卷的规定。

二 专差御史照刷文卷

宣宗时期是坚持派遣专差御史照刷文卷比较好的时期。宣德元年（1426 年）三月，"行在都察院奏遣御史唐舟等二十一人分往各布政司、直隶诸府州照刷文卷。上谕舟等曰：'刷文卷以察奸弊、正违错，须以清洁无私为本，不然，则是非黑白不能分别。然又当安详平恕，勿事烦苛。尔等宜识朕意。'"② 宣德五年八月辛巳，"行在都察院奏请分遣监察御史二十三人照刷内外诸司卷牍。从之。"③

宪宗及其以后，照刷文卷的制度仍然得到执行："成化二十三年六月，停浙江三司都指挥等官王正等九员俸各一月。为照刷文卷，御史劾其违错、稽迟等罪故也。"④ 而且，有关制度得到进一步完善，成为一项定期举行的制度："凡南北直隶及各布政司文卷，成化九年定，三年一次，差御史照刷。嘉靖十二年，命巡按御史兼理。二十八年复差。以后或遇地方灾伤，奏请停刷，通候六年总刷。三十九年，

---

① 《诸司职掌·兵刑工都通大职掌·都察院·十二道监察御史职掌·刷卷》，杨一凡点校：《皇明制书》第二册，社会科学文献出版社 2013 年版，第 649—653 页。

② 《明宣宗实录》卷十五，宣德元年三月乙卯。

③ 《明宣宗实录》卷六十九，宣德五年八月辛巳。

④ 《明宪宗实录》卷二百九十一，成化二十三年六月庚辰。

令清军御史兼管照刷文卷。近年俱巡按御史兼理。"①

三　按察司照刷文卷

宣宗和英宗时期，对按察司照刷文卷的规定进行了强调。宣德五年（1430 年）八月，"江西按察司副使石璞言：'按察司旧置佥事，分莅各道照刷文卷、分理词讼。比来多因差委不得专理，致讼者越诉，事须追问淹延岁月，移文督促案牍愈烦。乞令佥事专于所分之道往来巡历，遇有诉讼即为追理，或有营造军需之务亦俾之催督，其岁输粮税只令布政司府州县官催运为宜。'上曰：'洪武中有定制，只如旧行之。'"② 宣宗重申了按察司官照刷文卷的规定，不仅如此，他还要求切实执行这些规定。宣德七年（1432 年）六月，巡按福建监察御史邵宗上奏："在外诸司文卷，皆属按察司照刷。今福建所属，自永乐二十年至今未刷，钱粮埋没、刑名出入何由得知？若天下皆然，则积弊滋多。宜令各处按察司遵依成法，每年八月分巡刷卷，年终则上其籍于都察院。如此，则官吏知戒，案牍可清，而政事以理"，邵宗的建议得到宣宗皇帝的批准："命行在都察院戒饬各按察司以时举行"。③ 这一事例说明，按察司对照刷府、州、县文卷负有明确的责任；同时也说明要坚持履行这一职责也不是一件容易的事情。

到了英宗继位以后，进一步强调按察司官要履行照刷文卷的职责，对不履行职责的按察司官采取了严厉的处罚措施。据《明实录》记载：正统三年（1438 年）八月，"河南按察司佥事朱理当出巡刷卷，辄留司不行。及去，甫一月即以完报。巡按监察御史言：'计其所刷卷不下二万，余纸仅一月，安能详其奸弊？请治其罪。'上是之，诏逮理鞫治"。④ 正统四年（1439 年），英宗在考定

---

① 《大明会典》卷二百十，《都察院二·照刷文卷》。
② 《明宣宗实录》卷六十九，宣德五年八月癸巳。
③ 《明宣宗实录》卷九十一，宣德七年六月壬子。
④ 《明英宗实录》卷四十五，正统三年八月庚午。

刊印的《宪纲》中进一步明确了按察司照刷文卷的规定："其各都司、布政司、按察司所属卫所府州县等衙门文卷，从本处按察分司照刷。若有迟错，一体依例施行。其照刷之际，务要尽心。若有狱讼淹滞、刑名违错、钱粮埋没、赋役不均等项，依律究问。迟者举行，错者改正，合追理者即与追理，务要明白立案，催督结绝。不能尽职者，监察御史从都察院、按察分司从总司体察，奏闻究治。"① 此规定重点明确了对通过照刷文卷方式查出问题的官员进行处罚的措施及后续跟进监察的措施，同时也明确了对不能履行照刷文卷职责的按察司官的监察和处罚措施，使照刷文卷的规定更趋完备。

照刷地方衙门文卷制度的执行情况如何呢？据《明实录》记载："嘉靖十八年闰七月，湖广清军御史姚虞奏：'显陵卫军士亡去过半，宜亟追补，以严扈卫。至于承天府，乃上汤沐邑，连岁灾伤，多所逃窜，其军单未解者暂停清理。且工作方兴，庶务猬集，请暂停今年照刷文卷。'上皆从之"②，嘉靖二十四年四月，"诏停浙江、江西今年照刷文卷，以岁灾，从巡按御史高懋、魏谦吉请也"。③ 这两个例子都是说当年要暂停照刷部分地方的文卷，那说明其他地方的文卷还是要正常照刷的，而且所涉地方的文卷只是暂停，说明照刷文卷的制度在正常执行。在《明实录》中，还可查到嘉靖以后照刷文卷的例子："万历六年八月，遣江西道御史李学诗往南京京畿道照刷文卷"④ "天启二年三月丁未，差御史方大镇照刷文卷"⑤ "天启三年六月，遣御史王梦蛟往南京照刷文卷"⑥。这些说明，有明一代对照刷文卷制度的执行是贯穿始终的，同时也是严格的。

---

① 《大明会典》卷二百十，《都察院二·照刷文卷》。
② 《明世宗实录》卷二百二十七，嘉靖十八年闰七月癸卯。
③ 《明世宗实录》卷二百九十八，嘉靖二十四年四月庚申。
④ 《明神宗实录》卷七十八，万历六年八月庚壬寅。
⑤ 《明熹宗实录》卷二十，天启二年三月丁未。
⑥ 《明熹宗实录》卷三十五，天启三年六月庚申朔。

第四节 专项监察

监察官员有时由皇帝钦点到地方出差，就某个特定事项实施监察。比起一般的出巡，其任务单一，规则也更明确。监察御史的专差监察有很多种，这里只能举其大者进行分析研究。

一 对学政的监察

明朝非常重视学校建设。明朝建立之初，明太祖多次强调学校建设对国家人才培养和风化引领的重要意义，洪武二年（1369 年），他对中书省臣说："学校之教，至元其弊极矣。上下之间，波颓风靡，学校虽设，名存实亡。兵变以来，人习战争，惟知干戈，莫识俎豆。朕惟治国以教化为先，教化以学校为本。京师虽有太学，而天下学校未兴。宜令郡县皆立学校，延师儒，授生徒，讲论圣道，使人日渐月化，以复先王之旧。"① 于是大建学校，在全国设立了以北京国子监和地方府州县学为骨干的各级各类学校。

朝廷为了实现兴办学校的目的，非常重视对学政的监察，每当派遣御史出巡都要求把巡视学校作为巡查的重要任务，并且就其提出专门的要求。洪武十五年（1382 年），颁禁例于天下学校，称《禁例十二条》，要求各地学校镌勒卧碑，置于明伦堂之左，永为遵守。其内容如下：

> 今后府、州、县生员，若有大事干于己家者，许父兄弟侄具状入官辩诉。若非大事，含情忍性，毋轻至于公门。
>
> 生员之家，父母贤智者少，愚痴者多。其父母贤智者，子自外入，必有家教之方。子当受而无违，斯孝行矣，何愁不贤者哉？其父母愚痴者，作为多非，子既读书，得圣贤知觉，虽不精

---

① 《明史》卷六十九，《志第四十五·选举一》，中华书局 1974 年版，第 1686 页。

通，实愚痴父母之幸独生是子。若父母欲行非为，子自外入，或就内知，则当再三恳告。虽父母不从，致身将及死地，必欲告之，使不陷父母于危亡，斯孝行矣！

军民一切利病，并不许生员建言。果有一切军民利病之事，许当该有司、在野贤人、有志壮士、质朴农夫、商贾技艺皆可言之，诸人毋得阻当，惟生员不许。

生员内有学优才赡深明治体，果治何经精通透彻，年及三十，愿出仕者，许敷陈王道、讲论治化、述作文词，呈禀本学教官考其所作，果通性理，连佥其名，具呈提调正官，然后亲赍赴京奏闻，再行面试。如果真才实学，不待选举，即行录用。

为学之道，自当尊敬先生。凡有疑问及听讲说，皆须诚心听受。若先生讲解未明，亦当从容再问。毋恃己长，妄行辩难，或置之不问。有如此者，终世不成。

为师长者当体先贤之道，竭忠教训，以导愚蒙。勤考其课，抚善惩恶，毋致懈惰。

提调正官务在常加考较。其有敦厚勤敏，抚以进学；懈怠不律，愚顽狡诈，以罪斥去。使在学者皆为良善，斯为称职矣！

在野贤人君子果能练达治体，敷陈王道，有关政治得失、军民利病者，许赴所在有司告给文引亲赍赴京面奏。如果可采，即便施行。不许坐家实封入递。

民间凡有冤抑干于自己，及官吏卖富差贫、重科厚敛、巧取民财等事，许受害之人将实情自下而上陈告，毋得越诉。非干己事者不许。及假以建言为由坐家实封者，前件如已依法陈告，当该府、州、县、布政司、按察司不为受理、听断不公，仍前冤枉者，然后许赴京申诉。

江西、两浙江东人民多有不干己事代人陈告者，今后如有此等之人，治以重罪。若果邻近、亲戚全家被人残害，无人申诉者，方许。

各处断发充军及安置人数，不许进言。其所管卫所官员，毋得容许。

　　若十恶之事、有干朝政实迹可验者，许诸人密切赴京面奏。

　　前件事理，仰一一讲解遵守。如有不遵，并以违制论。①

　　《禁例十二条》成为学政管理的基本法律，同时也成为监察官员对学政实施监察的基本依据："凡学政遵卧碑，咸听于提学宪臣提调，府听于府，州听于州，县听于县"。②

　　明初对学政管理的重视，大大促进了各地学校的建设："盖无地而不设之学，无人而不纳之教。庠声序音，重规叠矩，无间于下邑荒徼，山陬海涯。此明代学校之盛，唐、宋以来所不及也"。③

　　明中期以后，学政管理出现了一些问题，主要是"各处儒学生员不肯熟读四书经史，讲义理惟记诵旧文，待开科入试以图幸中"④，这样期待学校为国家培养人才的愿望就不能得到很好的实现。于是，正统元年（1436 年）五月，经由礼部会官讨论，并奏请英宗同意，在全国各地每处添设按察司官一员，南北直隶御史各一员，专门提督学政。英宗为此专门发表敕谕，其内容如下：

　　朕惟国家致治，在于贤才；贤才之成，本于学校，帝王相承之盛典也。朕自临御以来惓惓于此，而所在有司率不究心，苟具虚文用应故事。如此，而望成贤才、致治化，其可得乎？今慎简贤良分理学政，特命尔等提督各处儒学。夫一方之学总于汝，是一方之师系于汝矣。率而行之，必自身始，必自进其学，学充而后有已，谕人必自饬其行，行端而后有以表下。学有成效，惟尔之能；不然，惟尔弗任，尔其懋哉！所有合行事宜，条示于后，其敬承之：

---

① 《大明会典》卷七十八，《礼部三十六·学校·儒学》。
② 《明史》卷七十五，《志第五十一·职官四·儒学》，中华书局1974年版，第1851页。
③ 《明史》卷六十九，《志第四十五·选举一》，中华书局1974年版，第1686页。
④ 《明英宗实录》卷十七，正统元年五月壬辰。

学者不惟读书作文，必先导之孝弟忠信礼义廉耻等事，使见诸践履，以端本源。

士贵实学。比来习俗颓散，不务实得，于己惟记诵旧文，以图侥幸。今宜革此弊。凡生员，四书本经必要讲读精熟、融会贯通，至于各经子史诸书皆须讲明，时常考试勉励。庶几将来得用，不负教养。

学者所作四书经义论册等文务要典实，说理详明，不许虚浮夸诞。至于习字，亦须端楷。

学校无成，皆由师道不立。今之教官，贤否不齐，先须察其德行，考其文学，果所行所学皆善，须礼待之。若一次考验学问疏浅，姑且诫励；再考无进，送吏部黜罢。若贪淫不肖，显有实迹者，即具奏逮问。

学校一切事务并遵依洪武年间卧碑，不许故违。

师生每日坐斋读书及日逐会馔，有司金与膳夫，不许违误缺役。

生员有食廪六年以上不谙文理者，悉发充吏；增广生入学六年以上不谙文理者，罢黜为民当差。

生员有阙，即于本处官员、军民之家，选考端重俊秀子弟补充。

生员之家，并依洪武年间例，优免户内二丁差役。

所在有司，宜用心提调学校，严督师生教读，不许纵其在外放荡为非。学校殿堂、斋房等屋损坏，即量工修理。若推故不理者，许指实移文合干上司，以凭降黜。

遇有军民利病，及不才官吏贪酷害人，事干奏请者，从实奏文。

有军民人等诉告冤枉等事，许其词状轻，则发下卫所、府、州、县从公处置，重则送按察司提问。

科举本古者乡举里选之法，近年奔竞之徒利他处学者寡少，往往赴彼投充增广生员，诈冒乡贯应试，今后不许。

提调学校者，如有贪淫无状，许巡按监察御史指实奏闻。

遇有卫所学校，一体提调。武职子弟，令其习读武经七书、百将传及操习武艺，其中有能习举业者听。①

在要求各按察使司内设立专门监督学政的副使或佥事的同时，朝廷还派遣御史到地方专门就学政实施监察，称提学御史。据《大明会典》记载："正统元年，令吏部会同礼部、都察院，选差监察御史才行兼备者二员，请敕提调南北直隶学校。"② 天顺八年（1464 年）十二月，巡按福建监察御史魏瀚上言五事，其中一事是"育人材"，他说："臣闻材无良否，善用者皆良材；人无善恶，有教者皆善人。今天下武职子弟，生长庇荫之下，崇尚骄奢之习，一旦承袭，侈然自满，纵欲无忌，间有一丁不识而花押莫判者，此皆平日失教养所致也。乞敕该部通行各处提学御史并副使、佥事等官，将武职应袭子弟十三岁以上者俱送本处儒学收充武生，俾之朝夕肄业讲读兵书。如此，则教有成效，人无弃才，而武弁不患无人矣！"英宗看完奏疏后，命主管的部门讨论。③ 从魏瀚的奏疏来看，当时派遣御史提学，非一处两处，应是很多地方，否则他就不会建议"通行各处提学御史"，这是其一；其二，对学政实施监察的是两类官员，一类是提学御史，另一类是各按察司专察学政的副使或佥事。

提学御史专督学政，就有一个与提督学政的副使或佥事的职责权限划分的问题，据《大明会典》："在外乡试，自有布政司官提调、按察司官监试，其巡按及公差问理等项监察御史毋得干预，及列名于乡试小录，甚失大体。其所试生徒，若有情弊，听行纠举，亦不得生事诬执。"④ 同时，提学御史还有一个与中央派遣的其他监察官员的职责划分问题，据《大明会典》："凡提学御史进退人材，奉有专敕，

---

① 《明英宗实录》卷十七，正统元年五月壬辰。
② 《大明会典》卷二百十，《都察院二·奏请点差》。
③ 《明宪宗实录》卷十二，天顺八年十二月丙午。
④ 《大明会典》卷二百十，《都察院二·出巡事宜》。

抚按官毋得干预。其师生廪饩，及修理学校等项，提学御史只是督行有司，转申抚按施行，不得擅支及那移仓库钱粮。"① 《明史》的记载为："提学之职，专督学校，不理刑名。所受词讼，重者送按察司，轻者发有司，直隶则转送巡按御史。督、抚、巡按及布、按二司，亦不许侵提学职事也。"②

总起来看，明代对于学政的监察是极为重视的，不仅有专门的法律可供遵循，而且形成了出巡御史、提学御史、提督宪臣分工明确而又相互配合的监察体系。

二　追问公事

凡在外军民人等赴京，或通过击登闻鼓的方式，或直接到通政司投递状纸，陈告不公、冤枉等事，皇帝派遣监察御史出巡追问，称"追问公事"。明朝承宋旧制，设登闻鼓以伸理冤抑，通达幽滞。登闻鼓初置于午门外，由监察御史一名监守，"凡民间词讼皆须自下而上，或府州县省官及按察司官不为伸理，及有冤抑、机密重情，许击登闻鼓，监察御史随即引奏"。③ 后来登闻鼓移于长安右门外，由六科给事中与锦衣卫官各一员轮值，监察御史只负责追部："凡军民人等赴京陈告一应不公、冤枉等事，钦差监察御史出巡追问，照出合问流品官员，就便请旨拿问。"④

洪武二十六年（1393 年）制定《诸司职掌》时规定了追问公事的具体程序和处断原则："凡在外军民人等赴京，或击登闻鼓，或通政司投状陈告一应不公不法冤枉等事，钦差监察御史出巡追问，照出合问流品官员，就便请旨拿问，带同原告一道追问处所，着令原告供报被告、干连人姓名、住址立案。令所在官司抄案提人案验后，仍要抄行该吏书名画字，如后呈解原提被告人到，不许停滞，即于来解内

---

① 《大明会典》卷二百十，《都察院二·奏请点差》。
② 《明史》卷六十九，《志第四十五·选举一》，中华书局 1974 年版，第 1688 页。
③ 《大明会典》卷一百七十八，《刑部二十·伸冤》。
④ 《大明会典》卷二百十一，《都察院三·追问公事》。

立案。将原、被告当官引问取讫，招供服辩判押入卷，明立文案，开具原发事由问拟招罪照行事理，除无招答、杖轻罪就彼摘断，徒、流、死罪入卷带回审拟奏闻发落。"[1]

到英宗正统四年（1439 年）考定《宪纲》时，对追问公事又作了更为具体的规定："凡监察御史、按察司官追问公事，中间如有仇嫌之人，并听移文陈说回避。若怀私按问，敢有违枉者，于反坐上加二等科罪。所问虽实，亦以不应科断。凡监察御史、按察司官，有追问诸衙门官员取受不公刑名等事，除军官、京官并勋旧之臣及在外文职五品以上官具奏请旨，方许取问。其余六品以下，取问明白，从公决断之后，仍具奏闻。若奉特旨委问者，须将始终缘由议罪回奏，取自上裁。凡有告争户婚、田土、钱粮、斗讼等事，须于本管衙门自下而上陈告归问。如理断不公，或冤抑不理者，直隶赴巡按监察御史，各省赴按察司或分巡及巡按监察御史处陈告，即与受理推问。如果得实，将原问官吏依律究治。其应请旨者，具实奏闻。若见问未经结绝，又赴本管上司告理，不许辄便受状追卷，变易是非。须要实时附簿，发下原问官司立限归结。如断理不当，及应合归结而不归结者，即便究问。违者，监察御史、按察司体察究治。如不系分巡时月，及巡历已过，所按地面却有陈告官吏不公不法者，随即受理追问。凡风宪官问定官员赃罪，如有冤屈，许本犯从实声诉。若果真犯实迹不肯伏罪，或捏造挟仇等项为词撼入原问者，于本犯上加二等科罪。仍押至午门前，听候再审。"[2] 这一规定进一步明确了追问公事的监察官员的职责、规矩、处理权限及受案范围。

三　审录罪囚

审录罪囚是明朝廷贯彻恤刑政策的重要措施。洪武十五年（1382 年）十月，朱元璋命刑部、都察院断事等官审录囚徒，对他们说：

---

① 《诸司职掌·兵刑工都通大职掌·都察院·十二道监察御史职掌·追问》，杨一凡点校：《皇明制书》第二册，社会科学文献出版社 2013 年版，第 653 页。

② 《大明会典》卷二百十一，《都察院三·追问公事》。

"录囚务在情得其真，刑当其罪。大抵人之隐曲难明，狱之疑似难辨，故往往有经审录，寻复反异，盖由审刑者之失，以至此耳。故善理狱者，在推至公之心，扩至明之见，则巧伪无所隐，疑似无所惑，自然讼平理直，枉者得伸，系者得释。苟存心不公，听断不明，是犹舍衡以求平，掩鉴以索照，狱何由得理？事何由能直？今命尔等审录囚徒，务以公破私，明辨惑，毋使巧伪繁滋而疑谳不决。生者拘幽于图圄，死者受冤于地下，非惟负朕慎刑之心，实违上天好生之意。凡录囚之际，必预先稽阅前牍，详审再三，其有所诉，即与辨理，具实以闻。"①朱元璋在里强调了审录罪囚要秉持的态度即"推至公之心"，也教导了审录罪囚的方法即"详审再三"。洪武十六年七月，朱元璋派遣监察御史往浙江等处录囚，在他们陛辞时对他们说："古人有言，议狱缓刑。又曰：无敢折狱。人命至重，必在详审，不敢轻也。夫刑当其罪，犹在可务（矜）。若滥及非辜，岂可复悔？草木微物，有仁心者方长不折，况于人，而可忽乎！尔往慎之。"②朱元璋在这里强调要从"人命至重"和体现仁政的高度来认识审录罪囚。

为了体现朝廷对刑狱之事的重视和贯彻恤刑政策，皇帝时常派遣御史同刑部官员分巡各地专门清审狱讼，如"洪武十四年，差监察御史分按各道罪囚，凡罪重者悉送京师"③。洪武二十六年（1393年）制定了审录罪囚的规则："凡在外布政司、按察司、都司并直隶府、州刑名，有犯死罪囚人收监在彼，止开招罪，申达合干上司，详议允当，移文本院（都察院），通类具奏，点差监察御史，会同刑部委官，按临审决。其到所在官司，随即令首领官吏抄案各该衙门，追吊原行人卷赴官参详，招罪果无出入，及审取犯人服辩无异，就令所司抄案，差委狱卒将犯人押赴法场各照原拟处决，将原吊卷宗发还各衙门收照。却行具本开坐决过犯人花名回奏，仍呈原委官司知会。若囚人番异原招，即合辩理，重提一干人证到官，从公对问明白，带回审

---

① 《明太祖宝训》卷五《恤刑》。
② 《明太祖宝训》卷五《恤刑》。
③ 《大明会典》卷二百十一，《都察院三·审录罪囚》。

录发落。其原问官吏，果有受赃出入人罪情弊，通行具奏拏问。"①

正统四年（1439 年）出台了新的规定："凡各都司、布政司所属，并直隶府州县、军民诸衙门，应有罪囚追问完备，杖罪以下依律决断，徒流死罪议拟备申上司详审。直隶，听刑部、巡按监察御史；在外，听按察司并分司，审录无异，徒流罪名就便断遣，至死罪者议拟奏闻。事内干连人数先行摘断，不须对问者发落宁家，必合存留待对者知在听候。直隶去处，从刑部委官与巡按御史；在外，从都司、布政司、按察司及巡按御史公同审录处决。如番异原招，事有冤抑者，即与从公辩理。若果冤抑，并将原问审官吏按问。其应请旨者，奏闻区处。若审录无异，故延不决，及明称冤枉不与申理者，并依律罪之。"② 这一规定主要是就审录中出现的各种不同情况如何处断作了更为明确的规定。正统六年（1441 年）夏四月，右都御史陈智等人根据英宗的指示，推选监察御史张骥、李匡、方册、姜永，刑部郎中林厚、周得琳、彭谦、方彰及员外郎萧维祯、主事竺渊，大理寺正李从智及评事王亮、马豫等人分往各地审录罪囚，得到英宗同意。在张骥等人陛辞时，英宗专门赐给他们敕谕，其中说："朕自临御以来，夙夜惓惓，上体天心，下恤民命，不敢怠荒。一切征敛无及于下，蠲通贷，济穷乏，庶其尽心，冀以此为事天之实也。然迩年以来，水旱蝗蝻，无岁无之，深惟所由必刑罚有失当欤！不然，何以天戒之数也。夫死者不可复生，绝者不可复续，自古仁圣，咸致谨焉。今简命尔等，往直隶并浙江等处清理重狱，此朕祇体天心，特以命尔，尔宜体朕心，不可违天，其专志笃虑，无或怠忽，用副朕钦天道恤民命之诚，克举厥职，惟尔之能尔。或弗敬，又牵于私，明有国宪，幽有阴诛，可不慎哉！可不畏哉！"英宗敕谕还开列了各项"其合行事"即具体要求如下：

---

① 《大明会典》卷二百十一，《都察院三·审录罪囚》。
② 《大明会典》卷二百十一，《都察院三·审录罪囚》。

两京直隶见监重囚，先因罪犯不明，及诉冤不已，行移体勘有年久未报者，有所司恐累原问官吏，逼令里老、邻人扶同，或不令里老、邻人知而虚写其姓名，惟凭成案回报者，若此之弊，非止一端。汝宜录其始末，往彼同亲临有司拘集十年里长、亲管旗甲及老人、邻人详细审问，必明必慎，不可纤毫怠忽，务得实情，具奏处置。

在外方面三司并卫所、郡县见监重囚，除真犯明白外，其有情犯本轻而原问官吏故入失入罪重者，或有全无情实而里老、旗甲人等挟仇陷害者，致其衔冤赴京伸诉朝廷已令所司辩理；或行保勘，其原问并经该官吏略不关心，以致淹禁岁月，死于非命。尔等须亲临犯人乡里，阅其原发及翻异情词，详询里老、旗甲之人。既得其实，即令监候，类奏处决，不许展转诖累平人。果系冤枉，即与辩理。如有情罪可疑，难于剖判，具实奏来。

方面三司并卫所、府州县见监轻囚，如户婚、田土等项，有捏故饰词缠绵纠结，所司不能剖断者；有官吏人等欲求贿赂不得，不与剖断者；又有偏受贿赂徇私，迁延不决者，如此之弊，非止一端。动经二三年，或七八年，监系不决，岁月既久，死生难保。尔等公同其亲临官司，从公问断，有罪者即依律照例发落，无罪者即皆疏放，庶狱无冤滞之弊。

拘集众人审问之际，原经手回申官吏不实之罪，已宥不问。但虑其护短文过，不可不防。

今专为疑狱未明、照勘不实有冤枉者，命尔往求真情。其有证佐已明、招承已定、拟议已当、无冤无疑实犯之人，必有畏死捏词妄诉以求生者，汝不可一概宽恕，以纵有罪。

为政以持廉为本。能廉则公，能公则明。如有一毫贪欲之心不能自戒，殃祸之来必所不免。凡所至之处，须简静行事，戒饬官吏不许预先拘集里老生事扰民。或有所识亲故及致仕等官干谒嘱托者，就执而罪之，重者奏闻。汝若苟徇不戒，罪不轻恕。①

　　这一年的七月，参与审录罪囚的行在大理寺左评事马豫上疏说："臣奉敕审刑，切见各处有司官吏捉获强盗，意图升赏，逼令多招人犯，彼盗乘机概以仇人指攀，所司辄拷掠成狱，不待详报，伤、死者甚多。请令各处三司及卫、府、州、县，今后强盗勿听妄指，果有赃证，务行巡按监察御史、按察司官会审，方许论决。若未审录，有伤、死者，勿准例升赏。上从之，仍命法司行各处官司，凡鞫狱囚，务要详审得实，不许辄听攀指，冤及无辜。"②马豫的疏奏虽未见英宗回复的记载，但从中可以看出派遣监察御史外出审录罪囚确为必要。

　　嘉靖九年（1530 年）五月，御史张景华建言："天下有司不谙律例滥受词，株连蔓引，讼或至数岁不决，刑罚不中，上干和气"，御史熊爵也上言："今小民或以讹误触法，或连引坐系，或官吏失入、豪猾煅炼，数岁之后，有司即知其枉，莫肯为理，甚至杀人以媚人主者。抱恨死者，含冤伤和致灾，莫此为甚"，刑部研究后提出："请敕有司务讲读例律。听断，出入不得越法。徒流以下，亟与竟结，不得留滞。其死罪，有冤连逮家属、证佐者，奏办勘问无过半年。违者，论如律"。刑部建议得到世宗的同意。③

四　清军

　　明朝为解决卫所兵源稳定的问题，实行军籍世袭制度，但因军户法律地位低下、军户赋役及额外负担沉重、正军和余丁的基本生活条件得不到保障、军士不得在本籍从军等原因，在明初就出现了军士逃亡的现象，"于是下追捕之令，立法惩戒"④。后来军士逃亡的人数不

①　《明英宗实录》卷七十八，正统六年四月甲午。
②　《明英宗实录》卷八十一，正统六年秋七月己亥。
③　《明世宗实录》卷一百十三，嘉靖九年五月丙辰。
④　《明史》卷九十二，《志第六十八·兵四》，中华书局 1974 年版，第 2255 页。

降反升，由此滋生的弊端也越来越多。为解决这一问题，朝廷"乃遣御史分行天下，清理军役。各司、府、州、县仍设清军官，以修废行赏罚"①，六科给事中也参与其中。为了清军，各代都出台了大量的事例来明确清军御史和清军官的职责及清军的办法，《大明会典》从"清理军伍""清查寄籍""清军专管""清军赏罚""军民奏诉""编造册单"几个方面分类记载了这些事例的内容。② 如"清理军伍"方面，典型的有："正统元年奏准：清军御史按行所至，司、府、州、县各委官一员，将应勾军丁分投清解，御史往来巡督。除军政外，一应词讼发该管衙门问理。每岁八月终，照巡抚官事例，具清解过军数回京。如有窒碍事理，会议奏请""（成化）七年题准：差委清军官，先清卫所，后清有司。彼此互查，分豁回报。事完，各造册二本奏缴，一送兵科，一送兵部。清理之后，新有逃亡事故者，各取卫所呈报，依例行该有司作急清解完卷。或五年或七年一次清理，本部申明举行……十三年奏准：凡各官舍余，各清军御史严查清审，存留帮军，分拨差操。若隐瞒不报者，许诸人首告。指挥、千百户有受财包占、私役办纳月粮者，听清军御史参奏挐问""正德元年题准：今后有司各将清解过军人并妻小及解人姓名、起程日期，类卫造小册一本入递，径送清军御史处交割。出巡，将册内军数逐一开审曾否解卫、其卫所曾否存恤、有无卖放剥削。若在逃数多，参究卫所。不曾解到，参究有司""（嘉靖）十一年题准：清军御史，定例五年一差。但以完销五年内发去军单，毕日，许令回道，不必定以三年为限"。③

这些规定十分繁复，但清军的效果并不理想。直到明朝后期，兵制由卫所制改为募兵制，清军御史才退出历史舞台。

除了上述专差监察，还有印马、屯田、巡盐、巡仓、巡关、攒运、巡茶等差，虽系中差，其实任务更加单一，而且多少年下来规则也没有太大的变化，兹不赘述。

---

① 《大明会典》卷一百五十五，《兵部三十八·军政二·清理》。
② 参见《大明会典》卷一百五十五，《兵部三十八·军政二·清理》。
③ 《大明会典》卷一百五十五，《兵部三十八·军政二·清理》。

第五节　参与对官员的考核

在前面法定的监察形式部分谈到，负责和参与对官员的考核是对诸司百官实施监察的重要形式，具体到对地方官员的监察，这一形式也得到充分运用。在对地方官员的考核过程中，御史、给事中和按察司官都扮演着重要角色。

一　对地方官员的考满方面

据《大明会典》："凡布政、按察二司官考满。洪武二十六年定：各处布政司、按察司首领官、属官，从本衙门正官考核。按察司首领官，从监察御史考核。布政司四品以上，按察司五品以上，俱系正官佐贰官，三年考满，给由进牌，别无考核衙门，从都察院考核，本部（吏部）覆考，具奏黜陟，取自上裁。弘治间定：布政司堂上官，仍咨送都察院考核；按察司堂上官，径赴都察院考核，俱吏部覆考。首领等官，从河南道考核，功司覆考。"①"凡府、州、县官考满。府正官，从布按二司考核。府、州佐贰首领官，及所属州、县大小官，卫所首领官，从府、州正官考核。县佐贰首领官及属官，从县正官考核。俱经布按二司考核、功司覆考。洪武元年令：各处府、州、县官，以任内户口增、田野辟为上。所行事迹，从监察御史、按察司考核明白，开坐实迹申闻，以凭黜陟。二十六年定：在外有司府、州、县官三年考满，先行呈部，移付选部作缺铨注，司勋开黄，仍令给由。其见任官，将本官任内行过事迹保勘覆实明白，出给纸牌，攒造事迹功业文册、纪功文簿、称臣金名交付本官，亲赍给由。如县官给由到州，州官当面察其言行、办事、勤惰，从实考核称职、平常、不称职词语。州官给由到府，府官给由到布政司，考核如之。以上俱从按察司官覆考。仍将考核覆考词语，呈部考核。平常、称职者，于对

---

① 《大明会典》卷十二，《吏部十一·考功清吏司·考核一·官员》。

品内别用；不称职正官、佐贰官黜降，首领官充吏。"① "凡直隶有司官考满。洪武间定：州、县官考核如例。其府官给由，送监察御史考核，本部覆考类奏。弘治间定：南北直隶府、州正佐官，及卫首领官，无上司所辖者，考满到部，俱送河南道考核，牒回功司覆考。"②

到了嘉靖年间，对地方官员的考满制度发生一些调整，主要增加了督抚在地方官员考满方面的责任。嘉靖四十二年（1563 年）规定："在外三、六年考满官员，除方面、府佐照旧赴京，有事地方照旧保留外，其府州县正官给由，免其赴京，听抚按考核具奏，牌册差人赍缴。州、县佐贰，司、府、卫首领及教官杂职等官，三、六年考满，俱赴各该上司，从公考注称职、平常、不称职三等，转详抚按，年终类题册，报部院覆考。"③

六科中的吏科在官员的考满过程也承担着监察职责，据《大明会典》："凡天下诸司文职官员考满到京，各具给由奏本、文册送科稽考，其有违限、差错等项，俱参出施行。"④

二 对地方官员的考察方面

都察院和监察御史在地方官的考察中都负有一定的职责，据《大明会典》："凡在外司、府、州、县等衙门官每三年朝觐，吏部会同本院（都察院）考察。……凡天下诸司官三年朝觐，除考察黜退外，其存留官公事未完等项，大班露章面劾。"⑤ 六科在地方官员考察中发挥的作用，据《大明会典》记载："凡天下诸司官吏三年朝觐到京，奏缴须知文册到科，查出钱粮等项数目差错者，经该官吏参奏究治。凡外官三年考察、京官六年考察，自陈之后，本科（吏科）官同各科具奏拾遗。"⑥

---

① 《大明会典》卷十二，《吏部十一·考功清吏司·考核一·官员》。
② 《大明会典》卷十二，《吏部十一·考功清吏司·考核一·官员》。
③ 《大明会典》卷十二，《吏部十一·考功清吏司·考核一·官员》。
④ 《大明会典》卷二百十三，《六科·吏科》。
⑤ 《大明会典》卷二百九，《都察院一·考核百官》。
⑥ 《大明会典》卷二百十三，《六科·吏科》。

孝宗年间，随着督抚制度的普遍设置，赋予了督抚官在地方官员考察中的责任。据《大明会典》记载："弘治六年，令朝觐之年，先期行文布按二司考合属，巡抚、巡按考方面，年终具奏。行各该衙门立案，待来朝之日，详审考察。如有不公，许其申理。其科道官，必待吏部考察后，有失当，方许指名纠劾。"[①]

三　对地方官员的不时考察

除了考满、考察这种定期的对官员的考核外，皇帝还不定期地派遣御史或要求按察司员对官员进行考核，称不时考察。据《大明会典》记载："洪武六年，令监察御史及按察司察举有无过犯，具奏黜陟。永乐元年，令府、州、县官到任半年以上者，巡按御史、按察司察其能否、廉贪实迹具奏。宣德七年，令各处巡抚侍郎同巡按御史考察方面官，仍同方面官考察州、县官。直隶府州县，从巡按御史考察。十年，令直隶府、州、县，从吏部差官及巡按御史考察。各布政司府、州、县，从布政司及巡按御史考察。其布按二司堂上官，从吏部、都察院考察；属官，从巡按御史、按察司考察。景泰七年，令巡抚、巡按会同按察司堂上官考察府，州，县官。其布按二司官，听抚按考察。弘治八年奏准：各处巡抚、巡按会同从公考察布按二司，并直隶府、州、县、各盐运司、行太仆寺、苑马寺等官贤否。如无巡抚，巡按会同清军或巡盐考察。如俱无，巡按自行考察。其布政司、按察司及分巡、分守并知府、知州、知县并司寺正官，各访所属官员贤否，开揭帖送巡抚、巡按，以凭稽考。嘉靖十九年题准：今后抚按官，于六品以下有司贪酷不法者，许径自挐问，不待劾奏。"[②]

四　关于每年开报考语

自嘉靖十三年（1534 年）奏准"巡按任满，巡抚年终，将所属

---

① 《大明会典》卷十三，《吏部十二·朝觐考察》。
② 《大明会典》卷十三，《吏部十二·朝觐考察》。

大小官填注考语揭帖送部"① 后，填注考语实际变成了一种由抚按主导的独立的监察形式，其在对地方官员的考核方面发挥的作用越来越大。但随着时间的推移，填注考语慢慢地变成了一种形式主义的东西，不仅影响考语作用的发挥，也败坏了整个考核制度，于是朝廷连续出台了调整政策："嘉靖十六年，以考察全据考语未免失实，令吏部、都察院先事秉公查访，旌别黜陟。二十二年题准：朝觐考察，预行各该抚按官，将三年内所属大小官员不分升调、考满、丁忧、起送、缘事、在逃等项，凡系廉、勤、公、谨及贪酷、罢软、不谨、老疾、才力不及者，各手注考语密封送部以凭考察，务要贤否明白、去留可据。如毁誉任情，是非淆乱，及枝词蔓语、自相矛盾者，听本部（吏部）、都察院指实参奏。二十五年，令部、院严加查访，如有贪酷实迹者，不拘曾经抚按旌举，俱要开奏罢黜。隆庆四年题准：已经考察闲住，复朦胧在任日久，行巡按御史擒拏问罪，冒支俸粮追出还官。"②

嘉靖四十二年（1563 年）十二月，吏部在讨论兵科给事中邢守廷关于完善考课之法的疏奏后向世宗建议："我朝稽古定制，三六年之外，必九年通论，以重久任；必四方述职，以受厥成。其法善矣！但行之既久，渐失其初，盖由内外遇缺即行推补，填注考语率多溢辞，久任既不能行，评骘又无所据，名虽考课，徒具虚文。请自后京官考满，自五品以下者，不俟九年通理，如三六年给由，无论官职崇卑，所注考语送部院覆考，贤者则以备他日擢用，不肖者即降黜一二人以警官邪。其在外府、州、县正官给由，免其赴京，令抚按从公具贤否以闻。九年通考，不在此限，如抚按优容正官而以余者塞责，或漫无可否曲为掩护者，仍听部、院、科道参究。"③ 吏部的建议得到世宗的赞同，最后的落脚点还是要加强科道的监察责任。到万历元年（1573 年），朝廷还出台了补充规定："今后考察，凡方面已升京堂

---

① 《大明会典》卷十三，《吏部十二·朝觐考察》。
② 《大明会典》卷十三，《吏部十二·朝觐考察》。
③ 《明世宗实录》卷五百二十八，嘉靖四十二年十二月庚戌。

者，止听两京科道官论劾，各抚按官不得一概参论。"①

对外官的考察重点是放在布政司一级的官员特别是布政使的身上。如嘉靖三十二年（1553 年）正月，吏科都给事中何云雁等、四川道御史郑本立等，以考察拾遗，纠劾布政使王昺，按察使杨沔，副使尹纶、韩一右、郭春震、张合沈、陈圭、王继芳、公跻奎，参议萧世延，佥事安如山，知府李人龙、刘存德、王廷干，各贪酷不职，宜罢。诏：圭留用，昺、人龙、存德降用，沔致仕，跻奎等俱冠带闲住。②

第六节　举劾地方官员

"举劾"是指对地方官员进行举荐和纠劾的通称，既是一种独立的监察形式，又是通过照刷文卷、出巡考察、参与考核等方式实施监察后所提出的处理建议和必然结果。据《大明会典》记载："旧制：在外官员，有旌异、保留、纠劾之例，今抚按官皆得行之。所至地方，又有不时论劾，有复命举劾。"③ 明代中后期，督抚和巡按御史对官员的举劾权越来越大，有关的条例也越来越多，要求也越来越细。

一　举劾官员的资格限制

总督巡抚、监察御史、按察司官职专监察，当然都有举劾官员的权力，但也有限制性的规定，如嘉靖四十五年（1566 年）议准："抚按官在地方未及半年、丁忧、养病者，俱不许一概举劾"，万历十年（1582 年）又进一步规定："抚按官被论，不拘罢、降、勘调、听用及丁忧，虽系半年之上，不许举劾。若遇考察年近，抚按只有一员见在，而见在复有丁忧、被论者，不在此例"。

---

① 《大明会典》卷十三，《吏部十二·朝觐考察》。
② 《明世宗实录》卷三百九十三，嘉靖三十二年正月己亥。
③ 《大明会典》卷十三，《吏部十二·举劾》。

二 被举荐官员的范围

被举荐官员有资历和政绩的要求，没有出身资格的限制。凡是地方各级官员，只要政绩突出都可以成为被举荐的对象，但任职必须达到一定的年限，如成化七年（1471 年）规定"有司官必待三年、六年，政绩卓异，方许荐举"，正德十一年（1516 年）规定"有司历任二年之上，果有卓异政绩，方许抚按荐举"，嘉靖九年（1530 年）规定"抚按荐举官员，须历任年深，政绩卓异，方许举奏"。举荐官员要破除出身资格的限制："弘治六年奏准：各处抚按并布按二司，遇府州县官才行俱优者，无分岁贡、吏员出身，一体保举；五品以上官员，果有才德出众者，开报吏部，奏请定夺""嘉靖元年敕抚按官：各属官但有诚心爱民者，虽杂流出身一体旌奖"。①

三 举荐建议类别

举荐分为旌异和任满保留两类。

旌异是指对表现突出的地方官员，抚按官和按察司官可以奏报皇帝，建议予以表彰或提拔，如"洪武四年，令监察御史、按察司官巡历去处，但有守法奉公、廉能昭著者，随即举闻"。②

任满保留是指地方官员任职九年考满后，如表现突出，抚按官和按察司官可向皇帝建议继续留任，如"宣德八年奏准：在外官员九年考满，有保留者，行所属布政司、按察司及直隶巡按、巡抚官覆勘。天顺元年奏准：有司官员政迹显著能得民心者，考满去后，许所属人民赴巡按御史处保留。御史仍会各该上司覆勘，即与奏闻，以凭旌异升用。"③

---

① 《明神宗实录》卷五百三十八，万历四十三年十月辛未。
② 《大明会典》卷十三，《吏部十二·举劾》。
③ 《大明会典》卷十三，《吏部十二·举劾》。

四 举劾的规则

关于纠劾的建议，"隆庆六年题准：今后各抚按衙门纠劾庶官，拟为民者，必述其贪酷之实；拟闲住者，必述其不谨、罢软之实；拟致仕者，必述其老疾之实；拟降调改教者，必述其行止未亏、不宜繁剧之实；应提问者，不得止论罢官；已经降调者，不得再论不及。如有仍前议拟失当者，听本部参究。"[1]

如果被举劾对象出现了特殊情况，或是不在自己监察的范围，不得进行举劾。前者如嘉靖四十一年（1562年）题准："如有被劾考察、革任、致仕、听勘、听调等项，抚按官不许更行举劾，如违，参究。仍将奏词立案"。后者如嘉靖二十三年（1544年）规定，凡总督官及中差御史举劾，"只于专职所属论列，不许一概滥及"；三十八年（1559年）重申"中差御史止许举劾本差事内官员，如违，参治"。[2]

五 举劾者的责任

抚按官和按察司官举劾官员必须从公从实，否则要负法律责任，如：嘉靖九年（1530年）题准："抚按荐举官员，须历任年深、政迹卓异，方许举奏。若有不公，及所举之人或以贪酷等项问革，吏部举奏连坐。十一年题准：朝觐年分，考察既毕，备查被黜方面有司官员，追究所举。巡按御史四人以上，革职闲住；二人以上，降一级，调外任；一人，罚俸半年"；万历四年（1576年），"令各抚按官或以风闻论劾，奉旨查勘，务要虚心从公问拟。不许偏执成说，及以出身资格任意低昂，致枉公论。"[3] 万历十五年（1587年）八月。都察院遵敕题"申饬抚按专督监司事宜"，神宗下旨："抚按官滥寄耳目，致司道体统陵夷、畏徇成习，何能督察属官？今后抚按官务责成司道甄别有司，

---

① 《大明会典》卷十三，《吏部十二·举劾》。
② 《大明会典》卷十三，《吏部十二·举劾》。
③ 《大明会典》卷十三，《吏部十二·举劾》。

即以开报当否定其优劣，如有曲庇赃吏避怨市恩者，不时参治。有司荐后犯赃，都察院及该科将原荐官一并查参。"① 天启二年（1622 年）三月，都察院左都御史邹元标疏参南京提学御史过庭训及河南道御史潘汝祯言："庭训六年考满，例应考察，下河南道查核。而汝祯考语有'岳峙渊涵''金和玉节'语，以颂先圣者颂廷训，况两臣啧有烦言，为台中所不满，臣等职总台纲，不敢不言。并乞敕下：今后台中考语，不得如前誉过其实。"结果，"上命依议申饬"。②

---

① 《明神宗实录》卷一百八十九，万历十五年八月庚申。
② 《明熹宗实录》卷二十，天启二年三月丁未。

第八章　监察系统的内部监察

　　监察权是控制权力的权力，其正当行使对于国家机器的正常运转具有特殊重要的意义。早在明朝建立之初，朱元璋就非常重视防止监察官员滥用权力，秉持"治人者必先自治"和"振纪纲、明法度者，则在台宪"的思想，建立起各监察主体互监互察的制度。以后，这一制度又历经各代不断调整改进渐趋完善。明代各监察机构一方面互相配合、互为补充，共同对诸司百官实施监察；另一方面又充分运用各种监察形式按照"彼此颉颃"①的方式相互开展监察。监察机关的对外监察和对内监察实为明代监察制度的一体两面。但遗憾的是，长期以来学者们对监察系统内部的监察制度关注度不高，仅有少数成果涉及到相关内容，如台湾学者张治安在其《明代监察制度研究》一书中专门探讨了都察院与十三道监察御史的关系和都察院与六科的关系②；刘双舟在其《明代监察法制研究》一书中较为系统地论述了明代监察主体之间的相互关系③；陶道强在其《明代监察御史巡按职责

---

　　① "彼此颉颃"是明太祖朱元璋针对国家机关的设置和行事提出的主张，颇有今天权力制衡的意味。洪武二十八年（1395年）六月，朱元璋敕谕文武群臣："我朝罢相，设五府、六部、都察院、通政司、大理寺等衙门分理天下庶务，彼此颉颃，不敢相压，事皆朝廷总之，所以稳当。"（《明太祖实录》卷二百三十九，洪武二十八年六月己丑）又据《大明会典》："国初，监察御史及按察司分巡官巡历所属各府州县，颉颃行事。"（《大明会典》卷二百十，《都察院二·出巡事宜》）。可见，"彼此颉颃"思想的贯彻，不仅体现在中央机构和地方政权的权力配置上，也体现在监察系统内部各监察主体之间的关系上。

　　② 参见张治安著《明代监察制度研究》，五南图书出版公司2000年版，上册，第310—325页。

　　③ 参见刘双舟著《明代监察法制研究》，中国检察出版社2004年版，第24—29页。

研究》一书中也探讨了都察院与监察御史和都察院与六科的关系①，等等。这些研究成果均将重点放在论述各监察主体之间的权力划分及是否存在统属关系上，虽然也涉及监察机构与官员之间的相互纠举，但对监察系统内部监察制度及其运作所作的论述不够系统和深入。张晋藩在《中国古代监察法制史》一书中指出：《宪纲》一书规定了监察机关内部的监督纠察体制，如上级监察机关对下级监察机关的集体监察，以及监察机关对监察官员自身不当行为的个体监察。② 这是明确提出监察机关存在内部监察关系的，但没有展开。事实上，明朝监察系统的内部监察制度内容十分丰富。大体说来，它由三种类型的规定组成，一种是普遍适用于各监察主体之间相互监察的规定，一种是一个主体对其他主体单向实施监察的规定，还有一种是关于两个主体之间互相实施监察的规定。这三种类型的规定组成一套严密的制度，成为监察机构与官员之间实施监察行为的基本遵循。

第一节　六科与都察院之间的相互监察

六科与都察院均负有监察职责，六科给事中与监察御史并称"科道"。为防止同类意气相投，互为掩饰，共同欺蔽，朝廷为其设立了一系列互监互察的制度。其中，值得重点考查的是在官员考核中的相互监察关系。

一　六科对都察院及都察院系统官员的监察

都察院及都察院系统官员虽然总的职责是"肃政饬法"，但各个主体的权力范围和履职方式大不相同。六科为了保证都察院系统各个主体正当行使权力，重点围绕其履职情况实施监察。

第一，对都察院行使"驳正"权。六科的"封驳"包含"封"

---

① 参见陶道强著《明代监察御史巡按职责研究》，中国社会科学出版社 2017 年版，第 28—32 页，第 36—38 页。

② 参见张晋藩主编《中国古代监察法制史》，江苏人民出版社 2017 年版，第 347 页。

与"驳"两个方面，"封"指封还皇帝有失的制敕，"驳"指驳正有违误的章疏到部院。对六科的驳正，各衙门必须接受，都察院也不能例外。如正德十一年（1516年）九月，"刑科都给事中王爌等劾奏：'镇守两广总兵官郭勋刚愎乖方、民夷受害及奉旨回话乃妄意肆辩，失人臣体。且六科之设，职专封驳，凡诸衙门覆奏，皆载该科驳语。今者都察院覆奏勋之事独遗之，阴为勋地。宜究欺蔽，以严法守。'上曰：'勋已有成命，都察院覆本不著驳语，宜究。姑宥之。'"① 此例说明，都察院必须尊重六科的驳正，否则就会遭到弹劾。

第二，稽查都察院及抚按官章奏。六科通过稽核六部百司的章奏而行使监察权，其中对抚按的监督作用最为明显。据《大明会典》："凡内外一应章奏，该部院题覆，行各抚按官，俱立限奏报。仍具考成簿二扇，每月赴科倒换，并开已未完手本注销。每上下半年，各科将过限未完事件并抚按职名先行该部，查明类送应题科分、查覆欠数多寡，具本题参。"② 这是关于六科稽查章奏的原则性规定，为了将其落到实处，法律还规定根据必须完成事项的性质分别交由相对应的科实施监察。如钱粮之事由户科负责监察："凡各边钱粮，成化二十一年题准：巡抚都御史、郎中等官造到文册，户部查明，造青册八本，每年八月终题知。堂上官并该司郎中送科批押收候。各处报到收放数目，赴科添注注销。迟错、故违等项，本科纠举。其辽东、宣府、大同、延绥、宁夏每季终，甘肃每半年，造册奏缴送科。"③ 边备、军政之事由兵科负责监察："凡各边镇、巡等官造获功及阵亡官军，若出境烧荒里数，并拨过官军文册，俱送本科收查""凡各边巡抚官并南北直隶奏差御史印烙过马驹……各造册送本科收照""凡天下清军御史清过军士，三年一造册；巡按御史及二司府州县官问过充军人，每年一造册，送本科收照""凡各边提督军务等官，奏带军民

---

① 《明武宗实录》卷一百四十一，正德十一年九月庚辰。
② 《大明会典》卷二百十三，《六科》。
③ 《大明会典》卷二百十三，《六科·户科》。

职官、锦衣卫旗校，冒滥报功，及要求奏带者，本科参奏"。①

第三，对监察御史出巡、督抚官上任的有关事宜实施监察。据《大明会典》，由礼科承担的职责主要有："凡御史出巡印信，及镇巡等官关防，俱从本科画字，出给字号关缴。"②由吏科承担的职责有："嘉靖三年令：各巡抚都御史遇有迁秩，或以忧去者，必候代离任。代者亦宜亟往。如违，言官劾奏"③，这里笼统讲"言官"，后来进一步明确为吏科："凡各处领敕方面官员，嘉靖二十七年令：抚按官不许辄放离任。违者本科纠奏"④。

第四，对督抚、巡按御史的举劾权实施监察。督抚、巡按御史对地方的监察最终要落实到对地方官的举荐和纠劾上，因而举劾权成为督抚、巡按御史手中的核心权力。为了防止督抚、巡按御史滥用举劾权，法律规定："凡内外衙门及巡抚、巡按等官保举官员未当，或交通嘱托、徇私滥保者；抚按等官复命，将任浅官员概荐，及有举无劾，或将已致仕官员混劾充数者；各差御史于本等职业之外，滥保市恩者，俱听本科参出，请旨究处。"⑤到明朝中后期，督抚、巡按御史滥用举劾权的情况层出不穷，鉴此，朝廷出台了有关"论劾查勘"的条例。嘉靖十七年（1538 年）十一月，世宗皇帝在诏书中指出："近时各处抚按官举劾官员贤否极为泛滥，往往先将升任年浅不当保举者掇名于前，每举不下数十人，一人保语不下数十字，及奏举遗贤则尽境内之人，并书荐剡，公私心迹览疏较然。吏部不以为非，都察院不考其过，以致臧否不分，举错倒置。今后敢有仍前滥举，甚至当劾而举、当举而劾及抚按官举劾异同者，该科不行纠举，一体究治。"⑥该诏书进一步明确了吏科在监察抚按官举劾权方面的责任，

---

① 《大明会典》卷二百十三，《六科·兵科》。
② 《大明会典》卷二百十三，《六科·礼科》。
③ 《大明会典》卷二百九，《都察院一·督抚建置》。
④ 《大明会典》卷二百十三，《六科·吏科》。
⑤ 《大明会典》卷二百十三，《六科·吏科》。
⑥ 《明世宗实录》卷二百十八，嘉靖十七年十一月辛卯。

作为新的条例被《大明会典》收录。①

第五，对都察院、巡按御史的司法权实施监察。此项主要由刑科承担。据《大明会典》："凡每年正月初，刑部、都察院开具上年南北囚数揭帖送科，于二月二十一日转送兵科，次早面进""凡法司奏差勘事、审录决囚等项官员，都察院奏差御史巡按，及监生、书吏人等赴各该清军、刷卷、提学、巡盐、巡茶、巡关等项御史处书办，各该请给内府精微批文，各具手本，赴本科照各批文定限，转发各衙门给付。事完，各赍原批赴本科，转送内府销缴"。②

第六，对都察院系统官员进行纠劾。据《大明会典》："凡两京大臣、方面等官，有不识者，（六科）俱得劾奏，或大班面劾。及诸人有不公不法等事，俱得劾奏。"《明实录》记载了很多六科给事中纠劾都察院系统官员的事例，如宣德六年（1431 年）冬十月，"六科给事中年富等劾奏行在都察院右都御史顾佐、左副都御史陈勉、监察御史丘陵、陈沨……按察副使余士悦等冤抑平人罪"；③ 正统五年（1440 年）冬十月，六科给事中劾都察院右都御史陈智"挟私害人、作威凌下"④；万历元年（1573 年）七月，言官交章论劾巡抚大同都御史刘应箕，使其被勒令"回籍听勘"⑤，等等。这些被论劾的官员中有都察院的堂上官、御史，也有总督、巡抚，还有按察司的官员，皇帝一般都会同意六科的意见，处罚被弹劾的官员。

上述监察措施中最有价值的是第二条，即"稽查都察院及抚按官章奏"。万历元年（1573 年），内阁首辅张居正向神宗皇帝建议实行考成法，其主要内容就是改造既有六科稽查章奏的制度并加以严格执行。考成法是张居正在改革中实行的最重要的监察措施，它改变了当时的官场风气，保证了其他各项改革措施得以顺利实施。当然，稽查章奏的制度

---

① 参见《大明会典》卷十三，《吏部十二·举劾》。
② 《大明会典》卷二百十三，《六科·刑科》。
③ 《明宣宗实录》卷八十四，宣德六年十月戊子。
④ 《明英宗实录》卷七十二，正统五年十月戊寅。
⑤ 《明神宗实录》卷十五，万历元年七月戊戌。

在张居正柄政之前被停搁不用，张居正死后又被废止，说明一项好的监察措施需要适当的政治环境才能得到切实的落实。

二　都察院系统对六科的监察

都察院对六科的监察主要是围绕六科的稽查章奏和纠劾权来展开，主要有以下两种方式。

第一种，照刷文卷。照刷文卷是一种典型的书面监察方式，指十三道监察御史按照一套固定的格式检查京内外各衙门的文卷而实施监察。据《大明会典》："正统四年定：凡在京大小有印信衙门，并直隶卫所府州县等衙门，在外各都司、布政司、按察司文卷，除干碍军机重事不刷外，其余卷宗从监察御史每岁一次、或二岁三岁一次照刷……中间干碍追究改正事理，照依已定行移体式施行。如有迟错，其经该官员应请旨者，奏请取问。其余官吏，就便依照刷文卷律治罪。"[1] 照刷文卷的分管范围，"十三道监察御史各理本布政司，及带管内府监局、在京各衙门、直隶府州卫所刑名等事"，其中，广西道负责对六科行过的文卷进行照刷。[2]

第二种，纠劾不法官员。都察院的主要职责就是纠劾不法官员，据《诸司职掌》首条"纠劾百司"条规定："凡百官有司才不胜任、猥琐阘茸、善政无闻、肆贪坏法者，随即纠劾。"[3] 英宗正统四年（1439年）考定重刊的《宪纲》规定："凡风宪任纪纲之重，为耳目之司。内外大小衙门官员但有不公不法等事，在内从监察御史，在外从按察司纠举。"[4] 根据这些规定，都察院系统的官员对六科官员当然拥有纠劾之权，如永乐九年（1411年）六月，"都察院右副都御史虞谦劾奏：'监察御史周宗范交通工科给事中谢垣私易奏章。'上曰：'六科，朕所信任，以防欺蔽。

---

① 《大明会典》卷二百十，《都察院二·照刷文卷》。

② 《大明会典》卷二百九，《都察院一·各道分隶》。

③ 《诸司职掌·兵刑工都通大职掌·都察院·十二道监察御史职掌·纠劾百司》，杨一凡点校：《皇明制书》第二册，社会科学文献出版社2013年版，第644页。

④ 《宪纲事类·宪纲三十四条·纠劾百司》，杨一凡点校：《皇明制书》第四册，社会科学文献出版社2013年版，第1446页。

今乃潜结为奸，命三法司鞫问，有实者俱斩以徇。'"① 当然，总体上看，都察院堂上官及御史纠劾六科官员的事例是比较少见的。

三　在官员考核中的互相监察

明代对官员的考核主要分考满与考察两种，二者相辅而行。考满是在官员任职一段时间后就其履职情况所作的考核，通常三年为初考，六年为再考，九年为通考。考察是在特定的时间，通计天下官员，就其品行和履职能力所作的考核。考察又分为对地方官的考察和对京官的考察，前者谓之外察，后者谓之京察。京察通常六年举行一次，"京察之岁，大臣自陈。去留既定，而居官有遗行者，给事、御史纠劾，谓之拾遗。拾遗所攻击，无获免者"②。

先看考满中双方的互相监察。据《大明会典》："凡在京各衙门郎中、员外郎、主事等官，及直隶府州等官、各卫所首领官、在外按察司首领官考满，本院俱发河南道考核。各出考语，牒送吏部该司候考。"③ 此规定说明，在京普通官员及在外按察司首领官的考满，由都察院与吏部共同负责，以都察院为主；而考核对象未及六科。

对于给事中的考满，据《大明会典》，洪武二十六年（1393年）定："凡科道官考满，监察御史，从都御史考核；给事中，从都给事中考核。都给事中，从本衙门将行过事迹并应有过犯备细开写，送本部（吏部）考核"，而且特别说明"六科不咨都察院，都察院首领官与御史同"；正统二年（1437年）定："给事中考满，本科如无都给事中，许掌科给事中考核"。④ 由此可见，对给事中的考满，都察院无权参与。

相反，对于吏部和都察院负责的考满，六科则有权实施监察，具体由吏科负责。据《大明会典》："凡天下诸司文职官员考满到京，

---

① 《明太宗实录》卷一百十六，永乐九年六月甲午。
② 《明史》卷七十一，《志第四十七·选举三》，中华书局1974年版，第1724页。
③ 《大明会典》卷二百九，《都察院一·考核百官》。
④ 《大明会典》卷十二，《吏部十一·考功清吏司·考核一·官员》。

各具给由、奏本文册，送科稽考。其有违限差错等项，俱参出施行。凡督抚官三年考满到部，俱以交代入境之日为始，足三十六个月为一考。其在京在途月日，俱不准。如月日不足、未满先奏及隐匿过名者，本科参奏。"① 这一规定强调了六科在抚按官考满中所负的责任。

再看考察中双方的互相监察。考察仍由都察院和吏部共同负责，但程序与考满有别，称会同考察，而且参与的官员还有被考察对象所属衙门的掌印官或堂上官。据《大明会典》"凡在外司府州县等衙门官，每三年朝觐，吏部会同本院考察。在京五品以下官，六年一次，吏部会本院并各该衙门掌印官及堂上官考察。凡天下诸司官三年朝觐，除考察黜退外，其存留官员公事未完等项，大班露章面劾。凡京官五品以下六年一次考察，及四品以上自陈，有遗漏者，科道纠举"。②

关于六科给事中是否纳入考察对象，据明人张瀚记载：京察时，"惟六科原无堂官，听部院径自考察"③。其实，在宪宗成化十三年（1477 年）以前这一点并不明确。这年七月，"尚宝司卿李木等遇例考察，概以本司丁忧带俸官具名并擅用印信自陈。吏科都给事中赵侃等以都左右给事中例不考察，而各科自得考察，给事中奏请。诏皆以为违制。事下吏部。至吏部会都察院覆奏：'因以考察尚宝司卿凌敏、户科右给事中彭序、兵科都给事中章镒俱"素行不谨"，宜令冠带闲住。'诏：'从之。木等姑宥不问。'"④ 因此，《大明会典》才记载："凡六科给事中，成化十三年令吏部会官考察。"⑤

从制度上讲，六科给事中既是被考察的对象，又是考察活动的监督者，六科的掌科官还是考察活动的参与者。在实际考察中，既有六科官员劾奏都察院考察不公的案例，也有都察院纠劾六科官员的事情

---

① 《大明会典》卷二百十三，《六科·吏科》。
② 《大明会典》卷二百九，《都察院一·考核百官》。
③ （明）张瀚：《松窗梦语》卷八，《治世馀闻 继世纪闻 松窗梦语》，中华书局1985 年版，第 148 页。
④ 《明宪宗实录》卷一百六十八，成化十三年七月戊寅。
⑤ 《大明会典》卷十三，《吏部十二·京官考察》。

发生，当然考察之后给事中通过"拾遗"的方式对都察院系统的官员提出弹劾的更是屡见不鲜。

值得注意的是，在嘉靖年间京察之后还特别实行了"科道互纠"的制度。据《大明会典》："嘉靖六年奏准：两京科道官，有相应黜调考察遗漏者，互相纠举。十七年，令停科道互纠，仍听部院从公考察。"① 这说明京察之后再实行"科道互纠"的制度仅行之于嘉靖六年至嘉靖十七年（1527 年至 1538 年）一段时间。究其原因，是在京察之后举行科道互纠效果并不好，不是"开攻讦之门，滋报复之计"②，就是都察院"苟且塞责"③，于是，嘉靖十七年（1538 年）十一月世宗下令停止科道互纠。世宗在诏书中指出："科道官互相纠劾，原非定制，近年拘例塞责，往往挟私报复，排击善类，甚非治体。今后不许互纠。其给事中、御史贤否，只着吏部、都察院从公考察。"④

本来科道官之间的互纠是不存在问题的，因为法律规定凡是文武大臣出现违法事由任何官员都能纠劾，那么科道官彼此自然也可以成为纠劾者或被劾者，但从情理上说，如果在官员的考察完成后再特设这一环节，并且强制推行，则很可能导致同行相恶，彼此过度攻击；或者担心受到恶意攻击，而干脆缄默不言，这两种结果都会破坏正常的监察秩序。这说明在监察系统内部实行互相监察要做到张驰有度，同时也说明把握好这个度并不是一件容易的事情。

在六科与都察院系统的互相监察关系中，六科通常居于主导地位。六科的都给事中、给事中虽然分别只是正七品、从七品的低品秩官员，但因直接服务于皇帝，性质上属内侍衙门，因而能对都察院系统的官员特别是都察院的堂上官和督抚这些二三品的高官实行有效的监察。顾炎武说："本朝虽罢门下省长官，而独存六科给事中，以掌

---

① 《大明会典》卷十三，《吏部十二·京官考察》。
② 《明世宗实录》卷七十八，嘉靖六年七月丙子朔。
③ 《明世宗实录》卷一百四十九，嘉靖十二年四月乙酉。
④ 《明世宗实录》卷二百十八，嘉靖十七年十一月辛卯。

封驳之任。旨必下科，其有不便，给事中驳正到部，谓之科参。六部之官无敢抗科参而自行者，故给事中之品卑而权特重。万历之时，九重渊默，泰昌以后，国论纷纭，而维持禁止，往往赖抄参之力，今人所不知矣。"① 这不仅肯定了六科在监察方面发挥的重要作用，也说明了六科对其他衙门包括都察院的优势地位。在张治安著《明代监察制度研究》一书中列了两张表，一张是《明代御史弹劾事实及结果表》②，一张是《明代给事中弹劾事实及结果表》③，前一张表共列御史弹劾案 357 件，只有 5 件涉及对六科官员的弹劾，不到总数的1.5%；后一张表共列给事中弹劾案件 287 件，涉及都察院系统官员的有 102 件，占总数的 35% 还多。两相对比，说明六科把监察的重点毫无疑义地放在了监察系统官员身上，同时也比较典型地反映了明代监察制度"以小制大、以内制外"这一方面的特质。

第二节　都察院与各道御史的互相监察

十三道监察御史在组织上虽隶属都察院，但履行职务并不受都察院堂上官直接指挥，"六部属官，皆书其部；惟御史，则书其道，而不系于都察院"④；不惟如此，"御史与都御史，例得互相纠绳，行事不宜牵制"⑤。天顺元年（1457 年）三月，英宗皇帝在给都察院右都御史耿九畴等人的敕令中说："凡遇一应政务，悉依《诸司职掌》及《宪纲》施行，言事必以直道而务存大体，治事必以正法而务循旧章。御史不职，责在尔等；察举尔等不职，责在御史纠劾。黜幽陟

---

① （清）顾炎武：《日知录集释》卷九，《封驳》，花山文艺出版社 1990 年版，第 405 页。

② 张治安：《明代监察制度研究》下册，台北五南图书出版公司 2000 年版，第 462—520 页。

③ 张治安：《明代监察制度研究》下册，台北五南图书出版公司 2000 年版，第 523—572 页。

④ （明）邱浚：《大学衍义补辑要》卷二，《重台谏之任》，《四库全书存目丛书》子部第五册，齐鲁书社 1995 年版，第 510 页。

⑤ 《明史》卷一百八十八，《列传第七十六·陆昆》，中华书局 1974 年版，第 4978 页。

明，国典斯具。朕不尔私，尔等其各如敕奉行，永为遵守。"① 这道敕令根据《诸司职掌》和《宪纲》的有关规定，进一步明确了都察院堂上官与御史的相互监察关系。

一　都察院对御史的监察

都察院堂上官总持宪纲，"提督各道"，对监察御史当然有监察权。监察御史最重要的职责是由都察院奏请经皇帝钦点出巡，都察院对监察御史监察的重心自然放在御史出巡上，尤其是其中的"回道考察"制度屡经修订逐步趋于完善，有重点考察之必要。

（一）都察院对监察御史的监察行为通常采取的监察措施

按法律规定，正常情况下，都察院对监察御史的监察行为会采取以下措施实施监察。

1. 核验御史检查过的文卷

据《大明会典》记载：英宗正统四年（1439 年）定，"凡监察御史行过文卷，从都察院磨勘。按察分司行过文卷，听总司磨勘。如有迟错，即便举正。中间果有枉问事理，应请旨者，具事奏闻。"② 所谓"磨勘"，是指复验考核并加评注的意思。为了对地方官员实施监察，朝廷会定期派遣御史到地方通过照刷文卷的方式进行检查，都察院又通过检查御史照刷过的文卷对御史实施监察。

2. 负责对十三道监察御史的考核

前文已述，明代对官员的考核主要有考满与考察两种，另有一些由皇帝特旨举行的不定期的考核。对御史的考满，洪武二十六年（1393 年）定："监察御史，从都御史考核"。③ 对御史的考察，正统六年（1531 年）诏："中外风宪系纲纪之司，须慎选识量端弘、才行老成者任之。其有不谙事体、用心酷刻者，并从都察院堂上官考察降

---

① 《明英宗实录》卷二百七十六，天顺元年三月戊子。
② 《大明会典》卷二百九，《都察院一·风宪总例》。
③ 《大明会典》卷十二，《吏部十一·考功清吏司·考核一·官员》。

黜。"① 就整体而言，明代对官员的考核是由吏部负责的，但对御史的考核则特别规定由都察院的堂上官负责。

在由皇帝决定的不定期的官员考核中，有一种专门针对御史的特别考察。如宣德四年（1429 年）二月，南副都御史邵玘考御史沈善等十三人，并加黜降②；景泰六年（1455 年）八月，左都萧维祯考察诸御史，降职十二人③；世宗时，命张璁署都察院，"京察及言官互纠，已黜御史十三人。璁掌宪，复请考察斥十二人。寻又奏行宪纲七条，以钳束诸御史"。④

3. 改正监察御史拟断的不当事理

据《大明会典》："监察御史、按察司官巡历去处，所问公事有拟断不当者，都察院、按察总司随即改正，当该吏典罪之如律。仍将原问御史及分司官拟断不当事理具奏得旨，方许取问。"⑤

4. 复审御史审录过刑案

关于刑事案件特别是职官犯罪案件的审理，宣德以后，巡按成为初审机关，都察院成为复核机关。⑥ 据《大明会典》："天顺二年令：每年霜降后，本院（都察院）以各道问拟该决重囚具奏，引赴承天门外，会官审录"⑦ "嘉靖二十七年题准：巡按御史遇有囚犯应辩正者，务要虚心审处，勿以审录官有行自分彼此，干碍原问官员，一体举究。仍将辩正过人犯起数，奏行本院（都察院）查考"⑧。

5. 随时纠劾不法巡按御史

由于御史出巡是"代天子巡狩"，权力极大，因而受到的监察也

① 《大明会典》卷二百十一，《都察院三·回道考察》。

② （明）朱国祯：《皇明大政记》卷十二，《四库全书存目丛书》史部第十六册，齐鲁书社 1996 年版，第 169 页。

③ （明）朱国祯：《皇明大政记》卷十五，《四库全书存目丛书》史部第十六册，齐鲁书社 1996 年版，第 226 页。

④ 《明史》卷一百九十六，《列传第八十四·张璁》，中华书局 1974 年版，第 5177 页。

⑤ 《大明会典》卷二百九，《都察院一·风宪总例》。

⑥ 那思陆：《明代司法中央司法审判制度》，北京大学出版社 2004 年版，第 127 页。

⑦ 《大明会典》卷二百十一，《都察院三·审录罪囚》。

⑧ 《大明会典》卷二百十一，《都察院三·审录罪囚》。

更为严格。正统十四年（1449 年）六月，英宗皇帝在诏书中说："风宪，所以振肃百僚。比闻御史往各处巡按，或有不能扶正抑邪、除害安民，以致风纪不振，下僚恣肆，侵渔军民多致失所。今后御史但有不能激扬所司，听都御史纠劾拿问。知而不举，致宪度不肃，并治以罪。"①

（二）对出巡御史进行"回道考察"

监察御史完成巡按任务返回，要接受专门的考察，称之为"回道考察"。据《大明会典》，正统十四年（1449 年）令："御史差回，都察院堂上官考其称否具奏"；成化六年（1470 年）奏准："各处巡按御史俱要亲理词讼，仍将本院递年发去勘合逐一问结缴报。御史回还，备开接管已未完勘合件数俱呈本院查考"；成化七年（1471 年）奏准："巡按公差御史回京，本院堂上官依旧例查勘考察，保结称职者具奏，照旧管事。若有不称，奏请罢黜"；弘治十年（1497 年）奏准："各处清军并巡按等项御史回京，本院考察，果有不职事迹，及过违限期者，参奏罢黜"。②

嘉靖时期，御史回道考察办法得到进一步完善。嘉靖九年（1630 年）正月，都察院右都御史汪鋐根据世宗皇帝的敕谕专门就如何考察巡按御史起草了"巡按约束十二事"，从"宣德意""勤巡历""精考察""慎举劾""谨关防""禁逢迎""亲听断""稽储蓄""严督率""戒奢侈""谨礼度""慎请差"十二个方面对巡按御史出巡行为作出具体规定，要求"凡御史岁终得代，则逐条核其奉行之状而废置之"。"巡按约束十二事"得到世宗皇帝批准后施行。③ 据《明实录》记载，就在这年的五月，山西巡盐御史王宣荐举所属官至五十二人。都察院右都御史汪鋐劾宣举荐泛滥。他说："今边储缺乏，不画一筹；延绥大饥，不及一语，而故违明诏，猥市私恩，宜斥宣以风纪"，他的建议得到世宗的同

---

① 《明英宗实录》卷一百七十九，正统十四年六月己巳。
② 《大明会典》卷二百十一，《都察院三·回道考察》。
③ 《明世宗实录》卷一百九，嘉靖九年正月乙卯。

意，世宗下旨："宜革职闲住，所举官仍行巡按御史核实贤否以闻"。①

嘉靖十二年（1533年）八月。都察院左都御史王廷相条列《考察差回御史六事》，现照录如下：

> 御史职在除奸革弊，今天下官邪民玩甚矣，钱粮出纳之侵渔，驿传往来之泛滥，里甲困于供亿，粮草苦于诛求，巡盐捕盗乩法交通，入官视事循例取索，假公用而科敛任情，指修缮而罚金无度，文书非贿吏不行，差役富豪得免，隐奸蓄慝不可枚举，而御史出巡祗作威福以耸观听，罔闻輮询以下察情。自今按部所及，宜悉心廉访，但有奸弊，发觉，即置之法，以肃风纪。
>
> 御史职在申冤理枉，而推情讯狱，非公平明智者鲜得其真况。权门之利害如响，富室之贿赂通神，钝口夺于佞词，人命轻于酷吏，故狱多偏滥。自今务在虚心推鞫，但有冤抑，勿拘成案，即与辩明。
>
> 御史职激浊扬清，近所奏荐，不问人口高下、心迹真妄，第取趋承供张之，便给者以为能。至所论劾，类以一二质讷少文者塞责，其奸贪巨蠹及以私意掩之，大坏风纪。目令宜核实考心，举刺必合公意，毋徇情以为毁誉。
>
> 御史所奉勘合公文类，皆重大事情及官民冤状。其漫无才智，率荫阁不省；而利巧偏徇者，每遇事干利害，即推避稽留，以致竟无归结。自今御史受代十月，所奉院札，须一一勘明销缴，其最后二月付之代者勘报。
>
> 御史贵在清修简静，乃振风纪。迩者按部所坐，导从如云，而又多挟属吏，供亿不赀。自今宜省约骑从，禁止送迎。其郡邑属吏亦毋越境参随，以为民扰。
>
> 抚按贵在协和，共襄王事。迩者动以小忿遂致构嫌，多由按臣不逊致之。自今按臣之于抚臣，无论副、佥，必侧坐后班，以

<hr />

① 《明世宗实录》卷一百一十三，嘉靖九年五月丁酉。

政体统。其有不逊如故者，即以不谙宪体，奏请降调。

议上。上嘉纳之，命皆如议，从实举行。内除奸弊一事，仍遵前旨，毋假访察诬害平民。其诸未尽事宜，令遵《宪纲》具列以请。①

到了嘉靖十三年（1534 年），朝廷发布了专门用于御史回道考察的《巡按御史满日造报册式》，进一步明确了都察院考察回道御史所依据的准则和具体内容，使御史的回道考察内容实现了标准化、格式化，是其成熟的重要标志。

巡按御史满日造报册式
（嘉靖十三年定）

荐举过文武职官若干员。如各官廉勤公谨，俱要指摘所行实事若干件开报，不得用笼通考语塞责。

礼待过文武职官若干员。凡各官贤能，以何政事奖励，明白开报。

纠劾过文武职官若干员。如各官污滥奸佞罢软等项，俱要指摘所行实事若干件开报。

戒饬过文武职官若干员。将各官误事等项件数，明白开报。

举明过孝义节妇若干起。俱要开具查勘过实事缘由。

问革过文武职官若干员。凡各官所犯情罪，俱要开具略节招由。

查理过仓库钱粮若干数。旧管、新收、开除、实在，逐项明白开报。

提督过学校生员。要将作养过人才，后日堪为世用者，若干名开报。

兴革过军民利病共若干事。如某处兴某利，某处除某害，逐一开报。

存恤过孤老若干名口。要将各府州县收入养济院见在人数、

---

① 《明世宗实录》卷一百五十三，嘉靖十二年八月癸酉。

各废疾并无依缘由开报。

会审过罪囚若干起。如审允转详、处决及辩理过原拟罪名，俱将各犯略节招由开报。

问理过轻重罪犯若干起。凡凌迟、斩、绞、徒、流、杖、笞等罪，各计若干名口，具实开报。

追过赃罚若干数。如还官、入官、赎罪、给主等项，逐一明白开报。

督捕过境内盗贼若干名。凡各府州县官于某年月日获过强、窃盗名数，具实开报。

督修过城濠、圩岸、塘坝共若干所。要将某官于何年月日修过某处塘圩等项，明白开报。

禁约过嘱托公事若干起。凡按属地方有无拿获权豪势要、本土刁民、挟制嘱托者，具实开报。

禁约过非法用刑官若干员。凡所属军民职官有用非法刑具残害人命者，除参问外，仍须指实造报。

禁约过克害军士若干起。凡拿问过所属管军官旗人等，克减月粮、索纳月钱等项情弊，逐项开报。

禁约过仓粮奸弊若干起。凡各府州县仓廒处所曾经拿获包揽侵盗之徒，具实开报。

禁约过军民刁讼若干起。所属地方曾经拿获教唆健讼刁徒、各诬害过良善事迹，逐件开报。

禁约过科害里甲若干起。凡所属州县等衙门官员不体小民贫苦，专务奢侈、行事浪费民财、不知节省甚至科取侵用，除拿问外，仍指实开报。

禁约过罚害军民若干起。凡所属官员若有指称修理、恣意罚害军民者，除参问外，仍指实开报。

禁约过淹禁罪囚若干起。凡司府州县卫所如有不才官吏受贿听嘱及庸暗不能讯决，将轻重囚犯淹禁日久不理者，除参问外，仍指实开报。

禁约过科差奸弊若干起。凡各府州县掌印官派科点差，或有任用奸邪、听受贿嘱、偏私不均者，除参问外，仍指实开报。

禁约过土豪凶徒害人若干起。凡所属地方曾经拿获凶恶土豪倚恃族大，或假仕宦势力聚众执持凶器、围绕房屋、欺打良善，或至抢检家财、奸淫妇女者，逐事逐名开报。

禁约过赌博为非若干起。凡所属地方曾经拿获有等好闲之徒聚集赌博，因而为非者，逐起开报。

禁约过民间奢侈若干事。凡所属地方曾经拿问过婚丧逾礼、服舍违式，及群聚宴会、盛张糖桌、繁供肴馔、以奢僭坏民俗者，各逐起开报。

完销过勘合共若干起。要将接管并自奉各项勘合已未完数目缘由，明白开报。①

分析上述内容，不仅涉及荐举、礼待、纠劾、戒饬、问革过文武官吏情况，还包括举明孝义节妇、提督学校生员、查理仓库钱粮、人才培养、兴革过军民利病、存恤孤老、刑名理断、督修城濠圩岸塘坝的情况，以及禁止管束各项不正当事体的情况，都要据实开报。这以后，朝廷又多次重申和强调对巡按御史的回道考察。

对御史的回道考察制度，体现了对御史出巡全过程的监察。这一制度在英、宪、孝几朝屡次得到重申并逐步完善，说明朝廷对出巡御史越来越重视，在赋予其重任的同时也加强了对其的监察。而《巡按御史满日造报册式》的出台，则反映了出巡御史考察制度规范化程度的提高，是明中期以后国家监察制度进一步完善的重要标志。

二　监察御史对都察院的监察

十三道监察御史都有权对都察院的堂上官实施监察，具体可从日

---

① 《大明会典》卷二百十一，《都察院三·回道考察》。

常监察和弹劾两个方面来分析。

（一）对都察院日常事务的监察

对都察院事务的日常监察，主要由十三道御史中的河南道负责，主要有以下两种方式。

一是负责对都察院的院内事务实施监督。据《大明会典》，十三道监察御史"各理本布政司及带管内府监局、在京各衙门、直隶府州卫所刑名等事"，其中河南道带管都察院。①

二是照刷都察院行过文卷。都察院负责照刷在京大小有印信衙门的文卷，包括都察院自身的文卷。据《明实录》记载，洪武七年（1374 年）八月，刑部侍郎茹太素向朱元璋上书提出三条建议，其中一条关于"检举卷宗"。他说："自中书省内外百司，悉听监察御史、按察司检举，而台家互相检举法则未尽善。在内，监察御史文卷，御史台检举；在外，按察分司文卷，总司检举；总司文卷，守省御史检举。独御史台行过文书，未有定考。宜令守院监察御史一体检举。"②当时中央的监察机关名为御史台，这条建议意在明确由监察御史检查御史台文书的制度，进一步完善监察系统的内部监察。该建议得到朱元璋的肯定，后世相沿不改。据《大明会典》，正统四年（1439 年）定："都察院堂上及各道文卷，俱照例送刷"，因各道照刷卷宗衙门与分隶衙门相同，理所当然，对都察院堂上文卷的照刷具体也由河南道负责。③

（二）对都察院堂上官提出弹劾

监察御史有权对都察院堂上官提出弹劾，具体又可分为两种情形。

一是随时弹劾。据《诸司职掌》，监察御史职掌部分第一条"纠劾百司"中规定："凡文武大臣，果系奸邪小人，构党为非，擅作威福，紊乱朝政，致令圣泽不宣，灾异迭见，但有见闻，不避权贵，具

① 《大明会典》卷二百九，《都察院二·各道分隶》。
② 《明太祖实录》卷九十二，洪武七年八月辛丑。
③ 《大明会典》卷二百十，《都察院二·照刷文卷》。

奏弹劾。"① 所谓"文武大臣"当然包括都察院的堂上官，如宣德三年（1428 年）十月，行在河南道监察御史张循理等劾奏："都察院掌院事太子少保兼左都御史刘观恃恩玩法、大肆奸欺与贪淫无耻……切详观职总风纪，位列师臣，乃不守礼法，作奸犯科，宜正其罚，以清宪纲"，宣宗皇帝"因命诸大臣议，于是少师吏部尚书蹇义等皆言，请如御史所劾。遂命刑部遣人追观"。②

二是对都察院的考核实施监察。六年京察和三年大计之后，监察御史有考察拾遗的权力，如部院考察不公，监察御史也有权纠举。

在都察院与御史的相互监察关系中，毫无疑问都察院居于主导的位置。宣德三年（1428 年）十一月，宣宗在给都察院右都御史顾佐的敕令中说："都察院之任，所以整肃纪纲、纠察奸弊、伸理冤抑、裨益治道，比命尔居是任，所当夙夜尽心以副简擢。然各道御史尚溺积习之弊，朋比于下，有挟公法以报私忿，深文刻薄；有重私情而忽公法，肆无忌惮。尔一时不察其奸，为所欺侮。自今宜详慎省察，凡事务致明审以合公道，毋纵有罪，毋枉非辜，庶几刑罚公平，不负朕之所望。"③ 这道敕令明确要求都察院担负起对各道御史实施监察的责任。比较都察院官与御史就对方提出的弹劾案的情况，也可见两者在相互的监察关系中所处的地位。根据张治安著《明代监察制度研究》一书所列《明代御史弹劾事实及结果表》④ 进行统计，都察院官（包括南京都察院官）对御史所提起的弹劾一共 12 件，而御史对都察院官提起的弹劾一共 19 件（其中有 13 件针对都察院堂上官），说明御史确具有独立履行职务的权力。但从弹劾结果看，都察院官弹劾御史的，御史全都受到了处分；御史弹劾都察院官的，都察院官直接受处分的只有 9 件，不到总数的一半，说明相互的监察关系中都察院的

---

① 《诸司职掌・兵刑工都通大职掌・都察院・十二道监察御史职掌・纠劾百司》，杨一凡点校：《皇明制书》第二册，社会科学文献出版社 2013 年版，第 644 页。

② 《明宣宗实录》卷四十七，宣德三年十月庚辰。

③ 《明宣宗实录》卷四十八，宣德三年十一月丁巳。

④ 张治安：《明代监察制度研究》下册，台北五南图书出版公司 2000 年版，第 462—520 页。

院官是更受皇帝信任的一方，在相互的监察关系中居于主导地位。

第三节　都察院及巡按御史与按察司、
　　　　按察司官的相互监察

都察院为按察司的上级主管机关，对按察司及其官员当然有监察之责；巡按御史代天子巡察，所到地方一切机关和官员都受其监察，按察司及其官员自然也不例外。反过来，按察司及其官员对都察院及巡按御史也有监察之权。都察院及十三道与按察司通称为"风宪衙门"，御史与按察司官通称为"风宪官"，它们之间的互相监察比较典型地反映了中央监察机构与地方监察机构的相互监察关系，而关于双方"互相纠劾"的情况值得重点研究。

一　都察院、巡按御史对按察司的监察

都察院、巡按御史对按察司及其官员的监察，除了纠劾不法按察司官员外，主要有以下几种方式。

第一，都察院照刷按察司的文卷。据《大明会典》记载，正统四年（1439 年）定，各按察司的文卷同各都司、布政司的文卷一样，除干碍军机重事外，由监察御史每年一次或每二三年一次进行照刷。①

第二，都察院直接负责对按察司官的考核。考满方面，据《大明会典》，"洪武二十六年定：各处布政司、按察司首领官、属官，从本衙门正官考核。按察司首领官，从监察御史考核。布政司四品以上，按察司五品以上，俱系正官佐贰官，三年考满，给由进牌，别无考核衙门，从都察院考核，本部（吏部）覆考具奏，黜陟取自上裁"②。弘治年间，对按察司首领官的考核权限作了调整，规定："按察司堂上官，径赴都察院考核，俱吏部覆考。首领等官，从河南道考

---

① 参见《大明会典》卷二百十，《都察院二·照刷文卷》。
② 《大明会典》卷十二，《吏部十一·考功清吏司·考核一·官员》。

核，功司覆考。"① 考察方面，由都察院与吏部共同考察按察司按察使，而都察院负主要责任。据《明实录》记载，永乐九年（1411 年）闰十二月，明成祖朱棣对都察院左副都御史李庆说："为朕养民，其先在于守令得人，然守令贤否在按察司考察惩劝，考察按察司又系于都御史。卿等不能举职，即按察司之职亦废，何望守令能尽职哉？其勉之！盖廉则无私，无私则举措当，而人心服矣。更察各按察司官，但非廉明正直之士皆罢黜之。"② 宣德十年（1435 年）四月，英宗皇帝登基不久，即敕谕吏部、都察院加强对各级各类官员的考察，其中明确："其布政司、按察司堂上官，从吏部、都察院考察；属官从巡按御史、按察司考察。"③ 又据《大明会典》记载，弘治六年（1493 年）下令，朝觐之年，在考察开始之前，由巡抚、巡按先期对按察使进行考核，年终时具奏。待来朝之日，由都察院、吏部详审。弘治八年（1495 年）进一步明确："各处巡抚官，当朝觐之年，具所属不职官员揭帖密报吏部。止据见任不谨事迹，不许追论索行。其开报官员，若爱憎任情议拟不当，吏部、都察院并科道官指实劾奏，罪坐所由。"④ 如宣德元年（1426 年）三月，"降浙江按察司佥事谢庭兰为华亭知县，以巡按监察御史考其不胜任也"⑤。

第三，专门规定对按察司官审断权进行监察。据《大明会典》："凡按察司官断理不公不法等事，果见冤枉者，许赴巡按监察御史处声冤。监察御史枉问，许赴通政司递状，送都察院伸理。都察院不与理断或枉问者，许击登闻鼓陈诉。"⑥

第四，覆勘按察司举劾的事件。永乐十九年（1421 年）四月，明成祖"敕按察司廉正官遍历郡县，察其治行。仍命监察御史覆核具奏。果勤慎廉能、政绩显著，请加赉增秩，以励其志；贪黩掊克、怠

---

① 《大明会典》卷十二，《吏部十一·考功清吏司·考核一·官员》。
② 《明太宗实录》卷一百二十三，永乐九年闰十二月乙丑。
③ 《明英宗实录》卷四，宣德十年四月丁卯。
④ 《大明会典》卷十三，《吏部十二·朝觐考察》。
⑤ 《明宣宗实录》卷十五，宣德元年三月壬寅。
⑥ 《大明会典》卷二百九，《都察院一·风宪总例》。

政废职者，请即时黜罚，以警其余。如有善不举，有恶不纠，致贤否混淆，他日廉勘得出，罪坐所考之官"。①

　　第五，要求按察司官定期报告情况。嘉靖十三年（1534年），朝廷发布《按察司官造报册式》②，规定了按察司官每季终和每年终要造册奏报的内容，其中要求每季终造册奏报的内容有三项：所属州县驿递等衙门，各应付过关文、夫马、船只、廪给并钱粮数目；巡按御史并布按二司官巡历地方有无导从、兵快、人马众多，及随带官员人等、盛设饮食供帐之具以劳州县等项；巡按御史并布按二司官各巡历地方，及回省日期。要求每年终造册奏报的内容有八项：本司官行过事迹，除荐举、礼待、纠劾、戒饬文武职官，及举明孝义、完销勘合外，其余与巡按御史同者共二十一件；奉到府部院一应勘合已未完数目；所属府州县卫所等衙门查盘过各仓积贮、稻谷多寡数目；各衙门见役吏典、备细脚色，并问革过吏役招由；所属地方已未获盗贼数目；问过充军犯人姓名乡贯、要紧略节招由、编发过卫分、起程日期；所属地方疏通过水利缘由；追解过赃物数目。《按察司官造报册式》的出台和实施体现了都察院对按察司监察的经常化和具体化，是明朝中期与《巡按御史满日造报册式》意义相当的又一标志性成果。

二　按察司对巡按御史的监察

　　按察司对都察院和御史的监察，除了对都察院和御史的纠劾外，主要体现在报告巡按御史的情况上。如嘉靖二十一年（1542年）题准："抚按官不许将升迁任浅及去任久者一概荐举。仍通行直隶各府、浙江等按察司，每年终将抚按及别差御史奖劝过官员批词造册送（吏）部查所荐劾，并开报考语。或一人自相抵牾，或彼此荐劾不同、考语贤否各异，题调勘实，罪其诬者。"③ 这是关于按察司对抚按官和中差御史荐举权实施监察的规定。另外，前文已述《按察司官

---

　　① 《明太宗实录》卷二百三十六，永乐十九年四月甲辰。
　　② 《大明会典》卷二百十一，《都察院三·回道考察》。
　　③ 《大明会典》卷十三，《吏部十二·举劾》。

造报册式》中要求每季终奏报的三类情况特别是后两类情况，实际也体现了按察司官对巡按御史的监察。这两项内容包括巡按御史巡历地方有无导从、兵快、人马过多及随带官员人等、盛设饮食供帐之具等具体情况，和巡按御史所巡历的地方及回省日期情况，其内容非常具体。如果严格按照《按察司官造报册式》的要求来执行，巡按御史将被置于按察司官的经常而又严密的监察之下。

三 都察院及十三道御史与按察司官互相纠劾

明初朱元璋十分强调巡按御史与按察司官"颉颃行事"，在洪武四年（1371 年）颁行的《宪纲》中专设"互相纠劾"一条，规定"凡都察院、按察司堂上官及首领官，各道监察御史、吏典，但有不公不法及旷职废事、贪淫暴横凌虐，皆当纠劾，毋得徇私容蔽。其所纠举，并要明具实迹奏请。案问明白，覆奏区处。其有挟私妄奏者抵罪"，英宗正统四年（1439 年）考定重刊《宪纲》时保留了这一规定。[①]

在明朝前期，关于都察院及十三道御史与地方的按察司及其官员互相纠劾的规定得到了较好的落实，所以我们在《明实录》中能够看到双方互相纠劾的例子，如《明实录》记载，正统十三年（1448年）五月，"初，湖广按察司副使王瑄奏：'巡按御史阎宽同往施州卫，多役皂隶人等，俾乘有司马匹，及审决荆州等府卫罪囚托疾不出反朦胧参奏，会审官吏又轻慢亲王，不迎敕谕。'有诏逮之，而宽已回京矣。至是十三道监察御史劾之，法司奉诏拟赎杖还职。上命杖毕发戍辽东边卫"。[②]

---

① 《宪纲事类·宪纲三十四条·互相纠劾》，杨一凡点校：《皇明制书》第四册，社会科学文献出版社 2013 年版，1448 页。洪武四年《宪纲》的版本现在已看不到，但其内容保留在英宗正统四年（1439 年）考定重刊的《宪纲》一书中，该书收录于《皇明制书》。《大明会典》纂入了该条内容，文字上稍有出入，只是将"……贪淫暴横凌虐，皆当纠劾"记录为"……贪淫暴横者，许互相纠举"。参见《大明会典》卷二百九，《都察院一·纠劾官邪》。

② 《明英宗实录》卷一百六十六，正统十三年五月戊子。

但明朝中期以后，巡按御史取得了对地方官的绝对优势地位，包括按察司官在内的地方官对巡按御史奉行唯谨，巡按御史与按察司"颉颃行事"的原则被完全打破。嘉靖时左都御史胡世宁上疏言："先朝考定《宪纲》一书以为矜式，其与三司、知府等官相见，各有定礼也；其职任事务，各有定例也。今则藩、臬、守、令皆不得专行其职，而事皆禀命于巡按矣。甚而巡抚固位者亦不敢专行一事，而承望风旨于巡按矣。……相见之际，知府以下长跪不起，布政以下列位随行，甚者答应之际，皆俯首至膝，名曰'拱手'，而实屈伏如拜跪矣。至于审刑议事、考核官吏之际，与夺轻重，皆惟巡按出言，而藩、臬唯唯承命，不得稍致商确矣。一有刚正不阿、可否其间或专行一事者，岂惟巡按恶之，众皆疾之，或阴注以数字之考语，或明摘其一事之过失，而劾退之矣。由是布政以下，皆以作揖为名，日候于御史之门，而无暇各行其政，甚者公文往来，皆必亲递。而布政使方岳之重，按察使外台之长，乃躬任铺司铺兵之役而不耻矣。"① 朝廷虽三令五申严禁布政司、按察司等官对巡按御史侍候作揖，早晚听事，但积习相沿，已不可破。

为了鼓励按察司官员履行对巡按御史的监察职责，嘉靖六年（1527 年）十月，署都察院事侍郎张璁请申明《宪纲》，令巡按御史有所遵守。他所提议的第一条就是"巡按御史及按察司官得互相纠举，其清军、巡盐、刷卷御史同在地方者一体觉察"，结果是"上深善其言，令巡按御史及按察司官遵行，有违犯者必罪不贷"。② 但这样的规定实际很难落实。据《明实录》记载，嘉靖十九年（1540 年）二月，"广西道御史舒鹏翼奏言：'湖广提学金事刘汝楠，前乡试之文艰深诡异，谬窃魁名，遂令海内人士争相效法。今令督学士习，将自此大坏矣。乞罢汝楠，仍敕吏部今后提学员缺用会推事例，疏名上请'。部覆：'汝楠为文，初颇好奇，其后乃渐就平正，且受命方新，

---

① （明）胡世宁：《守令定例疏》，（明）陈子龙等选辑《明经世文编》卷一百三十六，《胡端敏公奏议》第三册，上海书店出版社 2019 年版，第 1440—1441 页。
② 《明世宗实录》卷八十一，嘉靖六年十月丁未。

未可遽议罢黜'。得旨：'命汝楠供职如旧。不称，听抚按官参劾。其提学员缺，仍照旧推用。但欲遴选得人，务协公论'。"① 广西道御史舒鹏翼对湖广提学金事刘汝楠的弹劾一看就知没有什么道理，但朝廷并未多加驳斥。

据《大明会典》记载，嘉靖二十七年（1548 年）规定："凡巡按御史弹劾三司不职，按察司官亦得纠巡按失职，不许科道官挟私报复。"② 这两次重申《宪纲》所定巡按御史与按察司官互相纠劾的规定，针对的是当时巡按御史过于嚣张但按察司不敢履职的情况，表面上看是要求互相纠劾，实际上是强调按察司官要履行对御史的纠劾权。但是，由于御史出巡身份上是"代天子巡狩"，客观上又掌握了对按察司官考注评语权，特别是在内重外轻的大格局已经形成的情势下，要保持巡按御史与按察司官纠劾权的平衡已经是不可能的了。因此，明朝中期以后尽管朝廷一再重申巡按御史与按察司官"相互纠劾"的规定，但我们很少能看到有按察司官纠劾巡按御史的案例。

第四节　督抚与巡按御史的相互监察

总督、巡抚一般由六部中某部的尚书或侍郎出任，其品级分别为正二品和正三品，远高于巡按御史，加之又都加挂都察院都御史或副都御史、金都御史衔，"总持风纪"，对诸司百官都有监察权，当然可以监察巡按御史；而巡按御史是"代天子巡狩"，虽品级远低于总督、巡抚，但对总督、巡抚也有监察权。因为督抚制度在明朝中期才开始建立并逐步发展起来，因而，督抚与巡按御史相互监察的制度规定也有一个变化的过程。

明代督抚的专设与定设始于宣宗时期，一开始朝廷就注意到督抚与巡按御史之间职掌划分的事情，并力求双方能独立履行职责并开展

---

① 《明世宗实录》卷二百三十四，嘉靖十九年二月乙酉。
② 《大明会典》卷二百十，《都察院二·出巡事宜》。

互相监察。宣德七年（1432 年）四月，吏部右侍郎赵新前往江西任巡抚，他发现按察司、巡按御史审办完案件后不向巡抚回报，原因是巡抚为六部官员，而按察司与巡按御史归都察院管辖，巡抚与按察司、巡按御史之间没有正式的文移关系。他以为这样不妥，于是咨问礼部，要求明确答复。礼部的意见是要都察院下一道命令，让按察司等审办完案件后回报巡抚，但未得到仁宗同意。仁宗说："朕遣侍即四出巡抚，令以词讼之大者付二司与御史，不惟欲重其任，其大体亦当如是。然诸司文移各有体统，其与都御史顾佐议拟以闻"。于是，顾佐向仁宗皇帝建议："圣朝内设监察御史，外设按察司，凡诸司官不公不法皆得纠举，故与诸司无承行，所以重耳目之寄、崇纪纲之司也。今侍郎赵新欲令按察司以问完词讼回报，盖刑名重事乃刑部、都察院所掌，纵使按察司回报，不惟其难擅决断，抑恐其专肆妄为。又虑御史、按察司被其挟制，曲法阿从，以致颠倒是非，出入人罪，此尤不可！请令各处巡按御史及按察司，自今遇有巡抚侍郎送到诉讼，其间果系切要重事，则遵敕问理，奏解赴京决遣。如有干碍军职及五品以上文官及当奏之事，则奏请裁决，仍照例呈都察院。乞敕礼部移文，令新等自今凡有事务，止行移布政司及府州县转行巡按御史、按察司行之，若非切要重事不得一概径行。"都察院的意见得到仁宗赞同。① 这说明，当时朝廷主要担心的是御史、按察司被督抚挟制，因而强调要保持巡按御史和按察司监察权的相对独立性。

到了英宗以后，督抚制度得到进一步发展，各地基本上都设有总督或巡抚，为了防止他们坐大，朝廷于是出现了加强巡按御史对督抚监察的倾向，但总的还是强调要互相监察。据《明实录》记载，成化十八年（1482 年）五月，"先是太监汪直奏：各边镇守总兵、巡抚，并分守、守备官员，不肯尽职，姑息废事。请令巡按御史岁究其所行事迹来上，察其勤怠，以行劝戒。至是巡按湖广御史柳淳以镇守湖广及

---

① 《明宣宗实录》卷八十九，宣德七年四月壬子。

抚治郧阳等处内外官所行事迹来上。上以章付所司"。① 宪宗的态度并
不十分坚决，说明他对特别要求巡按御史监察督抚的做法是犹豫的。
这一时期督抚纠劾巡按御史的例子还是比较多的，如正统元年（1436
年）五月，巡抚辽东左佥都御史李浚言上疏弹劾御史王浚等人，他说：
"御史王浚、给事中陈枢日逐廪给，逼索粳米，驿夫供以粟米则杖之，
不受。风闻散给各卫易貂鼠皮、高丽布等物。巡按御史邵嵩、章杲朋
奸蒙蔽，不行纠举，俱宜究问"。结果，英宗"命行在刑部鞫之"。② 又
如景泰七年（1456 年）九月，提督宣府军务右佥都御史李秉劾奏：
"巡按御史贾恪妄保有赃军职；掌印遇祭先师孔子不先斋戒，而酣饮于
总兵官之家；及他不法数事，宜寘诸法。"景帝"命都察院执恪鞫问，
如事连秉，具闻处置"。③

　　事实上，一直到武宗时期，强调的还是巡按御史与督抚之间的互
相监察。据《大明会典》记载：正德十四年（1519 年）令："抚按
官不许互相荐举。如有不公不法，仍照《宪纲》，互相纠劾。"④《宪
纲》是朱元璋于洪武四年（1371 年）颁行的监察方面的专门法律，
英宗正统四年（1439 年）加以考定重刊，此时加以援引，意在坚持
朱元璋"彼此颉颃"的立法用意鼓励督抚与巡按御史"互相纠劾"。

　　嘉靖年间，巡按御史与督抚的争执越来越多，争执结果巡按御史
越来越占上风。朝廷意识到，巡按御史权势过大，会打破地方上的权
力平衡，破坏"颉颃"行事的原则，因而采取了一些抑制巡按御史
的措施。嘉靖九年（1530 年）五月，巡按陕西御史王仪上疏弹劾已
故都御史萧淮，称其巡抚延绥时，"任用指挥房梁等大为奸利，干没
官钱、盐引、赃罚数千，使生享荣秩，死逃国宪。请下新任巡按御史
朱观穷治"，而恰好总制王琼方上疏论萧淮功绩，"上以琼、仪举劾

① 《明宪宗实录》卷二百二十七，成化十八年五月庚寅。
② 《明英宗实录》卷十七，正统元年五月戊辰。
③ 《明英宗实录》卷二百七十，景泰七年九月己卯。
④ 《大明会典》卷二百九，《都察院一·纠劾官邪》。

互异，下巡抚都御史查勘"。① 对于此事的处理，世宗还是比较慎重，并没有轻易偏听一方。

嘉靖十一年（1532年）十二月，"都察院覆都御史王应鹏奏言：'国家设巡按御史以振纲肃纪、廉察奸弊，后复设巡抚都御史定以久任、假以便宜，不徒镇抚一方，抑亦总持风纪，虽其责各有所重，而实则相须，所贵一德同心、谋猷相济，然后可以表仪官属、裨益军民。夫何近年以来，职掌相侵，礼文失体，甚者酿成嫌隙，互为奏讦，往往两败俱伤，得罪公议。风纪之职，岂应如此！'"，于是，提出了明确双方职责和关系的"职掌十一事"和"礼仪四事"。该建议得到世宗皇帝的肯定，下诏"令永远遵守，不许侵越纷更"②。其主要内容如下。

其一，关于基本的职权划分及处事原则。规定："凡徭役、里甲、钱粮、驿传、仓廪、城池、堡隘、兵马、军饷，及审编大户、粮长、民壮、快手等项地方之事，俱听巡抚处置。都布按三司将处置缘由备呈巡按知会。巡按御史出巡，据其已行之事查考得失、纠正奸弊，不必另出己见，多立法例。其文科、武举、处决重辟、审录冤刑、参拨吏农、纪验功赏，系御史独专者，巡抚亦不得干预。"

其二，关于刑事案件的受理。规定："凡各衙门奉到抚按及公差都御史一应批词牌案，内有充军、徒罪及口外为民者，如一事而彼此相干，其定发以原行衙门在先为主。若事起于所司，通行申呈合干上司者，俱候巡抚定发。无巡抚处，巡按御史定发""凡死刑，各府州县等衙门自问，及奉抚按批行者，俱申呈抚按照详，仍监候会审。如各道自行批行者，不必呈详抚按，止候会审。其奉抚按批行者，照旧呈详。都司卫所与府州县事体同"。

其三，关于奏报灾伤。规定："凡遇灾伤之年，抚按官先督行各府州县及早申报，巡按即行委官分投核定分数，行所司造报巡抚，具奏议免。如无巡抚，巡按奏报。"

---

① 《明世宗实录》卷一百十三，嘉靖九年五月壬寅。
② 《明世宗实录》卷一百四十五，嘉靖十一年十二月甲戌。

其四，关于赈济。规定："凡赈济，专责巡抚会同司府州县等官备查仓廪盈缩，酌量灾伤重轻，应时撙节给散，巡按毋得准行。如赈济失策，听巡按纠举。"

其五，关于军政。规定："抚按职掌军政，所定官员，中差御史有行，止可暂委，或行带管，不许更改取用。空闲在卫者不拘。其公差都御史、御史职务，各奉有专敕，一应兴革区处事宜，抚按官亦毋得干预。"

其六，关于报捷与纪验功次。规定："凡巡按御史不许同巡抚报捷。如无巡抚，听总兵、领兵官奏报。巡按止是纪验功次，以明赏罚。"

到了穆宗时期，御史对总督、巡抚的监察职责得到进一步明确。据《大明会典》记载：隆庆二年（1568年）题准："凡奉有钦依勘合，如查勘功罪、提问官员等项，务要上紧完报……如应勘应问官员，或屡提不出，及势要嘱托故意抗违者，许参奏拏问。如事干重大，巡抚不依期完报，许科道官查参。"① 这里的"科道官"当然包括巡按御史。

应当说，这些关于巡按御史与督抚之间职权划分的规定已经很明确具体了，但这以后督抚与巡按御史之间职掌相侵、互相攻讦的事情仍时有发生，当然主要是巡按侵犯督抚的职掌。隆庆二年（1568年）七月，巡按直隶御史刘翾巡视山海关。御史孙代言："近都御史谭纶献议，欲以练兵事专责之总督，不令臣等与闻。夫臣等既受命阅视，则兵之练否所宜纠察，而纶果于自用逆折人口，惟上加裁定"，对此兵部、都察院商议后提出意见："补练贵之总督，所以重事权；阅视听之宪臣，所以稽实效，彼此各不相妨，宜令协恭和衷共济国事。而纶与戚继光必稍宽以文法，乃得自展。"这一建设实际是否定了孙代的意见，得到穆宗同意，"命兵事悉以付纶，御史每岁一巡视、三岁

---

① 《大明会典》卷二百十一，《都察院三·抚按通例》。

一报功,其余将官并听举劾如故"。① 孙代的意见虽被否定,但其本人并未因此受到责怪,反倒在一定程度上助长了巡按御史的嚣张气焰。史载:"居正以御史在外,往往凌抚臣,痛欲折之……御史刘台按辽东,误奏捷。居正方引故事绳督之,台抗章论居正专恣不法,居正怒甚。帝为下台诏狱,命杖百,远戍。居正阳具疏救之,仅夺其职。已,卒戍台。"② 万历十五年(1587 年),都察院左都御史詹仰庇条陈御史"出巡事宜",主要就御史出巡须遵守的规矩提出了建议,其中一条是"申明职掌","谓巡抚应行事宜,止具文巡按知会,傥有不公不法,听其纠劾而已。今则互相和同,事多兼管,有司两行申请,致批详不一,遂至停阁。宜遵《会典》檄示所司,毋得混累。"世宗认为所奏有裨风纪,命都察院议行,明确"今后巡按御史敢有任情行事,不遵《宪纲》者,该院从实查参,于回道考察之日分别议处。"③ 这几件事反映的问题,都是朝廷鉴于巡按御史在与督抚的关系中过于强势而想稍煞其威风,但此时内重外轻的格局已经形成,按强抚弱的趋势已无法扭转。

终明之世,巡按御史在双方的关系中都处于优势地位。之所以如此,是因为督抚演变为总制一方的封疆大吏,权力越来越大,朝廷有意通过巡按御史对其进行牵制,以防止专擅。正如明末清初人孙承泽在论及总督、巡抚时所说:"……百僚群将俯首听一人之谋,似于兼制少疏,故复以巡按权参杀之。"④ 巡按御史的优势地位是维护绝对君主专制统治和中央集权的必然结果。

中国帝制时代监察系统的内部监察制度始于秦朝。秦始皇为维护君主专制统治,在建立从中央到地方的监察系统的同时,也重视对监察权的控制。三国时夏侯玄评议说:"秦世不师圣道,私以御职,奸

① 《明穆宗实录》卷二十二,隆庆二年七月戊申朔。
② 《明史》卷二百十三,《列传第一百一·张居正》,中华书局 1974 年版,第 5646 页。
③ 《明神宗实录》卷一百八十九,万历十五年八月戊寅。
④ (清)孙承泽:《春明梦余录》卷四十八,《都察院·总督 巡抚》,北京古籍出版社 1992 年点校本,第 1031 页。

以待下，惧宰官之不修，立监牧以董之；畏督监之容曲，设司察以纠之。宰牧相累，监察相司。"① 所谓"监察相司"即指各监察主体之间互相监察。秦以后各朝都建立了监察系统内部监察制度。比较而言，明代监察系统的内部监察制度具有以下特点。

一是各监察主体相互制衡。监察系统内六科为内侍衙门，都察院及十三道御史为外廷机构，总督巡抚为中央派驻地方的监察大员，提刑按察司为地方最高监察机关，它们之间无论内外、上下，也无论中央地方，每一监察主体都有相对独立的监察权，可以对其他监察主体实施监察而不受其干扰，这就形成了监察系统内部内外相制、大小相维的监察格局。

二是监察网络十分严密。监察系统内从六科到都察院，从监察御史到按察司官再到总督、巡抚，每一机构、每一官员都对其他的监察察机构和官员负有监察的职责，也都有接受其他监察机构和官员监察的义务，互相交织的结果，使得任何监察机构和官员都无一例外地成为监控的对象。

三是对监察行为实施全过程的监察。监察机构和监察官员在实施监察行为时，自始至终都要接受严格的监察，比如御史出巡从"奏请点差"到"回道考察"，督抚从上任到每件事情的处理都要接受监督等等，这些规定将监察官员的整个监察行为都置于监督之下。

四是具有明确的监察规则。比如规定科道之间的互相纠劾要"明具实迹"，对科道官的纠劾处置要"取自上裁"，颁布巡按御史和按察司官"造报册式"规范报告行为，等等，这些规定让监察官员相互之间实施监察时有十分明确的依据以供遵循。

五是监察形式丰富多样。明朝法定的监察形式本来就十分丰富，有六科的稽查章奏、御史的照刷文卷、科道奉旨考察、对各级各类官员的考核、对不法官员的弹劾，等等，这些形式在监察系统的内部监察中都得到充分运用。不仅如此，还有一些特别的监察方式专门用于

---

① 《三国志》卷九，《夏侯玄传》，中华书局 1999 年简体字本，第 222 页。

监察系统内部，如"科道互纠""御史回道考察"等。各种形式交互为用，能取得较好的监察效果。

在明以前，因监察官员滥用权力而导致或加速王朝灭亡的例子都曾有过。例如唐朝，其监察制度的弊害之一，是"监察御史掌权过大，容易拥权自雄，各霸一方。唐王朝最终就葬身于藩镇割据势力的手中。"① 再如元朝，明太祖朱元璋指出："元末台宪每假公法挟私愤以相倾排，今日彼倾此之亲戚，明日此陷彼之故旧，譬犹蛇蝎自相毒螫，卒致败亡而后已。"② 一般认为，明朝统治之所以能延续近三百年之久，一定程度上在于它拥有比较完备的监察制度。再进一步讲，明朝整个监察制度之所以能正常运转，又在于它的监察系统内部监察制度起到了带动和促进作用。

中国古代监察制度是中国古代法制文明的重要内容，而其中关于保证监察权力正当行使的法律规定又是古代法制文明中的瑰宝。明代监察系统内部监察制度的建立和完善，是统治者对监察权力运行规律的认识趋于成熟的产物，也是统治者对历史上国家治理经验教训进行深入总结后的标志性成果。对明代监察系统内部监察制度的研究表明，要高度重视对监察权力的监督制约，对监察权力进行监督制约的有效方式是在监察机构和人员之间建立相制相维的监察机制，这套机制的运行有赖于系统完备的规则作保证。

---

① 彭勃、龚飞：《中国监察制度史》，中国政法大学出版社 1989 年版，第 121 页。
② 《明太祖实录》卷四十八，洪武三年正月甲午。

第九章　科道官的选用与管理

明代对科道官的选用与管理，英宗正统四年（1439 年）前以洪武四年（1371 年）《宪纲》和洪武二十六年（1393 年）《诸司职掌》中的有关内容为基本依据，正统四年（1439 年）以后以考定重刊的《宪纲》为根本遵循，各代先后就其选拔、任用、升迁、履职要求、奖惩各个方面都出台了一系列的条例加以补充完善，逐渐形成了一整套系统完备的制度。

第一节　科道官的选授

明朝建立之初，因国家新立，人才缺乏，采取多种途径不拘一格选用官员，对科道官的选用也是如此。当然，因科道官地位和职责的特殊性，对其选用更为慎重，而且多出皇帝亲擢。到成祖永乐以后，朝廷不断出台有关的条例，各种规定因之渐趋于具体而严密。明代十三道监察御史与六科给事中，因同样职司监察，常并称为"科道"或"科道官"，两者的选用及权责原则上并无二致，所不同的是科道官是皇帝的近侍之官，对其要求在某些方面更为严格。

一　担任科道官的基本条件

明代官员的选用规定非常细，什么样的人才能担任什么样的职务，或者说什么样的人不能担任什么样的职务，法律都有明确规定。就科道官而言，因其职责的特殊性，对其选用条件的规定比之其他官员来说要相对严苛；科道官与御史相比，其选用标准又更高一些。

（一）担任御史的资格

朝廷通常会从操守、才识、出身、年龄等几个方面设立担任御史的资格条件。其中，操守总是排在第一位的，才识基本上会排在第二位，但这两项容易抽象而不易把握；而出身、年龄等方面的条件通常具体而显得刚性。

1. 操守

有明一代，各朝均把品德修养作为选用科道官的首要条件。我们在第一章"朱元璋的监察思想及其影响"中曾详论朱元璋关于选用科道官的观点，并指出他的观点在他所主持制定的监察方面的法律中都有充分的体现。如洪武元年（1368 年）诏："御史台监察御史、提刑按察司，耳目之寄，肃清百司。今后慎选贤良方正之人，以副朕意"，并要求"合行事宜，仰中书省、御史台集议举行"①。其后，他的思想被后世皇帝所继承，如永乐时，都御史陈瑛向成祖报告御史车舒怠惰不事事，成祖将车舒谪戍边，并对陈瑛说："御史当用清谨介直之士，清则无私，谨则无忽，介直则敢言，不能是者，悉黜之。"②英宗正统四年（1439 年）考定重刊的《宪纲》中专门规定："凡都察院各道监察御史并首领官、按察司官，自今务得公明廉重、老成历练之人奏请除授……"③上述规定或皇帝言论中提到的"贤良方正""廉正不阿""清谨介直""公明廉重"集中体现了朝廷对风宪官候选人品德方面的要求，其核心其实就是廉洁与公正。

2. 才识

宣德三年（1428 年）八月，行在都察院右都御史顾佐奏言："监察御史多缺，臣访举进士邓棨等十四人、监生程富等十一人听选，教

---

① 《大明会典》卷二百九，《都察院一·急缺选用（考授附）》。

② （明）余继登：《典故纪闻》卷六，中华书局 1981 年版，第 116 页。

③ 《宪纲事类·宪纲三十四条·选用风宪》，杨一凡点校：《皇明制书》第四册，社会科学文献出版社 2013 年版，第 1457 页。同时见《大明会典》二百九，《都察院一·急缺选用（考授附）》。

官方端等二十人志操端谨堪任御史。"宣宗对顾佐的建议并不以为然，说："风宪固当用端谨者，亦须有才猷方称，未可遽授此职。俱令于各道历政三月，尔察其言行，考其贤否，第为三等，朕将选择任之。"①

3. 出身

明代官员的出身大体分为三种，一种是科目，即通过科举考试的进士；一种是举人或监生；再一种是包括吏员在内的杂途。② 明初用人，不拘一格，对御史的选授也一样。《明史》记载："太祖时选官不限资格……，御史初授升选各半，永（乐）、宣（德）以后，渐循资格，然台省、尚书多初授。"③ 从永乐七年（1409 年）起，吏员出身的人就失去了做御史的资格。据《钦定续文献通考》记载：永乐七年六月，成祖诏"御史勿用吏员"。当时成祖在北京，命署吏部事兵部尚书方宾挑选御史中有才干者张循理等二十八人召至行在，问其出身，方宾回复"循理等二十四人由进士，监生洪秉等四人由吏"，成祖说："用人虽不专一途，然御史，国之司直，必有学识、达治体、防（方）正不阿，乃可任之。若刀笔吏知利不知义，知刻薄不知大体，用之任风纪，使人轻视朝廷"，遂黜秉等为序班，并且说："自今，御史勿复用吏人。"④。此谕对御史任用的影响至为深远，一直到明亡，不光吏员出身者不再有做御史的资格，就是其他非进士出身人员也受到了极大的限制。张治安在《明代监察制度研究》一书说："据《明史》列传统计，曾官御史之三百五十四人中，进士出身者三百〇六人，占总数百分之八十三，举人出身者则仅十八人，点总数百分之五点八。"⑤ 可见出身的影响到了何种程度！

---

① 《明宣宗实录》卷四十六，宣德三年八月庚寅。
② 参见《明史》卷六十九，《志第四十五·选举一》，中华书局 1974 年版，第 1675 页。
③ 《明史》卷七十一，《志第四十七·选举三》，中华书局 1974 年版，第 1717 页。
④ 《钦定续文献通考》卷四十四，《选举考》。
⑤ 张治安：《明代监察制度研究》上册，台北五南图书出版公司 2000 年版，第 70 页。

4. 资历

资历的限制始于英宗时期。宣德十年（1435 年）春元月，宣宗皇帝去世，英宗以九岁冲龄继位，朝政由太皇太后张氏主持，她重用仁宣以来的旧臣，其中杨士奇、杨荣、杨溥三位颇负盛名，史称"三杨"。宣德十年五月，他们以英宗的名义敕谕都察院和各处按察司："初仕者不许铨除风宪。"其理由概括起来：一是从风宪官的职责出发，认为"朝廷设风宪，所以重耳目之寄、严纪纲之任，凡政事得失、军民休戚皆所当言，纠举邪慝、伸理冤抑皆所当务，比之庶官所系甚重"；二是从当时风宪官队伍的现状看，认为"近年以来，未尽得人，或道理不明、操行不立，或法律不通、行移不谙，或逞小才以张威福，或搜细过以陷良善，甚至假其权位、贪图贿赂，以致是非倒置、冤抑无伸，而风纪之道遂至废弛"。鉴于这两个方面的原因，他们认为应从选人用人这一源头上着手，因此，才"仍令吏部：今后，初仕者不许铨除风宪。凡监察御史有缺，令都察院堂上及各道官保举，务要开具实行闻奏，吏部审察不谬，然后奏除。其后有犯赃滥及不称职举者同罪。尔等其钦承无忽。"[①] 这一规定当然是"三杨"的主张。杨士奇自少丧父，游学四方，至建文帝时方才受召修撰《明太祖实录》，授翰林院编修。明成祖即位，迁太子侍讲，辅佐明仁宗，迁礼部侍郎、少师、华盖殿大学士，兼任兵部尚书。杨荣是建文二年（1400 年）进士，被授予翰林院编修，宣宗即位后被晋升为太子少傅、谨身殿大学士兼工部尚书，并食三禄。杨溥与杨荣同为建文二年进士，同授编修，宣宗即位后进入内阁，开始与杨士奇、杨荣等阁臣共掌机要。待到正统初年，"三杨"便完全以三朝元老而构成了一个最为稳定的政治三角。这三位重臣都是久历仕宦的人，他们提出"初仕者不许铨除风宪"是与他们的经历与政治主张密切关联的。因此，在他们于正统四年（1439 年）主导考定重刊的《宪纲》中明确规定

---

① 《明英宗实录》卷五，宣德十年五月癸酉。

"不许以新进初仕及知印、承差、吏典出身人员充用"。① 这不仅进一步明确了御史初选资历方面的限制，并将其扩大到都察院的首领官和按察司官及其首领官。

到弘治年间，这种资历的限制更为严格，也更为明确。弘治元年（1488 年）闰正月，都察院左都御史马文升上疏建言十五事，其中一事为："请令各处巡抚、巡按及布按二司官各举所属知县由进士举人出身、任六年以上、廉慎公勤、政绩昭著者疏上，遇御史员缺，与行人、博士兼用；如六年以上知县数少，于办事三年以上进士内选取，吏部仍会本院官考选，若所举不公，连坐其罪"，这一建议得到皇帝认可，"上以所言多切时弊，命所司议处以闻"。②

5. 年龄

据明人朱国祯《涌幢小品》记载："祖宗旧制，凡给事、御史缺，于举贡、进士内，二十以上者选补，或迳入吏部……"③ 当时以二十岁为低限，实际上是没有什么年龄限制。景泰六年（1455 年）奏准："进士年三十以上者，方许赴吏部考选授御史职"；成化十年（1474 年）令："御史缺，选进士年三十以上者，问刑半年，考试除授"。④

关于御史初选是否有年龄上限的问题，《大明会典》没有相关规定的记载，但据《明宪宗实录》记载，成化六年（1470 年）冬十月，都察院左都御史李宾等在建言中明确提到年龄上限在五十岁，他们在疏中说："今两京都察院各道御史缺员数多，欲照天顺五年本院奏准事例，通行各处布按二司正官会同彼处巡按御史，南北直隶巡按御史同该府正官，将本处推官、知县内但有廉能昭著、历练老成、人物端庄、语言真正，年三十以上五十以下，在任三年之上，系中举及进士出身者，不拘员数从公陆续推举，起送吏部核实，分送各道问刑半

① 《大明会典》卷二百九，《都察院一·急缺选用（考授附）》。
② 《明孝宗实录》卷十，弘治元年闰正月己巳。
③ （明）朱国祯：《涌幢小品》卷八，《考选台谏》，上海古籍出版社 2012 年版，第 146 页。
④ 《大明会典》卷二百九，《都察院一·急缺选用（考授附）》。

年，考其刑名堪任用者奏送，吏部奏请除授。"其建议为宪宗"嘉纳之"。① 显然疏中所提到的包括年龄在内的各项规定是早在天顺五年（1461 年）奏准的事例中就已明确了。成化七年秋七月，湖广按察司金事尚褫上言五事，其中一事说"选择风宪，期在得人。今之司选择者，每以三十岁以上五十以下旧例是拘，而于实行为略。臣请自今，凡内外官但发身科目、果才而贤者，虽破例亦进之，庶几风纪得人。"尚褫的建言也是明确肯定五十的年龄上限为旧例，他是希望能不拘成例，但宪宗并没有明确表示接受，只是"命所司知之"②。到嘉靖十八年（1539 年）七月，发生了一起知县何瑚试图隐埋年龄入选御史被纠劾的事件。当时，山东道御史洪垣劾文选司郎中黄祯贪婪欺罔，其中涉及到"知县何瑚年过六十而选御史并诸寅缘关节坏乱选法等事，所指及凡二十员"，世宗下令查核后决定"王显祖、何瑚等二十员俱以贿进，有干清议，并杨育秀俱令为民"，而且，"令十三道公举隐年选道若何瑚者。于是十三道以御史王之臣、彭世潮、杨瞻、皮东山应诏。世潮复上自理。得旨：之臣等三人别用，世潮调外任。"③此案说明，关于御史初选年龄上限为五十的规定是存在的，如果违反了就要受到追究。

（二）担任六科给事中的基本条件

担任六科给事中的条件大体与御史相同，有些方面更为苛刻，比如关于仪貌方面的条件。据《明实录》记载：正统十年（1445 年）九月，英宗对吏部尚书王直等人说："给事中以封驳、纠劾为职，不徒侍从而已。故居是职，非得行检庄饬、才识优长、仪貌丰伟、语言端正者，其曷克称。今后务慎其选，毋视常轻畀，庶言职得人，有裨于治。"④ 这是在其他方面的条件之上增加了"仪貌丰伟、语言端正"的条件。

---

① 《明宪宗实录》卷八十四，成化六年冬十月辛亥。
② 《明宪宗实录》卷九十三，成化七年秋七月己卯。
③ 《明世宗实录》卷二百二十六，嘉靖十八年七月辛巳。
④ 《明英宗实录》卷一百三十三，正统十年九月甲戌。

上述任职资格，并非全都是实行以后就固定不变，有的在实行过程中曾出现反复；也并不是说有了这些资格限制，就能保证选到合格的人员。对此，早在弘治元年（1488 年），左都御史马文升所奏就有清醒的认识，他在奏书中说："御史为朝廷耳目之官，洪武、永乐、宣德年间，不分进士、知县、教官，皆得除授，但选之甚精而授之不苟；至正统年间，朝廷颁降《宪纲》，新进初仕不许除授御史，至正统八年，进士复得除之。成化六年，仍遵《宪纲》，凡遇御史有缺，止于进士出身知县并行人内行取，中间多有不分贤否，但资格相应皆得授任者，所以未尽得人"。① 这说明，至少当时朝廷就已经意识到仅凭资格选人的弊端了，所以才会在有些条件的要求上出现反复；同时也说明，朝廷也已经认识到，科道官要"得人"，仅是凭资格选人是不够的，还得要慎重其选并加以培养，因此之故，对御史的考选制度就应运而生。

（三）科道官任职的特殊规则

考虑到科道官职责的特殊性，朝廷规定了一些特殊的限制性规定，主要是"以亲回避"。据《大明会典》："凡内外官以亲属回避。洪武元年令：凡父兄伯叔任两京堂上官，其弟男子侄有任科道官者对品改调（近不拘对品）。又令，内外管属衙门官吏，有系父子兄弟叔侄者，皆从卑回避。万历五年题准，从卑回避，以官职论。今后除巡按御史从方面官回避外，其余内外官员俱从官职卑者回避。"② 科道级别低，其父叔为大臣当然级别高，应当回避的当然是级别低的，《明史》所谓"大臣之族不得任科道"③ 不是说专有此项规定，只是科道任职"以亲回避"的通俗说法。据《明实录》记载：正德十六年（1521 年）十二月，"改陕西道御史孙元为翰林院编修。故事：大臣子弟任科道者例改官，元以父交起用户部尚书故也。"④ 当时，世

---

① 《明会要》卷三十三，《职官五·都察院》，中华书局 1956 年版，第 562 页。
② 《大明会典》卷五，《吏部四·改调（降调附）》。
③ 《明史》卷七十二，《志第四十八·职官一·吏部》，中华书局 1974 年版，第 1735 页。
④ 《明世宗实录》卷九，正德十六年十二月丁未。

宗继位不久，对大臣们都比较尊重，所以同意御史孙元因以亲回避改为翰林院编修。到嘉靖九年（1530年）十月，监察御史胡效才以父胡琏任都御史奏请回避改为翰林官时，世宗就没有同意，说："大臣子弟任科道官者，以回避改授翰林，皆近年阴厚私弊，效才准于在京别衙门相应职事改授，以后俱照此例行。"① 世宗的意思是，大臣子弟以亲回避的规定要执行，但同时也不能什么便宜都要得到。

二 科道官授职的基本途径

给事中与御史的选授，资格条件基本相同，审查后拟报皇帝批准的部门也一样，都是"吏部、都察院协同注拟"②，而且都有考选、改选两种不同方式；所不同的一是"给事皆实补，御史必试职一年始实授"，二是与之相应："考选之例，优者授给事中，次者御史，又次者以部曹用。"③

（一）御史的考选

御史的考选分为急缺选用和定期考选两种方式。

急缺选用即各道御史有了空缺位置，即时选取后备人员，试职一段时间后进行考试，合格者任为御史。据《大明会典》记载：宣德三年（1428年），"令都察院选进士、监生、教官堪任御史者，于各道历政三个月，考其贤否，第为三等，上、中二等授御史，下等送回吏部"；正统四年（1439年）又进一步明确："御史缺，从吏部于进士、监生、教官、儒士出身曾历一任者，选送都察院理刑半年，考试除授"；景泰六年（1455年）奏准："进士年三十以上，并历事听选监生原系举人者，及考满在部教官该升者，通取赴部考选试职，一年满日，仍从本院堂上官考察实授。不堪用者，送回吏部别用"；宪宗成化二十年（1484年）奏准："监察御史一年已满，刑名未熟，再试

① 《明世宗实录》卷一百十八，嘉靖九年十月戊辰。
② 《明史》卷七十一，《志第四十七·选举三》，中华书局1974年版，第1717页。
③ 《明史》卷七十一，《志第四十七·选举三》，中华书局1974年版，第1717—1718页。

半年，仍前考试实授"①。从这些规定的变化看，其试职的时间从开始的三个月到后来的半年再到一年甚至一年半，说明朝廷对试职的重视程度呈上升的趋势。

定期考选指当御史或科道官缺额到一定程度时，在规定的时间一次进行考选。张治安说："大约神宗以前御史员缺，临时考选，随时除授，神宗以后，则规定为定期考选。"他引用的是《明史》的记载："初制，急缺风宪，不时行取。神宗时，定为三年，至是每年一举。帝（崇祯）从吏部尚书闵洪学请，仍以三年为期。"②但《大明会典》记载："弘治六年奏准：御史员缺，不必限定几年一次行取，但缺至八员以上，会同吏部考选，照原职分送理刑，或理刑半年，或试职一年，本院仍考其堪任者除授。"③似此，至少在弘治六年（1493 年）以前就有几年一次行取的规定，但到底是从什么时候开始、具体几年一次，因未找到有关的文献记载而不得而知。

明中叶以后，考选御史的制度越来越严，但皇帝似乎对考选的结果仍不满意。嘉靖六年（1527 年）八月，世宗皇帝对内阁大臣说："顷考选御史，实为纪纲大坏，下民罹殃，欲一举以肃政治。朕之本心，随卿等议来。"世宗皇帝的意思似要对现任所有的御史再次进行考选。当时的首辅杨一清等人说："今年两次考察，黜谪已多，见在者谁敢不思改过以自效？若再行考选，人材难得，似非盛世惇厚博大之化也。圣意又欲更换原差御史，回还一体考选，此固一新政令至意。今各道员数不多，照差前去，则各道缺人办事。况先差御史贤否不同，一概更换，无所激励；亦恐新旧交代，反滋别弊。合无考验其贤否勤惰量为奏请，更换数员，惩一戒百，是乃为政之体。然欲巡按得人，必先慎之于始"，他将要办的"切要事宜"条列如下：

考选御史，遵依《宪纲》不用新进初任之人。查照祖宗旧

① 《大明会典》卷二百九，《都察院一·急缺选用（考授附）》。
② 《明史》卷七十一，《志第四十七·选举三》，中华书局 1974 年版，第 1718 页。
③ 《大明会典》卷二百九，《都察院一·急缺选用（考授附）》。

制，两京主事、寺副、评事等官，访其素行端谨、器识老成者，与行人、博士、推官、知县、国子监官一体考选，不必拘定进士出身，取用之途广，则风宪不患于不得人矣。

御史试职，一年正欲明习律令，历练事体，考得刑名疏通，方准实授，否则令其重试，此旧例也，今宜查照施行。

先年点差巡按，必斟酌地方繁简，量其才力处之，若才力不及者不差，巡按留备小差，待其历练有进，一体差用。近年止照年月次序，不过越一人，枉其才而用之，无益于治，今宜照此差遣。

巡按满日，堂上官考其有无赃私、坏法、推奸、避事，方许回道管事，此见行事例也。近年此例虽存，不闻罢黜一人。宜申明旧例，从实举行。

杨一清等人不同意世宗对现任御史再行考选的想法，但提出御史考选"不必拘定进士出身"以扩大取用之途，同时强调要坚持御史试职一年的制度，并加强对现任御史的管理。最后他的建议得到世宗皇帝的同意："疏入，从之"。①

到了嘉靖晚年，御史的选用还是出现了问题。嘉靖四十五年（1566 年）十一月，都察院右都御史王廷根据当时御史的状况提出六条建议，其中一条为"慎选授"，他说："御史职司风宪，自非行履端方、刑名练习者鲜克任之。请行部院，将行取官员多方体访，慎加遴选。既选之后，仍限以讲读律令及历代名臣奏议，满岁复考，称职者实授，不称者黜之。"他的意见其实还是强调要严格执行已有的规定。他的建议被世宗接受，要求吏部"从实行之"②。但一月之后，世宗就去逝了。到万历三年（1575 年），朝廷出台条例，再次强调要严格执行御史试职的旧例："令试御史务照旧例，一年满日，方考实授。"③

---

① 《明世宗实录》卷七十九，嘉靖六年八月壬申。
② 《明世宗实录》卷五百六十五，嘉靖四十五年十一月丙子。
③ 《大明会典》卷二百九，《都察院一·急缺选用（考授附）》。

（二）给事中的考选

给事中的补选，因其要求更高，又没有试职这一环节，要选择到合适的人就更难。嘉靖九年（1530 年）六月，吏科都给事中夏言给世宗皇帝上疏，就此前制度的演变及产生的问题进行了梳理，然后提出了改进的建议：

> 六科额设给事中五十八员。祖宗以来，额员俱备，嗣后乃有不必尽补之旨。然遇都左右给事中缺五员以上，则必升补；给事中缺十五六员以上，则必选补，亦著为例。今六科在任官，只二十一员，除都左右给事中之外，惟给事中四员，常行公务日不暇给，恐非朝廷设官定员初意。臣考祖宗旧（例），凡给事中有缺，只于进士内年三十以上者选补，弘治间始以行人、博士兼选，正德间始以在外推官、知县兼选，正德末年乃始尽废进士考选之例。陛下登极，诏令悉复旧例，间尝一行，旋复废格。盖由庙堂大臣，阴为沮止，辄以未经世故为言。夫古之人固有未尝徒劳州县而经纶素具，又有致身台辅而功名反损于治郡者，人品才器自有定价，不可一律拘也。况朝廷之设言官，意各有在，当取其风裁，不当取其德量；当取其戆直，不当取其疏通；当取其有廊庙圭璋之度，不当取其簿书米盐之能。司马光曰："凡择言官，当以三事为先：第一不爱富贵，次则重惜名节，次则晓知治体。"臣以为当以光言为取人之则，用臣言求建官之体。若徒以老成谙练为言，是不过欲得脂韦婥阿、爱身固禄之流，利其不为己害而已。又其甚者，植一二不肖，以为私人，资其爪牙，搏噬善类，此则大臣之所为利，而非国家之福也。乞敕吏部，遵旧制，破私臆，将见在各衙门办事进士及历俸二年之上行人、博士并推官、知县，三年考满到部者，从公考选，以补六科员缺；其在外三年考满知县，如果才堪台谏，许与推官一体行取，以备急缺风宪之用。庶选取之途既广，而言路不患于缺人矣。

　　夏言建言的核心意思，是要从言官的职责定位出发来考虑选择言官，如此，就要破除"徒以老成谙练"为标准的惯例，扩大备选的范围，以解决言官缺额太多的燃眉之急。世宗批给吏部讨论，吏部讨论后提出的意见为："六科，言责所系，务在得人，是以累朝推择，未尝备数。且今行人、博士及办事进士员数不多，请先补科额之半，余俟取诸推官、知县之有年阀者。"吏部的意见是认可夏言所说的科官缺额太多应当补充的事实，但坚持认为科官的职责具有特殊性，应在坚持标准的前提下分两步走解决问题，即先从京官中有资格的人中补缺额之半，再从外官资深的推官、知县中补足另一半。吏部的意见得到世宗的赞成："得旨，从之"①。

（三）科道的改选

　　科道官的改选，通常指由庶吉士改为科道。庶吉士制度是明代储备官员的一种制度。据《明史》记载："庶吉士之选，自洪武乙丑择进士为之，不专属于翰林也。永乐二年，既授一甲三人曾棨、周述、周孟简等官，复命于第二甲择文学优等杨相等五十人，及善书者汤流等十人，俱为翰林院庶吉士，庶吉士遂专属翰林矣。复命学士解缙等选才资英敏者，就学文渊阁。缙等选修撰棨，编修述、孟简，庶吉士相等共二十八人，以应二十八宿之数。庶吉士周忱自陈少年愿学。帝喜而俞之，增忱为二十九人。司礼监月给笔墨纸，光禄给朝暮馔，礼部月给膏烛钞，人三锭，工部择近第宅居之。帝时至馆召试。五日一休沐，必使内臣随行，且给校尉驺从"，永乐二年（1404 年）以后，庶吉士在考选的时间、主选部门等方面皆未形成定制，直到弘治四年（1491 年），孝宗接受大学士徐溥的建议，"命内阁同吏、礼二部考选以为常……其与选者，谓之馆选。以翰、詹官高资深者一人课之，谓之教习。三年学成，优者留翰林为编修、检讨，次者出为给事、御史，谓之散馆。与常调官待选者，体格殊异"。② 由于选为庶吉士的

---

① 《明世宗实录》卷一百十四，嘉靖九年六月丙子。
② 《明史》卷七十，《志第四十六·选举二》，中华书局 1974 年版，第 1701 页。

人皆是人中龙凤，又经过精心的培养，所以可以直接改任科道。

由部曹直接改为科道的也有，但比较少。《明史》说："嘉靖、万历间，常令部曹不许改科道，后亦间行之。"① 据《明实录》记载：嘉靖十四年（1535 年）十月，"吏部以科道缺人，请行取内外考选及主事、评事等官改授。得旨：'给事中、御史乃朝廷耳目之官，近年所选多浮薄新进之士，轻率妄为，有乖政体。令次考选、改授，务求醇笃老成谙事体者，毋得滥用。'吏部复言：'改授者，其俸给宜照改官品级，而考满亦照改官之日为始，无借前补后之弊。'从之。"② 这是考选与改选同时并用的例子，也是部曹间可改科道的证明。

第二节　科道官的考核与升黜

官员的升黜通常与考核紧密联系在一起，科道官也一样。我们在前面第三章"法定的监察形式"中曾经说明，明代官员的考核主要有考满、考察两种，考察又分为京察与外察两类；另外，还有不时考察。与其他官员不同的是，在官员考核中科道官既是被考核者，又是考核活动的监督者，还是不法不职官员的纠劾者，因此，他们自身因考核而带来的升黜也具有特殊性。

一　监察官员的考满与升黜

明代官员的升用主要有皇帝特简、推升、吏部铨选、保举四种方式③，正常情况下以推升、吏部铨选为主，都要以考满结果为基本依据。所谓"凡升必考满。若员缺当补，不待考满，曰推升"④，可见考满对官员升迁的重要性。明代官员三年一个任期，每个任期满日要对其履职情况进行考核，三年初考，六年再考，九年通考。科道官同

---

① 《明史》卷七十一，《志第四十七·选举三》，中华书局 1974 年版，第 1717 页。
② 《明世宗实录》卷一百八十，嘉靖十四年十月庚辰。
③ 参见陈国平《明代行政法研究》，法律出版社 1998 年版，第 130—136 页。
④ 《明史》卷七十二，《志第四十八·职官一·吏部》，中华书局 1974 年版，第 1735 页。

其他官员一样也要参加考满，但因其职责、地位不一样，因而参加考满的规则也不一样，最根本的区别是"监察御史系耳目风纪之司，任满黜陟，取自上裁"①。

（一）都察院院官的考满

都察院院官的考满与六部官员的考满大体相同。洪武二十六年（1393年）定："凡在京堂上、正佐官考满，三年、六年俱不停俸，在任给由，不考核。不拘员数，引至御前奏请复职。洪武间定，四品以上官员，九年任满，黜陟取自上裁。"② 都察院的左右都御史、左右副都御史、左右佥都御史属四品以上高官，当然适用这一规定。

左右都御史同六部尚书一样，已经是最高级别的官员，考满后无法再向上提拔，只能加衔或给予其他方面的奖励："凡一品二品官考满，赐羊酒钞锭。尚书、都御史六年考满，加太子少保；九年，加太子太保。"都御史考满的待遇，与吏部尚书和内阁成员相比略逊："吏部尚书有三年即加太子少保、六年加太子太保者。内阁三六九年考满，应升官秩，取自上裁。"③

都御史九年考满后的待遇与六部尚书一样："其一品九年考满，或赐宴，或赐敕奖励，及诰命荫子等项，俱出特恩。或奉旨查例，议拟奏请。"④ 据《明实录》记载：永乐十三年（1415年）九月，都察院左副都御史李庆以九载考满复职，"命宴于礼部，赐敕褒谕。曰：'都御史持宪纲总察群司，为朝廷耳目，其任重矣。推卿刚直有为，习于吏治，祗事我太祖高皇帝克勤厥务，及朕即位，屡用廷擢，继受风宪，激扬纠察，咸得其宜，历任九年，不闻过举，可谓难矣。尚益懋忠勤、厉风节，弼成至治，以永终誉。钦哉！'"⑤ 正统四年（1439年）冬十月，右都御史陈智与户部尚书刘中敷同时受封赠诰命，"时

---

① 《大明会典》卷十二，《吏部十一·考功清吏司·考核一·官员》。
② 《大明会典》卷十二，《吏部十一·考功清吏司·考核一·官员》。
③ 《大明会典》卷十二，《吏部十一·考功清吏司·考核一·官员》。
④ 《大明会典》卷十二，《吏部十一·考功清吏司·考核一·官员》。
⑤ 《明太宗实录》卷一百六十八，永乐十三年九月癸亥。

京官九载考满，方许给授。中敷、智预以为请。上以其大臣，历任年久，特命与之。"①

（二）督抚的考满

督抚官考满总的原则是要留任，"三年、六年满日，移咨到部，具奏复职，仍行本官知会"。② 但督抚官尤其是在边方任职的，考满后有晋级和封荫的褒奖。其规定以嘉靖年间的最为详尽："嘉靖三十一年题准：宣大、蓟辽、保定、山、陕、延、宁、甘肃各边巡抚，系佥都御史，三年升副都，即照三品例荫子；再考，升侍郎，加从二品俸。系副都御史，三年，除本等荫子外，升侍郎，加正二品俸级服色；再考，升部院正官，即与二品应得诰命。其以侍郎及右都御史或尚书总督，三年考满者，侍郎升右都御史，右都御史升尚书，尚书量加宫保；再考，各于前官上递升一等，即给与应得诰命。俱要实历边俸，及边俸居三分之二以上者，转行兵部，查无地方失事，或虽曾失事而罪不掩功，方准题请。其有未及考满，别以军功蒙恩者，不在此限。有考满而各项恩典已得者，不再重加。四十三年议准：佥都，三年荫子；副都，三年升正二品服俸，又三年加正二品封赠。俱要兵部查回，果有安攘之功，曾经赏赉者，临时酌拟，上请定夺。其山西、保定、陕西三边，较之七边不同，只与题请升职。以上恩典，虽曾以别项军功蒙恩相等者，亦准重加。其历俸月日，中间如带有别俸通理者，必须边俸居三分之二以上，方得照例题请。"③ 以后隆庆、万历年间对此规定又有些补充，主要是强调任职的起算要根据"实历"，例该升级的要"俟朝廷裁予，毋得辄自定拟职任"。④

督抚考满也不是一律升职奖励，也有给予处罚的。据《明实录》记载：嘉靖二十五年（1546年）五月，革抚治勋阳都御史任维贤职，

---

① 《明英宗实录》卷六十，正统四年冬十月癸卯。
② 《大明会典》卷十二，《吏部十一·考功清吏司·考核一·官员》。
③ 《大明会典》卷十二，《吏部十一·考功清吏司·考核一·官员》。
④ 《大明会典》卷十二，《吏部十一·考功清吏司·考核一·官员》。

令冠带闲住。这是一起非常典型的官员考满受到处罚的例子，非常值得研究。其原委如下：

> 初，郧阳知府柯实卿先任池州时，巡按御史劾其酷暴，巡抚都御史为之申救，得调郧阳。居岁余，通论前俸考满，抚治都御史任维贤保留之。时维贤已升南部矣。吏科都给事中杨上林劾论：实卿复俸未及满期，维贤违例市恩。并指实卿刚暴自用状，因言：“维贤历官藩臬，大著贪声；继升巡抚，即被论劾，虽经勘明，终属容隐。后来不逾年而补郧阳，未八月而迁南部，夤缘儇捷，躐致功名，今贬法徇私市恩郡吏，非贪具贿赂，必迫于胁持耳。”事下吏部，言：“二臣先期奏报，俱属违制，宜降罚。”得旨：“维贤贪污被劾，经勘未久，升迁越骤，显是贿求；又无故保留属官，废国彝典。令革职，冠带闲住。柯实卿照酷例为民。吏部用人私滥，又不从实参覆。姑不究。”①

此案至少说明了以下几个问题：一是考满必须满期，其日期起算必须以三年通计，不论中间是否改任与否；二是考满时的考核要以整个任期的表现为根据，不能仅考核改任后的表现，有“倒查三年”的意思；三是即使是督抚重臣，考满被劾，不仅不能加级封赏，还要给予处罚；四是不仅考满官员本人要受处分，连带负责考满的吏部也要受到责罚。

（三）御史的考满

御史的考满与在京其他各衙门属官的考满不同。洪武二十六年（1393 年）确定的在京各衙门属官的考核办法为：“历任满三年，先由其本衙门正官察其行能、验其勤惰，从公考核明白，开写称职、平常、不称职词语，送监察御史考核，再由吏部覆考。其在京军职文官，俱从监察御史考核，各以九年通考”，弘治元年（1488 年）时考

---

① 《明世宗实录》卷三百十一，嘉靖二十五年五月戊辰。

核办法稍有调整，"令各衙门属官考满，堂上官出与考语，送都察院并本部覆考"。① 对于御史的考满，洪武二十六年定："监察御史从都御史考核。"② 显然监察御史与都察院属官的考核，不用报吏部覆考，这是与其他衙门属官考满最大的不同。

监察御史考满，会依据考核结果给予升职、复职或降职。据《明实录》记载：宣德三年（1428 年）十一月，"监察御史杨昺、朱惠俱九年考满。行在吏部言：'昺练达政务，惠政绩未著。'上曰：'考绩黜陟，所以示劝惩、兴事功，果得其宜，则能者益劝，中才亦将自勉。昺仍于风宪升用，惠循常例而已。'于是，以昺为浙江按察佥事，惠为太仆寺丞。升贵州思州府通判檀凯为应天府治中，黜四川道监察御史曾令得为浙江温州府推官，江西道监察御史陈罴为江西赣州府推官。皆以都御史言其不任职也。"③

包括御史在内的所有官员任满都要参加考核，其任满时间的计算十分严格，但对正在出巡的御史却有特殊规定，如嘉靖四十五年（1566 年）议准："南直隶印马、屯田御史，云南、贵州、广东、广西、福建、四川巡按御史，不拘三六年，若满期已过、差事未完，不得赴京。及南北各差未完，而考满及期，遇有升迁、事故者，俱许具由呈部，在京者听都察院考核，在南京者听南京部院考核，移咨吏部覆考，具题应得恩典，一体请给。其余各差御史，仍照旧例，事完回京补考。"④

（四）六科官员的考满

六科官员的考满，有自成体系的意思。洪武二十六年（1393 年）定："给事中，从都给事中考核。都给事中，从本衙门将行过事迹并应有过犯备细开写，送本（吏）部考核"，而且特别注明"六科不咨

---

① 《大明会典》卷十二，《吏部十一·考功清吏司·考核一·官员》。
② 《大明会典》卷十二，《吏部十一·考功清吏司·考核一·官员》。
③ 《明宣宗实录》卷四十八，宣德三年十一月乙亥。
④ 《大明会典》卷十二，《吏部十一·考功清吏司·考核一·官员》。

都察院"①，给予其相对独立地位。到正统二年（1437 年），进一步明确："给事中考满，本科如无都给事中，许掌科给事中考核。"② 都给事中的考满由吏部负责的规定执行过程中曾出现过问题，景泰六年（1455 年）冬十月，吏部上言，大意是说，宣德以前，给事中等正官凡遇考满，"俱依《诸司职掌》从本部考核。正统以来，本部误依在京堂上官例未曾考核，因循至今，乞改正，仍旧考核"③。景帝同意了吏部的意见。

六科官员考满后，依据不同的情况作出相应的安排。有升任都给事中的，如正统十二年（1447 年）二月，"升户科右给事中李素为本科都给事中。素九年考满，自陈母老，乞留本科办事，以便侍养。吏部以言，故有是命"④。又如天顺四年（1460 年）三月，"升吏科左给事中萧斌为本科都给事中，以九年考满也"⑤。也有外升的，如天顺六年三月，"升户科右给事中李锡为陕西布政司右参议"⑥；不久又"升……南京工科给事中项倬为湖广汉阳府知府，户科给事中曹鼎为广西平乐府同知，俱以九年考满也"⑦。

（五）按察司官员的考满

关于按察司官的考满，其规则大体与布政司官的考满相同，其间只有一些细微的差别。洪武二十六年（1393 年）定："各处布政司、按察司首领官、属官，从本衙门正官考核。按察司首领官，从监察御史考核。布政司四品以上、按察司五品以上，俱系正官、佐贰官，三年考满，给由进牌，别无考核衙门，从都察院考核，本部覆考。具奏黜陟，取自上裁。"弘治年间这一规定稍有调整："布政司堂上官，仍咨送都察院考核。按察司堂上官，径赴都察院考核，俱吏部覆考。

---

① 《大明会典》卷十二，《吏部十一·考功清吏司·考核一·官员》。
② 《大明会典》卷十二，《吏部十一·考功清吏司·考核一·官员》。
③ 《明英宗实录》卷二百五十九（废帝郕戾王附录第七十七），景泰六年冬十月丙辰。
④ 《明英宗实录》卷一百五十，正统十二年二月丁未。
⑤ 《明英宗实录》卷三百十三，天顺四年三月乙巳。
⑥ 《明英宗实录》卷三百三十八，天顺六年三月甲辰。
⑦ 《明英宗实录》卷三百三十八，天顺六年三月甲寅。

首领等官，从河南道考核，功司覆考。"① 做这种调整的意思，显然是想在对按察司官的考核中增加都察院的权重。

关于按察司官考满的具体考核办法，如繁简则例、考核分等及结果运用等均与其他官员相同，极为繁复，因无关本书主旨，兹不赘述。考满的后果也是多数都升职，如正统元年（1436 年）九月，"升山东按察使虞信为河南右布政使，广西副使李缙为山东按察使，湖广佥事顾巽为山东左参议。俱以九年考满，有最绩也"。② 但与御史的考满升职相比，其步幅要小很多，正统二年六月，"升广东道监察御史孙敏为四川按察司佥事，广东按察司佥事赵礼为浙江按察司提调学校副使，俱以九载考满，行在吏部奏请也"。③ 同样是考满，御史孙敏从正七品跃升为正五品，而按察司佥事赵礼只是官升一品，可见两者的差别。

二　科道官员的考察与升黜

考察是定期对各级各类官员同时进行全面考核，主要检查有无违法失职或不宜留任等情况。京官六年一次，称京察；地方官三年一次，称朝觐考察。都察院官及御史与六科官员属京官，参加京察，在发挥纠举作用的同时也要"刀刃向内"接受考核，按察司官员同地方布政司官员一样参加朝觐考察。

（一）按察司官的朝觐考察

对按察司官员的考察，同对布政司官员的考察一样，洪武之初即开始实行，每年一朝，到洪武二十九年（1396 年）始定以辰、戌、丑、未年为朝觐之期。朝毕，吏部会同都察院考察，奏请定夺，"其存留者，引至御前，刑部及科道官各露章弹劾，责以怠职。来朝官皆免冠，伏候上命，既宥还任，各赐敕一道，以申戒饬。若廉能卓异、

---

① 《大明会典》卷十二，《吏部十一·考功清吏司·考核一·官员》。
② 《明英宗实录》卷二十二，正统元年九月己酉。
③ 《明英宗实录》卷三十一，正统二年六月甲子。

贪酷异常，则又有旌别之典，以示劝惩"①。以后各朝陆续出台补充办法，特别是弘治以后，随着督抚制度的成熟，督抚在考察方面被赋予了较重要的职责："弘治六年，令朝觐之年，先期行文布按二司考合属，巡抚巡按考方面，年终具奏。行各该衙门立案，待来朝之日详审考察。如有不公，许其申理。其科道官，必待吏部考察后，有失当，方许指名纠劾。"② 弘治八年（1495 年），还形成了巡抚官揭帖密报制度："各处巡抚官，当朝觐之年，具所属不职官员揭帖密报吏部。止据见任不谨事迹，不许追论素行。其开报官员，若爱憎任情，议拟不当，吏部、都察院并科道官指实劾奏，罪坐所由。"③ 这以后，考察方面的制度各代又都出台过新的条例，但总体上只是小修小补而已。

朝觐考察的结果，或降黜，或旌表。降黜通常分为四等：年老有疾者致仕，罢软无为、素行不谨者冠带闲住，贪酷并在逃者为民，才力不及者斟酌对品改调。旌表的有赐宴、奖赏、给与诰敕等。考察虽说有旌别之典，但主要还是以纠举不法不公及不胜任职务的一面为主，对科道官来说也是如此，如成化十一年（1475 年）春正月，吏部奏罢朝觐官，其中有 1081 人命老疾者致仕，罢软、素行不谨者冠带闲住，贪酷及惧罪在逃者为民；91 人自陈老疾乞致仕。前一类人中就有按察使王琳等人，后一类人中就有按察使高瑛等人。据《明实录》的介绍："琳，江西吉水县人，景泰辛未进士，历刑部郎中、山西按察副使，进山东按察使。居官能守法，但近于刻，人多怨之"；"瑛，浙江黄岩县人，其先有编管山西聚落驿者，遂从山西乡试，举正统戊辰进士，历官至按察使。为人厉色，自好而行，已在清浊之间"。④ 从这两人的履历看都非常好，表现也并非十分不堪，但处罚结果却是非常严厉的。

---

① 《大明会典》卷十三，《吏部十二·朝觐考察》。
② 《大明会典》卷十三，《吏部十二·朝觐考察》。
③ 《大明会典》卷十三，《吏部十二·朝觐考察》。
④ 《明宪宗实录》卷一百三十七，成化十一年春正月丙辰。

（二）对科道官的考察

京察中对都察院官员的考察适用京察的一般规则。弘治以前，京察不定期举行，弘治间始定以每六年举行一次。京察的规则各代不一，最基本的规则由成化年间出台的条例确定："成化四年，令两京文职堂上官曾经科道纠劾，及年老不堪任事、才德不称职者，各自陈致仕，取自上裁""成化十三年议准：在京各衙门五品以下堂上官，吏部会官一体考察"。①

京察中对六科官员的考察稍有不同，其基本规则也定型于成化年间，嘉靖年间有所调整："凡六科给事中，成化十三年令吏部会官考察。嘉靖六年奏准：两京科道官，有相应黜调考察遗漏者，互相纠举。十七年，令停科道互纠。仍听部院从公考察。"② 嘉靖六年（1527 年）令两京科道官"有相应黜调考察遗漏者互相纠举"的原委，在前面"监察系统的内部监察"一章已作交待，嘉靖七年的调整是将笼统的"吏部会官"明确为"部院"即吏部和都察院。

京察中科道官主要是负责纠举其他官员，但自身被奏黜的例子也有，如隆庆元年（1567 年）正月，"吏部尚书杨博掌京察，黜给事中郑钦、御史胡维新……"。③

（三）专门针对御史的不时考察

皇帝如果对科道官队伍的整体情况不满意，会命令都察院专门对御史进行考察；或都察院的都御史对御史队伍不满意，会上奏皇帝，经同意后专门对御史进行考察。

奉旨专门考察御史的例子，如宣德四年（1429 年）二月，南京都察院左副都御史邵圯奏："奉敕考察，得御史沈善、刘炕、王懋等三人皆贪淫无耻，萧全、郑道宁、杨昭、萧昇、曾泉、木讷等六人皆不达政体，王恭、栾凤、潘纲三人皆不谙文移，陶圭一人曾犯赃罪。

---

① 《大明会典》卷十三，《吏部十二·京官考察（王府官附）》。
② 《大明会典》卷十三，《吏部十二·京官考察（王府官附）》。
③ 《明史》卷二百五十五，《列传第一百三·欧阳一敬》，中华书局1974年版，第5675页。

请悉如例降黜",结果"上命行在吏部悉从圮言,如例降黜"。①

专门针对御史不时考察的例子,如宣德三年(1428 年)八月,"谪降监察御史严暟等。先是上以御史多不称职,敕右都御史顾佐明慎简择,凡贪污及不谙政体与老疾者具以名闻。佐奏:监察御史严暟、成林、韩瑄、缪让、张衡、赵琰、赵砺、赵伦、杨居正、宋准、张士贞、司务段凯贪淫无耻,污名尤甚;张观、王成、雷恭、王谕、司铎、胡晔、潘举、牟伦贪污不律;李孟瑄、王颐、蔡宁、晏铎、张莹、林真、张嘉会,都事赵纰不达政体;赵安不谙文移;冯斌、梁毅、周瑞老疾,俱宜黜降。"宣宗的决定是:"贪淫不律者,发辽东各卫充吏终身;不达政体者,降县典史;老疾者罢为民。"② 其处分结果的确相当严厉。

第三节　科道官的升转惯例与特殊规则

对监察官员实行严格的考核特别是其中的考满,主要目的是为了将其结果用作监察官员升迁的基本依据。但具体如何运用,又有其特殊的惯例与规则。

一　科道官的升转

通常情况下,科道官的升转与各人的资历有很大的关系。六科给事中的资历是看他们"历俸"即任职时间的长短,御史的升迁是看他们经历过差的大小。

(一)六科内的升除

六科给事中的升迁论年俸,年俸久者可获得优先的升迁。给事中系统的监察官员升迁一般先在科内进行:"都给事中有缺,于左、右给事中内;左、右给事中有缺,于给事中内,具奏升用。"③

---

① 《明宣宗实录》卷五十一,宣德四年二月壬寅。
② 《明宣宗实录》卷四十六,宣德三年八月己丑。
③ 《大明会典》卷五,《吏部四·推升》。

六科内都给事中从给事中当中推升的惯例，到后来变成了自相保荐，因此而受到批评。景泰四年（1453 年）：户科给事中何升言："六科给事中为近侍之官，所以出纳命令、封驳章奏、举正差失，况都给事中又为之长，凡议大事、决大疑、推选大臣、审录重囚皆得与列，岂可以非才任之乎？近见各科都左右给事中缺员，往往自相荐保滥授。今后乞敕吏部，遵依旧制推选，庶使官得其人。"① 何升的建议被景帝接受。弘治十五年（1502 年），"令都给事中有缺，于左右给事中内；左右给事中有缺，于给事中内，具奏升用"。②

（二）科道官的向外升转

都给事中再升，如留京任职，则可升"太常太仆、少卿，尚宝卿等官"。③ 由于太常寺、光禄寺、詹事府、国子监等机构与六部、都察院、大理寺、通政司同属中央一级机构，故这些衙门的长官也并称为"小九卿"，品秩大体上是从正三品到正五品之间。如外派，都给事中多升为布政司参政，左、右给事中则多升为府通判、州同知等州府佐贰。总的来说，即当选为给事中，日后大多官运亨通。

御史的升迁根据差出的情况确定，这就是所谓的"道论差"。明代御史奉差出巡分作三等，小差、中差和大差。御史出巡，先历小差，小差满，返道考核，称职者，可奏派中差。中差满，返道考核，称职者，可奏派大差。"凡题差巡按御史，先尽中差回者，如中差无人，方择巡按回道资俸浅者定拟。凡差巡按御史，若同时进道，以中差回道先后为序。若非同时进道，及同日回道者，以进道先后为序。再差巡按者，俱以先差回道日期为序。凡中差已完，大差未满，事故复除者；或原未中差，即差大差，已满回道者；及原未中差，即差大差，未满，事故复除者；并已考实授未差，事故复除，果系同资，中差差尽者，俱序在应候大差之列。若试职未考实

---

① 《明英宗实录》卷二百三十一，景泰四年七月丙寅。
② 《大明会典》卷五，《吏部四·推升》。
③ 《大明会典》卷五，《吏部四·推升》。

授，事故复除者，与同考实授序论，仍差中差，俱以回道复除命下之日为序。"①

御史的升迁，前后变化较大。"国初御史，三考无过，仅升主事也""非转京堂，止得副使，虽满九年亦然"。② 万历年间，御史升迁，外则为布政司参政，内则为四、五品京官，与都给事中升迁大致相同。隆庆四年（1570 年）议准："除吏部员外郎、左右给事中以下及年未甚深御史，应外补者随时推用外，其郎中、都给事中、年深御史，察其才力政绩，酌升内外职任，不许仍前，但挨资次定为岁例升转。其南京科道及两京各部司属，资俸相应，政绩卓异者，一体升转京堂。六年议准：都左右给事中，得迁太常、太仆少卿、尚宝卿等官。年深大差御史，得升太仆少卿、大理寺丞、光禄寺少卿等官。南京给事中、御史，若资俸相等，亦得视在京升转。万历二年，令吏部将科道官量其才力资俸，内外一体升转。不必拘一年两次，及多寡之数。"③

仅从品秩上来看，监察官向外迁升的品级较高，但事实上，转为地方官后，日后再转升就慢了，而留为京官有时却能较快地升为六部侍郎等职，从而迅速成为统治核心的一员。另外，离开京城，远离政权中心，就自然失去参决朝中大政的机会和监察纠弹别人的大权，故有"官升七级，势减万分之语"④。但从总体上来讲，整个明代科道官比普通官员的升迁要快得多。明代给予监察官员以升迁的特殊待遇，其目的是为了吸引优秀人才来充实监察队伍，同时鼓励在职监察官员奋勇自励、克尽厥职，以达到"能者益劝，中者亦将自勉"的效果。

---

① 《大明会典》卷二百十，《都察院二·奏请点差》。
② （明）沈德符《万历野获编》卷十一，《吏部·科道俸满外转》，中华书局 1959 年版，第 291 页。
③ 《大明会典》卷五，《吏部四·推升》。
④ （明）沈德符《万历野获编》卷十二，《吏部·都给事中转升》，中华书局 1959 年版，第 307 页。

二 都察院正官的任用

都御史总持法纪，警肃百僚；同时又提督各道，关系御史能否得人、能否尽职，因此朝廷对其选任至为慎重。宣宗曾对都御史顾佐说："都察院，朝廷耳目，国家纲纪。用得其人，则庶政清平，群僚敬肃，否则百职怠弛，小人横恣"①。洪熙元年（1425 年），仁宗谕吏部慎选御史，"又命吏部谘访可为都御史者以为十三道率"②。世宗告大学士张孚敬曰："六部须要得人，吏部、都察院尤为紧要"③。都御史的选任，大约有以下几种方式。

一是考满升任。都察院长官考满升迁的一般程序是：佥都御史，三年升副都御史，再升侍郎，加二品俸，再考升部院正官（正二品）。都御史六年考满可加太子少保，有时能提前得到加官，如周延年在嘉靖三十四年（1555 年）任都御史，三年后即加太子少保。

三品内外官员历俸已满而在任称职者，考满结果不错而又正好赶上都御史空缺，他们即有机会被擢升为都御史。明代自中期以后，重京官而轻地方，因而都御史自考满升任者，多为京官中的副都御史、大理寺卿或各部侍郎，极少有外官。

二是推升。凡是三品以上九卿空缺当补而不待考满升用的，就由"阁臣、吏兵二部尚书，会大九卿五品以上堂上官及科道廷推"，然后报请皇帝决定。左右都御史和左右副都御史当然属于廷推范围，左右佥都御史虽只有正四品，但与国子监的祭酒一样比较特殊，也要廷推。④ 嘉靖三年（1524 年）四月，发生了大臣该由廷推产生而不经廷推直接由皇帝任命的事情，引起大臣们的强烈不满，"九卿吏部尚书乔宇等合言：'顷罢汪俊，召席书，取桂萼、张璁、霍韬，黜谪马明

---

① 《明宣宗实录》卷四十五，宣德三年七月戊午。

② （清）孙承泽：《天府广记》卷二十三，《都察院》，北京古籍出版社 1984 年版，第 306 页。

③ （清）孙承泽：《春明梦余录》卷二十四，《内阁二·纶扉药石》，北京古籍出版社 1992 年点校本，第 379 页。

④ 参见《大明会典》卷五，《吏部四·推升》。

衡、李本、陈逅等，举措异常，中外骇愕。夫以一二人之偏见，挠天下万世之公议，内离骨肉，外间君臣，名曰"效忠"，实累圣德。且书不与廷推，特出内降升为尚书，百余年来所未有者，请收回成命，令俊与书各守职如故，矜宥明衡者，止召萼、璁入'。"结果世宗只是"报闻"。① 这件事说明包括都御史在内的官职出缺在惯例上都是由廷推产生的，同时也说明，皇帝如果想打破惯例，那谁也阻止不了。都御史由廷推产生的例子，如《昭代典则》所载："天顺五年八月，右都御史冠深死，上曰：'此职非轻，须得其人'。廷推共举三人，以南京刑部尚书萧维桢居首，次大理寺卿李宾。上命李贤择一人，贤以居首者对。上曰：'此人曾在（曹）吉祥处通情，非端士也'。上复问贤曰：'大理卿李宾虽年少，容止老成，久典刑名。'召王翱（吏部尚书）等询之，皆曰可，遂升右都御史"。②

三是由皇帝特简。所谓特简即不经廷推，而由皇帝直接简任。特简之例多见于内阁或吏部尚书，都御史由特简而任的很少，但也有其例，据《昭代典则》记载："宣德三年，上一日罢朝，召杨荣、杨士奇（均内阁大学士）曰：'京师端本澄源之地，年来贪浊之风满朝，何也？'……又问：'今日之贪，谁最甚者？'荣对曰："莫甚刘观……"，又问：'廷臣中谁可使掌宪？'士奇曰：'通政使顾佐，廉公有威。'荣曰：'佐尝为京尹，刚棱不挠'。上喜曰：'顾佐乃能如此！'数日有旨，命刘观巡阅河道，升顾佐右都御史"③。这次特简，也是皇帝与大臣反复商量的结果，只是未按规定进行廷推。

三 按察使的任用

明代对按察使的任用也很重视。据《明实录》记载：正统九年

---

① 《明世宗实录》卷三十八，嘉靖三年四月戊戌。

② （明）黄光升：《昭代典则》卷十七，《英宗睿皇帝》，上海古籍出版社 2008 年版，第 488 页。

③ （明）黄光升：《昭代典则》卷十四，《宣宗章皇帝》，上海古籍出版社 2008 年版，第 394 页。

（1444 年）夏四月，巡按山东监察御史曹泰建言：

> 今布政使，即古之州牧；按察使，即古之监司，实在外百官有司之长，其任至重且要。近年是职有缺，必令大臣会举，然所举者或循资格，或涉亲故，虽间得人，而其中任布政使者多有昏耄，其视古之州牧食哉惟时、柔远能迩、惇德允元而难任人之责为虚文；任按察使者亦有庸懦，其视古之监司公以处己、明以察冤、威以慑奸、惠以爱民之责为外事，庶绩未熙，职此之由，乞敕吏部精严其选，使藩臬得人，则庶官咸举其职矣。

曹泰的建言，是希望朝廷像重视布政使一样重视按察使，改变当时在按察使的任用上存在的"或循资格，或涉亲故"的现象，要求吏部"精严其选"。他的建议得到英宗赞成，英宗对吏部尚书王直等人说："自今布政使、按察使务宜廉举才德俱优、练达老成之人为之，如徇私滥举及容情不言者，必罪不贷。"① 到嘉靖年间，还专门出台了"布政使不许改降按察使"的规定，据《大明会典》："嘉靖三十一年题准：按察使系风宪正官，不许布政使降补，止降参政，仍支正三品俸。"② 此规定可看作对按察使一职的特别重视。

四　科道官升迁的总体情况

明代科道官系治官之官，号称"极清华之选"，虽然品秩不高，但仕途之广阔，升迁之便捷，非其他官员所能比拟。正七品的监察御史、都给事中和从七品的给事中，外迁时往往为正四品的知府、按察司副使或正五品佥事，甚至可升为从三品的布政使参政，而留转京官则多为四品太常少卿和太仆少卿，超升则为正三品六部侍郎、右副都御史。《水东日记》一书的作者叶盛，正统十年（1445 年）进士，授

---

① 《明英宗实录》卷一百十五，正统九年夏四月丙申。
② 《大明会典》卷五，《吏部四·改调（降调附）》。

兵科给事中，六年后擢山西布政司右参政，约十五年后升至都察院左
佥都御史。他在书中记载了期间同僚 101 人的升迁情况（共计 102
人，刑科徐安行只列名，未记升迁情况），其中升为从四品布政使参
议 31 人，从三品布政使参政 13 人，正四品知府 10 人，正三品六部
侍郎 7 人，正五品通政司参议 7 人，正五品按察司佥事 6 人，正四品
太仆寺少卿 3 人，正四品通政司通政 3 人，正五品光禄寺少卿 3 人，
从七品州判官 3 人，正四品应天府丞 3 人，从五品詹事洗马 2 人，正
四品大理寺少卿 2 人，从三品盐运使 2 人，正三品右副都御史 1 人，
正五品大理寺丞 1 人，正六品詹事府丞 1 人，正四品佥都御史 1 人，
从六品詹事府司直郎 1 人，正六品府通判 1 人。约 20 年间，共有 76
人（25 人为都给事中，51 人为给事中）升为从四品以上大吏，占总
数的百分之七十五还多。从叶盛本人的任职经历看，他的记载应是可
信的。① 御史的升迁也比其他非监察官员快得多。如洪武十五年（公
元 1382 年）十一月，擢监察御史任昂为礼部尚书（正二品）；十八
年（1385 年）十月，以监察御史朋祥为兵部左侍郎；又监察御史陶
厚仲弹击不避权势，朱元璋雅爱重之，故升为福建按察使。二十九年
（1396 年）五月，监察御史李文敏升为四川按察使（正三品），张定
升为陕西按察使。王文，永乐十九年（1421 年）进士，授监察御史，
持廉奉法，正统三年（公元 1438 年）正月擢为右副都御史，寻进左
都御史。景泰三年（公元 1452 年）十一月，陕西按察司副使白圭超
升为浙江布政司左布政使。

御史超升制度对于监察官敢于纠劾具有明显的激励作用，如洪武
时期的陶垕仲，"初以国子生擢御史，弹击不避权势。上雅爱重之，
故升为福建按察使。福建多滞狱，吏夤缘为奸，垕仲至，治赃吏数十
人，尽革其宿弊。又兴学劝士，抚恤军民，俸禄虽厚，然自奉俭薄，
有余悉以施贫者，其清介类如此。是时，布政使薛大方贪暴自肆，垕

---

① 参见（明）叶盛《水东日记》卷二十九《六科旧僚题名》，中华书局 1980 年版，
第 282 页。

仲劾奏之，大方有词，逮晕仲至京。事既白，大方得罪，诏晕仲还官，闽人迎拜，为之语曰：'陶使再来，天有眼；薛不去，地无皮。'后卒于官。"[1] 又如宣德初，御史林硕巡按浙江，为治严肃，就擢按察使，林硕到任后"奏考核郡县官贪污及无能者金华府知府钱润等十七人，上命行在吏部黜罚如例。"[2] 任职期间，"千户汤某结中官裴可烈为奸利，硕将绳以法。中官诬硕毁诏书，被逮。硕叩头言：'臣前为御史，官七品。今擢按察使，官三品。日夜淬励，思报上恩。小人不便，欲去臣，唯陛下裁察。'帝动容曰：'朕固未之信，召汝面讯耳。'立释硕，复其官，敕责可烈。硕在浙久，人怀其惠。"[3] 这种超迁的激励效果，对于一心做官的读书人来说，是其他任何手段都无法比拟的。

第四节　科道官履行职务的特殊保障

科道官仅从七品、正七品的小官，纠劾的对象包括二三品大员在内的所有官员，甚至还常常批评皇帝，即所谓"逆龙鳞"，如果没有特殊的保障，要想真正实施监察是不可能的。为此，法律上规定了一系列的保障措施。

一　弹章实封直达御前

前面在对皇帝的监督部分曾论及实封建言制度对保证批评皇帝的奏章直接送达皇帝的意义，其实该制度对于保证弹劾大臣的奏章直接送达皇帝也具有重要意义。《宪纲》规定："凡国家政令得失、军民利病、一切兴利除害等事，并听监察御史、按察司官各陈所见、直言无隐。若建言创行事理，必须公同评议，互相可否，务在得宜，方许

---

[1]《明太祖实录》卷一百七十，洪武十八年春正月丙戌。
[2]《明宣宗实录》卷七十一，宣德五年冬十月癸巳。
[3]《明史》卷一百六十一，《列传第四十九·林硕》，中华书局1974年版，第4378页。

实封陈奏。"① 又规定："凡风宪任纪纲之重、为耳目之司，内外大小衙门官员，但有不公不法等事，在内从监察御史、在外从按察司纠举，其纠举之事须要明着年月、指陈实迹，明白具奏。若系机密重事，实封御前开拆，并不许虚文泛言。若挟私搜求细事，及纠言不实者，抵罪。"② 这两条看似都在对监察御史、按察司官建言或纠弹实封送达皇帝作限制性规定，但实际都是以肯定监察御史、按察司官具有建言或纠举实封直达皇帝的权力为前提的。以后，朝廷对"天下臣民"的"建言实封"权利因不胜渎扰不断加以限制，但对风宪官弹章实封的权力则在不断加以强化，甚至有"要截实封者斩"③ 的说法。

弹章实封送达皇帝，可以保证对弹劾的处理直接由皇帝作出，而在此之前被弹劾者要照例"乞罢"，弹劾者可免受被弹劾者的打击。像有明一代最有权势的首辅张居正受到参奏以后，也得要"按照惯例停止一切公私往来，在家静候处置"④，其他的大臣就更是这样。虽说皇帝最后的处分结果也不一定就是有利于弹劾者的，但毕竟在相当程度上而言对弹劾者是一种保护。

二　保证风宪官正常执行公务

为了维护正常的监察秩序，法律规定其他官员在面对风宪官执行任务时须有正确的态度和积极的行为，主要有以下内容。

一是不许干扰监察御史、按察司官执行公务。《宪纲》规定："凡都察院并监察御史、按察司，纲纪所系，其任非轻。行事之际，一应诸衙门官员人等，不许挟私沮坏，违者杖八十。若有干碍合问人

---

① 《宪纲事类·宪纲三十四条·直言所见》，杨一凡点校：《皇明制书》第四册，社会科学文献出版社 2013 年版，第 1454 页。

② 《宪纲事类·宪纲三十四条·纠劾百司》，杨一凡点校：《皇明制书》第四册，社会科学文献出版社 2013 年版，第 1446 页。

③ 《明史》卷二百三十六，《列传第一百二十四·夏嘉遇》，中华书局 1974 年版，第 6162 页。

④ ［美］黄仁宇：《万历十五年》，中华书局 1982 年版，第 23 页。

数，敢无故占恡不发者，与犯人同罪"。① 又规定："凡监察御史、按察司官巡历去处，若有官吏犯罪，畏避追问，故将财物、妇女潜入公廨，设计装诬、沮坏风宪者，并许取问，实封奏问，犯人重处，财物没官，妇女发有司收问。其出巡官吏，仍不得自生嫌疑回避，致妨巡历。"②

二是必须配合监察御史、按察司官执行公务。《宪纲》规定："凡有军民事干词讼等事，移文到日，其应该会问官员随即前去。若无故不即会问及偏徇佔恡者，从监察御史、按察司官按问。其应请旨者，具实奏问。"③

三是维护风宪官的权威。《宪纲》规定："凡风宪官问定官员赃罪，如有冤屈，许本犯从实申诉，若果真犯实迹不肯伏罪，或捏造挟仇等项为讼，摭拾原问者，于本犯上加二等科罪。仍押至午门前，听候再审。"④

三　御史出巡享受较高礼遇、待遇及权力

明代监察御史出巡是其执行任务的一种典型方式，法律就其出巡时的保障措施作了具体规定，主要涉及以下几个方面。

一是礼遇。出巡时序列三司之上。监察御史虽仅有正七品的官衔，但出巡时代表朝廷，因而地位处于都、布、按三司长官这些二、三品大员之上。嘉靖十二年（1533 年），王相疏言："都御史列衔内台，奉敕巡抚一方，非在外守土之臣可比。地方事情可以共议，而名分体统则不可越。今后，巡抚都御史当正坐，居前班；巡按御史，不

---

① 《大明会典》卷二百九，《都察院一·风宪总例》。
② 《宪纲事类·宪纲三十四条·装诬风宪》，杨一凡点校：《皇明制书》第四册，社会科学文献出版社 2013 年版，第 1452 页。
③ 《宪纲事类·宪纲三十四条·约会问事》，杨一凡点校：《皇明制书》第四册，社会科学文献出版社 2013 年版，第 1452 页。
④ 《宪纲事类·宪纲三十四条·官吏诉罪》，杨一凡点校：《皇明制书》第四册，社会科学文献出版社 2013 年版，第 1456 页。

论副都、金事，其坐旁坐，其班后列，以正体统"。① 这里讨论的是巡抚与巡按的关系，但它说明三司长官这些"守土之臣"的地位是当然居处其下的。

二是待遇。《宪纲》规定："凡监察御史巡按，许带书吏一名；照刷文卷，许带人吏二名；若应用监生，临期奏请。按察司官分巡，许带吏典二名，承差一名。皆须官吏、监生、承差同行，不许相离。御史及按察司官，陆路给驿马，水路应付递船，俱支廪给。经过去处，量拨弓兵防送，不许别带吏典、皂隶人等"。② 本条规定的用意，一方面要为御史、按察司官出巡提供人力、交通、保卫等方面的支持，另一方面也是要防止他们滥用人力、物力铺张浪费。到后来随着巡按御史地位的不断提高，其保障措施也进一步得到增强。如宣德间，御史胡智针对御史只能乘驴的旧制上言："御史任纪纲之职，若巡方则序于三司之上。或同三司出理公务，三司乘马，御史独乘驴，颇失观瞻。自今请乘驿马"。③ 宣宗首肯，并著为令。

三是权力。据《明史》记载："巡按则代天子巡狩，所按藩服大臣、府州县官诸考察，举劾尤专，大事奏裁，小事立断"。④ 其大事小事之分别，如嘉靖二十一年（1542 年）奏准："御史论劾三司方面及有司五品以上指实参纠，六品以下贪酷显著者即便拿问，其才宜繁简者疏请调用，老疾等项俱于考语内明白开报"。⑤

四是刑法上特别保护。《大明律》"殴制使及本管长官"条规定："凡奉制命出使而官吏殴之，及部民殴本属知府知州知县、军士殴本管指挥千户百户、若吏卒殴本部五品以上长官，杖一百，徒三年。伤

---

① 《明会要》卷三十四，《职官六·巡抚》，中华书局 1956 年版，第 593 页。

② 《宪纲事类·宪纲三十四条·出巡随从》，杨一凡点校：《皇明制书》第四册，社会科学文献出版社 2013 年版，第 1449 页。

③ 《明会要》卷三十三，《职官五·都察院》，中华书局 1956 年版，第 560 页。

④ 《明史》卷七十三，《志第四十九·职官二·都察院》，中华书局 1974 年版，第 1768 页。

⑤ 《大明会典》卷二百十，《都察院二·出巡事宜》。

者，杖一百，流二千里。折伤者，绞。"① 又规定："凡因事聚众，将本管及公差勘事、催收钱粮等项一应监临官殴打绑缚者，俱问罪。不分首从，属军卫者，发极边卫分充军；属有司者，发口外为民。若止是殴打，为首者，俱照前充军为民问发。若是为从与毁骂者，武职并总小旗俱改调卫所，文职并监生、生员、冠带官、吏典、承差、知印、革去职役为民，军民舍余人等各枷号一个月发落。"②《大明律》"骂制使及本管长官"条规定："凡奉制命出使而官吏骂詈，及部民骂本属知府知州知县、军士骂本管指挥千户百户、若吏卒骂本部五品以上长官，杖一百。若骂六品以下长官，各减三等。骂佐贰官首领官，又各递减一等。"③ 这两条对奉皇帝之命出使的人员（大部分为出巡御史）的人身及名誉规定了特别的保护，其保护程度同部民本管知县以上官。

四　后勤保障

《宪纲》规定："凡都察院合用笔墨、心红，具奏札付京府。按察司合用笔墨、心红、纸札，行移附郭府分。监察御史、按察分司巡历去处，合用纸、笔、砝、墨、灯、油、柴炭，行移所在有司，并支给官钞收买应用，具实销算。"④ 这条规定看似平常，但对于保证监察机关和官员不受其他机关和官员的影响而独立地处理公务具有重要意义。

第五节　科道官履行职务的特殊要求

《大明律》详列了官吏犯罪的各种行为及其应得的处罚，举其要

---

① 《大明律》卷二十，《刑律三·斗殴·殴制使及本管长官》，辽沈书社 1990 年点校本，第 159 页。

② 《问刑条例·刑律三·斗殴》，《大明律》，辽沈书社 1990 年点校本，第 414 页。

③ 《大明律》卷二十一，《刑律四·骂詈·骂制使及本管长官》，辽沈书社 1990 年点校本，第 169 页。

④ 《宪纲事类·宪纲三十四条·公用物件》，杨一凡点校：《皇明制书》第四册，社会科学文献出版社 2013 年版，第 1458 页。

者有大臣专擅选官、所司朦胧奏请封文官公侯、官员违规袭荫、滥设官吏、贡举非其人、举用有过官吏、擅离职役、官员赴任过限、无故不朝参公座、擅勾属官、交结朋党、交结近侍官员、上言大臣德政①，及制书有违、弃毁制书印信、上书奏事犯讳、事应奏不奏、出使不复命、漏泄军情大事、官文书稽程、照刷文卷、磨勘卷宗、同僚代判署文案、增减官文书②，等等，对这些规定监察官员毋庸置疑要与其他官员一同遵守。同时，以《宪纲》为基本法律的监察法也全面系统地明确了风宪官应当遵循的行为规范，凡有违反也必受处罚。就监察官员的职责定位及历代皇帝强调的重点而言，监察官员在履行职务方面还须遵守一些特殊的要求。

一 事应奏必奏

风宪官作为皇帝的耳目之官，直接听命于皇帝、服务于皇帝、服从于皇帝，因此，应奏报皇帝的事项较其他官员为多，如果应奏报不奏报必受重处。这是绝对君主专制政体下监察官员高度依附皇权的集中体现。

朱元璋认为对皇权构成威胁的重要因素是大臣专擅，为此，在《大明律》中专设"事应奏不奏"条，规定："凡军官犯罪，应请旨而不请旨，及应论功上议而不上议，当该官吏处绞。若文职有犯，应奏请而不奏请者，杖一百。有所规避，从重论。若军务、钱粮、选法、制度、刑名、死罪、灾异、及事应奏而不奏者，杖八十。应申上而不申上者，笞四十。若已奏已申，不待回报而辄施行者，并同不奏不申之罪。其合奏公事，须要依律定拟，具写奏本。其奏事及当该官吏，金书姓名，明白奏闻。若有规避，增减紧关情节，朦胧奏准施行，已后因事发露，虽经年远，鞫问明白，斩……"③ 本条规定虽是对所有官员提出的要求，但细究其内容很多都与监察官员履行职务有

---

① 参见《大明律》卷二，《吏律一·职制》，辽沈书社1990年点校本，第29—34页。
② 参见《大明律》卷三，《吏律二·公式》，辽沈书社1990年点校本，第35—42页。
③ 《大明会典》卷一六二，《刑部四·律例三·公式·事应奏不奏》。

关。通观《宪纲》"三十四条"，规定要"具奏""奏闻""请旨"的约有 18 条之多，占一半以上，典型的如"追问刑名"条规定："凡监察御史、按察司官有追问诸衙门官员取受不公、刑名等事，除军官、京官并勋旧之臣及在外文职五品以上官，具奏请旨，方许取问。其余六品以下，取问明白，从公决断之后，仍具奏闻。若奉特旨委问者，须将始终缘由，议罪回奏，取自上裁"①，一条之中就规定了要奏请的情形就有三种之多，这些足显"事应奏之奏"的规定对于风宪官的重要性。

明初，朱元璋采取铁腕手段打击权势勋贵，又在地方实行三司制使其互相牵制，因此"事应奏不奏"的情形应该不多，但明中期督抚制度成熟，巡按御史越权越位的情形凸显，"事应奏不奏"条规定的价值在他们身上就更直接地体现出来，如对于军官犯罪处罚的奏请，实际事涉总督的比较多；关于文职犯罪的奏请，实际事涉巡抚与巡按御史的较多；关于军务、钱粮、选法、制度、刑名、死罪、灾异等事的奏请，实际事涉都察院、督抚及按察司的较多。从某种意义上说，朱元璋制定该条规定也算是"见萌于未然"了。

二　必须举善纠恶且"明著实迹"

风宪官的职责在于"激浊扬清，使奸邪屏迹，善人汇进"②，因此必须举善纠恶，否则就是失职。《宪纲》规定："凡监察御史、按察司官巡历去处，所闻有司等官守法奉公、廉能昭著，随即举闻；若奸贪废事，蠹政害民者，即便拿问。其应请旨者，具实奏闻。若知善不举，见恶不拿，杖一百，发烟瘴地面安置。有赃从重论"。③ 永乐九年（1411 年）成祖谕都察院："朝廷置风宪为耳目，纠察百僚，纲

---

① 《宪纲事类·宪纲三十四条·追问刑名》，杨一凡点校：《皇明制书》第四册，社会科学文献出版社 2013 年版，第 1450 页。
② 《明太祖宝训》卷六《谕群臣》。
③ 《宪纲事类·宪纲三十四条·巡按失职》，杨一凡点校：《皇明制书》第四册，社会科学文献出版社 2013 年版，第 1453 页。

维庶政。比来有司奸弊，生民疾苦，岂无可言？而因循玩愒，略无建白。尔其申明宪章，在内令监察御史，在外令按察司官，各举其职，庶副朕之委任。不能举职者，有罚"。①

必须举善纠恶与"具实奏闻""明著实迹""不得风闻奏事"是密切联系在一起的，可以说是一个事物的两个方面，因此，明初朱元璋明确御史不得"风闻言事"，并在《宪纲》中专门规定："监察御史、按察司官纠举不公不法之事，"须要明著年月，指陈实迹，明白具奏"。②

朱元璋之后，各代皇帝都坚持了这一规定。如正统五年（1440年）六月，湖广按察司副使曾鼎上言："窃见内外庶官廉能者少，贪刻者多。迩者御史王受建言：'准令有司正官开具僚属臧否事迹，巡按御史并布按二司覆验，其间宁无互相牵制、容隐不实。'乞敕吏部别为裁处，使贪暴病民者无所逃，廉谨治事者有所劝，庶几官得其人。"英宗对曾鼎的建议相当不满，对吏部尚书郭琎说："朝廷累遣大臣考核有司，不职者黜罢之，今鼎乃谓'容隐不实'。鼎司风纪，必知其人，宜令指陈姓名实迹来闻。若知而不以言，亦不职也。"③又如正统七年（1442年）二月，巡按广东监察御史张善认为"为治莫急于安民，安民莫切于守令"，建议恢复荐举县令之制："今后县令有缺，仍从六部、都察院、通政司、大理寺、六科、十三道等衙门及布政、按察二司、巡按御史、提调学校佥事荐举铨补。其授职之后，有贪墨不律者，连坐举主。如此，则进贤之路广，滥举之弊绝，而长治久安之道得矣。"英宗览疏后对吏部大臣说："比因各官保举知县，徇私者多，方专委尔吏部。行之不必纷更，要在简择之精耳。见在任者移文按察司、巡按御史严加体察，有贪刻害民者逮治之，阃

---

① 《皇明世法录》，引自《明会要》卷三十三，《职官五·都察院》，中华书局1956年版，第558页。

② 《宪纲事类·宪纲三十四条·纠劾百司》，杨一凡点校：《皇明制书》第四册，社会科学文献出版社2013年版，第1446页。

③ 《明英宗实录》卷六十八，正统五年六月戊子。

茸无为者具实以闻，朕自裁处。今后御史举劾官员务陈实迹，不许泛言。"①

嘉靖年间，发生了世宗处罚不明指实迹指摘大臣的事例。嘉靖十九年（1540 年）九月，广西道试御史舒鹏翼疏奏中说："近岁以来，灾异频仍，丑虏猖獗，所恃以辅翼匡赞者在左右二三大臣，而今乃不闻恐惧修省，顾阴相攻击，报纤芥之怨于陛前，亏损圣明……仍降谕二三大臣，俾各秉德畏威，同心辅政。"世宗览疏后下旨责问："二三大臣阴相攻击报怨陛前者为谁？令指名以闻。"舒鹏翼回答："臣昨见尚书霍韬、翊国公郭勋、大学士夏言奏，俱语涉攻讦，相为排挤，独以'礼不敢齿君之路马'，见几杖则式之。况贵臣近主，久在陛下监观之中，是以不敢斥名者以此。"世宗听后震怒，说："以御史言事，自当指实陈奏。鹏翼先含糊反问为谁，却复支调，终不明言阴相攻击之实，更无是非可否。且未经朝廷处分事情，乃敢以传闻具奏，显有怀奸交通情弊，本当重治，姑从宽降二级调外任。"最后，将舒鹏翼降为山西布政使司检校。② 此例说明，明代的皇帝一方面要求科道官发挥举善纠恶的作用，同时对于御史"风闻言事"又保持着高度警觉。

三　科断必须依律例

都察院是中央三法司之一，按察司是地方最高司法机关，因此，朝廷特别强调御史、按察司官审理案件要遵守律例。《宪纲》规定："凡各都司、布政司所属并直隶府州县、军民诸衙门，应有罪囚，追问完备，杖罪以下，依律决断；徒流死罪议拟，备申上司详审。直隶听刑部、巡按监察御史，在外听按察司并分司。审录无异，徒流罪名，就便断遣。至死罪者，议拟奏闻。事内干连人数，先行摘断不须对问者，发落宁家。必合存留待对者，如在听候，直隶去处从刑部委

① 《明英宗实录》卷八十九，正统七年二月乙卯。
② 《明世宗实录》卷二百四十一，嘉靖十九年九月辛丑。

官与巡按御史，在外从都司、布政司、按察司及巡按御史，公同审录处决。如番异原招，事有冤抑者，即与从公辩理。若果冤抑，并将原问审官吏按问。其应请旨者，奏闻区处。若审录无异，故延不决，及明称冤枉不与申理者，并依律罪之。"①《大明律》也规定："凡监察御史、按察司辩明冤枉，须要开具所枉事迹，实封奏闻，委官追问得实，被诬之人依律改正，罪坐原告原问官吏。若事无冤枉，朦胧辩明者，杖一百，徒三年。若所诬罪重者，以故出入人罪论。所辩之人知情，与同罪。不知者，不坐。"② 处分不依律例审断的例子，如正统三年（1438 年）六月，"逮广东按察司佥事赵奎、福建按察司副使杨勋"，原因就是赵奎为御史巡按福建时，与杨勋一起听讼，论决不如例，佥事张崇又不举其失，"至是，右都御史陈智等按奏之，故有是命。且责（张）崇自陈不举状"。③

为了保证御史、按察司官真正做到依律科断，《宪纲》还对无律例明文规定又必须科处刑罚的情形即"比拟律条"作了规定："凡监察御史、按察司官追问轻重刑名，中间果有律令该载不尽者，比拟律条开具请旨。"④ 据《明实录》记载：嘉靖四十二年（1563 年）十二月，抚治郧阳都御史吴桂芳上言："盗矿之罪，律无正条，惟见《问刑条例》又不分别首从，故有司引用往往乖错。乞下法司详定"，刑部讨论后提出具体处理意见："自今凡盗掘矿砂者，俱比盗无人看守物，准窃盗。每金沙一斤折钞二十贯，银沙一斤折钞四贯，铜、锡、水银等沙一斤折钞一贯，并赃分首从论罪。凡在山洞捕获者，分为三等：以持杖拒捕为一等。不论人赃多寡轻重及初犯再犯，首从俱戍边。杀伤人，为首者斩；虽不拒捕，若聚众至三十八人，盗矿至三十斤以上为二等。不分初、再犯，为首者戍边，为从枷号三月，论罪发

---

① 《宪纲事类·宪纲三十四条·审录罪囚》，杨一凡点校：《皇明制书》第四册，社会科学文献出版社 2013 年版，第 1454 页。

② 《大明会典》卷一百七十一，《刑部十三·律例十二（刑律四）·断狱》。

③ 《明英宗实录》卷四十三，正统三年六月癸酉。

④ 《宪纲事类·宪纲三十四条·比律事理》，杨一凡点校：《皇明制书》第四册，社会科学文献出版社 2013 年版，第 1458 页。

落。如人已及数，矿虽不及，亦坐此例。若人与矿俱不及数，或矿虽及数，而人未及，为三等。为首，初犯枷号三月，照罪发落；再犯，亦戍边。为从者，止照罪发落。其非山洞捕获，止是私家收藏、道路负背者，惟据见获论罪，不许展转指攀。仍刊入条例，永为遵守。"① 刑部意见得到世宗皇帝批准。

四　禁止"酷虐"

禁止风宪官酷虐害民，是有明一代朝廷一以贯之的恤刑政策的重要体现。早在吴元年（1367年）六月，朱元璋就对宪臣说："任官不当，则庶事不理；用刑不当，则无辜受害。譬之薅草莱者，施锄不谨，必伤良苗；绳奸慝者，论法不当，必伤善类。故刑不可不慎也。夫置人于箠楚之下，屈抑顿挫，何事不伏？何求不得？古人用刑，盖不得已。悬法象魏，使人知而不敢犯。夫水火能焚溺人，狎之则必伤，远之则无害。水火能生人，亦能毙人。刑本以生人，非求杀人也。苟不求其情而轻用之，受枉者多矣。故钦恤二字，用刑之本也。"②

从朱元璋起，历代皇帝都严厉禁止风宪官员用刑酷虐。英宗在正统四年（1439年）考定《宪纲》时专门增加一条规定："风宪官当存心忠厚，其于刑狱尤须详慎。若刻薄不仁、专行酷虐，不思罪有大小、罚有重轻，一概毒刑以逞，动辄棰人致死，不惟有失朝廷钦恤之意，抑且祸及身家，虽悔无及。"③ 接着，在正统六年（1441年）专门下诏明确："中外风宪，系纲纪之司，须慎选识量端弘、才行老成者任之。其有不谙事体、用心酷刻者，并从都察院堂上官考察降黜。"④ 正统七年（1442年）秋七月，发生福建按察司佥事李在修酷

① 《明世宗实录》卷五百二十八，嘉靖四十二年十二月戊申。
② 《明太祖宝训》卷五《恤刑》。
③ 《宪纲事类·宪体十五条》，杨一凡点校：《皇明制书》第四册，社会科学文献出版社2013年版，第1459页。
④ 《大明会典》卷二百十一，《都察院三·回道考察》。

虐事件:"福建按察司佥事李在修,因公杖死军民八人,罪应赎徒。监察御史邢端等劾其酷刑,难居风宪",英宗听后决定严处,说:"在修轻视人命如此,可以常律处乎?其发成边卫。"①

嘉靖年间,朝廷多次出台条例禁止风宪官酷虐,如嘉靖二十一年(1542 年)令:"御史出巡,务要痛革淫刑,严惩酷吏。如用酷刑及打死无辜者,密拘尸属审实,六品以下径拏,五品以上参题,俱照律例重治。巡按满日,将问过酷吏名数开报。若御史自行酷虐及纵庇不究者,回道考以不职。"② 在举劾奖励方面,嘉靖六年(1527 年)题准:"酷刑官员,虽有才守,不许推荐,仍要劾奏罢黜",嘉靖二十一年(1542 年)奏准:"御史论劾三司方面及有司五品以上,指实参纠。六品以下,贪酷显著者,即便拏问"。③ 不能酷虐害民,成为居风宪者的一条红线,越过了这道线,不仅职位不保,还会受到严厉惩处。

五 犯赃罪加重处罚

朱元璋本是以"重典惩贪"著称的皇帝,基于凡任风宪者,"宜以公正为心,以廉洁自守"④ 的认识,对于犯赃罪的风宪官更是要采取严厉的刑罚加以惩处。他在《大明律》受赃篇专列"风宪官吏犯赃"一条,规定:"凡风宪官吏受财,及于所按治去处求索借贷人财物,若卖买多取价利及受馈送之类,各加其余官吏罪二等。"⑤ 用专条规定监察官犯赃罪,这是明代的首创。明人王肯堂在《大明律例笺释》中解释该条的立法用意时说:"盖风宪官吏职司纠察,即自犯赃,何以肃人?其加等治之宜也。"⑥ 正是基于同一理念,朱元璋在《宪纲》中就风宪官犯赃方面作了更为严厉的规定,如《宪纲》"嘱托公事"条规定:"凡都察院官及监察御史、按察司官吏人等,不许

---

① 《明英宗实录》卷九十四,正统七年七月戊辰。
② 《大明会典》卷二百十,《都察院二·出巡事宜》。
③ 《大明会典》卷二百十,《都察院二·出巡事宜》。
④ 《明太祖实录》卷一百十六,洪武十年十二月癸酉。
⑤ 《大明会典》卷一百七十,《刑部十二·律例十一(刑律三)·受赃》。
⑥ (明)王肯堂:《大明律笺释》卷二十三,《受赃·风宪官吏犯赃罪条》。

于各衙门嘱托公事，违者比常人加三等。有赃者从重论"。①

对犯赃罪的风宪官加重处罚的思想在朱元璋之后的皇帝身上得到继承。永乐九年（1411 年）十二月，明成祖告谕御史李庆："守令贤否，在按察司考察惩劝，考察按察司又系于都御史……盖廉则无私，无私则举措当，而人心服矣。更审各按察司官，但非廉明正直者，皆罪黜之。"② 正统九年（1444 年）夏四月，"山西按察司佥事陈善、布政司参议鲍时，尝按部至临县，善索取白金时低价市物，县官俱征之民，且侵其半，为巡按御史吉庆所奏"，都察院逮至加以审讯后，"论俱赎徒为民"，但英宗认为对身为监察官的陈善处罚太轻，"命降时杂职，谪善充口外军"。③

在严厉惩处犯赃罪的风宪官方面，朱元璋之后最为典型的是宣宗。宣宗本是仁厚的皇帝，对于职官犯罪只要不是赃罪，多能从轻或宥免。如宣德四年（1429 年）八月，有告都督同知徐甫杖杀人，按察司要求论处，宣宗听徐甫据实陈说以后，对右都御史顾佐等人说："军虽应杖，致之死则不应。今姑宥甫，其移文戒之，勿再犯也。"④即使是对风宪官，只要不是犯赃罪，他也以宽处之，如宣德四年三月，行在吏部左侍郎郭琎奏湖广按察司佥事朱与言考满赴京逾期，当由法司问罪，宣宗说："方面之臣，小过不足问。"⑤ 这样的事例非常多，但是，宣宗对于犯赃罪的风宪官决不轻饶，甚至会加重处罚，如宣德四年五月，河南按察司佥事赵纯"先任监察御史巡按山东，受县官银币，娶妾。事在赦前，当运砖赎罪"，宣宗则认为："风宪赃罪不可赎，其罢为民。"⑥ 宣德四年六月，浙江按察司佥事王铉"居母

---

① 《宪纲事类·宪纲三十四条·嘱托公事》，杨一凡点校：《皇明制书》第四册，社会科学文献出版社 2013 年版，第 1448 页。

② （明）徐学聚：《国朝典汇》卷七十七，《吏部四十四·按察司》第六册，北京大学出版社 1993 年影印版，第 4308 页。

③ 《明英宗实录》卷一百十五，正统九年夏四月己亥。

④ 《明宣宗实录》卷五十七，宣德四年八月戊戌。

⑤ 《明宣宗实录》卷五十二，宣德四年三月壬子。

⑥ 《明宣宗实录》卷五十四，宣德四年五月甲寅。

丧，受民白金，干县官释死狱，论法当绞。法司言：新例，应纳米赎罪复职"，宣宗也是不同意法司意见，"以风宪官犯赃不可复，罢为民，仍追夺诰命"。① 宣德四年八月，浙江道监察御史宋准奉命盘粮，"至金华娶妾，又索府官白金，及私通民妇。事觉，妄奏求免"，刑部认为宋准所犯在赦前，只应追究其"奏事不以实"，建议处以徒刑。宣宗对顾佐等人说："已劾此人贪淫无耻，其追所受赃，杖之，发戍辽东。"② 同月，江西按察司佥事高第坐赃罪，吏部尚书郭琎建议"其经赦例应改调"，宣宗则说："为风宪尚受赃，使居他职，岂不尤甚，罢为民。"③ 宣宗的这些做法，都是律外加重处罚，其实是不值得称道的，但的确比较典型地反应了明朝皇帝对待犯赃罪风宪官的态度。

综观有明一代，历朝统治者都十分重视监察队伍建设，在明初朱元璋制定的《宪纲》的基础上逐步形成了一套严格的监察官员选拔、考核、升黜与管理制度，这套制度为明代监察机制的正常运转提供了组织和人事上的保证。

---

① 《明宣宗实录》卷五十五，宣德四年六月辛丑。
② 《明宣宗实录》卷五十七，宣德四年八月庚寅。
③ 《明宣宗实录》卷五十七，宣德四年八月壬寅。

第十章 明代监察法的价值

明代的监察法作为维护绝对君主专制统治的重要保障，与明王朝的统治共兴衰起伏，走过了近300年的历程。它集中体现了明代统治者的治国理念、价值追求与政治智慧，同时也展露了绝对君主专制制度的自私、任性与政治上的渐次恶化。从总体上对明代监察法进行总结，有助于我们更好地理解其内在逻辑、演变规律及优劣长短，进一步认识其本质和真相；同时，也有助于我们以之为典型去认识和把握我国古代监察法治的发展规律。

第一节 明代监察法的特点

中国古代的监察制度，其萌芽形态可远溯至夏商周时代的小宰[1]、三监[2]；其成形阶段也可推及秦汉二代。秦汉时中央监察机关主要是御史府，其长官为御史大夫，御史大夫之下有御史中丞、侍御史、监御史。《汉书·百官表》说："御史大夫，秦官。位上卿，银印青绶。掌副丞相……凡丞相有阙，则御史大夫以次序迁，乃三公之任。"可见其地位之尊崇。御史以外，秦汉又设给事中、谏议大夫等谏官，给事中"掌顾问应对"，[3] 谏议大夫"掌议论"[4]。此时监察制度尚处于

---

① 《周礼·小宰》卷三："小宰之职，掌建邦之宫刑，以治王宫之政令，凡宫之纠禁。"
② 《礼记·王制》卷十一："天子使其大夫为三监，监于方伯之国。国三人。"
③ 《通典》卷二十一《职官三·侍中》第二册，中华书局2016年版，第550页。
④ 《通典》卷二十一《职官三·侍中》第二册，中华书局2016年版，第553页。

帝制时代监察制度的形成阶段，因而具有分工不细、职掌不专等特点，但基本的框架已经建成，重要的地位也已奠定。隋唐时期，特别是唐代，监察法制作为整个法制建设的重要组成部分散发出灿烂的光芒。以后，宋元两朝监察法制又有进一步的发展。朱元璋建立明朝，标榜"恢复汉唐旧制"，其监察立法一方面借鉴吸收了前朝各代监察立法的经验，另一方面又为适应绝对君主专制政治体制采取了大刀阔斧的改革，使监察方面的法律以焕然一新的面貌展现出来。

一　与绝对君主专制政治体制相适应

秦汉以降到明朝建国之初，在一定意义上一直都是皇帝与丞相共治的局面，尽管其中有太多的"相爱相杀"，但这种局面从未被真正打破。洪武十三年（1380 年），朱元璋罢丞相不设，彻底废除了行之一千多年的宰相制度，建立起由皇帝直接领导中央各部门的绝对君主专制制度。与之相适应，其监察制度也经历了巨大变革并产生了深远影响。

首先，它把维护皇帝的专权统治明确为监察机构和官员的首要任务。洪武二十六年《诸司职掌》"都察院"部分第一条即规定："凡文武大臣果系奸邪小人，构党为非，擅作威福，紊乱朝政，致令圣泽不宣、灾异迭见，但有见闻，不避权贵，具奏弹劾。"① 有明一代，无论是谁，胆敢有任何"构党为非，擅作威福"的言行，哪怕只要有一点侵犯皇权的嫌疑，如大臣"擅权""专断"之类，都会遭到风宪官接踵比肩乃至狂风暴雨般的纠劾。

其次，法律赋予皇帝直接领导监察机构和官员的权力。都察院、六科和地方按察司的官员最后都要由皇帝任命，他们只对皇帝负责。科道官出差，直接向皇帝领受任务，完成任务后直接向皇帝奏报。科道官有任何利国利民的建议都直接向皇帝提出，由皇帝分辨取舍。

---

① 《诸司职掌·兵刑工都通大职掌·都察院·十二道监察御史职掌·纠劾百司》，杨一凡点校：《皇明制书》第二册，社会科学文献出版社 2013 年版，第 644 页。

第三，一切与监察有关的事项的处置，包括出台监察方面的法律，判定监察官员与被监察对象之间的纠纷，处分被纠劾对象等等，最终都要由皇帝来决断。而且，皇帝作出决定，可以没有任何法律依据，也可以不经过任何法定程序，完全由兴之所至。因此，我们看到，对大量弹劾对象的处分，都是监察机构或官员按照法律提出处理意见后皇帝根本不予以采纳的事例。有的依律应处以降职或罢免，皇帝则决定贬谪或流放；有的依律该重处，皇帝则赦免了之。皇帝一再要求司法官员要依律科断，但他本人并不受任何限制。如正统三年（1438 年）四月，六科给事中、十三道监察御史劾刑部尚书魏源，说他"奉敕整饬边务乃奏保兵部侍郎于谦可改副都御史，镇守大同宣府巡抚佥都御史卢睿、参谋按察司副使蔡锡可召还，专擅进退大臣"，又劾他"为御史时尝犯赃私，及冒关诰命，请治其罪"，但结果英宗"嘉源效劳边境，宥之"。[①] 该年八月，浙江按察司佥事耿定"怒人不避道，杖之至死。事觉，逮送行在都察院鞫之，坐定当斩。定连陈枉，乃辩为徒。上以定杖死无辜，何得以徒论？即谪戍辽东，仍罪御史之辩定者"。[②] 前后不过四月，一法外赦免，一法外加重，其任性如此！这样的例子比比皆是，但这就是法上之法，也是法定之法。此外，皇帝还可以通过谕旨直接下达处分决定，不需要经过其他机构或官员的批准或审查。尽管法律规定了监察机构享有"封驳"和"覆奏"的权力，但皇帝完全可以无视这方面的规定而固执己见。

第四，监察机构和官员要绝对服从皇帝的决定，凡皇帝意图处分谁，他们要"望风承旨"纠劾；凡皇帝已经作出处分决定的，禁止他们"再纠劾"。

以上这些规定，表明明代的监察法是与绝对君主专制政体相适应的，既是维护绝对君主专制统治所必需之监察规范，也是绝对君主专

---

① 《明英宗实录》卷四十一，正统三年夏四月己卯。
② 《明英宗实录》卷四十五，正统三年八月癸亥。

制制度必然之产物，这就是明代监察法的本质特征。

二 相对完备的监察法律体系

中国古代专门的监察立法最早可追溯到西汉时期。《汉旧仪》说："惠帝三年，相国奏遣御史监三辅郡，《察辞诏》凡九条。"① 《察辞诏》史称《监御史九条》（又称《御史九法》），从内容上看是汉初中央政府授权监察御史监察三辅郡地方的法律，是中国古代第一部性质明确、内容简洁的监察法规，但其适用范围仅限于少部分特定地区。汉武帝时期，随着地主经济的进一步发展，地方统治出现了两个新势头，一是地方豪强势力逐步抬头，他们兼并土地、横行一方，令二千石无法控制；二是二千石郡守多为奸利，"公卿大夫以下争于奢侈，室庐车服僭上亡限"②。为了遏制这两种势头，"武帝元封五年初置部刺史，掌奉'诏条'察州"。③ 所谓"诏条"即《刺史六条》（又称《六条问事》）。《刺史六条》与《监御史九条》不同，其监察对象为地方豪强与二千石长吏，适用范围为全国。《监御史九条》与《刺史六条》的行世，开中国古代监察立法之先例，对后世产生了深刻久远的影响。以后的曹魏《六条察吏》，两晋《五条律察郡》《长吏八条》，北朝《六条诏书》《诏制九条》等均与之一脉相承，习习相因。就此而言，汉朝的这两部监察法规，堪称中国古代监察立法的奠基之作。

隋唐时期，先是隋炀帝扩大了原属京师地区的司隶校尉的职权，建立起监察郡县的监察机构司隶台，并以汉《刺史六条》为标准制定《司隶六条》，为司隶校尉履行监察职责提供法律依据。进入唐朝，其监察方面的法律多散见于《唐律疏议》《唐六典》和令、格、式等法律形式中，到唐玄宗时于开元年间仿汉《刺史六条》制定了

---

① （东汉）卫宏：《汉旧仪》卷上。转引自张晋藩主编：《中国古代监察法制史》，江苏人民出版社 2017 版，第 111 页。

② 《汉书》卷二十四上，《食货志第四上》，中华书局 1962 年版，第 1136 页。

③ 《汉书》卷十九上，《百官公卿表第七上》，中华书局 1962 年版，第 741 页。

专门的监察方面的法律《监察六法》。按唐制，对地方的监察由部察与道察两部分构成，"部察"指监察御史奉君命出巡，"道察"为十道（后增至十五道）监察区的按察史对分管区域内的官员实施监察，《监察六法》为部察和道察提供法律依据。

两宋监察法的主要形式是皇帝的诏、敕、令。宋太宗时，已将与御史台有关的敕、令、格、式和例编为御史台的专门法规，到宋真宗时编成了关于御史台台规性质的《御史台仪制》六卷，徽宗崇宁间编纂了《崇宁重修御史台令》。宣和六年（1124年）依据臣僚奏请，编修御史台格目。①

元朝时监察立法取得了明显的发展。至元五年（1268年）颁行《设立宪台格例》。至元六年以《设立宪台格例》为依据，结合地方监察机构的特点制定规范按察使司（后改为肃政廉访司）职能的条例三十条，称为《察司体察等例》。以后，至元十四年制定了规范行御史台职能的《行台体察等例》二十八条，至元二十一年制定了约束察司官员的《禁治察司等例》十二条，至元二十三年制定了《察司巡按事理》二条，至元二十五年制定了《察司合察事理》七条，至元二十九年制定了《廉访司合行条例》六条，成宗元贞元年（1295年）制定了《戒饬司官整治勾当》。②再往后元朝诸帝多次下诏重申世祖所定诸项监察条例，"仁宗之时，又以格例条画有关于风纪者，类集成书，号曰《风宪宏纲》"③。元朝的监察立法与宋朝以分散的诏、敕、令的立法形式有所不同，多以宪纲条例的形式出现，体现了专门化的发展趋势。

明代的监察立法与汉代以来的监察立法一脉相承但又有明显的区别：首先，明代的《宪纲》是与《大明律》并列的"祖宗成法"，是贯穿有明一代始终的国家基本法律，在监察法律体系中具有统领的作用，而在明以前还没有哪一部监察方面的法律在国家整个法律体系中

---

① 参见张晋藩主编《中国古代监察法制史》，江苏人民出版社2017年版，第251页。
② 张晋藩主编：《中国古代监察法制史》，江苏人民出版社2017年版，第291页。
③ 《元史》卷一百二，《志第五十·刑法一》，中华书局1999年版，第1729页。

占有如此重要的地位；其次，英宗正统四年考定重刊《宪纲》，即在
《宪纲》的基础上增加了一些行之已久被认为比较成熟的条例，与
《大明律例》相呼应，开创了监察法方面律例合编的新的编纂体例；
第三，因为《宪纲》是作为国家的基本法律制定的，它在自身体系
的完备、逻辑的严密、内容的丰富方面都是其他朝代的监察类法律无
法比拟的；第四，《宪纲》作为国家的基本法律之一，与国家的其他
基本法律如《大明律》《诸司职掌》《洪武礼制》等相互衔接、彼此
照应的程度很高，对于维护国家整个法律体系的严整性具有重要意
义；第五，因为《宪纲》为国家基本法律，终明之世各代出台的监
察方面的条例大体上都是围绕贯彻《宪纲》的规定和精神展开的。
总之，明代的监察法律是以《宪纲》为基本法律，用《大明律》等
基本法律中所含的监察方面的规范与之相衔接，将各代颁布的监察方
面的条例加以补充完善而形成的一套监察法律体系，其结构的合理
性、层级的明晰度、逻辑的严密性都远超以前任何朝代的监察法律。

三 将维护封建礼制作为监察的核心内容

自汉武帝"罢黜百家，独尊儒术"以后，各朝都将儒家所主张的
"三纲五常"原则奉为治国的根本指导思想，明朝统治者更是将其推
崇到了极致，并充分体现到监察法律之中。

明代的监察法将监察机构的首要职责确定为维护纪纲，所谓"朝
廷以纪纲为首，御史职纪纲之任"①。纪纲即儒家的"三纲五常"，也
是封建礼制的代名词。维护纪纲就是维护以皇帝为塔尖的封建等级秩
序。明代的监察法关于监察官员维护封建礼制的职责规定明确而又具
体，如监纠礼仪方面，在朝廷举行重大庆典时御史和六科官员位置怎
么站、对什么行为实行纠劾、怎么纠劾；如巡按御史与方面官相见，
从哪个门进哪个门出、坐什么样的位置、说话用什么语气；如对官员
和民间在服饰、房舍、器用等方面违反品制的行为该如何监察，等

---

① 《明英祖实录》卷九十八，正统七年十一月甲申。

等，以前各朝的监察法律也都注重发挥监察官员在维护礼制方面的作用，但还没有上升到关系国家治理首要任务的高度，也决没有规定到如此细密的程度。

四　将安民养民措施的落实作为监察的重点

自汉武帝"罢黜百家，独尊儒术"之后，历代统治者都奉行儒家的"德政""仁政"思想，并将各级官员贯彻落实"德政""仁政"措施的情况作为监察机构和官员实施监察的重要内容。朱元璋虽同样将儒家思想奉为官方的意识形态，但因其出身下层而对百姓疾苦有更深切的感受和发自内心的同情，因而在规定监察机构和官员的职责时将监督恤民惠民措施的落实提到了更加突出的位置。朱元璋要求风宪官发挥皇帝"耳目"的作用，深入了解民情民意，并要保证朝廷恤民惠民的政策落到实处，在其于洪武二十六年（1393 年）制定的《诸司职掌》中就监察御史出巡如何了解民生民情作了极为详细的规定。朱元璋之后，凡是有作为的皇帝都继承了这一传统，在他们出台监察方面的条例时，都反复强调风宪官要在地方官员贯彻落实恤民惠民政策措施方面发挥监察作用，使之落到实处。同时，监察官员还针对有些皇帝违背祖训大行奢侈之道、与民争利的行为进行规劝谏诤，这些都在一定程度上体现了明代监察法重视民生、注意安养百姓的一面。

五　监察对象与监察领域的全覆盖

汉武帝颁布《刺史六条》，明确部刺史以二千石和地方强宗豪右为监察对象，"六条之外不察"①，其后，监察御史的监察对象和监察领域不断地扩大，到明代时发展为无官不察、无事不察的程度。从监察的对象来看，对皇帝可以封驳和谏诤；对百官，上至内阁首辅、六部尚书，下至六品以下官吏，包括文官和武官，内监官和王府官都可

---

① （清）顾炎武：《日知录》卷九《六条之外不察》，（清）黄汝成：《日知录集释》，花山文艺出版社 1990 年，第 410 页。

以实行纠劾；百官之外，学校的监生、参加科举考试的考生，乃至地方上的势豪大户、奸欺无赖也都在其监察范围之内。从监察的领域看，监察的触角深入到政治、军事、经济、文化、社会各个领域。在政治领域，朝廷政务的决策与实施、国家法律特别是"祖宗成法"是否得到遵守；在人事领域，文武官员的任免、考核是否遵守规定、是否做到了"公正为心"；在经济领域，中央和地方衙门是否认真履行土地管理、税赋征收、市场管理、仓库管理、俸禄发放、工程营造等方面的职责；在军事领域，军事管理部门是否认真履行管理军队编制、成造军装军器、选练士卒、选拔军官、防边作战等任务；在文化领域，中央和地方官员是否认真履行从敬天法祖到崇儒重道，从科举考试到学校管理，从校舍建设到生员管理等各个方面的任务；在社会领域，从刑事案件的审理和复勘到民间纠纷的解决再到社会治安的维持是否符合法律的规定，等等，所有这些都在监察官的监察范围之内。明代的监察可以说是一张巨大而严密的网络，没有什么人和什么事能存在于监察网络之外。

六　实行体制机制和制度上的创新

隋唐时特别是唐代，监察机关在言谏方面的分工是比较明确的，中央置监察机关御史台，设御史大夫一人，正三品；中丞二人，正四品下。大夫职掌"邦国刑宪典章之政令，以肃正朝列"。其属有三院；一曰台院，置侍御史若干人，"掌纠举百僚，推鞠狱讼"；二曰殿院，置殿中侍御史若干人，"掌殿廷供奉、仪式"；三曰察院，置监察御史若干人，"分察百僚，巡按州县，纠视刑狱，肃整朝仪"。①这样三院分立，又互相配合，主要行使对百官的纠劾职能。在言谏方面设门下省，长官为侍中，下辖门下侍郎、给事中、左散骑常侍、谏议大夫等官，职责为谏正皇帝过误，驳正诸司过失。监察御史与言谏机关的分工是比较明确的。

---

① 《唐六典》御史台卷第十三，《御史台》，中华书局1992年版，第381页。

　　宋王朝建立以后，仍然设御史台和门下省等机构，由御史台掌管纠弹，门下省之谏院负责言谏。但随着中央集权统治的强化，监察制度也有了新的发展。首先是，自秦汉以来一直分立的纠弹与言谏机关出现合一的趋势，原来御史台专掌纠弹，门下省专掌言谏，宋代设言谏御史，使御史兼有言谏职责，设于门下省的谏院的权力自然而然地移归御史台。其次，隋唐时宰相有任命御史的权力，至宋代则由皇帝亲自掌管御史的除授，这样就将御史置于皇帝的绝对控制之下。这种变化使言谏机关由原来谏正皇帝过失的机关，变成了皇帝用于牵制宰相等大臣的工具。不过，因为宋代御史台采取"虚大夫制"，御史大夫一直空缺，由御史中丞主领台务，成为常制，这无形之中降低了御史台的地位。这是宰相努力的结果，使御史在完全沦为皇帝得心应手的工具方向上稍受挫折。

　　元朝是我国历史上第一个少数民族入主中原后建立起来的统一的多民族的封建王朝。一般认为元朝是最缺乏制度的王朝，但在监察立法方面却稍有例外，元初制定的《风宪宏纲》为我国历史上第一部专门而又系统的监察法规，这就说明元朝初期统治者对监察制度的建设是颇费心力的。元朝的监察立法有以下几个特点：第一，御史台的地位得到提高，成为与中书省和枢密院并列的机关，这从御史台长官的品秩变化即可看出；御史大夫在唐为正三品，在宋不除授，在元升为从一品；御史中丞在唐为从四品，在宋为从三品，在元则为正二品，其他也都有提高。元世祖忽必烈曾说："中书朕左手，枢密朕右手，御史台为朕医左右手。此其重台之旨，历世遵其道不变"。[①] 第二，台察二院合并，殿院降为殿中司，御史台内部组织趋于一元化。第三，御史兼言谏之权责，台谏进一步混同。所谓"御史为天子耳目，凡政事得失、民间疾苦皆得言；百官奸邪贪秽不职者，即纠劾之"。[②] 门下省被罢而不设，给事中一职虽被保留，但

---

　　① （明）叶士奇：《草木子》卷三下，《杂制篇》，《元明史料笔记丛刊》，中华书局1959年版，第61—62页。
　　② 《元史》卷一百六十三，《列传第五十·张雄飞》，中华书局1976年版，第3820页。

不事言谏、封驳之权。第四,仿行中书省设行御史台。有了以上这些变化,按理说监察机关更能成为皇帝手中控制、监督官吏最有效的武器,可惜的是当时的监察立法并未能很好地得到贯彻。元朝末年,官吏贪污腐败之情状前所未有,监察御史更是无所不用其极:"台宪官阶,皆谐价而得,往往至数千缗。及其分巡,竞以事势相渔猎,而偿其值,如唐债帅之比,……肃政廉访司官所至州县,各带库子检钞秤银,殆同市道。"① 如此这般,元朝的灭亡就成为理有固然的事情。

从明以前监察制度发展变化的基本轨迹不难看出,它的大的发展趋向是两个,一个是台谏合一,早先御史台掌纠察,门下省管言谏和封驳,到元时只剩下御史台一身而二任;另一个趋向是御史台地位的提高,其始最多是在秦汉时为丞相之副,到元时则可以与丞相相提并论了。这两个趋向都是与封建专制主义君主集权的不断强化息息相关的,因为原来台谏分立,一对百官,一对皇帝,合一的结果自然使监察的目标集中到百官的身上;而一旦监察制度沦为封建皇帝巩固和扩张皇权的工具,皇帝就会想方设法去提高它的地位。

明朝代元而起,其封建皇权进一步扩张以至于登峰造极的地步,与之相适应,它的监察立法就必然会在上述两个发展趋向上更进一步。明初朱元璋说"中书,政之本;都督府,掌军旅;御史台,纠正百司,朝廷纪纲尽系于此,而台察之任尤清要"②,与忽必烈说"御史台为朕医两手"时其口气和神色就如出一辙。洪武十三年罢丞相、将御史台改为都察院以后,都察院的正官左、右都御史的品秩为正二品,看似比元代的御史大夫略低,但明代政务机关的品秩最高也只有正二品,所以左、右都御史也可以说是"位极人臣"了。从台谏合一来看,明朝没有像元朝那样尽罢言谏机关,而是在都察院之外又设

---

① (明)叶士奇:《草木子》卷四下,《杂俎篇》,《元明史料笔记丛刊》,中华书局1959年版,第82页。

② 《明史》卷七十三,《志第四十九·职官二·都察院》,中华书局1974年版,第1771页。

六科赋予其言谏和封驳的权力。这是因为朱元璋认识到元代御史制度的败坏是其迅速灭亡的一个重要原因，所谓"宰相专权，宪台报怨"①，迫使他不得不在某些方面稍稍恢复唐宋旧制，或是调整其发展趋向。事实上，前文的叙述已经清楚地表明，明代监察机关和言谏机关虽然分立，但监察机关仍有言谏之权，言谏机关也履行部分的监察职责，两者是"貌离而神合"的。明代无专掌言谏之官，其监察制度的设计将言官与察官混为一体："给事中、御史皆有言责，上而君身朝政缺失，下而臣僚是非邪正，皆唯其所言是听"②，而在监察制度的实际运行中，无论是谏诤皇帝，还是弹劾大臣，六科官员与都察院的官员的确没有任何差别，是真真正正的言谏合一。

在明以前，经过不断的总结改进，在具体的监察制度方面已经比较成熟了，比如关于御史的出巡、通过照刷文卷的方式实施监察、监察官员参与官员的举劾等等，法律都已有明确规定。明朝建立之初在沿袭旧有制度的基础上对部分制度进行了改造，以后各个朝代又根据实际需要作了调整和完善，使之以新的面目出现。举其大者有以下四点。

第一，不许"风闻言事"的原则。明朝要求御史纠弹必须有真凭实据，所谓"其纠举之事须要明着年月、指陈实迹，明白具奏"③。而在明之前唐、宋各朝御史均有"风闻言事"的权力，虽是捕风捉影之事，也可上疏弹劾；即使所论与事实不合，也因身份的关系不负任何责任。据明人丘浚著《大学衍义补》载："武后以法制群下，许谏官、御史得以风闻言事……后世台谏风闻言事始此，……宋人因按以为故事，而说者遂以此为委任台谏之专"，他对唐、宋之风闻言事大加挞伐，认为"此岂治朝盛德之事哉"，而对明之规定备加赞赏，说："我祖宗著为《宪纲》，许御史纠劾百司不公不法事须明著年月，

---

① 《明太祖实录》卷二十六，吴元年十月丙寅。

② （明）胡世宁：《知人官人疏》，陈子龙等选辑《明经世文编》卷一百三十三《胡端敏公奏疏》第 3 册，上海书店出版社版，第 1402 页。

③ 《宪纲事类·宪纲三十四条·纠劾百司》，杨一凡点校：《皇明制书》第四册，社会科学文献出版社 2013 年版，第 1446 页。

指陈实迹，不许虚文泛言，搜求细事，盖恐言事者假此以报复私仇，中伤善类，污蔑正人，深合圣人至诚治天下之旨。"①

第二，监察御史出巡岁一更代。据《大明会典》："凡巡按御史，一年已满，差官更代"②。巡按御史"一岁而更"的制度在执行过程中是比较刚性的。景泰二年（1451 年）十月，吏部建言："广东都布按三司官奏：'巡按监察御史钱昕风纪澄清，奸贪敛迹，乞令再巡按一年，以慰民望。'夫御史巡按岁一更代，正以防上下稔情之故，而三司官违成宪，徇情市恩，请究治之。"③ 由此可见，对干扰"岁一更代"制度执行的官员是要受到追究的。当然，倘若巡按御史任期届满，而地方有重要事务需要其处理，朝廷会授予他其它官职留用，既使其人尽其才又不至于造成"情亲而弊生"的局面。如成化四年（1468 年），巡按江西监察御史赵敔将代，正值江西旱荒，"户部请敕敔赈济，候事竣代之"，同时江西兵民多上奏请留。于是，朝廷就将赵敔任命为江西按察司使，"仍赐敕，俾赈济毕日还京"。④ 巡按御史一岁一更的制度在当时及后世都曾得到很高的评价，明人陈洪谟说："巡按御史一年一换，无久交，不掣肘。"⑤ 清初学者顾炎武评价说："其善者在于一年一代。夫守令之官，不可以不久矣；监临之任，不可以久矣。久则情亲而弊生，望轻而法玩。故一年一代之制，又汉法之所不如，而察吏安民之效，已见于二、三百年者也"。⑥

第三，加大对风宪官职务犯罪的处罚力度。《大明律》创设"风宪官吏犯赃"条，对风宪官犯赃罪加重处罚，明确要求风宪官在反贪方面发挥表率作用。

---

① （明）丘浚：《大学衍义补》卷八《重台谏之任》，《四库全书》本第七一二册，上海古籍出版社 1988 年影印版，第 115 页。
② 《大明会典》卷二百十《都察院二·奏请点差》。
③ 《明英宗实录》卷二百九，景泰二年十月丁卯。
④ 《明宪宗实录》卷五十六，成化四年七月癸亥。
⑤ （明）陈洪谟：《治世余闻》（上）卷 3，中华书局 1985 年版，第 21 页。
⑥ （清）顾炎武：《日知录》卷九《部刺史》，（清）黄汝成：《日知录集释》，花山文艺出版社 1990 年版，第 407 页。

第四，监察手段的标准化、格式化。明代监察法对监察官员履行职务出台了一些规范化和标准化规定，比如对照刷文卷的处理，对官员考核结果的分类，甚至嘉靖年间出台《巡按御史满日造报册式》和《按察司官造报册式》，要求巡按御史和按察司官依式对款填报，等等，这些对提高监察效能具有很重要的意义。

第二节　明代监察法的实施

明代的监察法与往朝的监察法相比总体上看是比较完备的，但"徒法不足以自行"，再好的法律没有人去推动落实，也只能是废纸一张；再好的法律如果有人故意地破坏它的实施，就有可能走向立法者意图的反面。明代在绝对君主专制统治之下，既有有利于监察法实施的因素，又有其固有的破坏监察法实施的因素，这两种因素有时候此消彼长，有时候互相对冲，对监察法的实施造成直接的影响。

一　有利于监察法实施的积极因素

在绝对君主专制统治下，影响监察法实施的最重要的因素当然是皇帝的态度，如果皇帝重视监察法的实施并要求和支持监察机构和官员严格履行监察职责，相应地其他有利于监察法实施的因素也会起积极的促进作用。

（一）皇帝重视监察法制和监察队伍建设

有明一代，凡是有作为的皇帝，都非常重视监察机构和监察队伍建设。主要体现在以下几个方面。

第一，重视监察方面的立法。朱元璋建立监察方面的法律体系后，明宣宗开始考定《宪纲》，到英宗正统四年完成《宪纲》的考定并以律例合编的形式刊印天下，再到后来几代皇帝特别是世宗时因时制宜出台大量的监察方面的条例，使之日臻完善。

第二，不断充实监察法的内容。明初监察的重点主要集中在人事、财政等方面，后来逐渐从民政扩展到军事，从朝官扩大到藩王和王府官，从监察系统的外部深入到监察系统内部。

第三，完善科道官的选拔培养机制。主要体现在不断完善科道官的选拔条件，逐渐形成了从出身、年龄、经历等方面明确具体的限制性规定；同时，形成了一整套试职、考试、授职制度及任职以后的考核、升迁机制。

第四，重视发挥监察机构和官员的作用。形成了御史出巡由皇帝点差的制度，及遇有重要事情皇帝直接派遣科道官外出复勘、追问公事等制度。特别是对于科道官提出的有利于国计民生的建议，皇帝大多都能予以采纳。

第五，重视监察机构建设。随着监察机关职权扩张，其组织规模也相应扩大。西汉时御史台除大夫一人、中丞一人外，御史共只四十余人。东汉时以中丞一人为台长，御史总共不不到二十人。魏晋六朝，多数朝代都在二十人左右，隋御史台约三十余人。唐御史台除大夫一人、中丞二人以外，台院、殿院、察院三院合计三十人。宋以中丞为台长，而台院仅置一人，殿院二人，察院六人，人数更少。明代都察院置左右都御史、左右副都御史、左右佥都御史各一人。监察御史分为十三道，每道置御史最少者七人，最多至十一人，总数共一百一十人。如再以南京都察院计入，人数更多至一百四十余人。其组织之大，员额之众，为历代所不及。至于明代六科给事中之员额亦较前代为多。按秦汉给事中本为加官，东汉不置，魏晋六朝则员额不定。隋初置给事中二十人，后减为四人，唐、宋皆为四人，元置给事中兼修起居注二人。至明，六科中每科设都给事中一人，左右给事中各一人，给事中则吏科四人，户科八人，礼科六人，兵科十人，刑科八人，工科四人，总数共五十八人。如再以南京六科计入，人数更多达六十五人。其人数之多实前所未有。这是绝对君主专制统治不得不更加重视发挥监察官员作用的必然结果。

（二）监察队伍的履职能力突出

在明代，由于对监察官员实行更为严格的考选和培养制度，担任六科给事中和御史的人员大都具有良好的素质和突出的履职能力。

他们本身就是从进士出身或有实际经验的地方官中优中选优才脱颖而出，此后又经过精心培养、考核才进入科道官行列。他们中的大多数人熟悉法律，有依法办事的意识，同时有纠举不法官吏的胆识和勇气。当然，他们中间也有贪婪成性、知法犯法甚至投靠权奸、结党营私的败类，但比较而言，这支队伍的整体素质好于其他官员。有明一代曾发生多起大规模的谏诤和弹劾事件，谏诤方面如武宗时期的"谏南巡"，世宗时期的谏崇道，神宗时期的谏罢矿监税使；弹劾方面如英宗时期弹劾王振，武宗时期弹劾刘瑾，世宗时期弹劾严嵩，熹宗朝弹劾魏忠贤，等等，在这些事件中科道都是先锋或骨干，他们也因此成为中国古代历史上因谏诤皇帝或弹劾奸臣而留名青史的人物。

（三）形成了有利于监察法实施的社会风气

由于朱元璋鼓励并要求风宪官对于一切有利于国家的建议都要直言无隐，并以法律的形式明确地授予他们言事和谏诤的权利："凡国家政令得失，军民利病，一切兴利除害等事、并听监察御史、按察司官各陈所见，直言无隐"[①]，而且其后世子孙中也不断地重申和强调风宪官要履行言谏职责，并逐步形成了"追赠""平反""起复"等制度和做法；同时，更为重要的是，随着儒家思想中"仁政""德政"思想伴随科举考试制度的发展而在官僚队伍中甚至在社会上的影响日益增大，因而形成了有利于监察法实施的社会环境和社会风气。

首先，明代正统的政治文化中盛行对忠谏之士的褒扬。明代的大臣在给皇帝的奏疏和政论文中很多都充满了对历史上忠谏之士的肯定，要求皇帝广开言路，如世宗时给事中郑一鹏在《乞遵成宪保全谏官疏》中说："至于周昌以桀、纣比汉高帝，贾生以亡秦喻汉文帝，汲黯谏武帝，内多欲外施仁义，群臣皆为黯惧，武帝称其为社稷之臣。此三君者，不惟不罪谏臣，且曲加奖励，不如是不足以来天下之直言也……仍愿自今以往，不复以言罪谏官。讦直者容之，狂妄者恕

---

① 《大明会典》卷二百九，《都察院一·风宪总例》。

之，以作其刚毅果敢之气，默销其懦弱不振之风。"① 《明史》称赞他："时诸臣进言多获谴，而一鹏间得俞旨，益发舒言事。"② 又如沈思孝在《遵祖制开言路以养士气疏》中说："夫海瑞清节峻猷，廉顽激懦，皇上召之畎亩之间，置之纲纪之地，举一人以风四方。凡有血气者，莫不颂皇上明圣，显忠旌直，与二帝三王同符媲美也。"③ 东林士人顾允成评价海瑞时说："臣等自十余岁时，即闻海瑞之名，以为当朝伟人，万代瞻仰，真有望之如天上人不能及者。至稍知学，得海瑞《直言天下第一事疏》读之，其大有功于宗庙、社稷，垂之千万年不磨，盖从万死一生中树节于我朝者"④。这些对正直敢言之士的评价在社会上弥漫开来，就自然形成了支持忠谏的文化氛围。

其次，因谏言而受到处罚的官员往往会赢得较高的礼遇和声望。如正德皇帝北出宣府未遂，回京后诏令逮捕守门之人，时任山西布政司吏的何麟独揽罪责，遭廷杖六十，当何麟返回太原时"巡抚以下郊迎，礼敬之"⑤；成化朝王恕，虽"以好直言，终不得立朝"，然"既归，名益高"⑥；隆庆三年（1569 年），"御史詹咫亭（仰庇）请核内官监十字库钱粮，为内监所谮，廷杖削籍。五年，户科都给事李月滨以劾太监崔敏，亦杖一百为民。二人先后以弹治宦官得谴，天下高之"⑦。万历朝，顾宪成、赵南星等人被罢官，里居"名益高"⑧。这

---

① 郑一鹏：《乞遵成宪保全谏官疏》，陈子龙等选辑：《明经世文编》卷二百八《郑黄门奏议》第 8 册，上海书店出版社 2019 年版，第 4211—4212 页。

② 《明史》卷二百六，《列传第九十四·郑一鹏》，中华书局 1974 年版，第 5438 页。

③ 沈思孝：《遵祖制开言路以养士气疏》，陈子龙等选辑《明经世文编》卷三七十二《沈思孝公集》第 5 册，上海书店出版社 2019 年版，第 2296—2298 页。

④ 顾允成：《悬除邪险疏》，《小辨斋偶存》卷 2，文渊阁四库全书影印本别集，上海古籍出版社 1987 年版，第 572 页。

⑤ 《明史》卷二百九十七，《列传第一百八十五·孝义二·何麟》，中华书局 1974 年版，第 7606 页。

⑥ 《明史》卷一百八十二，《列传第七十·王恕》，中华书局 1974 年版，第 4834 页。

⑦ （明）沈德符：《万历野获篇》卷二十《詹李二谏官》，中华书局 1959 年版，第 514 页。

⑧ 《明史》卷二百四十三，《列传第一百三十一·赵南星》，中华书局 1974 年版，第 6298 页。

种风气对于敢于直言进谏的官员是一种极大的鼓励："近世士大夫以气节相高，不恤生死，往往视廷杖戍遭为登仙之路。一遭斥谪，意气扬扬，目上趾高，傲睨一世，正所谓意气有加也。"① 这也是绝对君主专制统治之下士大夫政治上觉醒的一种表现："士大夫惟有此职权，虽或触忤，终必有践此职者。明代士气之盛，死节之多，其根本在是。"②

再次，百官受到弹劾必须表明态度，大臣受到弹劾亦得自请罢免。据《明实录》记载：嘉靖三十二年（1553 年）正月，兵部员外杨继盛论劾严嵩，严嵩"具奏待罪。上赐手敕留，嵩谢，仍乞休致"③；万历四年（1576 年）正月，巡按辽东御史刘台论劾大学士张居正，张居正在"自辩"的同时，也不得表示"计惟一去，以谢之"④；天启年间，左副都御史杨涟弹劾魏忠贤，魏忠贤也不得不表示"辞东厂，乞罢"⑤。像严嵩、张居正、魏忠贤这样的人物，无论权力有多大，也无论正邪之分，遇到弹劾时都要按惯例恳请皇帝将自己免职，其他大臣就更不待言了，有的甚至不待皇帝表明态度就直接以老或病辞职回家了。

最后，因谏言获罪的官员有生者起复、死者平反的机会。"起复"的情形比较普遍地存在，大多见于皇帝的遗诏和即位诏，以及重大政治变动、皇室庆典、皇帝罪己等事件中，如神宗和世宗的遗诏和即位诏中均有起复官员的表示。特别是新君即位，要表现出天下更新宽仁为怀，就将前朝因谏言得罪的官员生者大量起用，对谏净死节者追封及对其后人进行封赏⑥。这种做法，不仅给了那些因谏言获罪的士大

① （明）张萱：《西园闻见录》（9）卷九十八《谴谪前》，周骏富辑《明代传记丛刊》，明文书局 1940 年印行，第 294 页。

② 孟森：《崇祯存实疏钞跋》，《明清史论著集刊》（上册），中华书局 2006 年版，第 15 页。

③ 《明世宗实录》卷三百九十三，嘉靖三十二年正月己巳。

④ 《明神宗实录》卷四十六，万历四年正月丁巳。

⑤ 《明熹宗实录》卷四十三，（天启四年）六月癸未朔。

⑥ 具体内容见第五章"对皇帝的监督"第二节"对皇帝进行监督的规则"部分。

夫们重返仕途的机会，更重要的是对忠谏行为的一种肯定，使正直之臣笃定了誓死效忠的决心。

二　阻碍监察法实施的因素

在绝对君主专制统治下，皇帝往往也会成为阻碍监察法实施的重要因素，这种因素常常在皇帝任情专断或懒政怠政的情况下暴露出来，并诱导或激发其他破坏监察法实施的因素发挥作用。

（一）皇帝破坏法制

监察立法的目的，从言谏和封驳这一方面而言是为了驳正皇帝的违误，补救皇帝的疏忽，使皇帝成为万民共仰的尧舜之君，或者至少成为能使祖宗创下的帝王基业传承不衰的有道之君；从弹劾方面来讲，则是为了纠举奸恶，以澄清吏治，安全良善。但是在绝对君主专制政治恶化的情况下，监察法的实施不仅不能达到上述目标而且会离上述目标越来越远。

首先，从言谏和封驳方面来说，由于法律规定，其受纳与否完全取决于皇帝个人的意志，因此在皇帝完全错误的情况下，如其固执己见，谏官也莫可如何。如嘉靖初年，明世宗以外藩入践大位，主张继统不继嗣，称其生父为"皇考"，称孝宗为"皇伯考"，而多数朝臣主张继统必继嗣，应称孝宗为"皇考"，其中"给事中张翀等三十有二，御史郑本公等三十有一"各抗章力论[①]，最后包括众御史和言官在内的二百余名大臣集体跪伏于左顺门，以求世宗改变初衷。结果世宗令廷杖一百八十余人，其中十七人受杖而死。持续六年之久的"大礼议"终以皇帝的绝对胜利而作结。又如万历年间明神宗向全国遣派矿监税使，掠夺商民，扰乱地方，成为明代一大恶政。给事中包见捷、赵完璧等交章论列矿税之害，谏诤神宗裁撤矿税使臣，但神宗根本不予理睬，仍然我行我素坚持近二十年，直到其死后才算了结。在

---

① （清）谷应泰等：《明史纪事本末》卷五十，《大礼议》，中华书局 2015 年点校本，第 743 页。

明代，可以说，任何一个皇帝只要他敢于向全国所有的监察官员宣战，那么最后的胜利也必定非他莫属。

其次，弹劾方面，由于法律赋予皇帝最后处断被弹劾者的权力，被弹劾者即使是元恶大憝也可能会无损分毫。如嘉靖时，严嵩父子用事，贿赂公行，御史加以弹劾，可以说是史不绝书，但或被削爵，或被下狱，忠良之臣殆尽。虽然最后由于御史邹应龙、林润的参劾，严嵩被勒令致仕，但其根本原因是"帝眷已潜移"。① 熹宗时魏忠贤当权，其奸恶远出于严嵩父子，参劾者如杨涟、左光斗等均以致死。直到熹宗死时魏忠贤仍立于不败之地。在这一方面，可以说，即使是罪大恶极之人，皇帝要任命其为宰相，纵然是全国的监察官都加以弹劾，他也会稳如泰山。当然，我们并不否认，在明代由于监察法的实施曾经造成了清明的吏治，如宣德年间，刚直不挠的顾佐被荐为左都御史，"于是纠黜贪纵，朝纲肃然"②；我们也不否认，由于监察官严格地履行法律所规定的职责，曾经无数次地纠正了皇帝的过失，如明初监察御史周观政曾谏阻太祖使用女乐，③ 即是典型的一例；我们甚至还有理由说，明代的监察立法由于总结了历史的经验，在技术上比之以往有了诸多改进，因而有可能发挥理想的作用，但是由于它的监察法是绝对君主专制统治下封建法律的一个部分，监察法的所有规范均为巩固绝对君主专制统治所设定，因而它在本质上已经沦落为专制皇帝私心自用的工具，它所可能起到的历史进步作用随时随地都有被绝对君主专制的滔天洪水淹没得无影无踪的危险。

最后，皇权的腐败严重影响监察效能的正常发挥。明代中后期，虽然监察机构从整体上讲日益腐败，但毕竟还有一些出淤泥而不染的清正廉洁之士，他们继承了明初监察官员刚正不阿的品德敢于弹劾贪官污吏，同时也具有很强的反贪能力。然而随着皇权的日益腐败，皇

---

① 《明史》卷二百十，《列传第九十八·邹应龙》，中华书局1974年版，第5569页。

② 《明史》卷一百五十八，《列传第四十六·顾佐》，中华书局1974年版，第4311页。

③ 参见《明史》卷一百三十九，《列传第二十七·韩宜可（周观政　欧阳韶）》，中华书局1974年版，第3983页。

帝昏庸，佞臣当道，被弹劾的大奸巨贪往往是皇帝的宠臣，在这种情况下，监察官员的弹劾就变得软弱无力了。如成化时期，内阁大学士刘吉是个贪婪无耻之徒，经常被科道官员弹劾，但因他善于投机，巴结权贵，逢迎讨好皇帝，因此一直为宪宗所庇护，屡遭弹劾却不失官位，"人目之为'刘棉花'，以其耐弹也"①。明中后期监察官员对贪官的弹劾不仅起不到应起的作用，而且弹劾者本身还往往受到迫害，甚至监察官员被大批削减，如嘉靖年间，严嵩专权，贪污受贿，卖官鬻爵，给事中吴时来、御史王宗茂等科道官员相继对他进行弹劾，但由于明世宗一味袒护，不只严嵩成为不倒翁，而弹劾者反遭迫害。万历时，明神宗刚愎自用，听不进逆耳之言，经常迫害科道官。如万历二十年（公元1592年），御史李献可因立储进言被贬官。给事中孟养浩等十一人为此进谏，神宗恼羞成怒，以"疑君惑众，殊可痛恶"的罪名将他们或革职，或痛加廷杖，或发配充军，"一怒而斥谏官十一人，朝士莫不骇叹"②。他还对科道官员的政治建言"留中"不批，致使无论他们的建言怎样切中时弊都无法对政局产生影响。到最后，明神宗干脆把监察机构砍得残缺不全，监察官员屡缺不补。史载明神宗"怠荒日甚，官缺多不补。旧制：给事中五十余员，御史百余员。至是六科止四人，而五科印无所属；十三道止五人，一人领数职，在外巡按率不得代。都御史数年空署"③。科道官员的奇缺使监察机构陷于瘫痪状态。崇祯时，明思宗待监察官员之残酷毫不逊让乃祖，动辄廷杖下狱，甚至杀戮。崇祯七年，山西提学袁继咸上疏批评他说："养凤欲鸣，养鹰欲击。今鸣而箝其舌，击而维其羽，朝廷之于言官，何以异此？使言官括囊无咎，而大臣终无一人议其后，大臣所甚利，

① 《明史》卷一百六十八，《列传第五十六·刘吉》，中华书局1974年版，第4529页。

② 《明史》卷二百三十三，《列传第一百二十一·李献可》，中华书局1974年版，第6075页。

③ （清）赵翼：《廿二史札记》卷三十五，《万历中缺官不补》，凤凰出版社2023年点校本，第545页。

忠臣所深尤。"① 肉体上的肆意摧残，人格上的无情践踏，使得许多监察官员变得唯唯诺诺、尸位素餐而忘掉了自己的职责，使监察机构的效能无法得到发挥。

（二）宦官破坏监察法制

在明以前，宦官一直是皇宫内威胁皇权统治乃至皇帝人身安全的毒瘤，明太祖为了避免重蹈历史覆辙，严禁宦官干政："因定制，内侍毋许识字。洪武十七年铸铁牌，文曰：'内臣不得干预政事，犯者斩'，置宫门中。又敕诸司毋得与内官监文移往来"②。但是，在绝对君主专制制度之下，宦官干政又成为必然，最为典型的是英宗时期的王振，宪宗时期的汪直，武宗时期的刘瑾，熹宗时期的魏忠贤，"太阿倒握，威福下移"。③ 宦官干政严重违背"祖训"，自然是科道官纠劾的重点对象；同时宦官常常受皇帝派遣外出执行任务，也与风宪官的职责相冲，因此，宦官与科道官可以说是天然的死敌。如果说宦官是明朝法制的重要破坏力量，那么，宦官对监察法制的破坏最为突出。其破坏方式，最典型的是刘瑾和魏忠贤的两种不同做法。刘瑾的主要做法是"摧折台谏"，据《明史》记载："刘瑾用事，（刘）宇介焦芳以结瑾。二年正月入为左都御史。瑾好摧折台谏，宇缘其意，请敕箝制御史，有小过辄加笞辱，瑾以为贤。"④ 如正德二年（1507年）二月，江西清军御史王良臣闻给事中戴铣等以言事系狱，抗疏希望予以宥免，"刘瑾矫旨，命械付镇抚司责讯，参其回护朋党，命于午门前杖之三十，为民"。⑤ 同月，"御史王时中巡按直隶隆庆等处，志在激扬。其分守、守备等官以赃败，告系者百余人。东厂太监丘聚附刘瑾立威，遣人廉察以闻，下镇抚司狱痛责，鞫之，谓'酷刻太

① （清）谷应泰：《明史纪事本末》卷七十二，《崇祯治乱》，中华书局2015年点校本，第1183页。

② 《明史》卷七十四，《志第五十·职官三·宦官》，中华书局1974年版，第1826页。

③ 《明史》卷七十四，《志第五十·职官三·宦官》，中华书局1974年版，第1827页。

④ 《明史》卷三百六，《列传第一百九十四·阉党·刘宇》，中华书局1974年版，第7837—7838页。

⑤ 《明武宗实录》卷二十三，正德二年二月戊戌

甚'。命重枷系都察院门满一月……大小臣僚，见其苦楚，虽为之伤心，然畏瑾势，卒不敢出一言以明其无罪也。"① 御史如此这般遭摧折的例子非常之多。魏忠贤的做法是大量任用亲信把持科道。他任用崔呈秀为左都御史，"呈秀负忠贤宠，嗜利弥甚。朝士多拜为门下士，以通于忠贤。其不附己及势位相轧者，辄使其党排去之，时有'五虎'之目，以呈秀为魁。请所倾陷，不可悉数，虽其党亦深畏之"。② 当然摧折科道与任用亲信把持科道这两手总是交互为用的，只是偏重点有所不同罢了。有明一代，是科道官与宦官斗争最激烈的时期，也是史上监察法制遭受宦官破坏最为严重的时期。

（三）党争破坏监察法制

监察官员最重要的品质是"以公正为心"，这是朱元璋及其后历代有作为的皇帝反复强调的，也是《宪纲》所明确规定的"宪体"的核心。以公正为心，就得要无党无私，否则就不能正确履行监察职责。监察官员一旦陷于党争，就会对监察法制造成严重的破坏。明朝监察官员陷于党争，始于明中叶，盛于明末，对监察法制所造成的负面影响远超前代。当其时党派纷争，朝内除了以顾宪成、高攀龙为首的东林党之外，还有宣城人汤宾尹和昆山人顾天竣为首的"宣昆党"；山东人亓诗教为首的"齐党"；湖北官应震为首的"楚党"；浙江姚宗文、沈一贯为首的"浙党"以及后来以宦官魏忠贤为首的"阉党"。天启以前党争主要表现为邪恶的齐、楚、浙三党和正直的东林党之间的斗争，天启以后则集中表现为阉党与东林党的斗争。在党争愈演愈烈的情况下，大多数监察官员卷入其中，他们一切以门户为是非，从根本上抛弃了"公正为心"的道德操守，一方面利用监察权力打击异己，另一方面利用监察权力贪赃枉法。史载天启年间，魏忠贤专权，一些在党争中处于劣势的科道官员置名节于不顾，奔走魏忠贤门下，甘当鹰犬，与魏忠贤狼狈为奸，形成了"权珰报复，反

---

① 《明武宗实录》卷二十三，正德二年二月戊戌。
② 《明史》卷三百六，《列传第一百九十四·阉党·崔呈秀》，中华书局 1974 年版，第 7849 页。

借言官以伸；言官声势，反借权珰以重""内外交通，驱除善类"①
的局面，彻底改变了明代监察制度的颜色。

三　监察法实施的成效

在帝制时代，统治者建立监察制度的目的无外乎维护皇权统
治、稳定社会秩序、保证吏治清明、促进"德政""仁政"有关措
施的落实几个方面，朱元璋自然也不例外，这一点我们在本书的首
章对朱元璋的监察思想进行讨论时已经做过分析。总的来说，明朝
的监察立法既顺应了历史发展的一般趋向，又全面总结了历代监察
立法的成败得失，因而就监察立法本身而言较之以往要更加完备，
那么，在有利于它的实施和阻碍它的实施的各种因素交互作用下，
当初的立法意图是否得到了实现，或者它的实施到底取得了多大的
成效呢？

（一）维护皇权统治方面

朱元璋在建立言谏制度的时候就承认有昏君、庸君的存在，但
他很可能没有料到他的后世子孙中昏君、庸君会如此之多，《明史》
评价说："明有天下，传世十六，太祖、成祖而外，可称者仁宗、宣
宗、孝宗而已。"②此一评价虽有失偏颇，但大体上还是比较中肯
的。即使这样，皇权受到威胁的情况还是很罕见的。明代以前，对
皇权威胁最大的因素有朝中权臣、宦官、外戚、地方割据势力、农
民起义、外族入侵等几项，其中前四项往往在一个朝代尚在发展的
时期就有可能出现。明朝在其存续的二百七十多年的时间里，除了
明初发生朱家内部明成祖夺嫡篡权的事件外，还没有发生其他真正
对皇权构成威胁的人物或事件。即使在太子年幼登基、皇帝几十年
不上朝或皇帝昏聩不理朝政的情况下，有阉宦、权臣以奸欺手法结
党擅权，也偶有这王那王的谋反行为，但前者从没有人有改朝换代

---

① 《明史》卷二百四十五，《列传第一百三十三·周宗建》，中华书局1974年版，第
6359页。

② 《明史》卷十五，《本纪第十五·孝宗》，中华书局1974年版，第196页。

的意思表达或行为，后者也没有人成过大的气候，这与监察官员始终把维护皇权当作第一任务是分不开的。像武宗时期的刘瑾、世宗时期的严嵩、熹宗时期的魏忠贤，当他们只手遮天对皇权构成极大威胁时，与他们斗争最激烈、站在斗争最前列的都是监察御史和六科的官员。帝制朝代，朝代更替是无法避开的历史规律，但有的朝代统治时间比较长久，有的则"兴也勃焉，亡也忽焉"。明代的皇帝有作为的甚至行为正常的都不多见，但还能维持近300年之久，其原因固然是多方面的，但不得不承认，科道官所发挥的作用的确是至关重要的。

（二）在维护中央集权体制下的大一统局面方面

在明以前，对国家大一统的局面构成威胁的通常有两个方面，一是外部的少数民族入侵，二是内部的割据势力。在明王朝的存续期间，大一统的国家治理始终面临多方面的威胁，在北方，一直有鞑靼部落的袭扰；西北一直有瓦剌部落的犯边，甚至酿成明英宗时期的"土木堡"之变；在南方，麓川等地土司部落时叛时服；在东边，倭寇曾一度甚嚣尘上。明代为了巩固边防，普遍设立督抚，并委之以军政大权，无形之中又有可能形成尾大不掉之势。但明代在加强边防建设的同时，加强了边防监察制度建设，包括让督抚职兼宪衔，又以巡按御史监督督抚；让科道官参与军官的选授，到前线监军纪功，派遣科道官监督边境地区的军事事务，防止军职滥用职权、腐败或疏于职守，等等，这些措施对确保边境地区的稳定和安全，维护国家大一统的局面起到了相当重要的作用。

（三）在激浊扬清促进吏治清明方面

风宪官担负激浊扬清、澄清吏治的重任，吏治的好坏与风宪官能否在清正廉洁方面发挥表率作用及能否切实地履行举善纠恶职责有着直接的关系。《明史》说："明太祖惩元季吏治纵弛，民生凋敝，重绳贪吏，置之严典……一时守令畏法，洁己爱民，以当上指，吏治焕然丕变矣。下逮仁、宣，抚循休息，民人安乐，吏治澄清者百余年。英、武之际，内外多故，而民心无土崩瓦解之虞者，亦由吏鲜贪残，故祸乱易弭也。"① 著名历史学家缪凤林说："明初县令及州县佐贰，每因部民乞留而久任，且有超迁加擢升者，朝廷旌举贤能，以示劝勉，所以风厉激劝者甚重。故吏治度越唐宋，几有两汉遗风。"② 这些都是对明代中期以前吏治状况的肯定。这一时期吏治较好固然是统治者多措并举的结果，但其中风宪官的作用是显而易见的。明中期以后，吏治日坏。崇祯元年（1628 年）九月，思宗在敕谕中指出："比年以来，官方罕课，吏治日非，贪墨载途，廉风绝响，敲扑视为故事，农桑置若罔闻，暴敛横征，徒纵餍饕之欲；铺行里甲，半供结纳之需。吾民之罹于虐政者，亦既不啻水火矣。其地方抚、按、司、道有察吏之责者，又皆膏肓积习，倒置官评，乐逢媚之可亲，仇清白之异己；抑或猥狗情面，姑示调停。科甲正官，虽贪残尚从宽典，明经郡佐即弹劾仅取备员……"，究其根本原因在于："部院箝勒先弛，纪纲不立；节钺重臣，置同邮传；豸聪法吏，用及匪人。"③ 据此而论，对明中期以后吏治的极端腐败，风宪官也难脱干系。

（四）在促进安民养民政策措施的落实方面

明太祖朱元璋强调地方官员有安民养民之责，并在《宪纲》及其他法律中赋予监察官员对地方官执行安民养民政策的情况实施监察，在其后各代皇帝出台的安民养民措施中也都强调监察官员负有监督落实的责任。安民养民政策比较集中地体现在防灾救灾方面，而明代是我国历史上灾害频发的一个时期："明代共历二百七十六年，灾害之多，竟达一千零十一次，这是前所未有的记录。计当时灾害最多的是水灾，共一百九十六次；次为旱灾，共一百七十四次；又次为地震，共一百六十五次；再次为雹灾，共一百十二次；更次为风灾，共九十七次；复次为蝗灾，共九十四次。此外歉饥有九十三次；疫灾有六十

---

① 《明史》卷二百八十一，《列传第一百六十九·循吏》，中华书局 1974 年版，第 7185 页。

② 缪凤林：《中国通史要略》，东方出版社 2008 年版，第 330 页。

③ （清）孙承泽：《春明梦余录》卷四十八《都察院·都察院》，北京出版社 2018 年版，下册，第 1019—1020 页。

四次；霜雪之灾有十六次。当时各种灾害的发生，同时交织，表现为极复杂的状态。"① 灾害会使百姓生活遭遇困顿，救灾不力常常会激起民变，历史上有多少朝代的覆灭都是由灾害引起的！有鉴于此，从明初开始，朝廷就出台了大量的防灾救灾的政策措施，这些政策措施包括要求地方官员建设管理好预备仓、及时如实地奏报灾情、大力赈济受灾地区百姓、在受灾地区实行减免赋税等。在出台这些措施的同时，都会要求督抚、巡按御史等监察官员对这些措施的落实情况实施监察。通观有明一代，尽管灾害频发，但除了明朝末年发生大规模的农民起义外，整个社会一直处于比较稳定的状况，这与监察法的实施有很大关系。

《剑桥中国史》的作者在评价明代的国家治理时说："事情的真相似乎是，明代诸帝是不值得称道的统治者，明代的官员经全面衡量好坏都有。许多明代的中国人完全可以希望有更开明的统治者和更加始终如一的干练的官员。但还是应该这样说，尽管明代政府有种种弊病，但与同时代其他大社会的政府相比，它给中国平民所加的负担显然是轻的。很难想象，明代的中国人能设想出一个更令人满意的政制。因此，考虑到它如何维持其政权，以及如何在道德上和物质上使臣民能够生活下去，明代政府总的说应该算是同时代世界上最成功的庞大的政府。"② 由于明代的监察机构是其政府的重要组成部分，这一评价可以认为实际也包含了对明代监察制度的肯定。

第三节　明代监察法制的历史镜鉴

古人讲"观今宜鉴古，无古不成今"，研究历史最终的目的是为现实服务。从这个意义上讲，研究明代的监察法就是要为我们现在的监察法制建设服务。为此，就得对明代的监察法从两个方面作进一步

---

① 邓云特：《中国救荒史》，商务印书馆 2017 年版，第 31 页。
② ［英］崔瑞德、［美］牟复礼：《剑桥中国明代史》下卷，中国社会科学出版社 2006 年版，第 92 页。

的分析，弄清楚其中到底有哪些合理的成份值得我们借鉴，而究竟又有哪些不足需要我们引以为戒。

一　值得肯定与借鉴的一面

明朝的监察立法集往朝监察立法之大成，比起往朝的监察立法在很多方面都有超越或先进的一面，体现了以朱元璋为代表的明朝统治集团内部精英人物的政治智慧，即使以现在的眼光来看，有不少规定也是符合监察法制发展规律的，值得我们认真思考并适当加以借鉴。

（一）把安民养民政策措施的落实作为监察的重点

明朝以前历朝统治者无不以行"仁政"相标榜，同时将监察机构和官员作为实施"仁政"的推动力量，朱元璋在这点上与之无异，所不同的是他很少空谈"仁政"。《明太祖宝训》专题记录了他关于"仁政"的一些言论，从中看出他几乎从不直接谈"仁政"，而总是讲如何安民养民、恤民惠民。洪武元年（1368 年）正月，朱元璋与刘基讨论"宽仁"的问题，他说："不施实惠而概言宽仁，亦无益耳……宽仁必当聚民之财而息民之力，不节用则民财竭，不省役则民力困，不明教化则民不知礼义，不禁贪暴则民无以遂其生。如是而曰宽仁，是徒有其名而民不被其泽也。故养民者必务其本，种树者必培其根。"[1] 他的意思是实行"仁政"必使百姓得到实惠，否则就是徒有其名。他的思想在监察法中有比较充分的体现，比如要求监察官员及时了解民情民意，充分发挥皇帝"耳目之司"的作用；要求"监察御史、按察司官巡历去处，所闻有司等官守法奉公、廉能昭著，随即举闻；若奸贪废事、蠹政害民者，即便拏问"[2]；要求将地方官员落实减免租税、报灾赈灾等有利民生的情况纳入监察范围，等等。可以说，把安民养民、恤民惠民政策的

---

① 《明太祖宝训》卷一《仁政》。
② 《大明会典》卷二百九，《都察院一·风宪总例》。

落实作为风宪官实施监察的重点并明确了非常详细的监察措施，这是明代监察法最具特色也是最有魅力的地方，正是这一点赋予了明代监察法以活的灵魂，使它不致于沦落到单纯成为皇帝私心自用以维护一家一姓统治的工具。

（二）实行权力的相互制衡

中国古代政治家很早就认识到对权力进行制约的重要性，并提出了在君主专制统治下让各种权力部门相互制约以维护政权稳定的思想，并且至少在唐代就形成了比较成熟的"监察独立，分权制衡"的监察机制①。监察权是控制权力的权力，其本身也必须得到控制，否则就会造成比其他权力机关滥用权力更为严重的后果。在明以前，就曾有过因监察权力不受控制而导致王朝覆灭的例子。朱元璋深谙权力相互制约之道，不仅让监察机关对其他权力机关实施监察，使它们彼此"颉颃行事"；而且，在监察系统内部也按照"彼此颉颃"的原则建立起互监互察制度，不仅明确规定都察院堂上官、各道监察御史"但有不公不法，及旷职废事，贪淫暴横者，许互相纠举，毋得徇私容蔽"②，也在都察院系统与六科之间及监察御史与按察司之间、监察御史与督抚之间都建立起互监互察制度。事实证明，这套监察系统的内部监察制度对于防止监察官员滥用职权及挟私为非总的来看起到了非常重要的作用。

（三）监察官员深度参与行政、司法等部门的权力动作

监察官员不能过度参与行政、司法等部门的工作，否则就会有越俎代庖的嫌疑而丧失监察的本色；但监察权力如果完全脱离行政、司法部门权力运作的过程，就会使监察权的行使无所依附而流于空疏。因此，监察官员必须以适当的方式介入行政、司法权力的行使，以保证在洞悉实情的基础上进行论劾建言。有鉴于此，明代的做法就是在中央层面让科道官参与会议、会推和会审，在地方层面就是遇有重大

---

① 参见张晋藩《中国古代监察制度史》，江苏人民出版社 2017 版，第 200—202 页。
② 《大明会典》卷二百九，《都察院一·纠劾官邪》。

事情让巡按御史、按察司官与承宣布政使、都指挥使一起讨论决定，这样就能将对官员的事前监察与事中及事后的监察有机结合起来，将监察权力的运行有效地贯穿于行政、司法等权力运行的全过程，从而取得监察的实效。

（四）注重实证实言实地

监察权力是长牙齿的权力，如果举劾不实就会产生严重的负面后果。朱元璋出身下层，本是靠实干才登上皇帝宝座的，对"务实"二字有深切的体会，称其"平日为事，只要务实，不尚浮伪"①，他下令"凡告谋反不实者，抵罪"②；告诫爱民要有"实心""爱民而无实心，则民必不蒙其泽。民不蒙其泽，则众心离于下，积怨聚于上，国欲不危，难矣"③；叮嘱吏部官员行使考核之权"务存至公，分别臧否，必循名责实"④；遇有水旱灾荒，他会派遣御史、给事中前往"覆实"⑤，要求大臣"遇有灾变，即以实上闻"⑥。他命朝觐官荐举人才，号称其"效仿古制，举用贤才，各因其器能而任使之，庶几求其实效"，要求"其各举所知。凡有一善可称、一才可录者，皆具实以闻"⑦；他派遣监察御史巡按州县，要求他们"事有当言者，须以实论列，勿事虚文……处事之际须据法守正，务得民情"⑧。这种务实精神，体现在监察立法上，就是反对"风闻言事"，要求凡有举劾，必须"指陈实迹"；就是要求御史出巡"必须遍历"，务得实情；就是对于御史的举劾，被劾者可以辩驳，并由此形成实事求是的"覆勘"制度。直到明朝末年，崇祯皇帝还在登极的次年九月下谕："今朕特谕尔诸臣，今后务要捐积习，各谐大道，一秉忠公，敷陈条奏必

---

① 《明太祖宝训》卷六《务实》。
② 《明太祖宝训》卷一《论治道》。
③ 《明太祖宝训》卷一《论治道》。
④ 《明太祖宝训》卷三《任官》。
⑤ 《明太祖宝训》卷三《勤民》。
⑥ 《明太祖宝训》卷三《弭灾异》。
⑦ 《明太祖宝训》卷五《求贤》。
⑧ 《明太祖宝训》卷六《谕群臣》。

凿凿可行，勿剽袭而徒纷听览。弹劾奸邪必事事有据，勿逞意而尽抹生平。诸臣身膺风纪，尤宜先自（被）被濯处于无暇之地，其有任意诬捏、籍口风闻甚或持己不平官常先裂者，朕都鉴定下部院勘实严处。论人不当，按从反坐之条决不少贷。"① 这说明，当时在风宪官中"务实"精神已经被严重抛弃了，但也反证重视实证实言在明朝统治者那里确实是有传统的。

（五）保证监察官员独立行使权力

监察官员行使监察权必须做到"公正为心"，要"公正为心"最基本的条件是要排除外部压力的干扰，为此，明代的监察法包含了一系列保证监察官员独立行使监察权的规定，比如，在都察院的内部关系上，都察院的左右都御史虽总持纪纲，督率十三道监察御史，但不得侵夺、压制、干扰监察御史行使监察权，监察御史遇有建言、弹劾等事，均直接上奏皇帝，不必向包括都察院的左右都御史在内的任何人先行请示。巡按御史出巡，均由皇帝点差；出巡过程中遇到大的事情直接奏请皇帝裁决而不需经过都察院批准；差毕回京，直接赴御前陈奏而不需经过都察院；都察院对出巡御史进行回道考察，只是代皇帝考其行事当与不当，并不能直接给予处分。又如在六科的内部关系上，各科虽有都给事中之设，被称为"领科"或"科长"，但仅掌理本科印篆，并非本科堂上官，对本科所属给事中没有统率权，更不能干预给事中行使监察权，给事中言事、弹劾，全都以个人身份行事，直接对皇帝负责，不受任何牵制。有明一代，正是因为监察官员能够独立行使监察权，我们才看到了大量的监察御史、给事中弹劾都察院的左右都御史和六科都给事中的例子，而没有看到一例左右都御史阻碍、干预监察御史或都给事中阻碍、干预给事中行使言谏、弹劾权的例子，这也从一个侧面证明明代监察官员在行使监察权时的确是能够独立行事的，这就为"公正为心"地履行职责奠定了较好的基础。

---

① （清）孙承泽：《春明梦余录》卷二十五《六科》上册，北京出版社 2018 年版，第392 页。

（六）注重监察队伍建设

监察官员是治官之官，必须发挥表率百官的作用，否则不仅不能履行好自己的职责，反而会造成更甚于一般普通官员作恶的危害。因此，明朝几代皇帝在谈到对监察官员的要求时都强调"治人者必先自治"，在《宪纲》中明确提出"在我无瑕，方可律人"，并据此制定并逐步完善了对监察官员的选任、考核、互监互察及升黜办法。在选任方面，逐步明确了科道官的任职资格及选拔、培养、授职方式；在考核方面，明确规定了对监察御史、六科官员及总督巡抚、按察司官的考满、考察办法，同时还规定了监察系统内部极其严密的互监互察办法；在升黜方面，明确规定最终要"取自上裁"。除了这些，监察法还明确规定了对风宪官的一些特殊行为规范，如禁止酷虐、犯赃罪加重处罚、巡按失职要受刑事处分，等等。所有这些对于建立一支清正廉洁、刚正不阿、知法守法、以身作则、尽职尽责的监察队伍起到了至关重要的作用。

二 需要检讨与反思的一面

明代的监察立法，由于其本质上是为绝对君主专制统治服务的，或者说它本身就是绝对君主专制制度的一个组成部分，这就决定了它无可避免地具有一些天然的缺陷甚至必须扬弃的糟粕。

（一）僵化的立法观念

国家的法律特别是一些重要的法律须保持一定的稳定，才能起到稳预期、利长远、固根本的作用；但同时也必须及时反应政治经济社会各方面的发展变化，因时制宜地加以修改，才能真正实现规范、引导、调整社会关系的目的，此所谓"法与时转则治，治与世宜则有功"。明朝的立法因观念上的僵化而趋于极端的保守。历史上没有任何朝代的开国之君会像朱元璋那样要求后世子孙谨守"祖宗成法"，且"一字不可改易"；也没有任何一个朝代像明朝那样，基本的法律几百年都不作修改。尽管朝廷可以随时出台条例来解决现实问题，但基本的法律不作修改，必然会造成律与例、例与例之间的矛盾，从而引起法律实施上的混乱。这是明代整个法制的基本特点，其在监察立法方面的表现是比较典型的。明初朱元璋颁行《宪纲》后，终明之世都未曾进行实质性的修改。明中期以后，不少大臣都看到《宪纲》的很多规定已脱离实际非修改不可，但碍于谨守"祖宗成法"的观念，不敢提出进行大刀阔斧修改的意见，都只是请求在申明《宪纲》的前提下出台一些修改或补充的条例。万历元年，南京都察院右都御史傅颐指出："《宪纲》一书九十五条，我祖宗列圣精思详订，必为风宪官法程者至矣。嘉靖间又该先臣张孚敬、汪鋐、王廷相先后奉旨复议增入，至详极备。使风宪官明此以事上，则为尽忠：明此以出政，则为尽职。但法行既久，人心易玩。今之都御史、御史果能尽举其职，如《宪纲》所载者乎？臣亦不敢谓其然也。即如三司与巡抚相见礼仪，臣向见陕西一处，犹三司东西分坐，御史上坐，兹事之甚细者，尚彼此不遵《宪纲》，况其大者乎？且《宪纲》肇自洪武，历年既久，九十五条之中，已有不可行者，如各省乡试不许御史干预，今监临之任专寄于御史，盖因时制宜，即明诏所谓'不得不然者'……"，鉴此，他建议："将新旧《宪纲》再加参酌时宜，应照旧者照旧，应申明者申明，应删削者删削，应厘正者厘正。"① 傅颐是看到了问题的症结所在，所提建议也被吏部认可②，但一直未见朝廷对《宪纲》进行修改的实际行动。立法观念的僵化，对明代监察法治造成的负面影响是不可小视的。

（二）泛化的道德要求

历史学者黄仁宇指出："中国二千年来，以道德代替法制，至明代而极，这就是一切问题的症结。"③ 以道德代替法制，最典型最集中的反映是在它的监察立法及监察法的实施上。在绝对君主专制统治

---

① （明）张萱：《西园闻见录》（8）卷九十三，《建言上》，周骏富辑《明代传记丛刊》，明文书局1940年印行，第702—703页。

② 据《明实录》记载，万历元年五月，南京都察院右都御史傅颐奏请"遵成法"，内容包括申明宪纲、申明职掌、申明查盘、申明词讼、申明举劾凡六条，吏部的答复是"行之"。（《明神宗实录》卷十三，万历元年五月辛巳）

③ ［美］黄仁宇：《万历十五年》，中华书局1982年版，"自序"第4页。

下，皇帝只有高举道德的大旗，才能在"君为臣纲"这一最高的道德准则下为其所有的行为寻找到合理的解释；风宪官也只有高举道德的大旗，才能在"君君、臣臣、父父、子子"这一基本的道德规范里找到谏诤皇帝和任意弹劾大臣的理由。我们看到，在风宪官对皇帝实施监督方面，很多时候不是从法律规定出发而是从"君君"即皇帝应当成为什么样的皇帝出发来提出谏诤的意见，这在武宗时的"谏南巡"、世宗时的"议大礼"等事件中都表现得非常充分；而在监督大臣方面，很多时候也是不依据法律而是依据道德提出弹劾意见，这在弹劾严嵩这样的奸臣的时候是这样，在弹劾张居正这样的能臣的时候也是这样①。道德不同于法律，拿道德说事比拿法律说事更容易占据道义的制高点，但道德与法律相比具有很大的模糊性和伸缩性，不同的人对道德的理解会不尽相同，拿道德说事不仅标准难以掌握有时候还会造成自说自话的场面。因此，当风宪官将道德用作谏诤皇帝的理由时，就会混淆皇帝的自家之事与国家之事的关系，造成君臣不应有的对立；当风宪官将道德用作弹劾大臣的理由时，就会养成"不问难易，不顾死生，专以求全责备"②的毛病；当皇帝将道德用作是否采纳言谏意见的标准时，就会抛开法律规定而刚愎自用、一意孤行，这些都会对监察法制造成巨大的伤害。

（三）严重的文牍主义

在绝对君主专制统治之下，政务的处理会更多地依赖公文的运转，因此也必然会导致文牍主义盛行。据《明实录》记载，洪武十七年（1384 年）九月，给事中张文辅向朱元璋报告："自九月十四日至二十一日，八日之间，内外诸司奏札凡一千六百六十，计三千二百九十一事。"③ 这么多的奏札其实就是文牍主义的表现。为了克服文

---

① 严嵩与张居正俩人的作为大相径庭，但对他们提起弹劾的主要理由却是相同的，即擅权专断和违反"祖宗法"以丞相自居。事见本书第六章第一节"对内阁的监察"部分。

② （清）赵翼：《廿二史札记》卷三十五，《明言路习气先后不同》，凤凰出版社 2023 年点校本，第 551 页。

③ 《明太祖实录》卷一百六十五，洪武十七年九月己未。

牍主义，朱元璋采取的主要办法一是自己集中精力"焚膏继晷"地处理这些公文，二是颁布建言格式使各种建议性的公文通过格式化的处理变得简洁直观以方便处理。但这些办法只能收效于一时而不可持续，尤其是在其后世皇帝怠政荒政的情况下不可避免地陷于文牍主义。隆庆年间，尚未任内阁首辅的张居正批评当时常见的现象是"督抚等官，初到地方，即例有条陈一疏，或漫言数事，或更置数官，文藻竞工，览者每为所眩，不曰'此人有才'，即曰'此人任事'。其实莅位之始，地方利病岂尽周知？属官贤否，岂能洞察？不过采听于众口耳。读其辞藻，虽若灿然；究其指归，茫未有效。比其久也，或并其自言者而忘之矣"①，官场的流行风尚是"士大夫务为声称，舍其职业，而出位是思；建白条陈，连篇累牍"，以大高言论沽名钓誉，"至核其本等职业，反属茫昧"，其结果是"主钱谷者，不对出纳之数；司刑名者，未谙律例之文"。② 朱东润先生对当时的现象曾加以形象地描述："法令、章程，一切的一切，只是纸笔的浪费。几个脑满肠肥的人督率着一群面黄肌瘦的人，成日办公，其实只是办纸!"③由于监察机关职专言谏，言谏的主要载体为公文，文牍主义的表现就更为典型。如嘉靖初年颁布的《巡按御史满日造报册式》，本是为了让监察官员对报告内容进行标准化和格式化处理后而方便对其考核，但最终却不免落入文牍主义的陷阱，诚如明人张萱所言："巡按不过督率，乃尽入册，徒废纸札；执此考察，亦属琐碎。"④ 明代监察制度中还有一些具体的制度，如巡按督抚官员每年开报考语，六科给事中的月报、季报、岁报等制度，开始时不谓不善，但最终都起不到实质性的作用，也是典型的文牍主义盛行的结果。在监察法的实施过程中，书面报告因便于稽查而必不可少，但过多过滥就必然流于形式。

---

① 张舜徽主编：《张居正集》第1册，《陈六事疏》，湖北人民出版社1987年版，第2页。

② 张舜徽主编：《张居正集》第1册，《陈六事疏》，湖北人民出版社1987年版，第4页。

③ 朱东润：《张居正大传》，湖北人民出版社1981年，第171页。

④ （明）张萱：《西园闻见录》（9）卷九十三《巡按》，周骏富辑《明代传记丛刊》，明文书社1940年印行，第703页。

（四）过密的监察网络

朱元璋深知法网过密的危害，多次与大臣谈到法网不能过密。吴元年（1367年）十月，考虑到台谏已经建立起来，各道按察司将巡历郡县，朱元璋"欲颁成法，俾内外遵守"，于是对负责详定刑律的丞相李善长等人说："立法贵在简当，使言直理明，人人易晓。若条绪繁多，或一事而两端，可轻可重，使奸贪之吏得以夤缘为奸，则所以禁残暴者反以贼良善，非良法也。务去适中，以去烦弊。夫网密则水无大鱼，法密则国无全民。"① 洪武二年（1369年）八月，他对监察御史睢稼说："威人以法者，不若感人以心，敦信义而励廉耻，此化民之本也。故羞恶之心生，则非僻之私格；外防之法密，则苟免之行兴。卿言读律，固可禁民为非，若谓欲使民无犯，要当深求其本也。"② 洪武十六年（1383年）四月，接到刑部尚书开济"议法巧密"的奏章"览而恶之"，对他说："刑罚之设，本以禁民为非，使之远罪耳，非以陷民也。汝张此密法，以罔加无知之民，无乃用心太刻。夫竭泽而鱼，害及鲲鲕；焚林而田，祸及麛鷇。巧密之法，百姓其能免乎？此非朕所以望于汝也。"③ 朱元璋上述观点关乎国家治理之道，所论不谓不高明，但在绝对君主专制制度下，法网无可避免地越来越密，其突出表现在监察制度方面：一是监察机关的监察对象渐由文官扩至武官、由外官扩至内官、由朝官扩至王府官；二是将监察的形式充分地运用于监察系统内部，在六科与都察院之间、都察院与十三道监察御史之间、都察院及巡按御史与按察司和按察司官之间、督抚与巡按御史及按察司官之间都建立起互相监察的关系；三是在正常的监察机关之外，又设东厂、西厂、锦衣卫等特务，侦伺文武百官。这样，就造成了无人不在监察网络之中的局面，其后果要么是"官无全人"而"百官颤栗"，要么是察无重点使监察制度趋于废弛。

总起来看，明代监察法的制定和完善，是明朝统治者对历史上国

---

① 《明太祖实录》卷二十六，吴元年十月甲寅。
② 《明太祖实录》卷四十四，洪武二年八月戊子。
③ 《明太祖实录》卷一百五十三，洪武十六年四月庚寅。

家治理经验教训进行深入总结后的标志性成果，也是他们对监察权力运行规律的认识不断深化的产物。由于明代监察法的本质与核心在于维护以皇权为中心的绝对君主专制统治，这就决定了它的表现与作用的发挥与绝对专制主义的政治状况密切相关。在政治状况尚好时，监察法就能得到有效的实施；而一旦专制政治出了问题，它在实施过程中就会出现严重的偏差甚至背离立法者的初衷，在"凡纠举官员，生杀予夺，悉听上命"① 的规则下变成完全按照皇帝的旨意办事，正常的监察秩序就会遭到破坏。这些问题在明朝后期专制统治走向衰败的情况下愈发严重，原本精心制定的监察法最终成了明朝绝对君主专制统治的殉葬品。

---

① 《宪纲事类·宪纲三十四条·禁再纠劾》，杨一凡点校：《皇明制书》第四册，社会科学文献出版社 2013 年版，第 1448 页。

参考文献

一　古代史籍

（明）查继佐：《罪惟录》，浙江古籍出版社1986年版。

（明）陈建：《皇明典要》，《四库禁毁书丛刊》本。

（明）陈建、陈龙可：《皇明二祖十四宗增补标题评断实纪》，《四库禁毁书丛刊》本。

（明）陈建辑、江旭奇补订：《皇明通纪集要》，《四库禁毁书丛刊》本。

（明）陈建撰、沈国元订补：《皇明从信录》，《四库禁毁书丛刊》本。

（明）陈九德辑：《皇明名臣经济录》，《四库禁毁书丛刊》本。

（明）陈仁锡：《皇明世法录》，《四库禁毁书丛刊》本。

（明）陈子龙等选辑：《明经世文编》，上海书店出版社2019年版。

（明）董其昌：《神庙留中奏疏汇要》，《续修四库全书》本。

（明）何尔健著，何兹全、郭良玉编校：《按辽御珰疏稿》，中州书画社1982年版。

（明）何乔新：《皇明名臣经济录》，《四库禁毁书丛刊》本。

（明）何乔远：《名山藏》，北京大学出版社1993年版。

（明）黄训：《名臣经济录》，《四库全书》本。

（明）焦竑：《国朝献征录》，《续修四库全书》本。

（明）孔贞运：《皇明诏制》，《四库禁毁书丛刊》本。

（明）郎瑛：《七修类稿》，上海书店出版社2009年版。

（明）劳堪：《宪章类编》，《北京图书馆古籍珍本丛刊》本。

（明）李东阳等撰、（明）申时行等重修：《大明会典》，广陵书社2007年版。

（明）刘惟谦：《大明律》，法律出版社 1999 年版。

（明）陆蓉：《菽园杂记》，中华书局 1985 年版。

（明）吕本等：《大明仁宗昭皇帝宝训》，台湾"中央"研究院历史语言研究所，1962 年校印。

（明）吕本等：《大明宣宗章皇帝宝训》，台湾"中央"研究院历史语言研究所，1962 年印。

（明）吕本等：《明太宗宝训》，台湾"中央"研究院历史语言研究所，1962 年印。

（明）吕毖辑：《明朝小史》，《四库禁毁书丛刊》本。

（明）马文升：《端肃奏议》，《四库全书》本。

（明）毛堪：《台中疏略》，《四库禁毁书丛刊》本。

（明）丘浚：《大学衍义补》，《丛书集成三编》本。

（明）丘浚：《大学衍义补辑要》，《四库存目丛书》本。

（明）沈朝阳：《皇明嘉隆两朝闻见纪》，（台北）台湾学生书局影印，1969 年。

（明）沈德符：《万历野获编》，中华书局 1959 年版。

（明）孙旬：《皇明疏钞》，台湾学生书局据万历十二年两浙都转运盐使司刊本影印，1986 年版。

（明）谈迁：《国榷》，中华书局 1958 年版。

（明）田生金：《按粤疏稿》，天津图书馆藏，天津古籍出版社影印文渊阁本，1982 年版。

（明）王浚川：《浚川公移驳稿》，郭成伟、田涛点校整理：《明清公牍秘本五种》，中国政法大学出版社 1999 年版。

（明）王琼著、单锦暗辑校：《王琼集》，山西人民出版社 1991 年版。

（明）王世贞：《弇山堂别集》，中华书局 1985 年版。

（明）王世贞撰、王政敏订、王汝南补：《新刻明朝通纪会纂》，《四库禁毁书丛刊》本。

（明）王以宁：《东粤疏草》，《四库禁毁书丛刊》本。

（明）王锜：《寓圃杂记》，中华书局 1984 年版。

（明）王鏊：《守溪笔记·李秉》，见（明）沈节甫：《纪录汇编》卷
124，全国图书馆文献缩微复制中心 1994 年版。

（明）文秉等：《烈皇小识》，北京古籍出版社 2002 年版。

（明）吴亮辑：《万历疏钞》，《四库禁毁书丛刊》本。

（明）谢肇淛：《五杂俎》，中华书局 1959 年版。

（明）徐溥等撰、（明）李东阳等重修：《大明会典》，《四库全书》本。

（明）徐日久：《五边典则》，《四库禁毁书丛刊》本。

（明）徐学聚：《国朝典汇》，《四库存目丛书》本。

（明）许重熙：《嘉靖以来注略》，《四库禁毁书丛刊》本。

（明）薛三才：《薛恭敏公奏疏》，（台北）伟文图书公司，1977 年
影印。

（明）薛应旂：《宪章录》，凤凰出版社 2014 年版。

（明）阎尔梅：《阎古古全集》，民国十一年排印本。

（明）叶春及：《石洞集》，上海古籍出版社 1993 年版。

（明）叶权：《贤博编》，中华书局 1987 年版。

（明）叶盛：《水东日记》，中华书局 1980 年版。

（明）佚名：《研堂见闻杂记》，北京古籍出版社 2002 年版。

（明）尹守衡：《明史窃》，《续修四库全书》本。

（明）余继登：《皇明典故纪闻》，《续修四库全书》本。

（明）俞汝楫：《礼部志稿》，《四库全书》本。

（明）张瀚：《皇明疏议辑略》，《续修四库全书》本。

（明）张瀚：《松窗梦语》，中华书局 1985 年版。

（明）张萱：《西园闻见录》，《明代传记丛刊》本。

（明）郑晓：《吾学编》，《四库禁毁书丛刊》本。

（明）郑晓：《吾学编余》，《四库禁毁书丛刊》本。

（明）朱国祯：《涌幢小品》，中华书局 1959 年版。

（明）朱国祯：《大政记》，《四库存目丛书》本。

（明）朱元璋：《皇明祖训》，《四库存目丛书》本。

（明）朱元璋：《明太祖集》，黄山书社 1991 年点校本。

（明）朱元璋：《御制大诰》，洪武内府刻本。

（明）朱元璋：《御制大诰续编》，洪武内府刻本。

（明）卓尔康：《春秋辩义》，《四库全书》本。

（清）黄六鸿：《福惠全书》，康熙三十八年金陵濂溪书屋刻本。

（清）孙承泽：《山书》，《续修四库全书》本。

《崇祯长编》，台湾"中央"研究院历史语言研究所，1967 年影印。

《皇明诏令》，《续修四库全书》本。

《明成祖实录》，台湾"中央"研究院历史语言研究所，1962 年影印。

《明光宗实录》，台湾"中央"研究院历史语言研究所，1962 年影印。

《明穆宗实录》，台湾"中央"研究院历史语言研究所，1962 年影印。

《明仁宗实录》，台湾"中央"研究院历史语言研究所，1962 年影印。

《明神宗实录》，台湾"中央"研究院历史语言研究所，1962 年影印。

《明世宗实录》，台湾"中央"研究院历史语言研究所，1962 年影印。

《明太祖实录》，台湾"中央"研究院历史语言研究所，1962 年影印。

《明武宗实录》，台湾"中央"研究院历史语言研究所，1962 年影印。

《明熹宗实录》，台湾"中央"研究院历史语言研究所，1962 年影印。

《明宪宗实录》，台湾"中央"研究院历史语言研究所，1962 年影印。

《明孝宗实录》，台湾"中央"研究院历史语言研究所，1962 年影印。

《明宣宗实录》，台湾"中央"研究院历史语言研究所，1962 年影印。

《明英宗实录》，台湾"中央"研究院历史语言研究所，1962 年影印。

《万历邸钞》，广陵古籍刻印社 1991 年版。

《王国典礼》，《北京图书馆古籍珍本丛刊》本。

《诸司职掌》，《玄览堂丛书初辑》第 12、13 册，（台湾）"中央"图
　书馆辑，台北市正中书局重印，1981 年版。

《宗藩条例》，《北京图书馆古籍珍本丛刊》本。

（明）陈洪谟：《继世纪闻》，中华书局 1985 年版。

（明）陈洪谟：《治世余闻》，中华书局 1985 年版。

（明）邓士龙：《国朝典故》，北京大学出版社 1993 年版。

（清）谷应泰：《明史纪事本末》，中华书局 1977 年版。

（清）顾炎武：《日知录》，花山文艺出版社 1990 年版。

（清）陈梦雷：《古今图书集成》，中华书局 1986 年版。

（明）黄光升：《昭代典则》，上海古籍出版社 2008 年版。

（清）嵇璜等：《续通典》，商务印书馆万有文库 1935 年本。

（清）嵇璜、曹仁虎：《续通志》，《四库全书》本。

（明）李清：《三垣笔记》，中华书局 1982 年版。

（明）李逊之：《崇祯朝记事》，《四库禁毁书丛刊》本。

辽宁大学历史系编：《辽东残档选编》，1979 年版。

辽宁省档案馆等编：《明代辽东档案汇编》，辽沈书社 1985 年版。

（清）留云居士：《明季稗史初稿》，上海书店 1988 年版。

（清）黄本骥编：《历代职官表》，上海古籍出版社 2005 年版。

（明）熊廷弼：《按辽疏稿》，《四库禁毁书丛刊》本。

（清）龙文彬：《明会要》，中华书局 1956 年版。

（清）纪昀：《历代职官表》，《四部备要》本。

（明）徐必达等：《南京都察院志》，南京出版社 2015 年版。

（清）孙承泽：《春明梦余录》，北京古籍出版社 1992 年版。

（清）孙承泽：《天府广记》，北京古籍出版社 1982 年版。

（明）涂山：《新刻明政统宗》，《四库禁毁书丛刊》本。

（明）王圻：《续文献通考》，《续修四库全书》本。

（明）吴瑞登：《两朝宪章录》，《四库存目丛书》本。

（清）夏燮：《明通鉴》，中华书局 2013 年版。

杨一凡等点校：《中国珍稀法律典籍集成（乙编）》，科学出版社 1994 年版。

杨一凡点校：《皇明制书》，社会科学文献出版社 2013 年版。

（明）叶向高：《纶扉奏草》，《四库禁毁书丛刊》本。

（明）于慎行：《谷山笔麈》，中华书局 1984 年版。

（明）张卤：《皇明制书》，社会科学文献出版社 2013 年版。

（清）张廷玉：《明史》，中华书局 1974 年版。

（清）赵翼：《廿二史札记》，凤凰出版社 2023 年版。

张舜徽主编：《张居正集》，湖北人民出版社 1987 年版。

二 现代著作

白钢主编：《中国政治制度史》，天津人民出版社、新西兰霍兰德出版有限公司 1991 年版。

柏桦：《明代州县政治体制研究》，中国社会科学出版社 2003 年版。

蔡明伦：《明代言官群体研究》，中国社会科学出版社 2009 年版。

陈国平：《明代行政法研究》，法律出版社 1998 年版。

陈茂同：《历代职官沿革史》，华东师范大学出版社 1988 年版。

丁玉翠：《明代监察官职务犯罪研究——以明实录为基本史料的考察》，中国法制出版社 2007 年版。

杜婉言、方志远：《中国政治制度通史》（明代卷），江西人民出版社 1992 年版。

方志远：《明代国家权力机构及运行机制》，科学出版社 2008 年版。

高一涵著、李红果整理：《中国御史制度的沿革》，上海书店 1933 年版。

关文发、颜广文：《明代政治制度研究》，中国社会科学出版社 1995 年版。

何朝辉：《明代县政研究》，北京大学出版社 2006 年版。

胡宝华：《唐代监察制度研究》，商务印书馆 2005 年版。

黄百竦：《权力裂变——监察·监督与中国政治》，吉林教育出版社 1989 年版。

贾玉英：《宋代监察制度》，河南大学出版社 1996 年版。

贾玉英：《中国古代监察制度发展史》，人民出版社 2004 年版。

靳润成：《明朝总督巡抚辖区研究》，天津古籍出版社 1996 年版。

李渡：《明代皇权政治研究》，中国社会科学出版社 2004 年版。

李治安：《唐宋元明清中央与地方关系研究》，南开大学出版社 1996 年版。

梁方仲：《明代赋役制度》，中华书局 2008 年版。

林代昭主编：《中国监察制度》，中华书局 1988 年版。

林丽月：《明初的察举（1368—1398）》，《明史研究论丛》（第五
　　辑），1991 年。

刘双舟：《明代监察法制研究》，中国检察出版社 2004 年版。

吕思勉：《中国制度史》，上海教育出版社 1985 年版。

孟森：《明史讲义》，时代文艺出版社 2009 年版。

那思陆：《明代中央司法审判制度》，北京大学出版社 2004 年版。

南炳文、汤纲：《明史》，上海人民出版社 2003 年版。

欧阳琛、方志远：《明清中央集权与地域经济》，中国社会科学出版
　　社 2002 年版。

潘星辉：《明代文官铨选制度研究》，北京大学出版社 2005 年版。

彭勃、龚飞：《中国监察制度史》，中国政法大学出版社 1989 年版。

钱穆：《国史大纲》，商务印书馆 1996 年版。

邱永明：《中国封建监察制度运作研究》，上海社会科学出版社 1998 年版。

邱永明：《中国监察制度史》，华东师范大学出版社 1992 年版。

邵伯歧、刘海彬、王永平：《中国监察史》（第一部），中国审计出版
　　社 1991 年版。

唐克军：《不平衡的治理——明代政府运行研究》，武汉出版社 2004
　　年版。

陶道强：《明代监察御史巡按职责研究》，中国社会科学出版社 2017 年版。

王春瑜：《王春瑜说明史》，上海科学技术文献出版社 2009 年版。

王其榘：《明代内阁制度史》，中华书局 1989 年版。

王天有：《明代国家机构研究》，北京大学出版社 1992 年版。

王亚南：《中国官僚政治研究》，中国社会科学出版社 1981 年版。

王正：《监察史话》，中国大百科全书出版社 2000 年版。

吴晗：《朱元璋传》，百花文艺出版社 2000 年版。

吴廷燮：《明督抚年表》，中华书局 1982 年版。

吴宗国主编：《中国古代官僚政治制度研究》，北京大学出版社 2004
　　年版。

谢贵安：《明实录研究》，湖北人民出版社 2003 年版。

徐式圭：《中国监察史略》，中华书局 1937 年版。

杨建祥：《中国古代官德研究》，上海古籍出版社 2004 年版。

印鸾章、李介人修订：《明鉴纲目》，岳麓书社 1987 年版。

尤韶华：《明代司法初考》，厦门大学出版社 1998 年版。

尤韶华：《明代司法初考》，厦门大学出版社 1998 年版。

张德信：《明朝典章制度》，吉林文史出版社 2001 年版。

张德信：《明代职官年表》，黄山书社 2009 年版。

张晋藩：《中国古代监察法制史》（修订版），江苏人民出版社 2007
　年版。

张薇：《明代的监控体系》，武汉大学出版社 1993 年版。

张显清、林金树：《明代政治史》，广西师范大学出版社 2003 年版。

张治安：《明代监察制度研究》，（台湾）五南图书出版公司 2000 年版。

周天：《中国历代廉政监察制度史》，上海文艺出版社、百家出版社
　2007 年版。

［美］黄仁宇：《万历十五年》，中华书局 2014 年版。

［英］崔瑞德、［美］牟复礼编：《剑桥中国明代史》，中国社会科学
　出版社 1992 年版。

三　期刊论文

白自东：《论明代监察制度的演变与监察官员的地位和作用》，《西藏
　民族学院学报》1989 年第 1 期。

白自东、任树民、雷振海：《论明代监察制度的演变与监察官员的
　地位和作用》，《西藏民族学院学报》（社会科学版）1989 年第
　1 期。

毕耕：《明代监察制度评述》，《建设》（台北）1961 年第 10 卷第
　7 期。

臣焕武：《明代巡按御史与巡按某处御史》，《中山学术文化集刊》
　1969 年第 3 集。

陈宝良：《试论明代的科道》，《中州学刊》1992 年第 5 期。

陈国平：《明代监察类基本法律〈宪纲〉考论》，《中外法学》2022
　　年第 6 期。

陈国平：《明代监察系统内部监察制度析论》，《法学研究》2022 年第
　　6 期。

陈国平：《张居正改革中的考成法考论》，《中国法学》2020 年第 4 期

陈国平：《朱元璋监察法制观述论》，《法学评论》2023 年第 1 期。

陈江：《明代藩王婚配制度考略》，《东南文化》1991 年第 1 期。

戴建庭：《监察御史与明代政治》，《浙江师大学报》（社会科学版）
　　1992 年第 1 期。

董倩：《巡按御史与明代地方政治》，《青海社会科学》2000 年第
　　1 期。

杜晓田：《明代都察院运行机制考略》，《河南师范大学学报》（哲学
　　社会科学版）2011 年第 3 期。

范玉春：《明代督抚的职权及其性质》，《广西师范大学学报》（哲学
　　社会科学版）1989 年第 4 期。

房学惠：《明神宗著浙江巡按催解军饷敕谕》，《历史档案》1996 年第
　　4 期。

高春平：《试论明代的巡按制度》，《山西大学学报》1990 年第 1 期。

高园：《试析我国古代荐举与科举选官制度的利弊》，《重庆交通学院
　　学报》（社会科学版）2004 年第 2 期。

关汉华：《朱元璋与明代国家监控体系的奠立》，《江汉论坛》2004 年
　　第 3 期。

关汉华、孙卫国：《试论明代监察官的考选制度》，《中国史研究》
　　1993 年第 2 期。

郭林虎：《我国帝制时代荐举制度之研究》，《北京政治职业学院学
　　报》2010 年第 3 期。

侯觉非、周鹏飞：《明朝的巡按制度》，《中国监察》2001 年第 8 期。

黄颖：《明黄仲昭〈巡按福建监察御史题名记〉碑浅释》，《福建史
　　志》2007 年第 6 期。

巨焕武：《明代督抚与巡按权势之升沉》，《思与言》1975 年第 13 卷第 4 期。

巨焕武：《明代巡按御史与中差御史》，《国立政治大学学报》1975 年第 32 期。

巨焕武：《明代巡按御史之点差及出巡》，《国立政治大学学报》1976 年第 34 期。

巨焕武：《明代巡按御史之回道考察》，《思与言》1976 年第 13 卷第 6 期。

寇伟：《明代监察制度》，《史学集刊》1991 年第 6 期。

雷炳炎：《关于明代宗室的违制婚娶问题》，《湘潭大学学报》（哲学社会科学版）2009 年第 5 期。

雷炳炎：《论祖训对明代宗室犯罪判罚的影响》，《求索》2011 年第 11 期。

雷炳炎：《明代宗禄问题与宗室犯罪》，《云南社会科学》2009 年第 3 期。

雷炳炎：《明代祖训与宗室犯罪的量罚问题》，《江苏社会科学》2011 年第 4 期。

雷炳炎：《试论明代官吏对宗室犯罪的影响》，《南华大学学报》（社会科学版）2010 年第 3 期。

雷炳炎：《试论明代中后期亲郡王对中下层宗室犯罪的影响》，《云梦学刊》2010 年第 6 期。

雷炳炎：《王府官与明代宗室犯罪的关系探论》，《湘潭大学学报》（哲学社会科学版）2010 年第 5 期。

雷家圣：《从〈浚川公移驳稿〉看明代巡按御史制度》，《万能学报》2001 年第 23 期。

黎邦正：《明初"三途并用"选官制度述评》，《西南师范大学学报》（哲学社会科学版）1995 年第 2 期。

李建军：《明代武举制度述略》，《南开学报》1997 年第 3 期。

李熊：《明代给事中简论》，《东北师大学报》（哲学社会科学版）1991 年第 1 期。

李熊：《明代巡按御史》，《史学月刊》1987 年第 4 期。

李熊：《明代言官与皇帝述论》，《西南师范大学学报》（哲学社会科学版）1988 年第 4 期。

李昱：《试析明代御史参政态度的演变及其启示》，《中共四川省委党校学报》2011 年第 2 期。

梁尔铭：《论明代巡按御史的考察职权》，《历史教学》（高校版）2007 年第 8 期。

林绍明：《略论明代御史制度之利弊》，《历史教学问题》1985 年第 5 期。

刘志坚、刘杰：《试论明代官吏考察制度》，《西北师范大学学报》（社会科学版）2001 年第 3 期。

马瑞：《明代的藩封制度》，《史学月刊》2003 年第 11 期。

任怀国：《中国古代选官制度论析》，《江海学刊》2001 年第 4 期。

宋纯路：《明代中后期巡按御史权力的膨胀及其原因》，《牡丹江师范学院学报》（哲学社会科学版）2003 年第 5 期。

苏德荣：《明代分封制度的演变》，《郑州大学学报》（哲学社会科学版）1996 年第 5 期。

田兆阳：《古代御史体系与分权制衡》，《甘肃行政学院学报》1999 年第 1 期。

王世华：《略论明代巡按御史制度》，《历史研究》1990 年第 6 期。

王天有、陈稼禾：《试论明代的科道官》，《北京大学学报》（人文社会科学版）1989 年第 2 期。

王为东、李凤鸣：《明代六科给事中制度试探》，《洛阳大学学报》2004 年第 1 期。

王兴亚：《明代选官制度述略》，《黄淮学刊》1990 年第 4 期。

吴缉华：《论明代宗藩人口》，（台湾）《"中央"研究院历史语言研究所集刊》，1969 年。

［日］小川尚：《论明初的地方按治》，《东方学》1977 年第 54 号。

［日］小川尚：《论明代的巡按御史》，《明代研究》1976 年第 4 号。

［日］小川尚：《明代纪监察制度——地方按治》，《山根幸夫教授退

休纪念·明代史论丛》，汲古书院，1990 年 3 月。

颜广文：《明代十三年监察御史统属考》，《华南师范大学学报》（社会科学版）1986 年第 3 期。

杨启樵：《明初人才培养与登进制度及其演变》，《新亚学报》1964 年第 6 卷第 2 期。

尹树国：《明代六科制度述略及简评》，《内蒙古大学学报》（人文社会科学版）2006 年 6 月增刊。

尹亚孟：《明朝官吏选拔和人才荐举制度的得失及思考》，《山东教育学院学报》1996 年第 3 期。

余兴安：《明代考选科道制探析》，《中国人民大学学报》1988 年第 1 期。

余兴安：《明代巡按御史制度研究》，《中国史研究》1992 年第 1 期。

张德信：《明代宗室人口俸禄及其对社会经济的影响》，《东岳论丛》1988 年第 1 期。

张明富：《试论明代宗学设置的原因》，《史学月刊》2008 年第 5 期。

张祥明：《明代武举新论》，《齐鲁学刊》2011 年第 3 期。

张祥明：《明代镇戍武官军政考选初探》，《史学月刊》2010 年第 12 期。

张治安：《明代御史之选任》，《中山学术文化集刊》1969 年第 3 期。

赵全鹏：《明代宗藩对社会经济的影响》，《河南师范大学学报》（哲学社会科学版）1994 年第 5 期。

赵毅：《明代六科论略》，《社会科学辑刊》1988 年第 6 期。

赵毅：《明代宗室政策初探》，《东北师大学报》（哲学社会科学版）1988 年第 1 期。

赵映诚：《中国古代谏官制度研究》，《北京大学学报》（哲学社会科学版）2000 年第 3 期。

赵月耀、雷炳炎：《试论明代王府官铨政制度》，《衡阳师范学院学报》2011 年第 5 期。

赵中男：《明代巡抚制度的产生及其作用》，《社会科学辑刊》1996 年第 2 期。

智夫成：《明代宗室人口的迅猛增长与节制措施》，《中州学刊》1990年第4期。

周致礼：《明代的宗室犯罪》，《安徽大学学报》（哲学社会科学版）1997年第5期。

朱崇业：《言官与明代政治》，《晋阳学刊》1990年第3期。

宗韵：《明代人才选拔制度的特点及利弊》，《安徽史学》2003年第2期。

四　学位论文

蔡明伦：《明代言官群体研究》，博士学位论文，华中师范大学，2007年。

陈叔丽：《明朝官吏职务犯罪研究》，硕士学位论文，吉林大学，2004年。

黄明光：《明代科举制度研究》，博士学位论文，浙江大学，2005年。

李德宝：《明代巡按御史权力变化与地方政治》，硕士学位论文，贵州大学，2007年。

李然：《明代吏员与明代行政运作》，硕士学位论文，中南民族大学，2005年。

梁尔铭：《明代巡按御史监察职权研究—以〈按粤疏稿〉为中心的考察》，硕士学位论文，华南师范大学，2005年。

毛圣泰：《论明代巡按御史制度》，硕士学位论文，厦门大学，1998年。

宋纯路：《巡按御史权力的变化与明代地方政治》，硕士学位论文，东北师范大学，2002年。

唐剑：《明清言谏制度研究》，硕士学位论文，湘潭大学，2006年。

田青雷：《明代行政监察制度研究》，硕士学位论文，山东大学，2007年。

王凯旋：《明代科举制度研究》，博士学位论文，吉林大学，2005年。

肖媛：《明代行政监察法制研究》，硕士学位论文，贵州大学，2008年。

后　记

　　人生如棋。一盘棋要经过布局、中盘、收官三个阶段，人生亦是如此；人在下棋时感到最遗憾的不是自己下出了昏招，而是兴致正酣时突发于盘外的因素导致不得不封盘甚至中断棋局，一个人的事业大体也是如此。

　　我对明代监察法的研究开局较早。1988 年，我考入中国政法大学师从张晋藩先生攻读博士学位，我的博士论文题目为《明代的行政法研究》，其中一章即是明代的监察立法。在博士论文的写作过程中，我对明代的监察法产生了浓厚的兴趣，本想博士毕业以后再加以深入研究，未曾料到工作以后跨入了与监察法完全没有关系的领域，而且忙碌异常，再也难以集中精力继续下去。这就好比下围棋，刚过布局阶段正要进入中盘激战却不得不封盘了，心里的遗憾可想而知。

　　即使这样，启封的念头一直没有熄灭，就像已经孵化成熟的小鸡不停地啄动蛋壳，只待时机成熟时破壳而出。2018 年底，我由中国社会科学院世界经济与政治研究所转到法学研究所和国际法研究所工作，在继续担任领导职务的同时也回归了专业。我想，这一时机终于到来了。

　　一局已经封盘很久的棋要想启封谈何容易，而一个领域的研究中断时间太长要接续起来就更加困难。"世事如棋局局新"，我很快意识到，30 多年过去，明代监察法制史的研究领域已经发生了巨大变化。尤其是近些年来，明代监察法制成为法史学界研究的重点对象，研究手段和研究方法不断更新，有关的成果如雨后春笋般涌出。

面对这一切，我仿佛烂柯山上观棋后回到家乡的王质，眼前一片茫然。我不得不重新开始收集整理资料，同时学习新的研究手段和研究方法。所幸的是，我发现有的研究结论仍需进一步考证，有的问题还可更深入地加以研究，有些方面似可结合新的形势再进行系统化的总结。于是，我转忧为喜，因为我可以站在前人的肩膀上继续前行。我先后撰写了《朱元璋监察法制观述论》《明代监察系统内部监察制度析论》《明代监察类基本法律〈宪纲〉考论》三篇文章并分别在《法学评论》《法学研究》《中外法学》上发表，然后再进入全书的写作阶段。

写作的过程中感觉很艰难甚至很痛苦。工作的时间要认真地处理两所的事务，只能完全利用业余的时间写作；该出的差还得出，尽管知道因出差中断写作要重新找回感觉多少会有些难受；有时候为了查证一些重要的引文，跑了几个图书馆都一无所获，心里不免沮丧……诸如此类的困难还真不少。为了集中精力写作，我不得不忍痛卸载了电脑和手机中心爱的围棋软件，那个时候哪怕只看了一眼与围棋有关的节目都觉得是罪过！

幸亏有那么多的人关心我、支持我、鼓励我，否则我很可能就要中盘退出了。在这里要感谢的人太多。首先是我的同事们，张生研究员在我写作《明代监察类基本法律〈宪纲〉考论》一文时提出了非常宝贵的意见；缪树蕾、孙思阳、薛兆甫、崔靖晨等人或帮我校对注释，或帮我制作表格，让我节省了大量的时间和精力。还有国家图书馆的宋仁霞研究馆员，在新冠疫情期间我只能居家办公的情况下，她以一片"仁心"为我复制了重要的参考文献。同样要感谢的还有中国社会科学出版社的编辑张潜，她在本书的出版过程中表现出了极大的耐心、细心和超强的专业精神。最后也是最重要的，要感谢我的导师张晋藩先生，不仅仅是因为他长期以来对我的研究给予的指导与关心，也不仅仅是因为他主编的《中国古代监察法制史》一书让我从中获得了很大的启发和收益，至为关键的是他对学问的不懈追求和严谨治学的态度是我终于能完成本书的重要精神动力。

下棋最怕出昏招，所谓"一着不慎，满盘皆输"，而收官阶段出昏招的几率非常大。本书很可能是我学术生涯的"收官"之作，应当尽量求其完美。但我深知，以我的能力会不可避免地下出"昏招"，诚如是，也只能敬请方家提出宝贵意见，容待日后修订时采纳。

陈国平

2023 年 4 月 20 日